MPAcc 精品系列

内部控制与风险管理

理论、实务与案例

（第3版）

李晓慧　何玉润 / 编著

Internal Control and Risk Management

中国人民大学出版社
·北京·

第3版前言

PREFACE

自《内部控制与风险管理：理论、实务与案例》一书出版以来，以书为媒介，我结识了许多朋友，他们有讲授 MPAcc 课程的大学教授、公司里从事专业工作的风控总监和审计负责人，以及正在学习内部控制和风险管理的学生，他们把内部控制和风险管理教学、实践和学习中的感悟与我沟通，让我深感写出这样一本系统的、具有前瞻性和操作性的内部控制与风险管理的书稿，不仅给大家提供了学习提升的参考，也给我带来了更多拓展和深化的机会。感谢实务界和理论界的朋友们，有你们的支持和爱护，我才有动力跟进当前内部控制前沿理论和实践，不断完善本书。

《内部控制与风险管理：理论、实务与案例（第3版）》的特色和优势概括如下：

1. 梳理最新的相关理论和政策。本书梳理了国内外最新的内部控制理论和政策前沿，不仅深入探讨了内部控制（风险管理）的本质属性，而且对 COSO（2017）以及财政部、证监会发布的《公开发行证券的公司信息披露编报规则第21号——年度内部控制评价报告的一般规定》（中国证券监督管理委员会公告〔2014〕1号）中国注册会计师协会发布的《企业内部控制审计问题解答》（会协〔2015〕7号）进行了深入阐释，厘清了目前该领域理论方面的一些问题和疑惑。

2. 增加了内部控制的实务操作和案例。本书围绕内部控制要素、设计、评价、审计和披露几个方面展开，从企业环境、资金管理、资产管理、业务管理等环节凸显实务操作的流程、底稿以及案例，让读者既知其然，也知其所以然，更好地运用内部控制提升公司价值。

3. 增加了对行政事业单位内部控制的特殊考虑。内部控制与风险管理相关要求从适用营利性企业拓展到适用行政事业单位，因此本书增加了对我国行政事业单位内部控制建设的理论和实践的描述。

4. 创新写作体例，增加可读性。本书收集整理了大量国内外企业的真实案例，行文活泼生动，将枯燥严肃的问题通过鲜活的案例展现出来；本书的编写体例能够引导读者结合自己的学习和工作进一步思考，提升读者主动学习和汲取知识的兴趣。

5. 受众对象更加广泛。本书专门针对会计专业硕士、审计专业硕士、MBA以及公司管理者、注册会计师和咨询师等专业人士进一步学习和提高而撰写。每章专门设置引例提出问题，并在章末设置案例讨论与分析模块，这使得本书能够成为经济、管理类高年级本科生，以及企业内部培训的内部控制入门读本。

在本书的研究和开发过程中，第一章、第二章由何玉润主笔，李晓慧修订；第三章、第四章、第五章、第六章、第七章、第八章和第九章由李晓慧主笔，何玉润修订；其中案例草稿的编写和提供者为全国会计领军（后备）人才（大赛班）的同学们以及中央财经大学MPAcc的同学们，他们是王敏、刘桂芝、贾波、付辉平和郑小娜。此外，我们借鉴了内部控制和风险管理研究领域最前沿的理论和实务，把《企业内部控制基本规范》及其应用指引的相关要求和解读贯穿全书。在此，我们对所有在内部控制和风险管理研究领域不断求索的学者，中国审计准则、《企业内部控制基本规范》及其应用指引的制定者致敬并表示感谢。对一直陪伴和指引我们成长的田志心老师以及四类会计高端人才的广大师生表示衷心的感谢。谢谢为本书出版付出热情和精力的中国人民大学出版社的编辑们。

李晓慧

目录

CONTENTS

第一章 内部控制与风险管理概述

学习目标

1. 了解内部控制（风险管理）产生的必然性。
2. 熟悉企业内部牵制制度和内部控制制度。
3. 熟悉企业内部控制结构及内部控制整体框架。
4. 了解中国内部控制相关规制的建设和完善。
5. 了解全面风险管理框架各阶段的主要特点。
6. 熟悉国内外内部控制（风险管理）理论的演变及发展。
7. 理解合规管理、内部控制与风险管理的协调关系。

引例

内部控制是一根绳子吗？

三鹿牌婴幼儿配方奶粉掺杂化学物三聚氰胺曝光后，三鹿集团迅速破产，并引发中国奶业的“大地震”。华兴公司[1]作为一个生产销售奶制品的国有企业，深刻认识到需要加强企业内部控制和风险管理，为此，公司开始着手构建和完善内部控制和风险管理体系。

在公司的管理层会议上，有人认为，应该分别建立风险控制体系和内部控制体系，因为国资委发布的《中央企业全面风险管理指引》和财政部等五部委发布的《企

---

① 为了对公司的商业保密，用“华兴公司”代替真实的公司，用“今明会计师事务所”代替真实的会计师事务所，但案例本身来自真实公司的运作实践，下同。

业内部控制基本规范》及其应用指引是两份文件，内部控制和风险管理是不一样的；有人认为，风险管理包括内部控制，建立一套风险管理体系即可；还有人认为内部控制包括风险管理，建立一套内部控制体系即可。一时之间，争论不休。那么，内部控制与风险管理到底是什么关系？在企业的内部控制建设中，如何认识和处理这二者之间的关系呢？

华兴公司在推行内部控制和风险管理机制时，许多员工不理解，他们认为推行内部控制和风险管理，就是领导在办公室制定一些规章制度，这些规章制度的条款像一根绳子，捆绑着员工的手脚，把员工管理得服服帖帖，以此来体现管理者的权威。难道内部控制和风险管理的规章制度，就是用来捆绑员工手脚、体现管理者权威的绳子吗？

实际上，对于公司而言，内部控制和风险管理不应当是捆绑员工手脚的绳子，而应是一根时时刻刻提醒员工防范风险而牵在手中的绳子，是行为规范底线的准绳。

内部控制的实践可以追溯到远古文明时期对公共资金的管理，在古埃及、古希腊、古罗马的历史中均有发现，中国在《周礼》中也有记述。[①] 内部控制经历了一个不断发展、完善的历史进程，推动其发展的因素主要是组织的演进和环境（政治、经济、社会、技术）的变化。内部控制的演进主要表现为控制目标、控制对象和控制手段的变化。可以从“自发性（无意识的）内部控制——自觉性（有主观目的性的）内部控制——他律性（管制、规范要求的）内部控制”（内部控制属性的演变）、“零散的内部控制——专项的内部控制——系统的内部控制——综合的内部控制”（内部控制对象的拓展）、“原始的内部控制——现代手段辅助的内部控制”（内部控制手段的进步）等很多线索去探求内部控制的演进轨迹。按照通行的概括，内部控制的演进遵循“内部牵制（internal check）——内部控制制度（internal control system）——内部控制结构（internal control structure）——内部控制整体框架（internal control integrated framework）——全面风险管理框架（enterprise risk management integrated framework）”[②] 的轨迹。

因此，本章我们将沿着这个轨迹，从全球角度考察内部控制理论的历史沿革。在内部控制理论从内部牵制到全面风险管理的演进中，内部控制活动的核心内涵在进一步得到巩固和强调的同时，在不同时间段上还存在必要的合理拓展，如图1-1所示。

---

① 李凤鸣．内部控制学．北京：北京大学出版社，2002：6.

② 方红星．内部控制 审计与组织效率．会计研究，2002（7）：41-44.

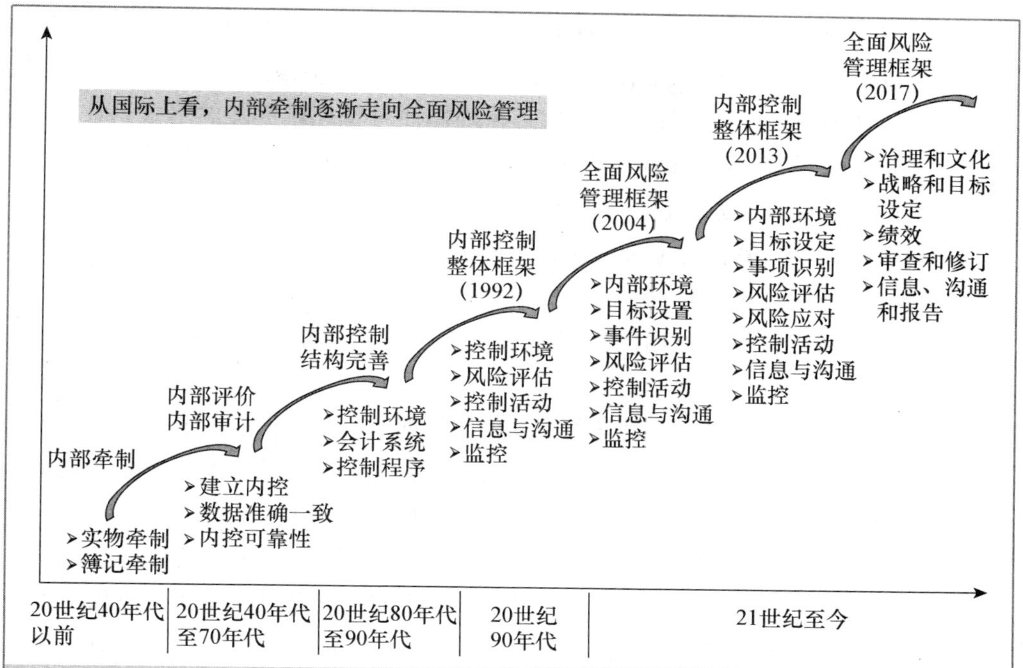

图 1-1　国际内部控制理论的沿革

第一节　内部控制理论沿革

一、内部牵制

内部牵制是一种古老的管理思想，例如，古罗马对会计账簿实行双人记账制；我国西周王朝为了加强财政收支而实行较为成熟的内部牵制制度，包括分权控制方法、九府出纳制度和交互考核制度等。但是在古代，社会生产力处于手工劳动阶段，技术水平低，交通、通信不便，人与人之间社会联系的成本高、有效性低，经济组织和社会活动一般以家庭为基本单位，规模小、结构简单，因此，那时的管理基本上是建立在个人观察、判断和直观感受基础上的传统经验管理。尽管管理思想源远流长，但没有形成系统的管理理论，也不可能提出内部控制的概念。

15 世纪，资本主义得到了初步发展，复式记账法的出现推动了管理和内部控制的发展，以账目间的相互核对为主要内容、实施职能分离的内部牵制得到广泛的应用。20 世纪初期，随着公司制企业尤其是股份公司的不断发展，控制逐步在企业管理中得到深化和认识。为了保护资产安全和完整、防范错误和舞弊行为，企业开始采取以业务授权、职责分工、双重记录和定期核对等为主要手段的内部牵制措施，建立了内部牵制制度，形成了内部控制的雏形。

工业革命以后，机器劳动取代手工劳动使社会生产力得到飞跃式的发展，工厂作为一种新的组织形式普遍设立，组织规模不断扩大，组织内部结构日趋复杂。组织运作所需要的连续性、规范性、精确性使得管理难度陡然增大，管理成本上升、大量工厂经营不善和破产倒闭使传统经验管理遇到了挑战。改进管理、降低组织活动的成本成为当务之急。工厂组织在管理上的这种状况在美国铁路企业出现之后得到了改变。铁路企业的组织管理创新成为后来制造业企业组织管理创新的基础。企业管理理论的进一步发展和完善促使涉及组织结构、职责分配、业务程序、内部审计等多方面的控制体系形成。但是，内部控制作为系统性的概念并未被提出。

1912年，R. H. 蒙哥马利在《审计：理论与实践》一书中指出，内部牵制是指一个人不能完全支配账户，另一个人也不能独立地加以控制的制度。也就是就，一名员工与另一名员工必须是相互牵制、相互稽核的。

《柯氏会计辞典》认为，内部牵制是指“提供有效的组织和经营，并防止错误和其他非法业务发生的业务流程设计。其主要特点是以任何个人或部门不能单独控制任何一项或一部分业务权力的方式进行组织上的责任分工，每项业务通过正常发挥其他个人或部门的功能进行交叉检查或交叉控制。设计有效的内部牵制以便使各项业务能完整正确地经过规定的处理程序，而在这规定的处理程序中，内部牵制机能永远是一个不可缺少的组成部分”。

牵制是指职能和职能之间必要的相互补充、相互约束，不能由一个职能完全支配一项业务活动而没有交叉检查和约束。牵制思想随处可见，如重要的场所上两把锁、保险柜的密码分为两段、业务按不同权限授权不同岗位等。

此阶段内部牵制机能的执行大致可分为以下四类：（1）实物牵制。实物牵制即由两个以上人员共同掌管必要的实物工具，共同完成一定程序的牵制，如把保险柜的钥匙交给两个或两个以上的工作人员保管，不同时使用这两把或两把以上的钥匙，保险柜就无法打开。（2）机械牵制。机械牵制即只有按照正确的程序操作机械，才能完成一定过程的操作，常采用的是程序牵制。如不按正确程序操作就无法打开保险柜的门。程序牵制的关键是实行以内部牵制为核心的不相容职务分离原则。（3）体制牵制。体制牵制即为防止错误和舞弊，对于每一项经济业务的处理，都要求有二人或二人以上共同分工负责，以相互牵制，互相制约的机制。如采用双重控制预防错误和舞弊的发生。（4）簿记牵制。簿记牵制即原始凭证与记账凭证、会计凭证与账簿、账簿与账簿、账簿与财务报表之间核对的牵制，在某种意义上，它也是程序牵制的一个方面。如定期将明细分类账与总分类账进行核对。

可以看出，作为现代内部控制雏形的内部牵制制度，最基本的目的是查错防弊，以钱、账、物等会计事项为主要控制对象，控制的主要形式是通过人员之间职能的牵制实现对财产物资和货币资金的控制。它是基于企业经营管理的需要，在当时生产规模较小和管理理论比较原始的条件下，通过总结以往的经验，在实践的基础上逐渐形成的。从内部牵制形成的假设条件看，两个或两个以上的人或部门无意识地犯同样的错误要比单独一个人或部门犯错误的机会小；两个或两个以上的人或部门有意识地合伙舞弊的可能性大大低于单独一个人或部门舞弊的可能性。因此，虽然内部牵制是内部控制制度形成的最初始阶段，但是，实践证明了其核心思想的有效性。内部牵制机制确实能减少错误和舞弊行为，因此在现代的内部控制理论中，内部牵制仍占有相当重要的地位，是组织规划控制的基础，也是组织控制和职务分离的参考模型。

二、内部控制制度

20 世纪 30 年代发生的迈克森-罗宾斯公司破产案件对内部控制理论的早期发展具有十分重要的影响。美国证券交易委员会（SEC）在调查报告中认为，内部牵制系统不应局限于特定的会计职能，而应对交易进行的方式进行全面的了解。虽然建立并维持有效的内部控制是管理层的责任，但是注册会计师也有责任评价内部控制制度。此外，对审计效率的追求也促使注册会计师研究包括会计控制在内的内部控制，以确定合理的抽样范围。

这一时期，美国的各个行业协会和委员会陆续发布文件，对内部控制或与其相关的概念加以解释。

（一）1934 年美国《证券交易法》

内部会计控制系统（internal accounting control system）的概念是：交易依据管理部门的一般和特殊授权进行；交易的记录必须满足按照一般公认会计原则或其他适当标准编制财务报表和落实资产责任的需要；接触资产必须经过一般和特殊授权；按适当的时间间隔，将资产的账面记录与实物资产进行对比，并对差异采取适当的补救措施，提供合理保证。

（二）1936 年美国会计师协会（AIA）《独立注册会计师对财务报表的审查》

《独立注册会计师对财务报表的审查》（Examination of Financial Statements by Independent Public Accountants）首次提出审计师在制定审计程序时，应当审查企业的内部牵制和控制，并给出了内部牵制和控制的定义，即为了保护公司现金和其他资产的安全、检查账簿记录的准确性，在公司内部采用的各种手段和方法。

（三）1949 年美国会计师协会审计程序委员会《内部控制：协调制度的要素及其对管理和独立公共会计师的重要性》

《内部控制：协调制度的要素及其对管理和独立公共会计师的重要性》（Internal Control—Elements of Coordinated System and Its Importance to Management and the Independent Public Accountants）首次正式给出了内部控制的定义："一个企业为保护资产完整、保护会计资料准确和可靠、提高经营效率、贯彻管理部门制定的各项政策，所制定的政策、程序、方法和措施。"这一定义对内部控制提出了四个目标：合法性、合规性、效率性、完整性。该定义是从企业管理的角度来解释内部控制的，内容既包含与会计和财务部门直接有关的控制，还包括预算控制、成本控制、定期报告、统计分析、培训计划和内部审计以及技术与其他领域的活动。这对于管理当局加强其管理工作有着极其重要的意义，对于注册会计师来说则显得范围太宽泛了，不利于具体指导注册会计师开展审计工作，同时也不合理地扩大了注册会计师的责任。

（四）1953年美国审计程序委员会《审计程序说明第19号》

由于1949年的内部控制定义太过宽泛，超出了审计人员评价被审计单位内部控制所应承担的职责，美国注册会计师协会（AICPA）审计程序委员会提出了"内部控制＝会计控制＋管理控制"的概念，这就是人们熟知的内部控制制度二分法。

会计控制由组织计划和所有保护资产、保护会计记录可靠性或与此相关的方法和程序构成；包括授权与批准制度，记账、编制财务报表、保管财产等职务的分离，财产的实物控制以及内部审计等控制。管理控制由组织计划和所有为提高经营效率、保证管理部门所制定的各项政策得到贯彻执行或与此直接相关的方法和程序构成，管理控制的程序和方法通常只与财务记录发生间接关系，包括统计分析、时动分析、经营报告、雇员培训计划和质量控制等。

（五）1972年美国注册会计师协会《审计准则公告第1号》

由于管理控制的概念比较空泛和模糊，在实际业务中，管理控制与会计控制的界限难以明确划清。为了明确两者之间的关系，1972年美国注册会计师协会在《审计准则公告第1号》（SAS No.1）中重新阐述了管理控制和会计控制的定义，对会计控制和管理控制的目标和内涵进行了明确的规定：

（1）会计控制。会计控制由组织计划以及与保护资产和保证财务资料可靠性有关的程序和记录构成。会计控制旨在保证：1）经济业务的执行符合管理部门的一般授权或特殊授权的要求。2）经济业务的记录必须有利于按照一般公认会计原则或其他有关标准编制财务报表，并落实资产责任。3）只有在得到管理部门批准的情况下，才能接触资产。4）按照适当的间隔期限，将资产的账面记录与实物资产进行对比；一旦发现差异，应采取相应的补救措施。

（2）管理控制。管理控制包括但不限于组织计划以及与管理部门授权办理经济业务的决策过程有关的程序及记录。这种授权活动是管理部门的职责，它直接与管理部门执行该组织的经营目标有关，是对经济业务进行会计控制的起点。

这一时期的各种文件将内部控制概念的核心问题表述出来：内部控制是一种方

法和措施，它所要达到的目的是，保证资产的安全完整、保证财务资料的可靠性、保证规章制度的执行。但是，1949 年以后将内部控制分为会计控制和管理控制的行为，无异于“将美玉击成了碎片”①。这使审计角度的内部控制与管理者期望的内部控制之间的差距越来越大。

经过一系列的修改和重新定义，内部控制的含义较以前更为明晰和规范，涵盖范围日趋广泛，并引入内部审计的理念，得到世界范围的认可和引用，内部控制制度由此而生。

三、内部控制结构

随着市场、资本的全球化以及信息技术的高速发展，公司跨国经营非常普遍，跨国公司在海外会遭遇与国内不同的政治、经济、文化，跨国经营、国际税务以及外汇交易等使得公司业务更加复杂，因此，需要健全内部控制制度以便于进行跨国管理。良好的内部控制制度不仅能够使企业合理配置资源、提高生产率，而且能够防范和发现企业大多数的内外部欺诈事件。另外，系统管理理论成为新的管理理念，它认为：世界上任何事物都是由要素构成的系统，由于要素之间存在复杂的非线性关系，系统必然具有要素所不具有的新特性，因此，应立足于整体来认识要素之间的关系。系统管理理论将企业组织当作一个由子系统组成的有机系统进行管理，注重各子系统间的协调及与环境的互动关系。在现代公司制和系统管理理论下，前期的内部控制制度已经不能满足需要，关于内部控制的研究逐步深化。

20 世纪 60 年代以后，为了减轻实务中注册会计师审计时评价内部控制的责任，审计界把内部控制的定义限制在一个较小的范围内，从表面上看是减轻了审计师的责任和工作量，从另一个角度来看，却恰恰增加了审计风险。

鉴于审计风险的增加以及对内部控制的研究由一般向具体的深化，1988 年美国注册会计师协会《审计准则公告第 55 号：财务报表审计中对内部控制的考虑》(SAS No. 55) 正式提出内部控制结构 (internal control structure) 的概念，不再区分会计控制和管理控制，而是确立了一种控制结构。SAS No. 55 认为，内部控制结构包括为合理保证企业特定目标的实现而建立的各种政策和程序。内部控制结构包括三个要素：

(1) 控制环境 (control environment)。控制环境是指对建立、提高或降低特定政策和程序效率产生影响的各种因素。主要包括：1) 管理者的思想和经营作风；2) 企业组织结构；3) 董事会及其所属委员会特别是审计委员会发挥的职能；4) 确定职权和责任的方法；5) 管理者监控和检查工作时所用的控制方法，包括经营计划、预算、预测、利润计划、责任会计和内部审计；6) 人事工作方针及其执

① 凯罗鲁斯. 在内部审计师协会代表大会上的发言，1980.

行，影响企业业务的各种外部关系。

（2）会计系统（accounting system）。会计系统规定各项经济业务的鉴定、分析、归类、登记和编报的方法，明确各项资产和负债的经营管理责任。健全的会计系统应实现下列目标：1）识别和记录一切合法的经济业务；2）对各项经济业务及时进行适当分类，作为编制财务报表的依据；3）将各项经济业务按适当的货币价值计价，列入财务报表；4）确定经济业务发生的日期，以便按照会计期间进行记录；5）在财务报表中恰当地表述经济业务并对有关内容进行揭示。

（3）控制程序（control procedure）。控制程序是指管理当局所制定的用以保证达到一定目的的方针和程序。主要包括：1）经济业务和经济活动的批准；2）明确人员的职责分工，防止有关人员对正常业务隐藏错弊，职责分工具体包括：指派不同人员分别承担批准业务、记录业务和保管财产的职责；3）凭证和账单的设置和使用，应当保证业务和活动得到正确的记录；4）财产及其记录的接触和使用要有保护措施；5）对记录的业务及其计价要进行复核。

与 SAS No. 1 相比，SAS No. 55 创造性地提出内部控制结构具有两个重要特点：一是内部控制结构以系统管理理论为主要控制思想，正式将内部控制环境纳入内部控制，将控制环境、会计系统、控制程序三个要素纳入内部控制范畴；二是不再区分会计控制与管理控制，而统一以要素表述内部控制，认为会计控制与管理控制是不可分割、相互联系的，而且有些管理控制在实质上也影响财务报告的可靠性。

此外，1981 年国际会计师联合会（International Federation of Accountants，IFAC）发布《国际审计准则第 6 号：风险评估和内部控制》（ISA No. 6），在借鉴 SAS No. 55 的基础上将内部控制划分为控制环境、会计系统和控制程序。

四、内部控制整体框架

20 世纪 70 年代的"水门事件"和许多公司破产倒闭促使美国联邦政府开始关注内部控制问题。1977 年，美国国会通过《反国外贿赂法案》（Foreign Corrupt Practices Act，FCPA），明确规定企业应当建立内部会计控制。在 FCPA 的影响下，企业将对内部控制的重视程度提升至法律层面，监管机构和职业团体也开始就内部控制展开研究，发布多项研究成果。

1985 年，美国注册会计师协会、美国会计学会（American Accounting Association，AAA）、财务经理人协会（Financial Executive Institute，FEI）、国际内部审计师协会（Institute of Internal Auditors，IIA）和全美会计师协会（National Association of Accountants，NAA）等会计职业团体发起成立全美反舞弊性财务报告委员会（National on Fraudulent Financial Reporting，NFFR，又称 Treadway 委员会），并于 1987 年发表研究报告，呼吁所有公众公司的董事会和最高管理层、独

立公共会计师及其职业团体、学术界、SEC和其他监管机构以及相关立法机构共同致力于重塑财务报告过程。在Treadway委员会的倡议下，又成立了研究内部控制问题的发起组织委员会（Committee of Sponsoring Organizations of the Treadway Commission，以下简称“COSO”）。1992年，COSO发表题为《内部控制——整体框架》（Internal Control—Integrated Framework）的研究报告（以下简称“COSO报告”）。这是一个划时代的框架，也是一份对今天的内部控制理论和实践有重要指导意义的文件，这个框架作为此领域最具代表性和权威性的框架，被全球多个国家借鉴和采用，形成该国的内部控制框架。如中国2008年发布的《企业内部控制基本规范》就是以此框架为蓝本起草形成的。此框架对内部控制的定义被广泛认可并沿用至今：“内部控制是一个过程，由组织的董事会、管理层和所有员工共同实施，旨在为营运效果与效率、财务报告的可靠性、对法律法规的遵循提供合理保证。”此框架将内部控制分为五要素：内部环境、风险评估、控制活动、信息沟通、监督改进，从而将内部控制带入“五元论”时代。

经过两年的修改，COSO于1994年提出对外报告的修改篇，扩大了内部控制的涵盖范围，增加了与保障资产安全有关的控制，得到了美国审计署的认可。与此同时，美国注册会计师协会全面接受COSO报告的内容，于1995年发布了《审计准则公告第78号：在财务报告审计中内部控制的考虑》（SAS No. 78），取代SAS No. 55。

2013年5月13日，COSO发布了原内控框架的更新版，这是自1992年该框架发布以来的首次修改，原内控框架在2014年12月15日废止。由于《内部控制——整体框架》（2013）继承了原框架中内部控制的定义，对内控要素、目标、有效性的评价标准也基本上沿用了原框架的观点，因此，《内部控制——整体框架》（2013）通常被看作《内部控制——整体框架》（1992）的升级版，但前者仍有一些重要变化：

（1）更倾向于原则导向，将支撑5个要素的基本概念提炼成17条基本原则，在此基础上提炼出82个代表相关原则的主要特征和重要关注点，为管理层设计和执行内部控制、评价其有效性提供具体指引，由此形成了一套以“要素—原则—关注点”为结构主线的内部控制框架体系。每一项原则不仅代表与内部控制五要素相关联的基本概念，而且代表与每个内部控制要素相关的基本评价维度，使内部控制建设具有操作性，内部控制评价更有据可循。

（2）明确了目标设定在内部控制中的作用，并深入地讨论了公司治理的作用。企业的内部控制只有上升到战略层次和公司治理层次，才能构建真正有效的控制体系。

（3）反映了商业和经营环境的变化，尤其关注科技的相关性。企业内部控制是一个根据商业和经营环境变化而动态完善的过程，在信息技术背景下更强调对风险的动态评估和应对。

（4）扩大了报告目标类型，更加关注非财务目标。《内部控制——整体框架》（2013）充分考虑了利益相关者信息需求，扩充了经营和报告目标，将内部财务报告、内部非财务报告、外部财务报告以及外部非财务报告纳入考虑范围，扩展对运营、合规和非财务报告目标的关注，给相关领域提供了更全面的指引。

（5）加大了对反舞弊预期的考虑。任何企业都要通过完善的内部控制体系构建反舞弊机制。

COSO报告认为，内部控制是受机构的董事会、管理当局和其他人员影响，旨在为取得营运效果与效率，确保财务报告的可靠性，遵循适用的法律法规等目标提供合理保证的一个过程。它认为内部控制整体框架主要由控制环境、风险评估、控制活动、信息与沟通、监督五个相互关联的要素构成（如图1－2所示），这些要素从管理当局运营的业务中衍生出来，并被整合在管理过程当中。

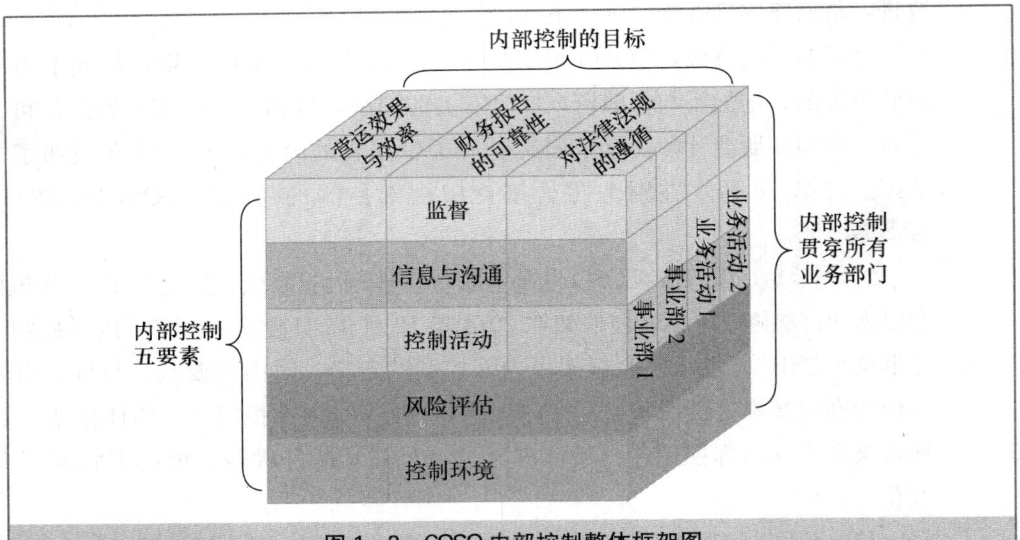

图1－2　COSO内部控制整体框架图

（一）控制环境

控制环境构成一个机构的氛围，是内部控制其他要素的基础，包括员工的诚实性和道德观；员工的胜任能力；董事会或审计委员会提供的关注和指导；管理哲学和经营方式；组织机构；授予权利和责任的方式；人力资源政策和实施。

控制环境对构建企业业务活动的方式、目标制定以及风险评估会产生深远的影响。它还影响控制活动、信息与沟通系统以及监督活动。这反映在内部控制的设计及内部控制的日常运营中。控制环境要素涉及的基本原则有：（1）组织对正直和道德价值观做出承诺。（2）董事会独立于管理层，并对内部控制的推进和成效进行监督。（3）管理层在委员会的监督下，围绕其目标建立健全组织架构、汇报关系以及合理的授权和责任机制。(4) 组织对吸引、发展和保留认同组织目标的人才做出承诺。(5) 组织本着实现其目标的宗旨，让员工各自担负起内部控制的相关责任。

(二) 风险评估

风险评估（risk assessment）是管理层识别并采取相应行动来管理对营运、财务报告、遵循性目标有影响的内部或外部风险，包括风险识别和风险分析。

所有企业，无论规模、结构、性质或所属行业，在内部的所有层面都面临风险。风险影响每个企业生存的能力；影响企业在所属行业内的竞争；影响企业的实力和公众形象；影响企业产品、服务和员工的整体质量。实践中没有把发生风险的概率降为零的方法，因此，管理层必须决定准备谨慎地承担多大的风险，并努力使风险维持在这一水平。风险评估要素涉及的基本原则有：(1) 组织就识别、评估与其目标相关的风险，做出清晰的目标设定。(2) 组织对影响其目标实现的风险进行全范围的识别和分析，并以此为基础来决定如何管理风险。(3) 组织在评估影响其目标实现的风险时，考虑潜在的舞弊行为。(4) 组织应识别和评估可能对内部控制体系造成较大影响的改变。

(三) 控制活动

控制活动（control activity）是确保管理层指令得到贯彻执行、对所确认的风险采取必要的措施，以保证单位目标得以实现的政策和程序。控制活动通常包括两个要素：政策要素，它描述应该做什么，政策往往通过口头传达；程序要素，它描述应该怎样做。政策要素是程序要素的基础。控制活动是企业实现其经营目标所采用的流程的一部分，它直接融入管理流程中。

控制活动存在于公司各个层次和各个职能部门，一般包括：批准、授权、核实、调节、经营活动分析、资产安全性以及职责分工等方面。控制活动的形式一般体现为：业绩评价、信息处理、实物控制、职责分离等。控制活动要素涉及的基本原则有：(1) 组织选择并开展控制活动，将风险对其目标实现的影响降到可接受的水平。(2) 针对（信息）技术，组织选择并开展一般控制活动以支持其目标的实现。(3) 组织通过合理的政策和确保其得以贯彻执行的程序来开展控制活动。

(四) 信息与沟通

信息与沟通（information and communication）是指有关信息以某种形式在某个时段被识别、获得和沟通，以促使员工采取一定的措施或行动来履行自己的职责。

它连接了内部控制体系整体框架的其他要素，是有效实施内部控制的保障，直接影响着企业内部控制的贯彻执行、企业经营目标及整体战略目标的实现。信息与沟通要素涉及的基本原则有：(1) 组织获取或生成信息，并使用相关的、优质的信息来支持内部控制发挥作用。(2) 组织在其内部沟通传递包括内部控制的目标和责任在内的必要信息以支持内部控制发挥作用。(3) 组织与外部相关方就影响内部控制发挥作用的事宜进行沟通。

（五）监督

监督（monitoring）是一个评估内部控制系统在一定时期内运行质量的过程，企业可以通过持续的监督活动、独立的评估，或两者并用来实现这个过程。监督要素涉及的基本原则有：(1) 组织选择、推动并实施持续和/或独立的评估以确认内部控制的要素是存在且正常运转的。(2) 组织及时地评价内部控制的缺陷，并视情况与负责采取纠正措施的相关方（包括高级管理层、董事会）进行沟通。

COSO报告的内部控制整体框架提出了许多新的有价值的观点，对原有的内部控制理论进行了深层次的变革。

(1) 明确对内部控制的责任。在内部控制发展史上，COSO报告首次明确阐述了内部控制制定与实施的责任问题。该报告认为，不仅仅是管理者、内部审计人员或董事会，组织中的每个人都对内部控制负有责任。确立这种组织思想有利于企业的所有员工团结一致，主动地维护及改善企业的内部控制，而不是与管理层相互对立，被动地进行内部控制。

(2) 强调内部控制应该与企业的经营过程相结合。COSO报告认为，经营过程是指通过规划、执行及监督等基本的管理过程对企业加以管理。这个过程由组织的某一个单位或部门进行，或由若干单位或部门共同进行。内部控制是企业经营过程的一部分，与经营过程结合在一起，而不是凌驾于企业的基本活动之上。它使经营达到预期的效果，并监督企业经营过程持续进行。不过，内部控制只是管理的一种工具，并不能取代管理。

(3) 强调内部控制是一个动态过程。内部控制是对企业的整个经营管理活动进行监督与控制的过程，企业的经营活动永不停止，企业的内部控制也不会停止。企业内部控制不只是一项制度或一个规定，企业经营管理环境的变化必然要求企业内部控制趋于完善。内部控制是一个发现问题、解决问题、发现新问题、解决新问题的循环往复的过程。

(4) 强调人的重要性。COSO报告特别强调，内部控制受企业的董事会、管理层及其他员工影响，通过企业所有员工的言行来实现。只有人才可能制定企业的目标，并设置控制的机制。反过来，内部控制影响人的行动。

COSO报告是内部控制理论研究的历史性突破，它首次提出内部控制体系概念，将内部控制由原来的平面结构发展为立体框架，有的学者称其为内部控制的“五点论”，它代表当时国际上内部控制研究方面的最高水平。唯一让人感到遗憾的是，尽管COSO报告定义了广泛的内部控制概念，涵盖了组织营运效果与效率、财务报告的可靠性以及对法律法规的遵循等与目标相关的所有过程，却仍然主要代表财务、会计、审计方面的观点。

五、风险管理框架

2001年12月，作为美国最大能源公司之一的安然公司申请破产保护，此后上市公司和证券市场丑闻不断，2002年6月世通公司的会计丑闻，更是极大打击了投资者对资本市场的信心。针对安然、世通、施乐等财务丑闻引发的美国股市危机，2002年7月26日，美国国会以绝对多数通过了关于会计和公司治理一揽子改革的《2002年公众公司会计改革和投资者保护法案》，该法案由参议院银行委员会主席萨班斯（Paul Sarbanes）和众议院金融服务委员会主席奥克斯利（Mike Oxley）联合提出，又被称为《萨班斯-奥克斯利法案》（Sarbanes-Oxley Act，简称《萨班斯法案》）。四天后，布什总统在白宫签署该法案，使其正式生效。该法案对美国1993年《证券法》和1994年《证券交易法》作了不少修订，是一部涉及会计职业监管、公司治理、证券市场监管等方面改革的重要法律。《萨班斯法案》强调了公司内部控制的重要性，从管理层、内部审计及外部审计等几个层面对公司内部控制做了具体规定，并设置了问责机制和相应的惩罚措施。《萨班斯法案》404条款明确指出公司管理层对建立和保持一套完整的、与财务报告相关的内部控制体系所负有的责任，并要求管理层在财务年度末，对与公司财务报告相关的内部控制体系进行有效性评估，并聘请会计师事务所对内部控制予以审计。

为应对政策界的要求和实务界的变动，2004年9月，COSO正式公布了《企业风险管理——整合框架》（《COSO-ERM框架》（2004））。《COSO-ERM框架》（2004）包括战略目标、经营目标、报告目标和合规目标四类目标与内部环境、目标设定、事项识别、风险评估、风险应对、控制活动、信息与沟通、监控八个相互关联的要素，它们与组织层级形成一个相互作用、紧密相连的有机统一体系，使内部控制上升到全面风险管理的高度，如表1-1所示。尽管《COSO-ERM框架》（2004）对内部控制要素进行进一步细分和充实，使内部控制与风险管理日益融合，拓展了内部控制，但《COSO-ERM框架》（2004）不能完全替代《内部控制——整体框架》（1992）。二者的对比见表1-1。

表1-1　《内部控制——整体框架》（1992）与《COSO-ERM框架》（2004）对比

项目	《内部控制——整体框架》（1992）	《COSO-ERM框架》（2004）
基调	管理层为达到目标而提出的内部控制要求	管理层为达到一定目标而提出的企业风险管理的要求
目标		战略目标（新增，全局掌握）
	经营目标	经营目标
	财务报告目标	报告目标（范围更广）
	合规目标	合规目标

续表

项目	《内部控制——整体框架》(1992)	《COSO-ERM 框架》(2004)
风险观	只有风险评估	从企业总体层面提出风险组合观
环境	管理层及员工的内部控制观念	管理层及员工的观点，并提出风险偏好、风险容忍度的概念
要素	控制环境	内部环境（更广义）
	风险评估	目标设定（新增）
		事项识别（新增）
		风险评估
		风险应对（新增）
	控制活动	控制活动
	信息与沟通	信息与沟通
	监控	监控

2017年9月，COSO发布了新版企业风险管理框架《企业风险管理——与战略和业绩的整合》(Enterprise Risk Management—Integrating with Strategy and Performance,《COSO-ERM 框架》(2017))，告别了2004年版的立体八要素框架，采用5个要素20项原则，更加注重对企业战略和愿景的支撑，与价值创造紧密关联，更加强调和业务活动的融合，倡导决策和目标导向，明确风险管理和战略嵌入整个组织的重要性。

《COSO-ERM 框架》(2017) 不是《COSO-ERM 框架》(2004) 的简单升级，而是大刀阔斧的重构与变革，并将其目标定位于为包括企业在内的所有主体提供一个"管理框架"而非"控制框架"。其主要变化包括以下方面。

1. 优化了风险、风险管理和风险偏好等基本概念

新框架下，风险被定义为事件发生并影响组织实现战略和商业目标的可能性。影响不仅包括负面影响，还包括正面影响。风险管理被定义为：组织在创造、保持和实现价值的过程中，结合战略制定和执行，赖以管理风险的文化、能力和实践。将风险管理直接从"一个流程或过程"提升到"一种文化、能力和实践"。新框架坚持目标导向，用绩效的波动区间替代原风险容忍度的概念，有利于将风险和绩效紧密地关联在一起。新框架中的风险偏好不仅包括风险数量而且包括风险的类型，即"风险偏好是主体为追求价值所愿意承受风险的类型和数量"，组织必须根据自身的风险偏好管理基于战略和商业目标的风险。

2. 由"控制框架"变身为"管理框架"

《COSO-ERM 框架》(2017) 以企业使命、愿景及核心价值观为出发点，阐述了战略、绩效与风险管理之间的内在联系，强调战略制定和绩效提升过程中考虑风险的重要性，使风险管理工作更好地与企业战略和绩效相融合，进而提升主体的价值，如图1-3所示。框架中的要素、原则和内容等均进行了大幅改动，使得框架从“控制框架”变身为“管理框架”，删除了关于风险管理局限性的论述，将风险与企业战略、绩效相结合，强调风险管理不是一项孤立的工作，而是企业整个管理工作的一部分。

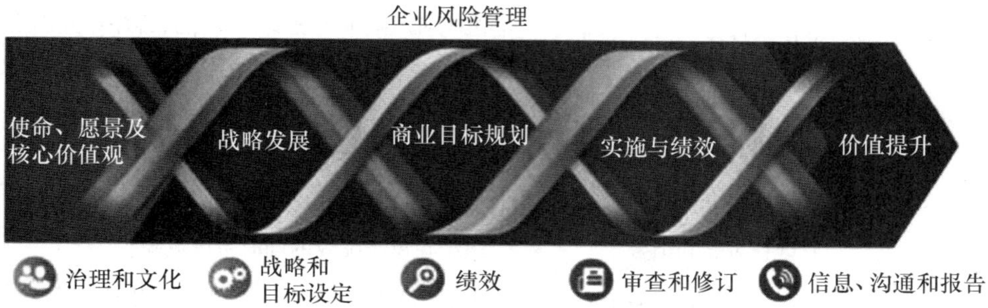

图 1-3 《COSO-ERM 框架》(2017) 展示方式

3. 采用“要素＋原则”模式

新框架摒弃了 2004 年版的立体八要素框架，采用“要素＋原则”模式，把风险管理框架中的要素和原则融入企业战略、绩效和价值提升过程、实践和能力，将原来的 8 个要素整合为治理和文化、战略和目标设定、绩效、审查和修订以及信息、沟通和报告 5 个要素。每个要素下面都有对应的原则，共 20 项原则，并以图形方式展示了各要素和原则之间的关系，提高了文件的可理解性和实用性，增强了整个框架的逻辑性，如表 1-2 所示。

表 1-2 《COSO-ERM 框架》(2017)“要素＋原则”含义表

要素	原则	原则含义
治理和文化	董事会进行风险监督	董事会制定战略目标，督促管理层采取合理合法的经营方式实现战略和商业目标。
	建立运营架构	组织应围绕实现战略和商业目标建立运营架构。
	定义所需的文化	组织建立文化理念促使员工实施期望行为。
	展现对核心价值的承诺	组织对主体核心价值观的承诺。
	吸引、培养并留住人才	组织致力于制定能够吸引并留住人才的政策，积极培育与战略和商业目标相适应的人力资本。
战略和目标设定	分析商业环境	组织应重视商业环境变化引发的风险状况的变化。
	定义风险偏好	组织在制定战略发展目标时应定义风险偏好。
	评估替代战略	组织在制定战略时不能局限于单一的战略目标，面对复杂多变的经营环境，应制定替代战略作为备选，并评估替代战略的影响和风险。
	建立商业目标	组织应将战略目标细化为能够支撑战略目标实现的不同层次商业目标并考量相关风险。

续表

要素	原则	原则含义
绩效	识别风险	组织识别影响战略和商业目标实现的风险。
	评估风险的严重程度	组织建立风险评估体系，对风险的严重程度进行评估。
	风险排序	组织对风险按照重要程度进行排序，并制定风险防范措施。
	实施风险应对	组织识别和选择风险应对措施。
	建立风险组合观	组织建立一种组合视角评估风险。
审查和修订	评估重大变化	组织识别和评估可能对战略和商业目标产生重大影响的变化。
	审查风险和绩效	组织在审查绩效的同时考虑风险。
	企业风险管理改进	组织需要评估绩效对战略目标和商业目标实现的影响，不断改进企业风险管理。
信息、沟通和报告	利用信息系统	组织利用信息技术系统支持风险管理信息化。
	沟通风险信息	组织建立沟通渠道支持风险管理。
	对风险、文化和绩效进行报告	组织就主体各层次的风险、文化和绩效提供报告。

4. 企业风险管理贯穿始终

《COSO-ERM框架》（2017）强调企业风险管理工作必须与业务流程密切关联。风险管理责任落实的三道防线分别是：核心业务部门（core business，类似于业务部门）、支持职能部门（supporting function，类似于职能部门）和保证职能部门（assurance function，类似于监管部门）。核心业务部门承担绝大部分基础价值创造活动，是企业风险防控的第一责任人，因此风险管理工作要与业务流程充分融合。支持职能部门不仅涵盖风险管理部门，还包括财务、法律、人力、技术等支持辅助部门，更好地支持基础价值创造活动，而不是将风险管理工作全权交给风险管理部门。保证职能部门是指企业内部审计部门，承担风险查缺补漏工作。从战略目标设定，到商业目标形成，再到具体执行工作等，企业风险管理并不是独立的工作，而是贯穿组织运营始终。

5. 明确风险管理和内部控制的关系

《COSO-ERM框架》（2017）指出风险管理和内部控制在内容上有重叠之处：与财务报告目标相关的舞弊风险、与合规目标相关的控制活动、与运营目标相关的持续及独立评估。尽管风险管理和内部控制两个框架在内容上有重叠之处，但两者不能相互代替或取代，而应相互补充。内部控制聚焦于主体的营运和对相关法律法规的遵从，而风险管理更关注驱动战略、绩效进而提升价值等管理目的。

6. 强调协调和融合的变化

（1）强调文化是企业风险管理的重要支持。在风险治理的背景下，文化环境会潜移默化地影响员工的思维和行为，因此理解和认识文化的重要性至关重要。《COSO-ERM 框架》（2017）一开始就明确界定文化和商业环境的关系，并分析这种关系对战略选择和执行的影响。

（2）强调战略与企业风险管理的融合。《COSO-ERM 框架》（2017）充分体现了对战略目标的重视，不仅考虑企业风险管理与战略目标之间的协同性，还考虑战略选择对应的风险状况。具体包括：战略和商业目标、使命不一致的可能性，已经选择的战略面临的潜在风险和战略实施中的风险。

（3）强调风险与价值的融合。企业的使命是为利益相关者创造价值，《COSO-ERM 框架》（2017）从企业使命、愿景和核心价值出发，宗旨为提升主体的价值和业绩，强调风险嵌入企业管理业务活动和核心价值链，强调风险管理在创造、实现和保护价值方面的作用。风险管理不再局限于为防止组织价值被侵蚀而将风险降至可接受水平，相反，它被视为战略制定不可分割的组成部分，并为创造、实现和保持价值创造机会。风险管理贯穿企业运行的价值链的每个环节。

（4）提高企业风险管理与绩效的协同性。《COSO-ERM 框架》（2017）强调风险与绩效之间的关系，引入风险概况图作为战略目标制定的工具之一。风险概况图描述了风险与绩效之间的关系，绩效的增长并不一定带来风险的增长，二者并非纯线性关系。组织需要结合主体风险偏好，考量既定目标下的风险是否在承受范围内，确保战略目标的合理性。面对复杂多变的商业环境，组织应设定可接受的绩效波动范围，并考察可接受的绩效波动范围对应的风险状况。最后，该框架强调企业风险管理不仅要识别风险，还要展现风险对实现战略目标和商业目标的影响。

（5）将企业风险管理与决策联系起来。决策发生在价值链的每个环节，战略选择、商业目标和业绩指标的确立以及资源分配等都离不开决策。决策过程必须融入风险意识，要认识到风险信息对提高管理者决策能力的帮助，恰当地理解风险的严重性和类型，及时对决策过程中的相关风险开展识别、评估和应对。

从内部控制历史发展的线索来看，内部控制最初是基于管理的某种需要，此后，在企业管理的发展和外部审计活动的不断推动下，内部控制的理论和实务得到进一步的深化和丰富。内部控制理论的每一个阶段性成果，无不与企业组织形式的变化和利益相关者的价值目标相一致，每当企业组织形式和利益相关者发生变化，内部控制都会面临挑战。随着社会经济环境的变化，内部控制必然会获得新的发展。内部控制目前的发展已经不再囿于审计领域，从一个较长的时期来看，内部控制正在逐步突破审计行业或者专业的限制，向企业管理和企业治理进一步拓展和回归。

第二节　我国影响企业内部控制的相关立法

一、我国企业内部控制的相关立法概述

我国全面风险管理的理念正在逐步培养和兴起，这从表1-3我国影响内部控制（风险管理）的相关规定中可窥一斑。

表1-3　我国影响内部控制（风险管理）的相关规定

序号	时间	事件
1	1985年1月	《中华人民共和国会计法》颁布，规定“会计机构内部应当建立稽核制度。出纳人员不得兼管稽核、会计档案保管和收入、费用、债权债务帐目的登记工作”，首次在法律文件中对内部牵制提出明确要求。
2	1996年	财政部发布《会计基础工作规范》，对内部控制做了明确规定。
3	1996年12月	审计署发布《中华人民共和国国家审计基本准则》，将对内部控制制度的测试当作“作业准则”予以规定。
4	1996年12月	财政部发布《独立审计具体准则第9号——内部控制与审计风险》，提出内部控制“三要素”，帮助注册会计师判断是否信赖内部控制，以确定审计性质、时间和范围。
5	1997年5月	中国人民银行发布《加强金融机构内部控制的指导原则》，就银行、保险公司等金融机构内部控制的目标、原则、要素、基本要求等做出规范，要求各金融机构必须建立科学完善的内部控制制度。
6	1999年10月	《中华人民共和国会计法》颁布，将内部控制制度当作保障会计信息真实和完整的基本手段之一。
7	2000年11月	证监会发布《公开发行证券公司信息披露编报规则》，要求公开发行证券的商业银行、保险公司、证券公司建立健全内部控制制度，并在招股说明书正文中说明内部控制制度的完整性、合理性和有效性。同时，要求注册会计师对被审计者的内部控制制度及风险管理的“三性”进行评价和报告。
8	2001年1月	证监会发布《证券公司内部控制指引》，要求所有的证券公司建立和完善内部控制机制和内部控制制度，并报证监会和当地派出机构备案。
9	2001年6—2004年8月	财政部发布《内部会计控制规范——基本规范（试行）》《内部会计控制规范——货币资金（试行）》《内部会计控制规范——采购与付款（试行）》等7个企业内部会计控制规范，明确了单位建立和完善内部会计控制体系的基本框架以及关键内部控制活动。
10	2002年2月	中国注册会计师协会颁布《内部控制审核指导意见》，规范注册会计师就被审核单位管理当局在特定日期对内部控制有效性的认定进行审核，并发表审核意见。
11	2002年9月	中国人民银行颁布《商业银行内部控制指引》，旨在促进商业银行建立和健全内部控制、防范金融风险，保障银行体系安全稳定运行。主要对内部控制的基本要求、授信、资金业务和中间业务做出规定。

续表

序号	时间	事件
12	2003年12月	审计署颁布《审计机关内部控制测评准则》，明确内部控制、内部控制测评的定义，并规定内部控制测评的步骤和方法。
13	2004年12月	银监会通过《商业银行内部控制评价试行办法》（自2005年2月1日起施行），旨在加强对商业银行内部控制的评价，督促商业银行建立完善的内部控制体系，建立商业银行风险管理的长效机制，保证商业银行安全稳健运行。其主要内容包括内部控制评价的目标、原则、程序、办法、标准、评价等级、组织和实施。
14	2006年1月	保监会制定《寿险公司内部控制评价办法（试行）》，旨在通过加强并规范内部控制评价工作，最终推动寿险公司完善内部控制。对寿险公司内部控制评价目标、评价原则、评价内容、评价方式、评价程序、评价结果利用等进行了明确规定。
15	2006年5月	证监会发布第32号令《首次公开发行股票并上市管理办法》。该办法第29条规定“发行人的内部控制在所有重大方面是有效的，并由注册会计师出具了无保留结论的内部控制鉴证报告”。这是我国首次对上市公司内部控制提出具体的要求。
16	2006年6月	上海证券交易所发布《上海证券交易所上市公司内部控制指引》（自2006年7月1日起施行），对上市公司建立健全和有效实施内部控制制度，提高上市公司风险管理水平提出规范性的指导意见，并强制要求公司董事会在披露年度报告的同时，披露年度内部控制自我评估报告，以及会计师事务所对内部控制自我评估报告的核实评价意见。
17	2006年6月	国资委出台《中央企业全面风险管理指引》，指出全面风险管理，是企业围绕总体经营目标，通过在企业管理的各个环节和经营过程中执行风险管理的基本流程，培养良好的风险管理文化，建立健全全面风险管理体系，包括风险管理策略、风险理财措施、风险管理的组织职能体系、风险管理信息系统和内部控制系统，从而为实现风险管理的总体目标提供合理保证的过程和方法。
18	2006年7月	我国企业内部控制标准委员会成立，组织起草并颁布《企业内部控制规范——基本规范》和17份具体规范征求意见稿。
19	2006年9月	深圳证券交易所发布《深圳证券交易所上市公司内部控制指引》（自2007年7月1日起实施），对上市公司建立健全和有效实施内部控制制度，提高上市公司风险管理水平提出规范性的指导意见，并要求公司于每个会计年度结束后四个月内将内部控制自我评价报告和注册会计师评价意见与公司年度报告同时对外披露。
20	2007年10月	证监会发布《证券投资基金销售机构内部控制指导意见》，以加强证券投资基金销售机构内部控制，促进基金销售机构诚信、合法、有效开展基金销售业务，保障基金投资人权益。
21	2008年5月	财政部、证监会、审计署、银监会、保监会五部委联合发布我国第一部《企业内部控制基本规范》。该基本规范自2009年7月1日起先在上市公司范围内施行，鼓励非上市的其他大中型企业执行。执行基本规范的上市公司应当对本公司内部控制的有效性进行自我评价，披露年度自我评价报告，并可聘请具有证券、期货业务资格的中介机构对内部控制的有效性进行审计。

续表

序号	时间	事件
22	2010年4月	财政部、证监会、审计署、银监会、保监会五部委联合发布《企业内部控制评价指引》《企业内部控制应用指引》《企业内部控制审计指引》。 自2011年1月1日起首先在于境内外同时上市的公司施行，自2012年1月1日起扩大到在上海证券交易所、深圳证券交易所主板上市的公司施行；在此基础上，择机在中小板和创业板上市公司施行；同时，鼓励非上市大中型企业提前执行。
23	2011年10月	中国注册会计师协会发布《企业内部控制审计指引实施意见》，规范注册会计师执行内部控制审计业务，明确工作要求，提高执业质量，维护公众利益。
24	2012年2月	财政部颁布《企业内部控制规范体系实施中相关问题解释第1号》，对企业内部控制规范体系的10个问题进行了解释，如规范体系的强制性与指导性、规范体系与其他监管部门规定的关系、内部控制与风险管理的关系、规范体系的政策盲区、内部控制的成本与效益、内部控制与其他管理体系的关系、内部控制缺陷的认定标准、内部控制机构设置、内部控制评价报告等。
25	2012年9月	财政部颁布《企业内部控制规范体系实施中相关问题解释第2号》，对企业内部控制规范体系的10个问题进行了解释，如内控组织实施、内控人才队伍培养、集团企业内部控制评价、内部控制缺陷处理、会计师事务所工作、小型企业内控建设等。
26	2012年11月	财政部发布《行政事业单位内部控制规范（试行）》，进一步提高行政事业单位内部管理水平，规范内部控制，加强廉政风险防控机制建设。
27	2013年12月	财政部发布《石油石化行业内部控制操作指南》，指导不同规模、不同产业链中的石油石化行业企业开展企业内部控制体系的建立、实施、评价与改进工作。
28	2014年1月	财政部和证监会发布《公开发行证券的公司信息披露编报规则第21号——年度内部控制评价报告的一般规定》，分步推进资本市场全面贯彻实施企业内部控制规范体系，规范上市公司内部控制信息披露行为，保护投资者的合法权益。
29	2014年9月	银监会印发《商业银行内部控制指引》，促进商业银行建立健全内部控制，有效防范风险，保障银行体系安全稳健运行。
30	2014年12月	财政部发布《电力行业内部控制操作指南》，供电网企业、发电企业、电力建设企业、电力设计企业和其他辅助性电力企业开展内部控制体系的建立、实施、评价与改进工作时参考使用。
31	2015年2月	中国注册会计师协会发布《企业内部控制审计问题解答》，进一步指导注册会计师更好地贯彻内部控制审计思路，解决在企业内部控制审计实务中遇到的问题，防范审计风险。
32	2015年12月	保监会印发《保险资金运用内部控制指引》及应用指引，进一步加强保险资金运用内部控制建设，提升保险机构资金运用内部控制管理水平，有效防范和化解风险。

续表

序号	时间	事件
33	2017 年 1 月	财政部发布《行政事业单位内部控制报告管理制度（试行）》，进一步加强行政事业单位内部控制建设，规范行政事业单位内部控制报告的编制、报送、使用及报告信息质量的监督检查等工作，促进行政事业单位内部控制信息公开，提高行政事业单位内部控制报告质量。
34	2017 年 6 月	财政部发布《小企业内部控制规范（试行）》，指导小企业建立和有效实施内部控制，提高经营管理水平和风险防范能力，促进小企业健康可持续发展。
35	2018 年 8 月	财政部发布《管理会计应用指引第 700 号——风险管理》《管理会计应用指引第 701 号——风险矩阵》，加强企业风险管理，推动相关管理会计工具方法在风险管理领域的有效应用。
36	2018 年 11 月	国资委颁布《中央企业合规管理指引（试行）》（国资发法规〔2018〕106 号），要求中央企业合规管理全业务、全层次、全员工、全流程，做到“四全”全面覆盖，层层强化责任制，监察、审计、内控、风险管理等工作协同联动，合规管理牵头部门客观独立履行职责，加快建立健全合规管理体系。
37	2019 年 10 月	国资委颁布《关于加强中央企业内部控制体系建设与监督工作的实施意见》（国资发监督规〔2019〕101 号），要求企业建立健全以风险管理为导向、合规管理监督为重点，严格、规范、全面、有效的内控体系，严格落实各项规章制度，将风险管理和合规管理要求嵌入业务流程，实现“强内控、防风险、促合规”的管控目标，切实全面提升内控体系有效性。
38	2019 年 12 月	国资委颁布的《关于做好 2020 年中央企业内部控制体系建设与监督工作有关事项的通知》（国资厅发监督〔2019〕44 号）规定，企业要高度重视内控体系建设与监督工作，加强组织领导，落实企业主要领导人员内控体系监管工作第一责任人职责，尽快明确专门职能部门或机构，配备必要专门人员，建立健全上下贯通、全面覆盖的内控工作体系，形成领导有力、职责明确、流程清晰、规范有序的工作机制。
39	2020 年 9 月	国资委发布《关于深化中央企业内部审计监督工作的实施意见》（国资发监督规〔2020〕60 号），要求国有企业加强内控体系审计，提升企业内控体系有效性。
40	2020 年 10 月	国资委颁布的《关于做好 2021 年中央企业内部控制体系建设与监督工作有关事项的通知》（国资厅监督〔2020〕307 号）规定，为推进中央企业管理体系和管理能力现代化，要完善中央企业内部控制体系，增强中央企业抗风险能力。
41	2021 年 3 月	国资委颁布的《关于加强中央企业资金内部控制管理有关事项的通知》（国资发监督〔2021〕19 号）规定，各中央企业要高度重视资金内控管理工作，以提升资金内控有效性为目标，以强化资金内控监督为抓手，以健全资金内控制度体系为保障，落实内控部门的资金内控监管责任、工作职责与权限，明确监管工作程序、标准和方式方法，构建事前有规范、事中有控制、事后有评价的工作机制，形成内控部门与业务、财务（资金）、审计等部门运转顺畅、有效监督、相互制衡的工作体系。同时，要切实加强资金内控制度建设，持续强化资金内控关键环节监管，加快推进资金内控信息化建设，有效开展境外资金风险管控。

从表1-3可以看出，不同部门和单位（如财政部、证监会、国资委、人民银行、证券交易所）都对内部控制规范做出相应规定，这些文件的颁布和实施体现了我国内部控制规制建设的以下特征。

（一）进一步扩大了内部控制规制的范围

最早的内部控制规制的范围集中在金融机构，后扩大到上市公司，直到所有公司。另外，最早的内部控制多数是对内部会计控制提出要求，后发展为对整个企业内部控制提出要求，并要求注册会计师对其内部控制进行评价和报告。

（二）内部控制规制逐步渗透风险管理理念

比较2006年财政部、证监会、国资委、证券交易所的相关文件，国资委的《中央企业全面风险管理指引》直接借鉴《COSO-ERM框架》，从一个体系（全面风险管理体系）、五个流程（风险管理策略、风险理财措施、风险管理的组织职能体系、风险管理信息系统和内部控制系统）以及一种文化要求中央企业根据自身实际情况贯彻执行全面风险管理指引。上海证券交易所、深圳证券交易所的《上市公司内部控制指引》基于《COSO-ERM框架》中内部控制的八要素对上市公司提出了内部控制自我评价和注册会计师审核的指导意见。财政部的《企业内部控制基本规范》在形式上借鉴了内部控制的五要素框架，但在内容上体现了风险管理的八要素框架，如内部控制的目标增加了企业战略目标；内部控制五要素中的风险评估包括目标设定、风险识别、风险分析和风险应对。由此可见，各个部门对企业内部控制的要求有所不同，但都体现了全面风险管理的理念。

（三）内部控制评价方面的制度建设更加完善

20世纪90年代后期，我国政府开始积极推进内部控制评价的规范化建设。

1996年12月，中国注册会计师协会颁布的《独立审计实务公告第2号——管理建议书》中对管理建议书和专门接受委托的内部鉴证服务进行了区分，这表明我国开始重视内部控制的评价和鉴证。

2000年，证监会发布《公开发行证券公司信息披露编报规则》，要求商业银行、保险公司、证券公司建立内部控制制度，并对内部控制制度的完整性、合理性和有效性做出说明。同时要求注册会计师对以上企业内部控制制度的完整性、合理性和有效性进行评价，提出改进建议，编制内部控制评价报告，并且对内部控制评价报告的披露做出了规定。2001年10月，中国证监会发布《关于做好证券公司内部控制评审工作的通知》，要求证券公司、商业银行加强内部控制的稽核、检查与完善，聘请会计师事务所对公司内部控制的完整性、合理性与有效性进行评价，提出改进意见，并出具评价报告。

2001年11月，财政部发布《独立审计实务公告第4号——内部控制审核（征求意见稿）》，后又在2002年2月以中国注册会计师协会《内部控制审核指导意见》

的形式予以发布，对内部控制审核进行了定义，即注册会计师接受委托，就被审核单位管理当局对特定日期与会计报表相关的内部控制有效性的认定进行审核，并发表审计意见。对各方责任进行了界定，指出建立健全内部控制并保持其有效性，是被审核单位管理当局的责任；了解、测试和评价内部控制并出具审核报告，是注册会计师的责任。明确了内部控制审核报告分为四种类型：无保留意见、保留意见、否定意见和拒绝表示意见。

2004 年 12 月，银监会发布了《商业银行内部控制评价试行办法》，2006 年 1 月，保监会发布了《寿险公司内部控制评价办法（试行）》，旨在通过建立一套评价金融机构内部控制的框架和方法，规范和加强金融机构内部控制的评价，督促其进一步建立内部控制体系，健全内部控制机制，形成风险管理的长效机制。

（四）全面推动内部控制落地实践，构建完善的内部控制监督体系

自 2012 年 11 月财政部发布《行政事业单位内部控制规范（试行）》起，《石油石化行业内部控制操作指南》《商业银行内部控制指引》《电力行业内部控制操作指南》《保险资金运用内部控制指引》《小企业内部控制规范（试行）》等文件陆续颁布实施，体现了我国侧重全面推动内部控制落地实践并不断完善，逐步形成内部控制监督体系，如国资委分别在 2018 年 11 月、2019 年 10 月和 2020 年 10 月颁布实施了《中央企业合规管理指引（试行）》《关于加强中央企业内部控制体系建设与监督工作的实施意见》《关于做好 2021 年中央企业内部控制体系建设与监督工作有关事项的通知》。

二、国资委的《中央企业全面风险管理指引》

国务院国资委颁布的《中央企业全面风险管理指引》（以下简称《指引》）的主要内容可概括为：两个定义、两种分类、五类目标、一个流程、五个体系和一个文化。

（1）《指引》对风险和企业全面风险管理给出了自己的定义：风险指未来的不确定性对企业实现其经营目标的影响。全面风险管理指企业围绕总体经营目标，通过在企业管理的各个环节和经营过程中执行风险管理的基本流程，培育良好的风险管理文化，建立健全全面风险管理体系，包括风险管理策略、风险理财措施、风险管理的组织职能体系、风险管理信息系统和内部控制系统，从而为实现风险管理的总体目标提供合理保证的过程和方法。

（2）《指引》对企业风险进行了两种分类：企业风险一般可分为战略风险、财务风险、市场风险、运营风险、法律风险等；也可以能否为企业带来盈利等机会为标志，将风险分为纯粹风险（只有带来损失一种可能性）和机会风险（带来损失和盈利的可能性并存）。

（3）《指引》将企业全面风险管理目标分为五类：1）确保将风险控制在与总体目标相适应并可承受的范围内；2）确保内外部，尤其是企业与股东之间实现真实、可靠的信息沟通，包括编制和提供真实、可靠的财务报告；3）确保遵守有关法律法规；4）确保企业有关规章制度和为实现经营目标而采取的重大措施的贯彻执行，保障经营管理的有效性，提高经营活动的效率和效果，降低实现经营目标的不确定性；5）确保企业建立针对各项重大风险发生后的危机处理计划，保护企业不因灾害性风险或人为失误而遭受重大损失。

（4）《指引》明确了风险管理的基本流程：1）收集风险管理初始信息；2）进行风险评估（含风险辨识、风险分析、风险评价三个步骤）；3）制定风险管理策略（含风险承担、风险规避、风险转移、风险转换、风险对冲、风险补偿、风险控制七大策略）；4）提出和实施风险管理解决方案（含外包方案、内控方案等）；5）风险管理的监督与改进。

（5）《指引》指出企业风险管理包括五大体系：风险管理策略、风险理财措施、风险管理的组织职能体系、风险管理信息系统和内部控制系统。

（6）《指引》强调企业应注重建立具有风险意识的企业文化。

《指引》的总体结构可用图1-4表示。

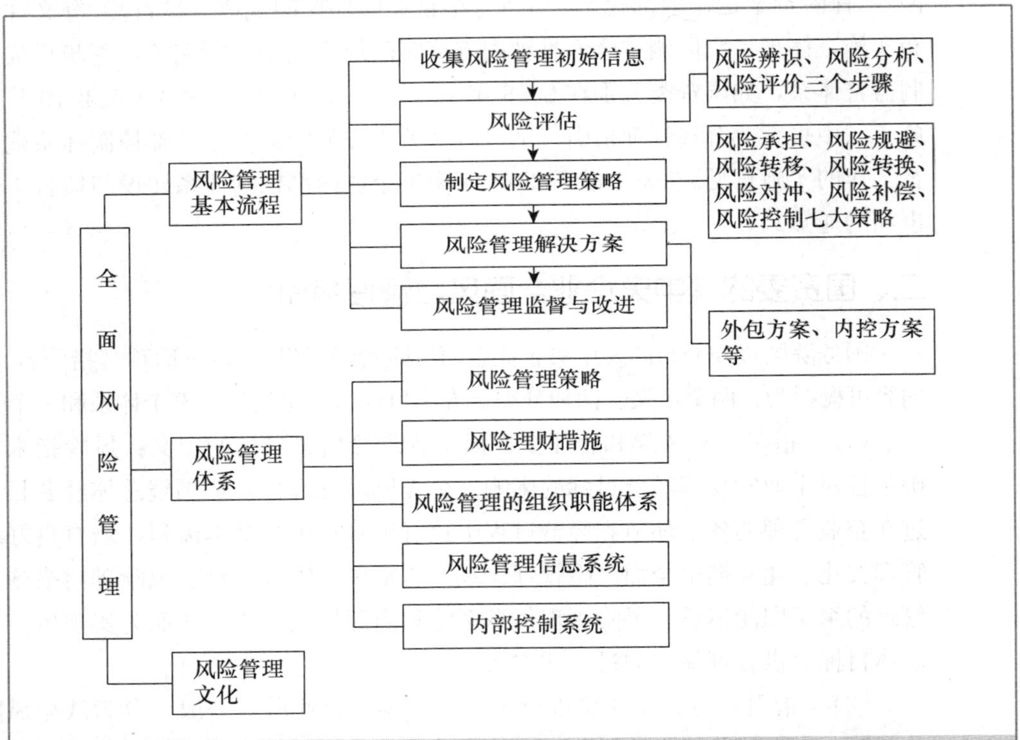

图1-4 《中央企业全面风险管理指引》的总体结构

三、财政部等五部委的《企业内部控制基本规范》

财政部等五部委颁布的《企业内部控制基本规范》（以下简称《基本规范》）的

主要内容可概括为：一个定义、五项原则、五类目标和五个要素。

（1）《基本规范》给内部控制下了自己的定义：内部控制是由企业董事会、监事会、经理层和全体员工实施的旨在实现控制目标的过程。

（2）《基本规范》明确提出了企业建立和实施内部控制的五项原则：全面性原则、重要性原则、制衡性原则、适应性原则和成本效益原则。

（3）《基本规范》将企业内部控制目标分为五类：合理保证企业经营管理合法合规，确保资产安全，财务报告及相关信息真实完整，提高经营效率和效果，促进企业实现发展战略。

（4）《基本规范》将企业内部控制分为五个要素：内部环境、风险评估、控制活动、信息与沟通、内部监督。

企业内部控制标准委员会在《企业内部控制基本规范起草说明》中说，《基本规范》在形式上借鉴了COSO报告的五要素框架，同时在内容上体现了风险管理八要素框架的实质。其实质主要指在风险评估要素中细化了风险管理的流程：风险识别、风险分析和风险应对策略，并且在风险应对策略中比照《COSO-ERM框架》说明了风险规避、风险降低、风险分担和风险承受四种应对策略。另外，在五要素之外间接表述了企业的目标。据此，《基本规范》的主体结构可用图1－5来表示。

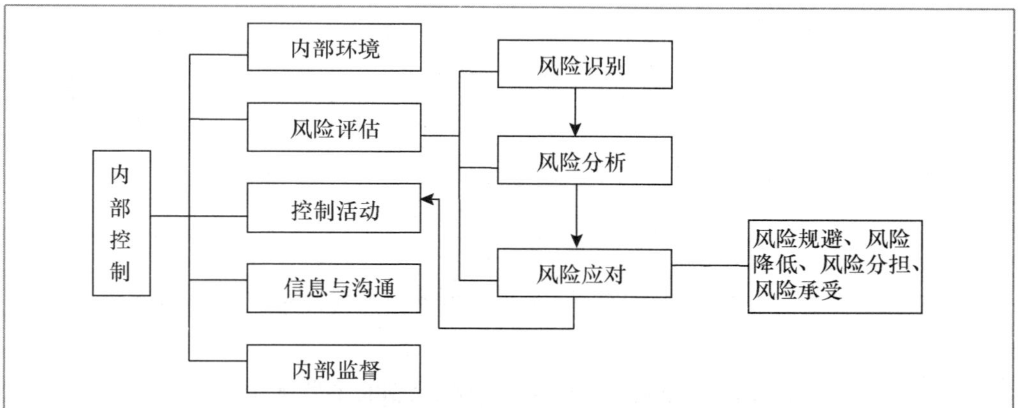

图1－5　《企业内部控制基本规范》的主体结构

四、财政部的《行政事业单位内部控制规范（试行）》

财政部发布的《行政事业单位内部控制规范（试行）》自2014年1月1日起在全国各级行政事业单位正式实施，共六章六十五条，具体包括总则、风险评估和控制方法、单位层面内部控制、业务层面内部控制、评价与监督、附则等内容。

（一）《行政事业单位内部控制规范（试行）》的框架结构

《行政事业单位内部控制规范（试行）》的框架结构如图1－6所示。结合我国国情，《行政事业单位内部控制规范（试行）》将内部控制的基本原理与我国行政事业单位的实际运行情况相结合，通过梳理整合业务流程，完善内部管理中存在的风险环节；通过科学合理的机制建设，将权力制衡的理念嵌入内部管理制度之中。顺畅的内部运行体系便于及时充分搜集和提取相关信息，提高信息传递的及时性和完整性。明确的权责关系有利于将信息公开职责下放到各个具体的岗位，进一步提升信息传递的速度和准确性，从而提高公共服务质量和效率。

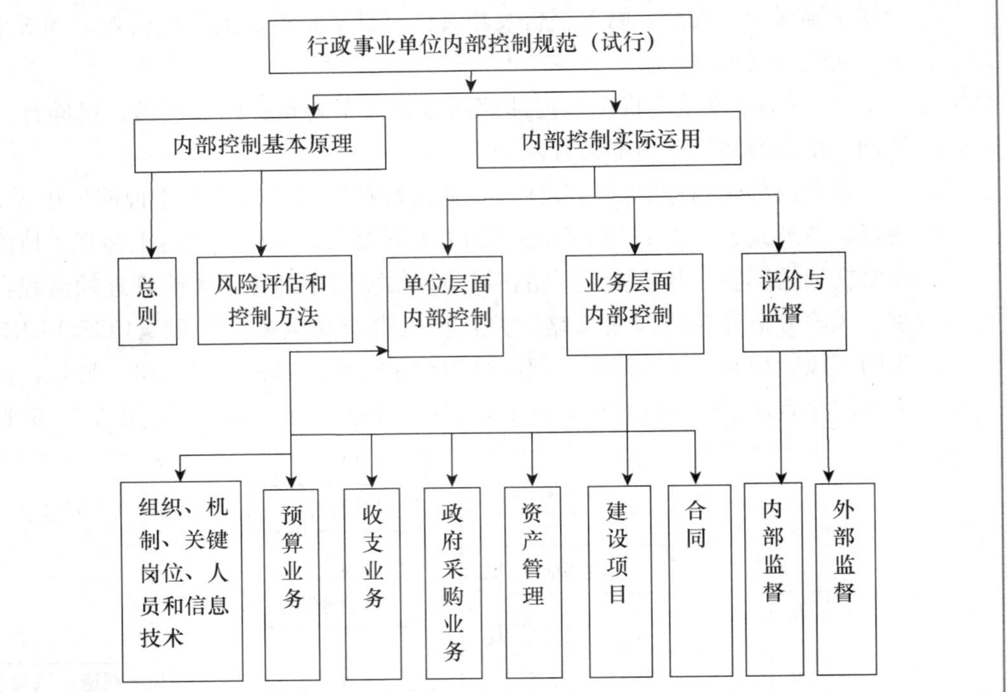

图1-6 《行政事业单位内部控制规范（试行）》的框架结构

（二）企业内部控制与事业单位内部控制的主要区别

1. 事业单位与企业内控建设目标不同

相比较而言，行政事业单位内控建设的主要目标在于有效防范舞弊和预防腐败，提高公共服务的效率效果。企业内控建设的目标主要有战略目标、合法合规目标、财务目标、资产安全完整目标、经营的效率效果目标。

2. 事业单位与企业内部控制范围不同

行政事业单位的组织结构、部门设置、职能权限等会受到外来制度和规定的约束，行政事业单位内控制度目前建设的空间比企业小，仅涉及财权（经济活动）的控制，无法涉及事权的控制。行政事业单位内控规范将控制的范围缩小，集中于预算控制、收支业务控制、政府采购控制、资产控制、建设项目控制、合同控制等这些常见的能够体现经济业务活动性质的控制活动，而企业内控规范则强调全面内控。

3. 事业单位与企业内部控制体系的基本内容不同

事业单位内部控制体系的基本内容包括以下几方面：(1) 建立控制系统，规范运作程序；(2) 完善控制制度，明确控制标准；(3) 完善控制机制，提高控制效果；(3) 讲求控制方法，加强风险防范。

企业内部控制体系的内容主要包括以下几个方面：(1) 股权控制和经营管理权控制；(2) 战略控制和经营控制；(3) 人事、财务、会计和生产控制等；(4) 结果控制和过程控制；(5) 积极控制和消极控制；(6) 行为控制与事务控制；(7) 制度控制和观念控制。

4. 事业单位与企业内部控制的绩效评估标准不同

企业管理的绩效评估强调经济利益，而行政事业单位管理的绩效评估则偏重于社会效益，因此，在企业管理中，绩效评估指标主要为销售收入、净利、销售净利率、销售毛利率、资产净利率、净值报酬率和市场占有率等。而对于行政事业单位来说，行为的合法性、公众舆论好坏、各种冲突的减少程度、公共项目的实施与效果、公共产品的数量及其耗费程度等是评估其管理绩效的主要指标。

第三节　风险管理理念的形成与演变

一、对风险的认识

早在 19 世纪，西方古典经济学派就提出了风险的概念，认为风险是经营活动的副产品，经营者的收入是其在经营活动中承担风险的报酬。最早提出风险概念的美国学者海恩斯在其 1895 年出版的著作 *Risk as an Economic Factor* 中写道："风险一词在经济学和其他学术领域中并无任何技术上的内容，它意味着损害或损失的可能性。偶然性的因素是划分风险的本质特征，某种行为能否产生有害的后果应以其不确定性而定。如果某种行为具有不确定性，则该行为就承担了风险。"

1921 年，奈特认为风险是"可测定的不确定性"，而"不可测定的不确定性"才是真正意义上的不确定性；威廉姆斯认为风险是在给定情况下特定时间内那些可能发生的结果之间的差异；1972 年，J. S. 罗森布洛姆在其论文中定义风险为未来损失的不确定性。1993 年，日本学者武井勋在其著作《风险、不确定性和利润》中对风险的概念作了新的表述，认为风险是特定环境中和特定期间内自然存在的导致经济损失的变化，包括三个要素：第一，风险与不确定性有差异；第二，风险是客观存在的；第三，风险可以测量。

2001年，国际内部审计师协会将风险定义为可能对目标的实现产生影响的不确定性，并指出风险衡量标准的后果与可能性。随后的学者在研究风险概念时不仅包含了未来结果朝不利方向变动的可能性，即风险损失，而且将未来结果朝有利和不利两方面的变动都包括在内。小阿瑟·威廉斯等人在其所著的《风险管理与保险》一书中，将风险定义为结果中潜在的变化。2002年英国风险管理协会（IRM）、保险和风险管理师协会（AIRMIC）以及公共部门风险管理协会（ALARM）共同发布了风险管理标准，将风险定义为事件及其后果的可能性的结合，既关注风险的消极面，也关注风险的积极面。

2017年，COSO发布《企业风险管理——与战略和业绩的整合》，用可能性（possibility）来定义风险，即风险是指事项发生并影响战略和商业目标实现的可能性。

2018年，国际标准化组织（ISO）发布ISO 31000《风险管理指南》，使用不确定性（uncertainty）定义风险，即风险是指不确定性对目标的影响。

在现代市场经济中，随着全球贸易以及电子信息技术的发展，企业面临风险的机会大大增多，人们意识到“风险能够导致变革和机会”[①]，对待风险的看法具有质的不同。表1-4汇总了随着社会的发展，风险观念的改变。

表1-4 风险观念的改变

	风险的内涵	对风险的反应	风险应对机制
前现代社会	命运、迷信、罪恶	接受、责备	补偿、惩罚、复仇、报应
现代社会	可预测、可度量的负面因素	避免、保护	赔偿、财务
现代市场经济	可管理、可操纵的机会	接受专业的控制建议，并建立自我纠错系统	系统改善

由表1-3可以看出，在现代市场经济中，人们对风险的认识已经提升到企业发展战略层面。风险具有客观性、普遍性、必然性、可识别性、可控性、损失性、不确定性和社会性。理解这个定义需要把握以下几个方面。

（1）风险与战略、决策相关。根据战略才能判断可能的后果与目标是否存在偏离，是正偏离或是负偏离。风险与人的行为有关，而行为受决策左右，因此风险与人的决策有关。

（2）风险具有多变性。风险的多变性是指风险会受到各种因素的影响，在风险性质、破坏程度等方面呈现动态变化的特征。由于风险的可能结果不是单一的，而是一系列的，所以理解和评估风险时，“范围”这个概念对应众多的不确定性。风险是一系列可能发生的结果，不能简单理解为最有可能的结果。

① The Treasury Board of Canada. Intergrated Risk Management Framework，2001.

（3）风险既具有客观性，又具有主观性。风险是事件本身的不确定性，是在一定具体情况下的风险，人们通过主观判断来选择不同的风险。

（4）风险总是与机遇并存。大多数人只关注风险的不利面，如风险带来的竞争失败、经营中断、法律诉讼、商业欺诈、无益开支、资产损失、决策失误等，因而害怕风险。但“风险本身并不是坏事。对于发展而言，风险是必需的，失败是我们学习过程的一个重要部分。我们必须学会平衡风险可能导致的相反结果所带来的机遇”①。有风险才有机会，风险是机会存在的基础，一味害怕风险并不能解决问题，反而会因未能利用机遇或竞争优势而导致更大的风险。为此，我们可以把负面的风险称为威胁，而把正面的风险称为机会。面对竞争日益加剧的全球经济环境、不断出现的新技术和新的经营模式、变化的消费观、企业的重组兼并以及永不满足的股东，人们只有了解并有能力控制其面临的风险，寻求机遇的行为才能够活跃起来。

在风险理念逐步转变的过程中，人们对风险的研究围绕以下三个基本问题：第一，什么是风险的真相或它的真实性；第二，不利的后果包括哪些；第三，如何规范与测度不确定性。根据研究角度的不同有两类风险理论学派：一是客观实体派，该学派主要依据保险精算、工程学、经济学与财务理论进行风险理论研究，认为风险是客观的不确定性，是客观存在的实体，是可以预测的，一般以客观概率的概念规范与测度不确定性。一切不利后果均以货币观点观察与计价。风险真实性的认定则以数值的高低作为基础。二是主观构建派，该学派主要依据心理学、社会学、人类学与哲学进行风险理论研究，认为风险不是测度的问题，而是构建过程的问题。

二、全面风险管理理念的形成

风险管理思想自古有之。我国早在夏朝就有了旨在积谷防饥的粮食储备制度，《夏箴》中记有：“天有四殃，水旱饥荒，甚至无时，非务积聚，何以备之?”公元前916年和公元前400年，国外提出了共同海损制度和船货押贷方法。但学术界一般认为，现代意义上的风险管理理论和实践始于20世纪30年代的美国，1930年，美国宾夕法尼亚大学所罗门·许布纳（Solomon Schbner）博士在美国管理协会召开的一次关于保险问题的会议上首次提出了风险管理的概念。风险管理本质上是针对各种风险的管理活动的总称，包括风险识别、风险评估、风险应对和风险控制等。60年代，风险管理在美国工商企业界发展为一种现代管理手段；70年代，全球性的企业风险管理运动兴起；90年代，整体层面的风险管理思想出现并得到推广。

一般认为，风险管理可分为三个阶段，即简单风险管理阶段、商务风险管理阶段和全面风险管理阶段。简单风险管理基于“风险是坏事”这一初步认识，将风险

① Van Scoy，Roger L. Software Development Risk：Opportunity Not Problem，1992.

管理视为管理产品的生产和交易中产生的某些财务风险或公害风险，通常利用金融衍生工具、嵌入性衍生条件、保险政策、免责合同等手段，力求避免各种风险事件带来的负面影响。商务风险管理将了解和管理风险视为每个人工作的一部分，实施更加系统的风险评估，改善风险责任的配置，应用各种经过验证的管理过程与技术来管理所有关键性的风险。在此情况下，商务风险管理方法意味着风险经理与业务经理尽最大努力去了解风险的源头，并实现知识共享，最终使得风险与商务活动密不可分。全面风险管理将风险管理视为企业追寻机遇过程中一个合理有序的流程，将商务风险管理行为与战略管理、业务计划制定过程结合在一起，使用一种复杂的、高度透明的、持之以恒的方法将战略、过程、人员、技术和知识联结在一起，以实现整个企业的风险、收益、增长与资本协调优化的目标。

我国学者曹元坤、王光俊（2011）等通过归纳总结将风险管理的发展分为两个阶段：基于保险和财务层面的风险管理阶段和基于整体的风险管理阶段。

（一）基于保险和财务层面的风险管理阶段

20世纪90年代以前，风险管理研究的内容基本上限于可保风险和财务风险。

自1930年所罗门·许布纳博士首次提出风险管理概念以来，众多学者和研究机构投入风险管理研究，但总体来说，风险管理研究的内容基本限于可保风险和财务风险。风险应对的主要手段就是保险，即通过保险来承受或转嫁风险。这一阶段的研究者大多来自金融保险界，这在一定程度上给风险管理研究打上了金融保险的烙印。

20世纪50年代，美国工商企业界发生了两件大事，一是通用汽车公司的一场大火造成了5 000万美元的巨额经济损失；二是由于团体人身保险福利和退休金问题，钢铁业发生了长达半年的工人罢工，给国民经济带来难以估量的损失。这两件大事震动了美国理论界和工商企业界，工商企业高层决策者真正意识到风险管理的重要性，风险管理实践与理论研究由此从金融业扩展到非金融业。在此阶段，风险管理研究的方法以模型化的定量研究为主。1963年梅尔与赫尔奇斯出版的《企业风险管理》标志着风险管理的研究趋于系统化、专门化。

在此之后，概率论和数理统计技术大量应用于风险管理领域的研究，从而使风险分析发生了质的飞跃，风险管理从经验走向科学。夏普（Sharpe），林特尔（Lintner）和莫辛（Mossin）分别于1964年、1965年和1966年推导和进一步完善资本资产定价模型；1968年奥尔特曼（Altman）提出多元线性判定模型；1972年考克斯（D. R. Cox）提出Cox半参数风险模型；1980年奥尔森（Ohlson）建立Logistic模型预测企业风险问题；1984年兹米耶夫斯基（Zmijewski）运用Probit模型进行企业风险预测；1990年奥多姆（Odom）等首次将人工神经网络模型应用于企业风险预警研究；20世纪90年代，一种以损失为基础的新的风险管理模型（即在险价值，value at risk，简称“VaR”）逐步兴起，摩根（J. P. Morgan）将其定义为“在既定头寸被冲销或重估前可能发生的市场价值最大损失的估计值”，VaR 成功将风险量化和标准化，成为风险管理领域的量化指标之一。

（二）基于整体的风险管理阶段

20 世纪 90 年代以来，社会环境和经济环境发生了很大的变化，从巴林银行、爱尔兰联合银行、长期资本管理公司倒闭等个体事件，到墨西哥金融危机、亚洲金融危机、拉美部分国家金融动荡等系统性事件，昭示着损失不再是由单一风险造成的，而是由信用风险、市场风险和操作风险等多种风险导致的，建立良好的全面风险管理体系迫在眉睫。在这样的时代背景下，基于整体层面的风险管理应运而生。

整体层面的风险管理涵盖的范围很广，涉及保险、套期保值、投资融资、薪酬设计、税收管理等多个领域，它代表新的管理思想，意味着对原有的诸多风险管理技术、方法进行整合创新，协调多种风险视角、调解多方利益，将风险组合的影响映射到企业价值之中。

1992 年，肯特·D. 米勒（Kent D. Miller）提出了整合风险管理（intergrated risk management）的概念。其后的十余年中，众多学者对风险管理理论进行阐释并形成了以整合风险管理、整体风险管理、综合风险管理为代表的多个学派。尽管这些学派在研究角度及侧重点等方面存在差异，但基本思路是一致的，即强调风险与管理的结合，力图改变单一、局部或分离层面的风险研究局面，并尝试从企业整体层面对风险管理进行研究。

1999 年，《巴塞尔新资本协议》将市场风险和操作风险纳入资本约束的范围，提出资本充足率、监管部门监督检查和市场纪律三大监管支柱，成为推动全面风险管理理念进一步成熟的重要力量。

21 世纪，《整合性公司风险管理》（希马皮，2001）和《综合风险管理》（多尔蒂，2003）这两部著作被学术界公认为迄今为止最经典的风险管理理论与实践著作。希马皮在其 2001 年出版的著作《整合性公司风险管理》中对个别的风险管理与创新整合型风险管理做了比较，其中包括资本管理与风险管理、公司财务与保险、个别风险与整合风险、个别市场与整合的市场，并对整合前后的风险管理效果进行了论述。多尔蒂在其 2003 年出版的著作《综合风险管理》中论述了各种创新型避险工具的运作与风险，强调风险管理不应该局限在可保风险暴露单位上，而应该关注影响公司价值的所有风险。

2001 年，COSO 提出对企业全面风险管理进行研究的构想，并邀请普华永道会计师事务所作为合作伙伴，组织各方面的专家进行集体讨论。2003 年 7 月，COSO 发布企业全面风险管理框架的征求意见稿，于 2004 年 9 月发布《COSO-ERM 框架》正式稿，将风险管理纳入企业的各种活动之中，并将战略目标引入风险管理。《COSO-ERM 框架》从内部控制的角度出发，融合了整合风险管理、整体风险管理、综合风险管理的思想，宽泛地定义了风险管理，确立了适用于各种类型的组织、行业和部门的风险管理标准。《COSO-ERM框架》一经发布，立即为世界各国普遍接受，并成为目前风险管理和内部控制最具权威性的文献。

2006年6月，我国国务院国资委在借鉴发达国家有关企业风险管理的理论成果的基础上，发布了《中央企业全面风险管理指引》，要求中央企业根据自身实际情况开展全面风险管理工作。《中央企业全面风险管理指引》是我国第一个权威的风险管理框架，标志着我国的风险管理理论和实践进入一个新的历史阶段，对于中央企业建立健全风险管理长效机制，防止国有资产流失，促进企业稳步发展，保护投资者利益，具有积极的意义。

综上，在此阶段，风险管理理念从单一、局部或分离层面转向企业整体层面，风险管理研究模式从模型化转向框架标准化。至此，全面风险管理理念形成。通过分析全面风险管理理念，我们可以看出全面风险管理具有以下特征：

（1）战略性。尽管风险管理渗透到现代企业各项活动中，存在于现代企业管理者对企业的日常管理中，但它主要运用于企业战略管理层面，站在战略层面整合和管理企业层面风险是全面风险管理的价值所在。

（2）全员化。企业全面风险管理是一个由企业治理层、管理层和所有员工参与的，对企业所有风险进行管理，旨在把风险控制在风险容量以内，增加企业价值的过程。企业全面风险管理本身并不是一个结果，而是实现结果的一种方式。在这个过程中，只有将风险意识转化为全体员工的共同认识和自觉行动，才能确保风险管理目标的实现。

（3）专业性。要求风险管理的专业人才实施专业化管理。

（4）二重性。企业全面风险管理的商业使命在于：1）损失最小化管理；2）不确定性管理；3）绩效最优化管理。即当风险损失不能避免时，尽量减少损失至最小程度；风险损失可能发生也可能不发生时，设法降低风险发生的可能性；风险预示着机会时，化风险为增加企业价值的机会。全面风险管理既要管理纯粹的风险，也要管理机会风险。

（5）系统性。全面风险管理必须拥有一套系统的、规范的方法，来确保所有的风险都得到识别，而且所有的风险都得到管理。系统和规范的方法超越了企业自发的管理，它使利益相关者、董事和高管确信所有的风险都被识别和理解，而且宝贵的资源被主动运用在紧迫的风险领域。

2017年，COSO发布的《企业风险管理——与战略和业绩的整合》，将风险管理定义为“组织在创造、保持和实现价值的过程中，结合战略制定和执行，赖以进行管理风险的文化、能力和实践”，将风险管理工作直接从“一个流程或程序”提升到“一种文化、能力和实践”，用以助力组织创造、保持和实现价值。

尽管企业全面风险管理不是一种激进、全新的管理方法，而是由其他管理方法进化而来的，但我们可以发现，近年来企业对风险的理解和处理发生了重要转变。

表 1－5 显示了风险管理新旧理念之间的差异。

表 1－5　风险管理新旧理念之间的差异

项目	传统风险管理	全面风险管理
涉及面	主要由财务和内部审计等部门负责；就单个风险实施风险管理，主要是可保风险和财务风险	在高层的参与下，每个成员都承担与自己行为相关的风险管理责任；从总体上集中考虑和管理所有风险（包括纯企业风险和风险机会）
连续性	只有当管理层认为必要时才进行	是企业系统的、有重点的、持续的行为
态度	被动地将风险管理作为成本中心	主动积极地将风险管理作为价值中心
目标	与企业战略联系不紧，目标是转移或避免风险	紧密联系企业战略，目标是寻求风险优化措施
方法	事后反应式的风险管理方法，即先检查和预防经营风险，然后采取应对措施	事前风险防范，事中风险预警和及时处理，事后风险报告、评估、备案及其他相应措施
关注焦点	纯粹、灾害性风险	所有利益相关者的共同利益最大化

第四节　合规管理、内部控制与风险管理的关系

一、内部控制与风险管理本质的统一性

内部控制与风险管理二者的区别和联系一直是理论界和实务界争论的热点话题，且至今仍未达成共识。目前理论界对内部控制与风险管理的关系有三种不同的观点。

第一种观点认为，内部控制包含风险管理。按照施控的主体来分，控制可分为内部控制和外部控制。加拿大 CoCo 委员会（the Canadian Criteria of Control Board）报告（1995）认为，控制是一个组织中支持该组织实现其目标的诸要素的集合体，实质上就是内部控制，风险评估和风险管理是控制的关键要素。同时，该报告将风险定义为“一个事件或环境带来不利后果的可能性”，阐明了风险管理和内部控制的关系：“当你在把握机会和管理风险时，你也正在实施控制。”

第二种观点认为，风险管理包含内部控制。英国 Turnbull 委员会（2005）认为，风险管理对企业目标的实现具有重要意义。企业的内部控制在风险管理中扮演关键角色，内部控制应当被管理者看作范围更广的风险管理的必要组成部分。南非 King Ⅱ Report（2002）认为，传统的内部控制系统不能管理很多风险，例如政治风险、技术风险和法律风险，风险管理将内部控制作为减轻和控制风险的一种措施，是一个比内部控制更加复杂的过程。国内学者杜轩（2008）、张正兵（2009）

等也认为风险管理的内涵比内部控制更广泛，内部控制是风险管理的必要环节。

第三种观点是内部控制和风险管理的本质协调论。Black Burn（1999）认为，风险管理和内部控制即使人为地分离，在现实的商业行为中，它们也是一体的。Laura F. Spira 等（2003）分析了内部控制是怎样变为风险管理的。Matthew Leitch（2006）认为，理论上风险管理和内部控制没有差异，这两个概念的外延变得越来越广，正在转变为同一事物。

我们认为，内部控制和风险管理在本质上是协调共存的，理由如下：

（1）从内部控制三要素到五要素的形象图（如图 1－7、图 1－8 和图 1－2 所示）分析，人们不禁会问：内部控制的形象图为什么从平面图到三面锥形图再到八面立体图呢？这不仅是平面到立体的图形变化，还是人们对内部控制认识和考虑的深化，为适应市场经济的发展和利益相关者的需要，企业内部控制的内涵和外延不断拓展。人们考虑内部控制时，已经从会计系统角度发展到企业控制的操作层面，再到企业各个层面（整体层面和控制层面），在这个演进过程中，授权、实物控制、职责分离等控制活动的合理内涵一直被强调和巩固，随后增加了风险的考虑，增加了以治理层、管理层的约束等内容为主的企业整个层面的考虑。也就是说，风险管理继承了内部控制的合理内涵，内部控制也必然体现风险管理理念。

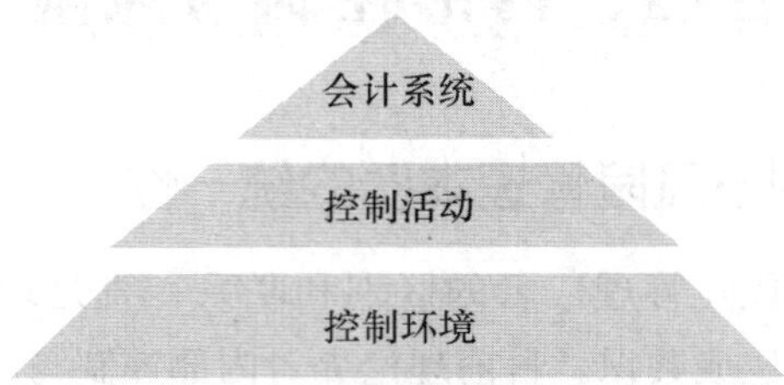

图 1－7　内部控制三要素的平面图

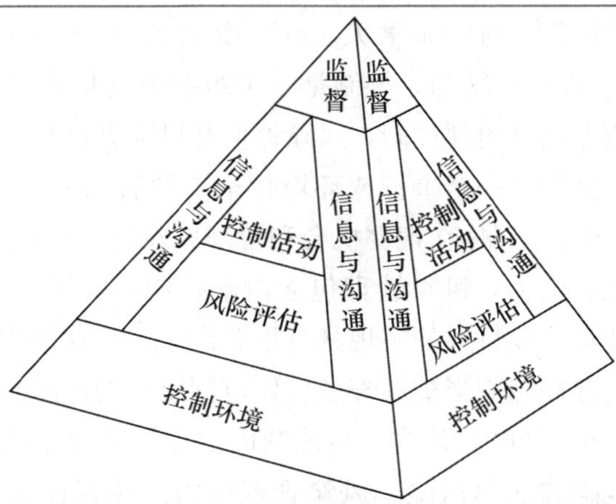

图 1－8　内部控制五要素的锥形图

（2）从内部控制五要素（见图1－2）和风险管理的八要素（见图1－4）的内涵分析，内部控制和风险管理的控制活动是一致的，不同的是风险管理将控制管理提前，侧重于围绕目标设定对风险的识别、评估和应对，但如果站在战略层面，拓展内部控制中的风险评估要素，把内部控制的对象扩展为风险，这时，内部控制的设计、建设、运行以及独立检查、评价都基于风险分析，内部控制和风险管理就基本上是一回事了，仅仅是叫法不一致而已。

（3）从手段和方法分析，一方面，内部控制既是风险管理的主要内容，又是风险管理的重要手段。也就是说，风险管理能够涵盖内部控制的所有内容，根据图1－9，风险－内部控制＝可接受风险度，对风险进行处理和管理时，一个重要的策略是健全内部控制，适当的内部控制能够降低企业所有风险至可接受的水平，但不能消灭所有的风险。另一方面，风险管理的最终目标与企业目标一致，在现代社会中，企业目标已经不仅仅是追求利润最大化、价值最大化，而是构建一个和谐的内控机制，考虑所有利益相关者的利益，为此，改进和提高内部控制的效率和效果，也是风险管理的价值所在。

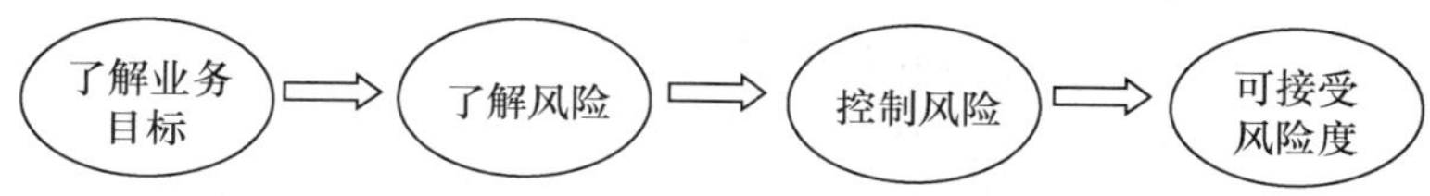

图1－9　风险管理与内部控制的关系图

（4）从内部控制和风险管理演进路径分析，内部控制和风险管理从不同的路径共同到达了全面风险管理的新阶段，可谓“殊途同归”。一是内部控制的研究者主要来自会计、审计和经济管理等学科领域，风险管理的研究者主要来自金融保险、安全工程、食品工程、项目管理、流行病学等学科领域。他们在不同的领域从不同的角度攀登到了全面风险管理这一新高地，从而将内部控制和风险管理的研究推向一个新阶段。内部控制和风险管理向全面风险管理演进的路线如图1－10所示。二是内部控制和风险管理都是一个动态的过程，内部控制和风险管理应该与企业的经营管理过程相结合，并受人的因素的影响，强调“软控制”（即精神层面的内容，例如管理当局的风格和理念、企业文化等）的作用和风险意识，即不同企业的内部控制和风险管理都深深地烙上不同的企业文化。三是内部控制和风险管理均受目标驱动，组织中的每一个人都对内部控制和风险管理负有责任，而且由于内部控制的固有限制，内部控制和风险管理只能提供合理保证，而非绝对保证。

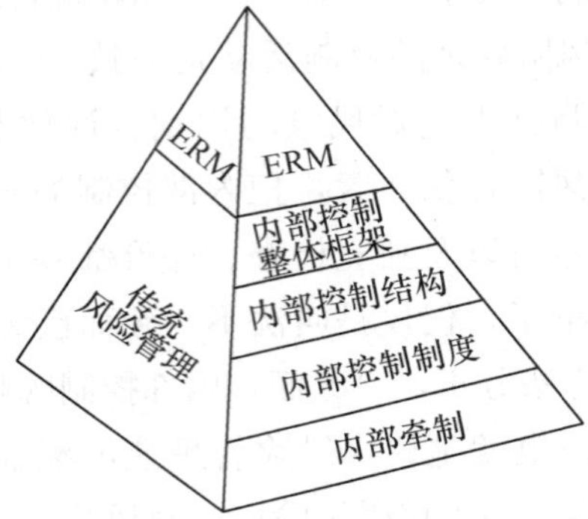

图1-10　内部控制和风险管理向全面风险管理演进的路线

二、合规管理与风险管理的对比

合规管理，是指以有效防控合规风险为目的，以企业和员工的经营管理行为为对象，开展制度制定、风险识别、合规审查、风险应对、责任追究、考核评价、合规培训等有组织、有计划的管理活动。企业应当加强对以下重点领域的合规管理：

（1）市场交易。完善交易管理制度，严格履行决策批准程序，建立健全自律诚信体系，反商业贿赂、反垄断、反不正当竞争，规范资产交易、招投标等活动。

（2）安全环保。严格执行国家安全生产、环境保护法律法规，完善企业生产规范和安全环保制度，加强监督检查，及时发现并整改违规问题。

（3）产品质量。完善质量体系，加强过程控制，严把各环节质量关，提供优质产品和服务。

（4）劳动用工。严格遵守劳动法律法规，健全完善劳动合同管理制度，规范劳动合同签订、履行、变更和解除，切实维护劳动者合法权益。

（5）财务税收。健全完善财务内部控制体系，严格执行财务事项操作和审批流程，严守财经纪律，强化依法纳税意识，严格遵守税收法律政策。

（6）知识产权。及时申请注册知识产权成果，规范实施、许可和转让，加强对商业秘密和商标的保护，依法规范使用他人知识产权，防止侵权行为。

（7）商业伙伴。对重要商业伙伴开展合规调查，通过签订合规协议、要求做出合规承诺等方式促进商业伙伴行为合规。

合规管理与风险管理的对比见表1-6。

实质上，合规管理是内部控制中最基本的要求，是底线与红线，逾越了要付出代价。内部控制是企业管理理念，不但要求企业行为符合规范，还要考察企业规范是否完善、企业规范有没有配备相应的执行点，执行企业规范的过程是否有效。风险管理是内部控制的最高形式，一切控制都是为了避免风险、追求绩效。

表 1-6　合规管理与风险管理的对比

项目	合规管理	风险管理
做事原则	符合不符合规定	有没有绩效
极端情景	针对三令五申的规定，不计成本必须遵守	当规定严重影响绩效时，打破规定，追求绩效
最终目标	合规有序	实现战略、提升绩效
两者协调	大多数不符合规定的事情，都没有绩效；当规矩陈旧或不适合发展需要时，重建规定才有绩效	

企业全面梳理整合内部控制、风险管理和合规管理相关制度，及时将法律法规等外部监管要求转化为企业内部规章制度。在具体业务制度的制定、审核和修订中嵌入统一的内部控制体系管控要求，明确重要业务领域和关键环节的控制要求和风险应对措施。统筹推进内部控制、风险管理和合规管理的监督评价工作，将风险管理、合规管理的制度建设及实施情况纳入内部控制体系监督评价范畴，制定定性与定量相结合的内部控制缺陷认定标准、风险评估标准和合规评价标准，不断规范监督评价工作程序、标准和方式方法。将违规经营投资责任追究内容纳入企业内部管理制度中，强化制度执行刚性约束。形成全面、全员、全过程、全体系的风险防控机制，切实全面提升内部控制体系有效性，加快实现高质量发展。

三、内部控制与风险管理的衔接

尽管内部控制和风险管理实质上具有统一性，但风险管理毕竟是对内部控制的发展，两者的衔接体现在从风险的视角理解和实施内部控制，即风险管理框架下的内部控制。内部控制与风险管理与其说是专项工作，不如说是理念、文化与方法论。

（一）平衡风险管理和内部控制的关系

风险管理框架下的内部控制站在企业战略层面分析、评估和管理风险，把对企业的监督控制从细节控制提升到战略层面及公司治理层面。风险管理不仅关注内部控制的建立，更关注内部控制的运行与评价，从企业内外部风险的角度为公司治理层、管理层持续改进内部控制设计和运行提供思路。风险管理比内部控制的范围要大得多，如图 1-11 所示。

（二）前动与后动的平衡

风险管理框架下的内部控制既包括提前预测和评估各种现存和潜在风险，从企业整体战略的角度确定相应的内部控制措施来管理风险，达到控制的效果，又包括在问题或事件发生后做出后动反应，积极采取修复性和补救性的行为。显然，在未发生风险负面影响前即采取措施，更能够根据事件或风险的性质，减少风险的损失，降低成本，提高整体管理效率。

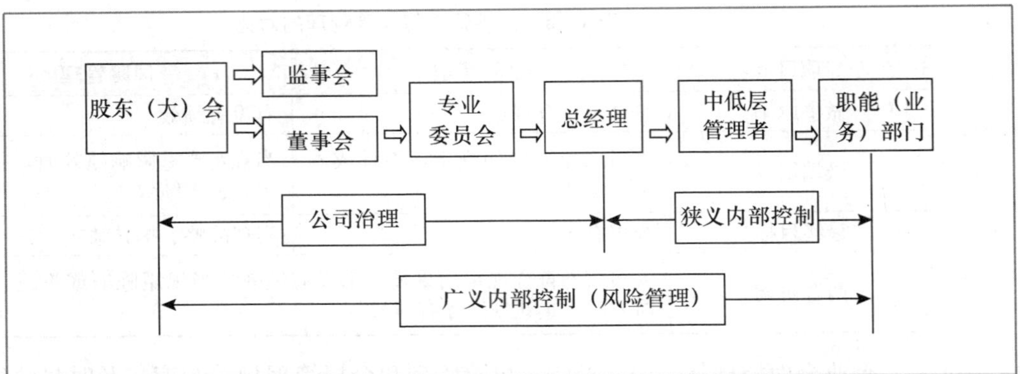

图1-11　风险管理框架下的内部控制

（三）治理、风险、控制的整合

风险管理框架下的内部控制试图寻求一个有效的切入点，使得内部控制真正作为组织战略管理的重要成分嵌入组织内部，提高组织对内部控制重要性的认同，并使得内部控制能为组织战略目标的实现做出更多的贡献。依照风险管理的整体控制思维，扩展内部控制的内涵和外延，将治理、风险和控制作为一个整体为组织目标的实现提供保证。这一整合过程将克服原本内部控制实施过程中内部控制与管理脱节的问题，整个组织风险管理的过程也是内部控制实施的过程，内部控制不再被人为地从企业整个流程中分离出来，内部控制与组织的整合性和全员参与性得到提高。

（四）"从上到下"控制基础和"从下到上"风险基础的执行模式的融合

过去，一提到内部控制，人们往往认为它是管理者制定出相应的规章制度约束员工。但风险管理框架下的内部控制既体现内部控制从上到下的贯彻执行，也强调内部控制从下到上参与设计、反馈意见以及倒逼机制，即"从上到下"控制基础和"从下到上"风险基础的执行模式的融合。

风险管理框架下的内部控制（风险管理）既包括管理层以下的监督控制，又包括管理层以上的治理控制。按照内部控制五要素分析内部治理控制见表1-7。

表1-7　风险管理框架下的公司内部治理控制

内部控制要素	公司治理中的体现（举例，并不全面）
控制环境	1. 股东（大）会、董事会、监事会、经理的职责定位与授权； 2. 董事会内部职责分工与授权，如内设的战略、执行、审计、薪酬、提名等专业委员会等； 3. 董事会、监事会与经理团队的沟通氛围； 4. 股东与董事会的风险偏好； 5. 董事长主持董事会工作，其职业修养与专业能力将影响治理效果； 6. 董事、监事能力； 7. 独立董事的独立性。

续表

内部控制要素	公司治理中的体现（举例，并不全面）
风险评估	1. 战略、目标、重大经营计划等决策需充分评估内外部风险； 2. 在为具体治理活动设计控制措施前需要进行风险评估。
控制活动	1. 治理结构本身的牵制机制设计，如监事会、独立董事制度、审计委员会设立等； 2. 企业战略和目标的制定与决策程序； 3. 通过听取业绩报告，董事会对经理战略执行的过程控制； 4. 董事长对经理的决策授权与监督； 5. 董事、监事、经理的考核激励控制； 6. 公司章程，董事会及其下属委员会、监事会的议事规则； 7. 信息披露的控制程序。
信息与沟通	1. 股东、董事、监事履行职责时，必须适时得到充分的相关信息； 2. 董事会与经理团队应建立正常沟通机制，适时了解战略和目标的执行情况，及时采取行动； 3. 股东分散、不参与企业的经营管理，董事会应按规定适时披露相关信息，保障所有股东的合法权益。
监督	1. 董事会（或审计委员会）聘请独立第三方检查经理履行职责的情况； 2. 监事会对董事会与经理的监督检查。

四、合规管理、内部控制和风险管理的协调

合规管理、内部控制和风险管理对公司的运营是一种制衡，即对人的制衡，对事的制衡，对利益的制衡，制衡之外是对企业健康发展的促进。

1. 合规管理是“打基础”

合规管理的核心：确保公司各项生产经营活动遵循内外部的法律、制度、条例、规范、指引等。

合规管理的产出：合规管理可以起到最基本的抑制操作风险的作用。

合规管理的短板：只能发现问题而不能解决问题。

2. 内部控制是合规管理的“最高等级”

内部控制的核心：不但要求合规，还要考察“规”的状态（是否完善、是否有配套指引、执行过程是否完善）。

内部控制的重点：与合规管理相比，合规管理注重结果，内部控制重视过程，并在过程的基础上发展较完善的工具和方法（COSO 框架）。

内部控制的优点：内部控制是抑制操作层面风险的最佳手段。

内部控制的缺点：内部控制对需要站在一定管理高度把握的风险（如战略风险等）无能为力。（例如内部控制无法衡量资本市场波动会给公司带来多大风险。）

3. 风控管理是风险管控的“最高形式”

风控管理的核心：两个“必须”。一是必须把风险管理的职能提升到高级管理

层。二是必须设立独立于业务部门的风险管理部门。

公司内各类风险相对分散、独立，设立统一的部门，站在管理层的高度检视风险，才能避免“头痛医头脚痛医脚”。

讨论思考题

1. 企业内部控制历史演进各阶段的特点分别是什么？其间哪些内容传承下来？哪些内容不断完善？

2. 企业内部控制与风险管理是什么关系？谈谈你的认识。

3. 企业内部控制和风险管理是一根捆绑员工手脚的绳子还是牵在人们手中的绳子？谈谈你的看法。

4. 我国《企业内部控制基本规范》和《中央企业全面风险管理》之间的关系是什么？

5. 我国《企业内部控制基本规范》和《行政事业单位内部控制规范（试行）》有什么不同？

6. 厘清合规管理、内部控制和风险管理的关系及其如何衔接。

案例讨论与分析

安然和安达信的毁灭

1. 安然和安达信简介

安然公司曾是美国能源巨头，号称“全球最大的能源企业”，排名世界500强第16位，在《财富》杂志排行榜位居第7。其经营业务覆盖40多个国家和地区，在美国拥有雇员2万余人，年营业额1 000亿美元，利润10亿美元，股价最高达90美元，连续4年获“美国最具创新精神公司”称号。1996—2000年，安然报告的合并净收益从58 000万美元增长到97 000万美元。安然的股价表现明显超过了市场平均水平，在最高价时，市场价值达到600亿美元。这时，股价所反映的市盈率是60，是这一产业平均水平的三倍。

安达信会计师事务所（Arthur Andersen & Co.，简称“安达信”）于1913年由亚瑟·安达信（Arthur Andersen）在芝加哥创建，2001年为全球第五大会计师事务所（2001财务年度，普华永道、德勤、毕马威、安永、安达信五大会计师事务所全球营业额分别为223亿美元、124亿美元、117亿美元、99亿美元、93.4亿美元），代理美国2 300家上市公司的审计业务，占美国上市公司总数的17%；在全球 84 个国家设有 390 个分公司，拥有 4 700 名合伙人、2 000 个合作伙伴，专业人员达 8.5 万人，这些分公司同属于总部安达信国际（Andersen Worldwide），成员公司在管理、领导层和资本结构上都是独立的，但在安达信这一品牌下，依照统一的技术、操作方法和操作理念运作。

2. 事件介绍

2001 年 10 月 17 日，安然公布季度财务报告，其利润由 2000 年的近 10 亿美元突降到−6.38 亿美元。《华尔街日报》披露安然利用合伙公司隐藏巨额债务。10 月 22 日，美国证券交易委员会介入调查安然事件。11 月 8 日，安然被迫承认做了假账。自 1997 年以来，安然虚报盈利共计 6 亿美元。标准普尔（Standard & Poor's, S&P）将安然公司的债券评级调低至"垃圾"，并且将其从代表美国经济的标准普尔 500 种股票中剔除；穆迪投资服务公司（Moody's Investors Service）也将安然的信用等级调至最低。11 月 21 日，休斯敦的达力智能公司取消了原定收购安然的计划。12 月 2 日，安然根据美国《破产法》第十一章规定，向纽约破产法院申请破产保护，破产资产总额高达 498 亿美元。12 月 8 日，安然的 29 名高级行政人员以纽约为基地联合银行起诉，索赔 250 亿美元，指控安然明知前景欠佳，还趁机出售数百万股票。12 月 12 日，美国众议院一个特别委员会对安然破产案展开调查。2002 年 1 月，美国司法部正式开始对安然案进行刑事调查。1 月 16 日，纽约证交所正式取消安然股票相关交易。

安然操纵利润的手段主要有：

(1) 利用所谓的特殊目的实体（special purpose entities，SPE）。自 1997 年以来，安然主要通过组织创新、交易设计和衍生工具等方式创立了近 3 000 个 SPE（其中 900 个设在被称为"避税天堂"的国家和地区），高估利润、低估负债。安然不恰当地利用 SPE 符合特定条件可以不并表的惯例，将本应纳入合并报表的 3 个 SPE 排除在合并报表之外，导致 1997—2000 年高估利润 4.99 亿美元，低估负债数十亿美元，并进行表外融资，提高信用等级。

(2) 1999 年 6 月至 2001 年 9 月，安然与 LJM 公司发生 24 笔交易。在编报之前出售资产、编报之后再回购资产，使交易价格严重偏离公允市价。此类关联交易虚构利润 5.57 亿美元；通过出售资产给 LJM 公司，确认利润 8 730 万美元；通过受让 LJM 公司控制的 5 个 SPE 的股权，确认这些 SPE 与风险管理有关的利润 4.7 亿美元。

(3) 2000 年年末，安然持有高风险投资 90 亿美元。为避免利润大起大落，安然与 LJM2 公司合作设立了 4 个"猛兽类"SPE，作为安然交易类证券的避险工具。安然利用与这 4 个 SPE 的对冲交易，在短短 5 个季度中隐瞒了 10 亿美元的损失（占当期利润总额的 72%）。

(4) 2000 年 4 月，安然向"鹰爪"出售 1.72 亿美元股票，在未收到认股款的情况下确认实收资本增加。

(5) 2001年，安然向“大灰狼”“野山猫”出售远期合约并承诺在未来向这2个SPE发行8.28亿美元的股票，安然将这些远期合约记录为实收资本和应收票据的增加。两项合计虚增资产和实收资本10亿美元。

(6) 此外，以不符合重要性原则为由，未采纳安达信的审计调整建议，导致1997—2000年高估利润0.92亿美元。

20世纪90年代后期，安达信开发了名为“经营审计”（business audit）的现代风险导向审计方法。在运用现代风险导向审计方法之前，安达信似乎没有发现安然有重大问题。但是，运用现代风险导向审计方法之后，安达信发现问题比较严重。早在1999年，安达信技术合伙人就对安然的审计提出异议。2001年2月5日，安达信休斯敦和芝加哥办公室员工就安然令人担忧的会计处理进行了讨论，但安达信在2001年2月12日举行的安然审计委员会会议上表示，安然2000年度财务报表将收到无保留意见的审计报告，安达信已经复核了关联交易，没有发现任何有关关联交易会计处理的不当之处。

安然事发后，安达信因销毁不利审计证据被裁定妨碍司法罪，这一罪名的成立使安达信面临罚款50万美元和5年证券市场禁入期的处罚。此后，更多的公司终止了与安达信的业务，尽管安达信在其网站上特别声明，安达信美国公司与安达信国际公司并不是一个机构。安达信在2002年8月31日宣布告别从事90年的审计业务的前一天，与安然及其员工达成了两项协议，根据协议，安达信将向一个和解基金会支付1.995亿美元，向安然股东和雇员支付4 000万美元，以此来换取安达信在美国以外地区的分公司不会牵涉到安然的官司中，但安达信的海外会员纷纷投靠其他会计师事务所，声誉显赫的百年企业倒塌了。

3. 原因追溯

根据相关资料，我们从内部控制和风险管理的角度追溯其原因。

(1) 安然公司治理中董事职能的缺失及滥用。美国公司治理实行一元治理结构制下的外部董事制度，即执行经营职能的董事和执行监督职能的董事在一个董事会中，不设监事会，外部董事主导提名委员会、审计委员会和薪酬委员会的工作。安然17名董事会成员，除董事会主席和CEO（首席执行官）外，其余15名董事均为独立董事，其中不乏很有名望的专业人士，如审计委员会主席是已退休的斯坦福大学商学院院长、著名会计学教授罗伯特·杰迪克，审计委员会7名委员全部由独立董事组成。但外部董事未能为安然的股东把好对高层管理人员的监督关，最终导致投资者损失惨重。为什么外部董事监督不力呢？因为安然管理层与董事的关系非同一般。安然曾签订了7份涉及14名董事的咨询服务合同，还有多份与不同董事所在的企业进行产品销售的合同；另外，安然经常向董事任职的一些非营利机构捐款。

（2）公司期股、期权的激励约束机制被滥用。安然管理层薪酬过高，期股、期权被滥用，缺乏透明度和有效监督。

（3）利益相关者参与公司治理力度不够。安然像美国大部分股份公司一样，股票大多为公众持有，公司股权非常分散。所有权分散使得个人股东不大可能对其所投资的公司具有控制权，只能通过在股票市场上"用脚投票"来选择代理者，形成对公司的行为约束。企业的大股东主要是机构投资者（如保险公司、养老基金和共同基金等），但根据美国 1934 年《证券交易法》，机构投资者不能对被持股企业产生直接影响，因此造成内部约束机制不强。作为公司债权人的金融机构和作为公司股东的机构投资者在美国公司治理结构中的地位和作用极为有限。

（4）内部审计缺乏独立性。美国公司大部分建立了内外部审计体系。公司董事会一般设有审计委员会，成员主要由独立董事组成，负责审阅财务报告、监督内部控制系统操作的有效性、定期会晤外部审计人员、讨论程序及重大会计问题、确保公司政策符合有关法律及专业守则、审查董事酬金及审计人员酬金的合理性等。但安然的审计委员会成员都与管理层有良好的关系，独立性差，无法起到应有的作用。

（5）不重视风险的预警。安然的财务报告显示在 2000 年前的 5 年多时间里，有 33 亿美元净收益。然而，它的报告显示在同一时间内仅产生了 1.14 亿美元的现金，仅为所报告净收益的 3%。对于任何公司而言，报告的净收益与实际的现金流不匹配应视为一种风险预警，但安然以及它的审计机构安达信对此风险预警全然不顾。

（6）外部审计缺乏独立性。安达信对安然每年约 1 亿美元的收费中，50%以上来自咨询服务，为此，人们质疑安达信出具严重失实审计报告和内控评价报告是由于缺乏独立性。缺乏独立性导致安达信未及时将有关问题向安然有关管理层报告，对于发现的异常，未及时采取行动。

4. 启示

最具有讽刺意味的是，安然和安达信在出事之前一直被人们奉为风险管理实践和理论研究的先驱者，安然设有风险总监（CRO），还有一套被认为是最先进的市场风险和信用风险的控制手段；安达信的风险导向审计研究和实践也被人们称道。但它们却倒下了，这更深刻地揭示了内部控制和风险管理的重要性，也说明企业内部控制和风险管理必须从上层（治理层、管理层）做起，即企业的治理层、管理层不仅要重视内部控制和风险管理，更要成为内部控制和风险管理中被监督、被控制的一个环节。否则，再漂亮的理论和实践，也只会成为风险的源头。同时，对于任何一个组织，要在整合的基础上控制好所有的风险，而不是那些显而易见的风险。

讨论与分析：

结合安然和安达信毁灭的内部控制方面的原因，讨论内部控制五要素及其在内部控制（风险管理）体系中的地位和作用。

第二章

内部控制（风险管理）体系的构建

学习目标

1. 掌握内部控制（风险管理）体系构建的原则。
2. 熟悉内部控制（风险管理）体系构建的流程。
3. 熟悉内部控制（风险管理）体系构建的主要工作。
4. 了解内部控制（风险管理）手册的作用及其内容。
5. 了解内部控制（风险管理）体系构建的实践。

引例

精美公司内部控制体系构建的困惑

2008年是精美公司的内部控制年，精美公司专门成立了一个内部控制管理领导小组，并聘请著名的今明会计师事务所协助其构建内部控制体系，整个公司投入内部控制建设中。

第一，今明会计师事务所在公司人力资源部的配合下组织公司各个层面的人员进行内部控制相关培训。第二，今明会计师事务所在各个职能部门的配合下把公司原来的业务流程以及规章制度进行整合，梳理了公司153项业务流程和546个规章制度，其中，公司全面预算管理系统和信息化管理系统是最近两年聘请国际知名中介机构构建完毕并运行的。第三，今明会计师事务所在公司内部审计部的配合下对公司现行的制度及其执行情况进行测试，在此基础上，今明会计师事务所为精美公司提供了《精美公司内部控制手册》。第四，把《精美公司内部控制手册》发布到公司各个主要部门和子公司，各个主要部门和子公司在今明会计师事务所的指导下试用。第五，今明会计师事务所对精美公司执行内部控制的情况进行审计和评价，修改《精美公司内部控制手册》。第六，精美公司把修改完善的《精美公司内部控制手册》上报董事会，审批后，印制成书，下发给所有的部门和子公司，要求大家严格按《精美公司内部控制手册》执行。另外，精美公司正在着手筹建独立的风险控制和管理部门，专门负责内部控制和风险管理等事宜。

在内部控制体系构建中，始终困惑精美公司的问题是：(1) 新的内部控制体系与原来公司运行很好的管理体系，如预算管理系统和信息化管理系统如何衔接？(2)《精美公司内部控制手册》印制成书后，公司的内部控制体系就构建完成了吗？(3) 外聘的审计师、内部审计师对内部控制的责任如何划分？(4) 公司筹建的独立的风险控制和管理部门与公司其他业务部门的风险管理责任如何划分？风险控制和管理部门与内部审计部门如何协调？

第一节　内部控制（风险管理）体系构建的原则与流程

一、内部控制（风险管理）体系构建的原则

构建企业内部控制（风险管理）体系有助于企业实现内部控制（风险管理）目标，进而实现企业的目标。在实务中，构建内部控制（风险管理）体系需要遵循以下原则。

（一）系统性和适应性相结合原则

在实践中，设计和运用内部控制天然存在矛盾的倾向，设计内部控制时总是力求全面、不存遗漏，但实施内部控制时却希望尽量简便，以提高效率，这两者融合在内部控制（风险管理）的实践中就是系统性和适应性相结合的原则。系统性强调内部控制应当贯穿决策、执行和监督全过程，覆盖企业及其所属单位的各种业务和事项，但并非面面俱到，烦琐复杂；适应性要求内部控制应当与企业经营规模、业务范围、竞争状况和风险水平等相适应，并随着情况的变化及时加以调整，强调针对性、动态性和高效性。这两者协调起来达到的效果是：让企业所有的活动和所有层面都受到内部控制的约束，但这种约束是减少风险的约束，而不是牺牲效率的约束。

（二）制衡性和预防性叠加原则

制衡性是指内部控制应当在治理结构、机构设置及权责分配、业务流程等方面形成相互制约、相互监督的机制。预防性是指建立内部控制要突出预防为主的思想，切实做到以预防为主，事先采取预防措施，防止风险发生，使各项活动和过程

都处于受控状态，将可能发生的风险及风险造成的损失降到最低限度，使风险达到可接受的水平。制衡性和预防性叠加促使企业的所有经济活动在事前防范风险、事中牵制降低风险中实现控制的目标。

（三）成本效益原则

内部控制应当权衡实施成本与预期效益，以适当的成本实现有效控制。

完善的内部控制（风险管理）体系在系统识别各种可能发生的风险的基础上，采取先进的分析和评估方法，评价风险的后果或影响的严重性和风险发生的可能性，确定各类风险的严重程度，通过风险评价和成本效益分析，确定每种风险的处理策略，并注意采取防范风险措施所花费的成本必须与风险程度相适应，强化关键风险事项的管理控制，简化非重要风险事项的管理控制，体现效益和效率的平衡，确保因实行内部控制所花费的代价不能超过由此获得的效益，否则应舍弃该控制措施，或采取其他的替代性控制措施。

（四）内嵌在管理过程和信息系统中的原则

内部控制只有渗透到企业的各项业务过程和各个操作环节中，覆盖所有的部门和岗位，内嵌在管理过程和信息系统中，才能真正发挥作用。因此，企业内部控制构建需要对企业的基本业务及原有的惯例和制度进行吸收、鉴别、扬弃、改造和创新，把标准化的内部控制嵌入企业的管理过程和信息系统中，提高执行力和内部控制效率。需要注意：

（1）内部控制构建与企业的 ERP 建设相结合，建立一整套统一、全面、分层的内部控制（风险管理）流程与制度。

（2）强调内部控制和风险管理的前、中、后台相互协调、互为制衡，业务单元、职能部门、所属机构各司其职，实现全员参与、全过程控制、全方位监督。

（3）把公司科学的管理理念以及最佳管理控制实践融合在整个内部控制（风险管理）中。

（五）持续改进原则

企业内部控制是在企业定期或不定期的风险评估的基础上不断改进完善的过程，不可能一蹴而就，也不可能一劳永逸。因此，一个企业的内部控制建设始终在设计、实施、评估或鉴证中持续改进，逐步形成一个自我识别风险、自我完善、持续改进的风险管理与内部控制的动态过程和长效机制。

二、内部控制（风险管理）体系构建的流程

任何企业的内部控制（风险管理）体系的建设都不可能是在一张白纸上勾画蓝图，也不可能是全盘否定过去，而应基于原来的管理体系，从企业战略目标出发，识别、评估、排序风险，按照确定的风险评估结果确定应对措施。构建的流程如图 2－1 所示。

公司内部控制（风险管理）体系构建流程中关键的环节如下。

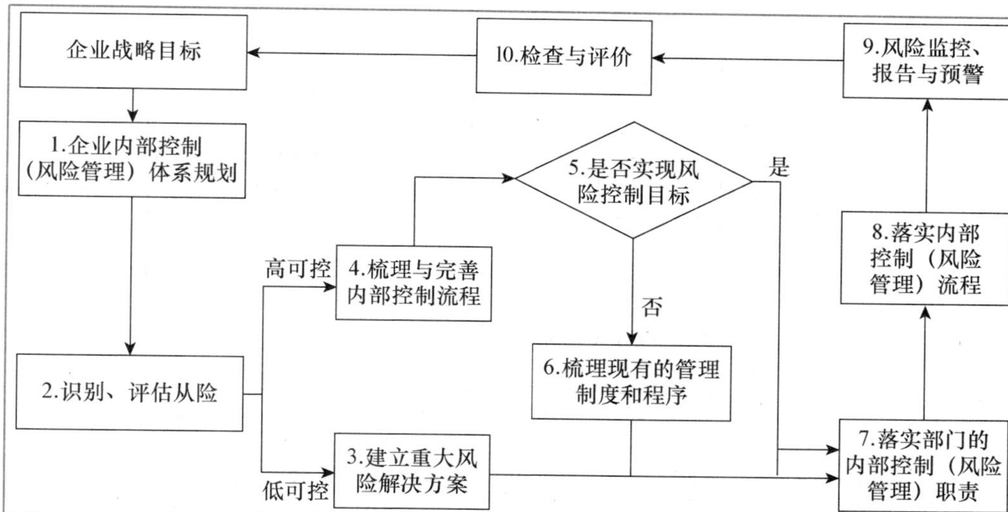

图 2-1 内部控制（风险管理）体系构建的流程

（一）识别、评估风险

识别、评估风险是指用规范的语言清晰地描述识别出的企业风险，依据风险度量标准（风险矩阵）进行定性或定量评价，确定风险发生的可能性和影响程度，形成风险分值，排序后初步确定风险等级，风险事件库和风险图。实务中，识别和评估风险的流程如图 2-2 所示。在识别和评估风险过程中，可根据风险的不同类型，选择一人评估或多人评估，一般，对于稳定的风险事项，可由业务部门自我评估，部门领导批准后汇总报企业内部控制（风险管理）相关部门；对于不稳定、难以评估的风险，可采用内外专家评估的方式。评估识别出来的企业风险，应统一使用企业风险图和企业风险库（见图 2-3、表 2-1）来描述。

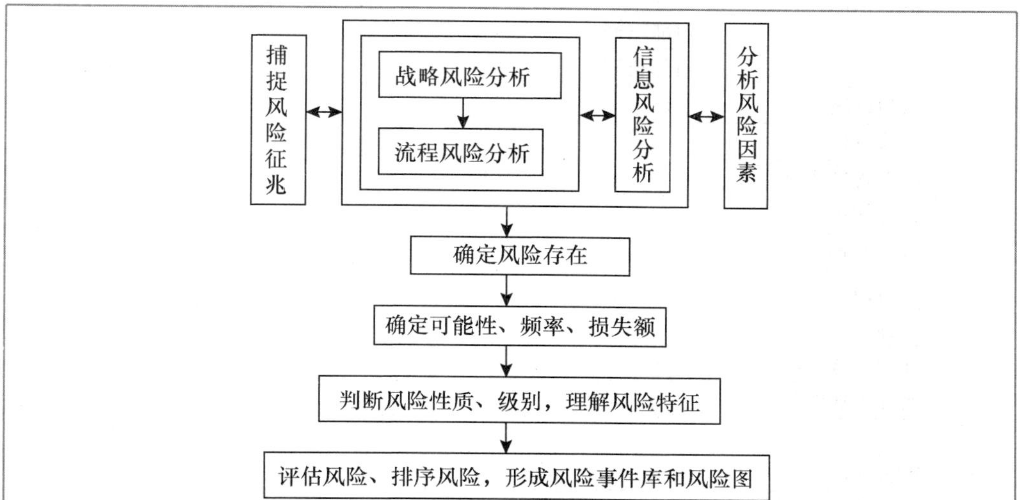

图 2-2 识别和评估风险的流程

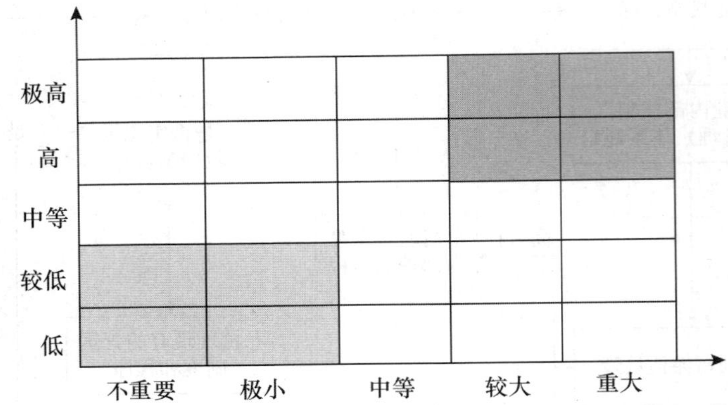

图2-3　企业风险图（模板）

表2-1　企业风险事件库（模板）

项目		主要内容
风险大类		
风险子类		
风险编号		
风险名称		
风险描述		
原因		
后果		
发生频度		
影响程度	外部短期	
	外部长期	
	内部短期	
	内部长期	
风险评级		
风险责任人		
已有管理措施		
相关流程		
应对策略		
应对措施		
实施人		
计划完成时间		
实际完成时间		
审核人		
审核时间		
详细情况（单项风险追踪表）链接		

（二）制定重大风险解决方案

针对评估的不可控的重大风险，制定重大风险解决方案，落实责任部门的内部控制（风险管理）职责。

（1）加强重点领域日常管控。一方面，聚焦关键业务、改革重点领域、国有资本运营重要环节以及境外国有资产的监管，定期梳理分析相关内控体系执行情况，认真查找制度缺失或流程缺陷，及时研究制定改进措施，确保体系完整、全面、有效。另一方面，要在投资并购、改革改制重组等重大经营事项决策前开展专项风险评估工作，并将风险评估报告（含风险应对措施和处置预案）作为重大经营事项决策的必备支撑材料，对超出企业风险承受能力或风险应对措施不到位的决策事项不得组织实施。

（2）加强重要岗位授权管理和权力制衡。一方面，要运用不相容岗位相互分离的控制要求，严格规范重要岗位和关键人员在授权、审批、执行、报告等方面的权责，实现可行性研究与决策审批、决策审批与执行、执行与监督检查等岗位职责的分离。另一方面，要建立健全内控工作手册，重点强化采购、销售、招投标、投资管理、资金管理和工程项目等业务领域各岗位的职责权限和审批程序，形成相互衔接、相互制衡、相互监督的内控体系工作机制。

（3）健全重大风险防控机制。一方面，要建立健全事前、事中、事后有机结合的全过程风险管控机制，提高企业防范化解重大风险的能力。另一方面，要提高指标监测能力，加强对经济运行动态、大宗商品价格以及资本市场指标的监测，及时预警。此外，要切实提高重大风险的动态应对能力，如提高对经营环境变化、发展趋势的预判能力，同时结合内控体系监督评价工作中发现的经营管理缺陷和问题，综合评估企业内外部风险，有针对性地制定风险应对方案，并根据原有风险的变化情况及应对方案的执行效果，做好企业间风险隔离，防止风险由“点”扩“面”，避免发生系统性、颠覆性重大经营风险。

（三）完善内部控制体系

针对评估的可控风险，对照现有的内部控制体系，评估其是否已被纳入日常管理范畴，判断原有制度和程序是否需要修改、优化，思考新设计的重大风险解决方案如何与现行的管理相融合。

1. 完善内部控制体系的核心步骤

内部控制体系的核心步骤有：（1）内控调查，揭示内控缺陷；（2）结构重整，提供内控支持；（3）风险评估，锁定内控重点；（4）流程设计，建立内控主体；（5）内控评价，提供内控保障；（6）制度重整，形成内控配套。

2. 明确内部控制体系的构成要素

（1）内部控制流程体系。这是内部控制体系的主体，衔接和整合了控制手段与各岗位责任。所有流程的关键控制点都包括：不相容职务分离、授权审批、会计系统控制、财产保护、预算控制、运营分析、绩效评价七个方面。

（2）内部控制组织体系。这是内部控制整体建设的支撑，包括健全内部控制决策组织、内部控制管理组织、内部控制监督组织和强化内部控制组织特征。

（3）内部控制评价体系。这是对控制执行和责任履行的检查与评价、完善与更新，包括日常跟踪评价与独立评价，是内部控制体系顺畅运行的保障。

（4）内部控制文化体系。主要包括持续优化内部控制环境与内部控制体系建设；共同推进和统一决策层的风险偏好，形成与企业战略一致的风险价值观；丰富和完善企业文化等，是内部控制系统建设的软实力。

3. 通过信息化管控强化内部控制体系刚性约束

（1）加强内部控制信息化建设力度，实现与其他系统互联互通。一方面，要实现内控管理部门自身工作的信息化，提高风险信息收集、风险评估、风险监测、风险应对、风险报告以及内控管理与评价、内部审计、整改跟踪、责任追究等工作的效率和效果；另一方面，要与业务部门、审计部门、信息化建设部门协同配合，推动企业“三重一大”、投资和项目管理、财务和资产、物资采购、人力资源等信息系统的集成应用，逐步实现内部控制体系与业务信息系统互联互通、有机融合。

（2）推动业务系统的持续优化。进一步梳理和规范业务系统的审批流程及各层级管理人员权限设置，将内部控制体系管控措施嵌入各类业务信息系统，确保自动识别并终止超越权限、逾越程序和审核材料不健全等行为，促使各项经营管理决策和执行活动可控制、可追溯、可检查，减少人为违规操纵现象。

（3）逐步探索利用新兴技术提升智能化监管水平。逐步探索利用大数据、云计算、人工智能等技术，实现内部控制体系实时监测、自动预警、监督评价等在线监管功能，进一步提升信息化和智能化水平。

第二节　内部控制（风险管理）体系构建的主要工作及内部控制（风险管理）手册

一、内部控制（风险管理）体系构建的主要工作

构建企业内部控制（风险管理）体系是一个系统工程，既需要企业各方面力量的协调，也要克服一蹴而就的“运动式”推动，持续改善和提高，如图2-4所示，主要的工作安排包括以下内容。

（一）项目启动

主要任务是完成管理的组织架构和前期培训，在全面了解内部控制的规定和要求的基础上，明确高管基调，拟定企业内部控制目标。

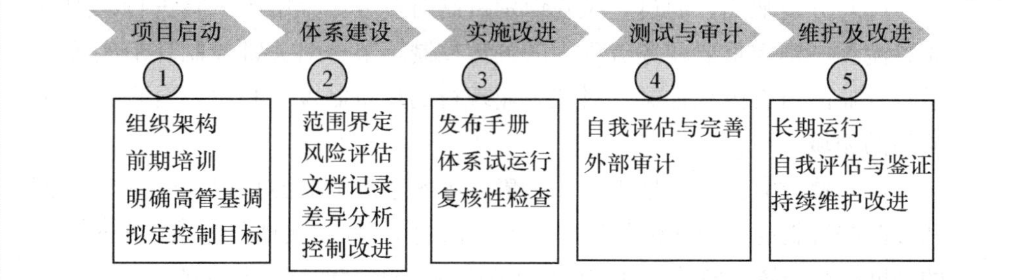

图2-4　企业内部控制（风险管理）体系的构建图

完善企业的组织架构和实施内部控制相关观念和知识的前期培训，是为了形成适合企业内部控制建设的硬环境和软环境，以利于形成和落实企业内部控制的高管基调。而根据企业经济活动的内容特征和管理要求提炼的控制目标，不仅是企业管理活动的基本要求，也是企业实施内部控制的最终目标以及评价内部控制的最高标准。

（1）明确企业内部控制的高管基调。1）董事会要求：建立符合公司管理实际、持续满足外部监管要求的内部控制；以内部控制基本规范为契机，完善内部控制制度和规范，进一步提升公司管理水平；以全面风险管理为核心，建立完善的内部控制体系，增加公司的竞争力。2）管理层要求：以公司现行管理为基础，引入内部控制先进理念，借鉴内部控制最佳实践，在吸收、鉴别、扬弃、改造和创新中形成"设计有效，执行有力"的内部控制体系，确保内部控制系统、可靠、可控、可持续。

（2）拟定企业内部控制的基本目标。1）战略目标，即企业在整个发展过程中要始终保持利润、风险、持续经营的最佳均衡状态，实现企业价值最大化（或股东财富最大化、利益相关者利益最大化）。2）经营目标，即实现企业经营业绩、盈利目标，以及其他各项管理活动的目标，保持企业经营的效率和效果。3）报告目标，即保障企业信息披露和报告渠道畅通、内容规范，提高企业财务报告的可靠性、可信性、完整性和及时性。4）合规目标，即保证企业所有的经营管理活动既合乎国家的法律、法规规定，又合乎企业自身制定的规范。5）安全目标，即保证企业所有的财产和信息的安全。

（二）体系建设

内部控制体系建设阶段的主要工作是通过范围界定、流程描述和风险评估，建立内部控制文档化体系，对此进行差异分析，查找控制的缺陷并提出改进建议，针对改进建议初步建立企业内部控制体系。

（1）梳理现状。主要是通过描述企业整个业务流程，对其进行整合；同时梳理覆盖企业所有经营管理环节和岗位的规章制度。

（2）分析缺陷。通过“风险识别机制对业务流程中的风险进行识别→确定重要业务流程→确定重要业务流程中的关键控制环节→对关键控制环节实施控制”寻找适合企业的所有内部控制，对照企业现行的规章制度，找出不合理、不完善和存在缺陷的领域。

（3）修改完善。按照补充、完善、填补空缺的路径对涉及企业的相关制度、规定和规范进行制定、修订和完善，建立完整的内部控制文档化体系，把过去零碎、局部的制度结合为统一整体，并在整体上强调基础制度的统一与规范。

企业内部控制文档化体系主要包括：（1）企业内部控制手册。（2）总部及分公司的实施细则。（3）促使内部控制落实的基本制度和措施，如《内部控制管理办法》《内部控制责任追究办法》《内部控制岗位职责说明书》《内部控制缺陷限期整改责任书》《违规计分管理办法》《内部控制自我评估工作考核细则》《内部控制执行情况考核办法》等。

（三）实施改进

内部控制手册发布后，关键在于有效执行，这需要强化以下工作：

（1）强化培训宣传。遵照企业董事会和审计委员会“开展全面培训，增强全员内控意识”的要求，结合企业各部门、各单位不同层次的培训需求，举办高管人员培训、内部控制工作专业骨干培训和内部控制手册宣贯等培训班，传递各单位内部控制工作动态，宣传内部控制知识和典型经验，并进行理论探讨，使各级管理人员理解和掌握内部控制管理方法和相关要求，营造良好的内部氛围，为内部控制体系的有效执行奠定基础。

（2）落实工作职责。为了把内部控制体系的执行落到实处，各单位普遍制定本单位各部门、下属各单位的《内部控制工作执行要点》，明确每个部门的内部控制职责；在执行层面，各单位编制《员工岗位内部控制执行卡》，明确每个岗位的内部控制职责。

（3）建立考核机制。企业将内部控制执行作为一项重要指标，纳入高管人员的业绩考核。为落实考核工作，制定《内部控制执行考核暂行规定》，明确考核标准，成立内部控制执行考核小组。地区公司对内部控制考核指标层层分解，落实到部门、岗位和个人，为内部控制有效执行提供保障。

（四）测试与审计

企业在内部审计部门的组织下定期进行内部控制自我评估，并由内部审计师定期或不定期进行内部控制测试与评价，必要时，由审计委员会聘请外部审计师对内部控制进行审计，以期及时发现内部控制存在的缺陷，为改进和提升内部控制提供基础。

（五）维护及改进

企业按照“测试—整改—再测试—确保有效”这一主线，开展内部控制自我评估并接受外部审计，在此基础上实施跟踪整改，确保每年都对内部控制进行评估，找出内部控制缺陷，加以修复，以持续进行体系维护及改进，保证体系长期有效运行。

二、内部控制（风险管理）手册

从以上企业内部控制（风险管理）体系构建过程可以看出，构建内部控制（风险管理）体系的过程，就是企业经营管理活动不断规范、不断提炼和不断升华的过程，因此，内部控制（风险管理）手册的编制仅仅是企业内部控制（风险管理）体系构建中制度规范化、系统化的一个步骤，而不是全部。但内部控制（风险管理）手册确实能够把企业原来零碎、缺乏系统的规章制度系统化、规范化，这是企业内部控制（风险控制）体系构建的标志性文件。

内部控制（风险管理）手册构成的基本要素包括以下内容。

（1）总则，即企业内部控制的基本要求。

（2）业务流程，即按业务分类控制的具体程序和措施。

（3）控制矩阵，包括财务报告计划矩阵和业务控制矩阵，主要涉及控制目标、风险、相关会计科目及其措施等内容。通过以下步骤编写内部控制矩阵：1）厘清流程步骤。通过梳理流程基础信息，确定业务流程的起点和终点，明确业务流程的环节和次序。2）提炼标准岗位。对流程涉及的层级、部门和岗位进行角色定位。3）匹配风险与控制点。以风险信息库为参照，将业务流程中的控制点和相关风险进行匹配。4）明确控制信息。通过梳理控制点和关键控制点，关联涉及的系统和制度，确定控制目标、控制类型和控制频率。

（4）权限指引，明确不同管理层次、级别的权限规定。通过以下步骤编写权限指引表：1）明确审批事项。梳理流程基础信息，提炼业务流程的审批事项及具体内容。2）确定审批方式。针对审批事项，确定相应的审批方式、适合范围和权限职责等内容。

（5）检查评价，主要包括内部控制自我评价与考核办法。

（6）附则，包括各个关键环节和部门的具体管理办法。

内部控制（风险管理）手册一般分为企业层面控制（如表 2-2 所示）、IT 控制和业务流程层面控制三个分册。

表 2-2　企业层面控制手册的主要内容

体系建设内容		主要规范和管理文件
控制环境	描述控制环境的概念，并从诚信与道德观、员工的胜任能力、管理理念和经营风格、组织结构、权力和责任分配、人力资源政策与措施、董事会与审计委员会、反舞弊八个方面对内部控制的关注要点、措施进行阐述。	1. 职业道德规范 2. 岗位职责描述 3. 权限指引 4. 审计委员会自评表 5. 反舞弊自评表 6. 反舞弊数据库 7. 制度索引

续表

体系建设内容		主要规范和管理文件
风险评估	以财务报告为切入点对公司经营管理业务进行全面梳理，确定内部控制涉及的主要业务，并绘制流程图。制定公司风险评估规范，对公司层面和业务活动层面的风险进行全面识别和评估，建立公司风险数据库，汇编风险评估的相关方法、规范及管理制度。	1. 流程描述规范 2. 业务流程目录 3. 风险评估规范 4. 重要会计科目与披露事项确认规范 5. 财务报表认定规范 6. 重要业务单位确认规范 7. 业务活动层面风险数据库 8. 公司层面风险及对策指引表 9. 风险管理规范
控制活动	描述控制活动的概念、分类；对控制活动的实施进行概括；按照“完善制度，控制风险”的要求，对所有重要风险进行控制差异分析；编制内部控制文档；梳理完善文件制度；建立风险控制规范，确定关键控制，统一管理程序文件和记录表单；完成控制设计，建立比较完整的内部控制文档化体系；汇编关键控制管理文件。	1. 内部控制文档编制规范 2. 关键控制管理文件 3. 地区公司关键控制描述规范 4. 关键控制实施证据 5. 财务报告流程 6. 财务分析管理规范 7. 制度索引
信息与沟通	描述信息与沟通的概念及要素，从信息、沟通、信息系统总体控制、信息系统应用控制及信息披露等五个方面对内部控制关注要点及相应措施进行阐述。规范和完善信息沟通渠道、沟通方式以及管理规范；制定公司统一的信息系统总体控制管理制度，实行设备集中管理，明确信息系统控制管理职责；运用应用系统进行全面识别，明确控制类型，完成信息系统控制设计。	1. 总部各部门信息流汇总表 2. 应用系统划分规范及工作指引 3. 应用系统用户管理工作规范 4. 设备集中管理统计表
监督	描述监督的概念及要素，制定内部控制体系日常监督和持续改进规范，建立内部控制体系测试和评价标准，汇编相关管理制度及规范。	1. 管理层测试规范 2. 缺陷认定规范 3. 地区公司测试评价规范 4. 内部控制体系管理规范

第三节　内部控制（风险管理）的分类与设计流程

一、内部控制（风险管理）的分类

内部控制（风险管理）的分类有很多种方式。

（一）按控制目的分类

按控制目的，控制可分为：

（1）预防性控制，是为了防止各种风险因素和事故形成风险暴露，预防错误和舞弊等发生而采取的控制，属事前控制。预防性控制措施包括：授权设计、职责分离；监督性检查；双重控制；编辑校验；合理性校验；完整性校验；正确性校验等。

（2）指导性控制，是指为了实现有利结果而采取的控制。指导性控制是在预防性控制设计下对于可能发生的风险进行有准备的处理，它实际上合并了风险发现和风险处理，属于综合的内部控制措施。

（3）检查性控制，是把已经发生或存在的潜在的风险、错误或舞弊检查出来的控制。

（4）纠正性控制，是对由检查性控制查出来的问题进行处理的控制。一般属于事中和事后控制。

（5）补偿性控制，是针对某些控制环节的不足或缺陷而采取的控制，其目的是把可能出现的风险控制在一定范围内。

（二）按控制时间分类

按控制的时间，控制可分为：

（1）前馈控制（forward control），即业务活动开始之前所做出的控制。这种方法属于预防性控制，是事前防止错弊发生的控制。

（2）实时性控制（concurrent control），即在活动进行中加以控制，把出现问题和矫正行动之间的时间间隔降至最短。

（3）回馈控制（feedback control），即在活动发生后所采取的控制。

（三）按控制内容分类

按控制内容，控制可分为：

（1）授权与审批。企业根据常规授权和特别授权的规定，明确各岗位办理业务和事项的权限范围、审批程序和相应责任。

企业应当编制常规授权的权限指引，规范特别授权的范围、权限、程序和责任，严格控制特别授权。常规授权是指企业在日常经营管理活动中按照既定的职责和程序进行的授权。特别授权是指企业在特殊情况、特定条件下进行的授权。企业各级管理人员应当在授权范围内行使职权和承担责任。

企业对于重大的业务和事项，应当实行集体决策审批或者联签制度，任何个人不得单独进行决策或者擅自改变集体决策。

（2）职务分离控制。企业全面系统地分析、梳理业务流程中所涉及的不相容职务，把处理某种经济业务所涉及的职责分派给不同的人员，使每个人的工作都是对其他有关人员工作的一种自动检查；对于不相容职务应该进行适当分离，并进行检查，形成各司其职、各负其责、相互制约的工作机制。不相容职务的分离包括部门间分离和部门内部的分离。

（3）复核与核对。由业务执行者以外的人员对已执行业务的正确性进行验证，又称内部稽核。内部稽核包括如下审核、复核和分析：凭证与凭证、证与账、账与账、账与表、账与物、计划与实际、预算与实际、现在与历史、内部与外部等。

（4）财产保护控制。1）应当严格限制未经授权的人员接触和处置财产，限制非授权人员接触某项资产及有关记录；2）采取必要的防护措施，确保财产的安全完整，如财产记录、实物保管、定期盘点、账实核对、签批手续、密码、防火墙等措施。

（5）会计系统控制。企业严格执行国家统一的会计准则，加强会计基础工作，明确会计凭证、会计账簿和财务报告的处理程序，保证会计资料真实完整。凡是企业发生的经济业务，均应留有或填制凭证，如实记录。企业的凭证控制程序应能保证有关人员在处理经济业务时及时编制、合理传递、正确使用和妥善保管凭证。

（6）预算控制。企业实施全面预算管理制度，明确各责任单位在预算管理中的职责权限，规范预算的编制、审定、下达和执行程序，强化预算约束。

（7）运营分析控制。企业建立运营情况分析制度，经理层应当综合运用生产、购销、投资、筹资、财务等方面的信息，通过因素分析、对比分析、趋势分析等方法，定期开展运营情况分析，发现问题后及时查明原因并加以改进。

（8）绩效考评控制。企业建立和实施绩效考评制度，科学设置考核指标体系，对企业内部各责任单位和全体员工的业绩进行定期考核和客观评价，将考评结果作为确定员工薪酬以及职务晋升、评优、降级、调岗、辞退等的依据。

二、企业内部控制（风险管理）的设计流程

众多的企业内部控制的子系统具有差异性，但其设计流程具有共性，如图2-5①所示。

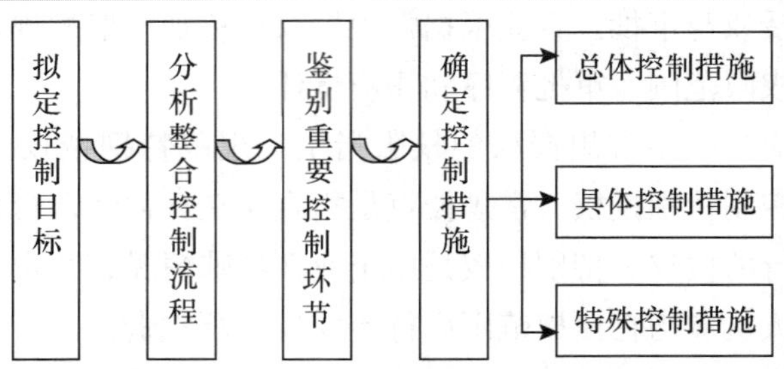

图2-5　企业内部控制（风险管理）设计流程图

① 本章涉及的流程图、关键控制以及应对措施的表格都来自汇总的调查研究公司的真实流程图和相关表格，有的已按《企业内部控制应用指引》进行规范，本书为了更好地推广财政部等五部委发布的《企业内部控制基本规范》及其应用指引，直接引用《企业内部控制应用指引》的讲解中的相关图表，不一一列明。

（一）拟定控制目标

结合子系统的属性和功能，把内部控制基本目标分解到该子系统，作为子系统具体的目标。

（二）分析整合控制流程

企业的控制流程是依次贯穿某项业务活动始终的基本控制步骤及相应环节，通常与业务流程吻合，主要由控制点组成。

在对现有流程进行分析描述时，设计人员应当熟悉企业基本业务的要求及惯例，并收集业务一线员工的意见和看法，当发现企业的业务流程存在缺陷（不完整、不符合实际或者太烦琐）时，应当根据控制目标和控制原则加以整合，力求简洁、系统地归纳整合出企业所有的业务流程。

（三）鉴别重要控制环节

鉴别重要控制环节的目的在于实现控制目标，防止关键控制与业务环节发生偏差。在企业所有的控制流程中，那些容易发生错弊而需要控制的业务环节为关键环节或控制点，在业务处理中发挥作用大、影响范围广，甚至起决定性作用的控制点为关键控制点，其他的为一般控制点。在一定条件下，关键控制点和一般控制点是可以相互转化的。

（四）确定控制措施

控制措施是指为了预防与发现错弊而在某控制点运用的各种控制技术、程序、方法的总称。由于控制的业务内容不同，所要实现的控制目标不同，因而相匹配的控制措施也不相同。

经过以上流程，企业可以采取以下方法记录其设计的内部控制：

（1）业务流程描述法。这种方法有利于打破企业不同部门之间的条块界限，按照业务事项发生的本质梳理各部门、各岗位的工作职责。但可能存在业务流程描述冗长、控制点不清晰、风险列示不直观等劣势。

（2）流程图标法。这种方法能够直观地表现业务事项发生和发展的逻辑关系，重点突出、一目了然。其缺点是不能全面记录流程的详细内容，有些重要控制点难以用简练的语言高度概括。

（3）编写控制点列表法。这种方法有利于持续更新内部控制记录，可以较为方便地添加或删减控制点。但由于控制点之间逻辑关系不强，容易出现控制点提炼不充分、遗漏重要控制点的情况。

三、华为内控流程的分解和管理

1987 年，任正非集资 21 000 元人民币创立华为技术有限公司（以下简称“华为”）。从一个小小的移动通信企业发展成为中国第一大民营科技巨头企业，华为成功的原因很多，严格的内控流程管理在这期间立下了汗马功劳。

在推行之初，内控被视为业务的对立面，内控似乎就是为了阻止业务快速发展。在混沌和迷茫中，华为渐渐找准了定位，提出“内控价值要体现在经营结果改善上”的管理目标，并沿着这个目标把内控工作揉细了、掰碎了，分区域、分组织逐个讲解、逐个沟通、逐个松土，逐个确定本领域、本组织的内控工作目标。

（一）华为内控流程分类

华为把内控流程分为运营流程（包括战略管理、集成产品开发、客户关系管理、集成供应链）和管理支持流程（各职能部门的流程）。运营流程是公司管理主线，是为客户创造价值的流程，也是公司存在的基础。管理支持流程为运营流程的高效执行提供服务和支持。见图2-6。

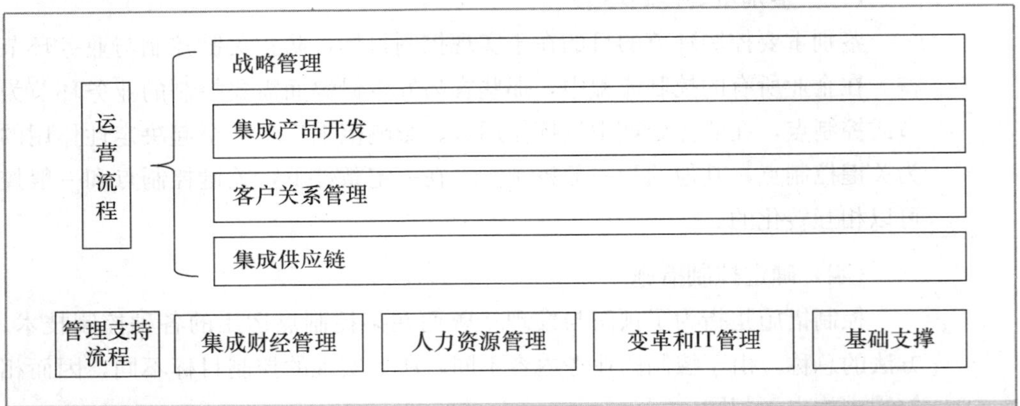

图2-6 华为内控流程分类

（二）华为内控流程层次

流程层次和管理层次相关，不同的流程层次对应不同的管理层次的工作。一级主流程用于中高层的业务决策和端到端跨职能部门的业务管理；二级子流程用于职能域管理，确保职能域的交付满足主流程的需要；操作级流程用于指导基层活动。见图2-7。

（三）华为内控流程架构

流程架构是描述公司的流程分类及层次的全视图，展现阶段划分和流程模块之间的对应关系。0层架构是从价值链的角度对流程的分类，对0层架构中的流程进行逐层分解就形成了各个流程的分层架构，1层架构中的流程是主流程（跨职能部门端对端的业务流程），2层架构中的流程是子流程（职能部门内的业务流程），3层架构是职能内部的分解。见图2-8。

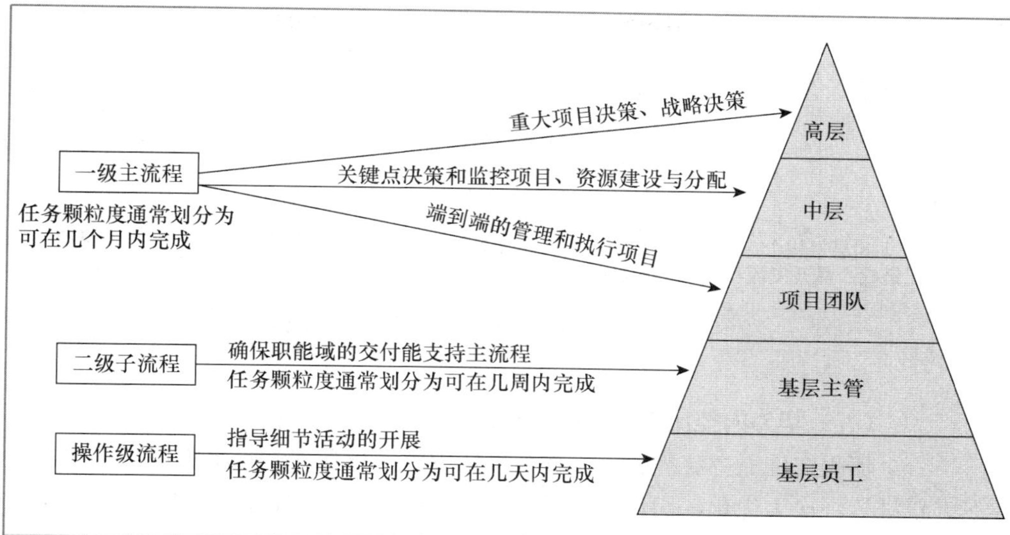

图 2-7 华为内控流程层次

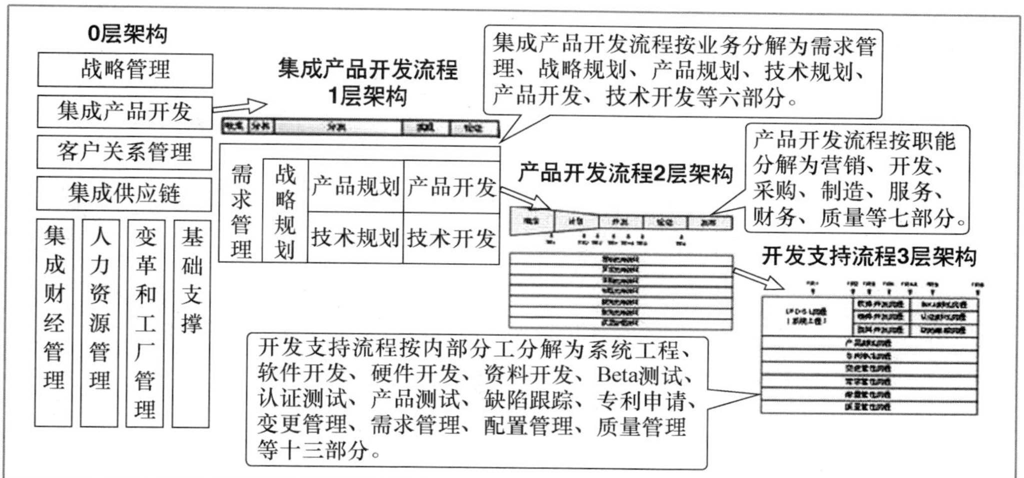

图 2-8 华为内控流程构架

（四）华为内控流程文件

制定流程时必须输出的文件通常包括流程图、流程指南、管理体系指南（描述负责执行流程的组织、团队及其运作规范）、指标体系指南、流程文件清单等描述流程整体内容的文件，还有针对每一个具体活动的指南、模板、检查单等操作指导性文件。

流程文件的标识采用编号加文件名称的方式，编号共由七部分构成，前四部分为流程所属各层流程构架的编码，第五部分为流程自定义的类别，第六部分为通用文件分类加编号，如：指南类，用 G（guideline）表示；流程图，用 C（chart）表示；表格类，用F（form）表示；模板类，用T（template）表示。第七部分为文件名称。见图2-9。

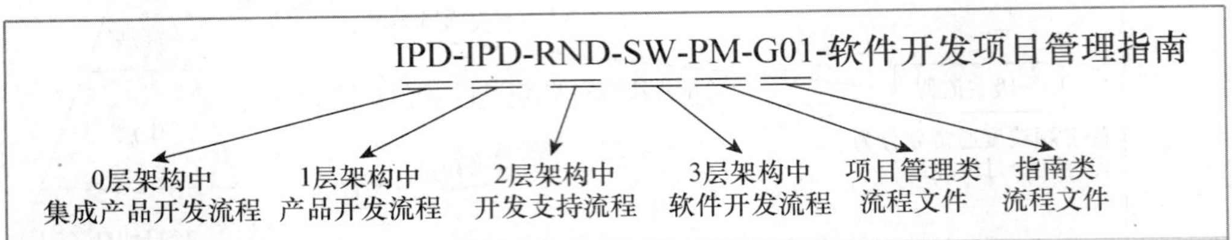

图2-9　华为流程文件编号

（五）华为内控流程文件的流转过程

流程文件以主流程、子流程为单位成套进行管理，每半年进行一次小优化，每年进行一次大优化，优化后的流程经会签审批，发布到公司的流程文件网站上，供全体员工随时查看。员工必须从流程文件网站下载最新的模板来完成工作交付，质量人员审计时需检查是否使用了最新模板。见图2-10。

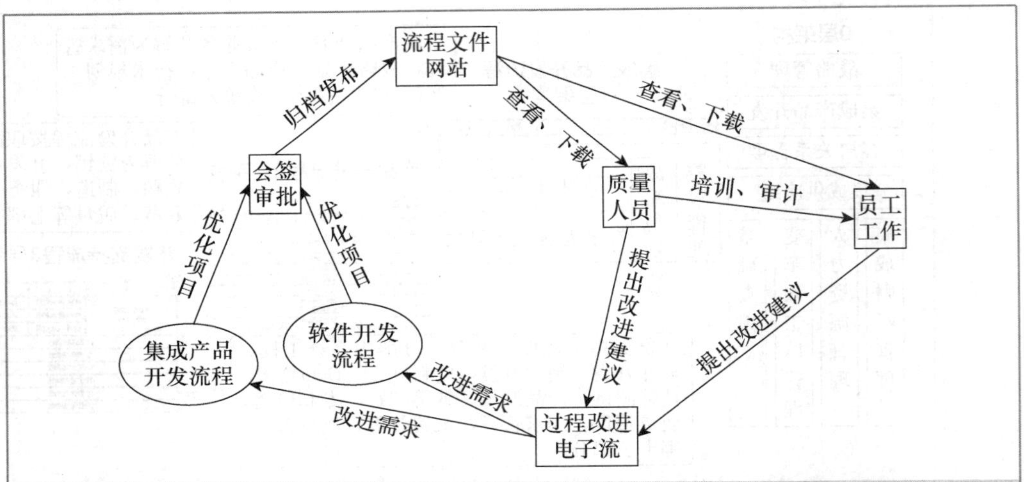

图2-10　华为内控流程文件的流转过程

（六）华为内控流程管理活动

华为内控流程管理活动包括流程规划、流程设计与优化、流程推行与监控、流程测评分析及流程改进进展评估等五大活动。见图2-11。

（七）华为内控流程管理的组织

华为的流程由公司级流程管理部全面负责，公司级流程管理部下设系统架构部、项目管理部、业务信息管理部、CRM（客户关系管理）流程管理部、IPD（集成产品开发）流程管理部、ISC（集成供应链）流程管理部六个二级部门。各二级部门下又设有自己的流程管理部，负责职能领域流程搭建以支持公司级流程管理部负责的跨业务流程运作。见图 2－12。

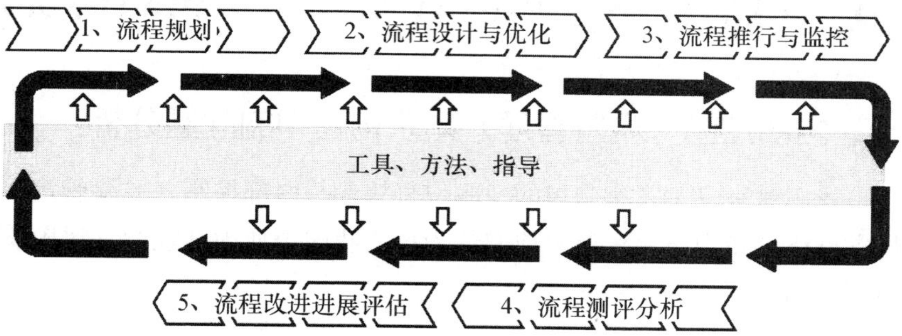

图 2－11　华为内控流程管理活动

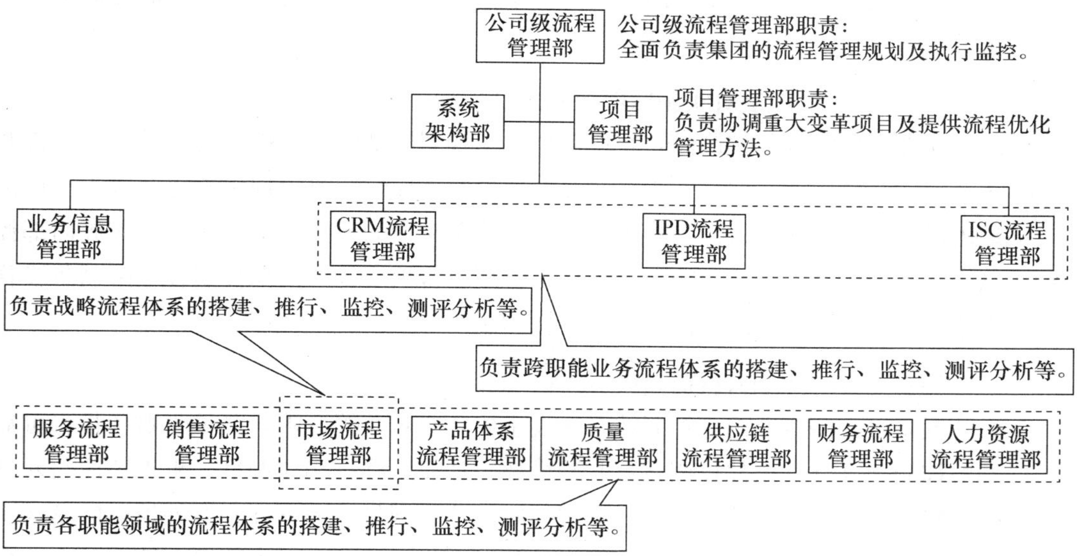

图 2－12　华为内控流程管理的组织

华为在内部控制运行中首先确立目标，继而产生承诺，并为实现目标而奋斗。内控管理在经营活动中扎了根、发了芽，一线团队渐渐接受了内控概念，愿意根据内控的管理要求展开作业。

有效的内控管理为“积极授权、有效行权”提供了制度性的保障。让听得见炮火的组织，敢于行权、积极行权；让看得见全局的组织，合理授权、有效控制。内控机制的真正受益者是公司的各级作业组织，它们权力更多、责任更大、边界更清，每个组织都能在自己的权责边界内“有责任、敢担当”。

第四节　内部控制（风险管理）体系构建的实践

一、内部控制（风险管理）体系构建中的问题分析

我们对来自122家公司的360位直接参与内部控制（风险管理）体系建设的人员进行访谈和沟通，概括出他们认为目前我国企业内部控制（风险管理）体系构建中存在的问题。

（一）内部控制设计追求全面，成本增加，可能牺牲效率

虽然许多公司并没有采用“推倒重来、另起炉灶”的方案，而是对原有的控制进行持续改进，但在设计内部控制时，企业想方设法做到设计全面，追求尽善尽美，不仅花费了大量成本，还可能由于相关的内部控制制度过于烦琐而降低生产经营效率。

（二）企业管理层对实施内部控制态度暧昧

虽然在构建内部控制时，企业董事会和管理层都强调严格执行内部控制，提升企业生产经营效率，但现实中往往存在以下原因导致企业管理层不愿意或不积极推动内部控制的实践：（1）开展内部控制要花费大量的人力和费用；（2）实施内部控制会在某种程度上降低运营效率；（3）管理层害怕规范的内部控制程序限制各级管理层的自由空间，管理层的权力被分散和制约。

（三）内部控制的目标存在“近视”问题

现阶段一些企业内部控制体系建设主要是应对监管要求，侧重于财务报告可靠性的控制，即建立内部控制体系基础框架，补充、修订相应制度，重点关注与对外披露财务信息密切相关的流程和关键控制，达到满足外部审计和对外披露的基本要求。但只是“达标”的设计，不能满足公司现代化管理的要求，更不能满足企业全面风险管理的要求，企业容易走向敷衍监管、应付测评的不利境地，无法真正达到强化控制、防范风险的目的。

（四）内部控制规范性与特殊事项例外性存在冲突

能够形成规范的内部控制制度的内容具有普遍性与固有性，但企业在激烈的市场竞争中求生存，如果被固有的制度所束缚，不能灵活应对新市场、新技术和新业务等带来的风险，所有的变化带来的例外事项将会冲击规范的内部控制制度，给企业带来更大的风险。为此，企业在实施内部控制过程中要权衡其规范性和例外性，尽量避免过分强调规范性而约束过死，但也要避免过分关注例外性而把内部控制束之高阁。

（五）内部控制与企业现有管理制度缺乏有效的融合

任何一个企业都存在预算管理、质量管理、成本管理、绩效考核等诸多方面的管理制度，这些制度本身包含内部控制的思想。企业根据上市监管要求设计内部控制体系，但在现实中常会出现内部控制体系与其他相关制度不衔接、不匹配、不融合的现象，甚至出现相互掣肘、互相排斥、相互矛盾的情形，增加了内部协调和统筹的成本。在不能清晰界定内部控制制度和其他制度关系的企业中，容易产生同样的控制行为在内部控制体系和其他制度同时实施时相冲突，或者因为相互依赖而相互推诿的情形，让人感到花费很大精力建立的内部控制起不到多大作用，进而影响企业治理层、管理层以及员工对内部控制的遵守情况。

（六）内部控制信息平台不统一，难以对内部控制形成有效支撑

与国际上高效快捷的信息系统控制相比，由于系统整合程度低、软件平台不统一、信息系统不兼容等原因，我国企业信息系统存在以下问题：没有包容所有控制对象，线上控制与线下控制并行，信息标准不统一、不规范，导致控制不到位，控制信息杂乱，控制效率不高，弱化了控制效果。

二、实现内部控制从设计合理到执行有效的飞跃

针对以上问题，我们认为企业在内部控制建设中，不能一味追求最先进、最完善的内部控制制度，而是要建立适合企业自身的内部控制体系，讲究执行有效，以实现内部控制从设计合理到执行有效的飞跃。

（一）构建适合企业实际且遵循“简单、有效和可控”原则的内部控制体系

2008 年，财政部会同证监会、审计署、银监会、保监会制定了《企业内部控制基本规范》，在借鉴国外内部控制框架的同时，力求全面制度创新：一是内容创新。《企业内部控制基本规范》在形式上借鉴了 COSO 报告五要素框架，同时在内容上体现了风险管理八要素框架的实质，根据我国实际情况作了较大调整，在内容上大大充实，在表达方式上符合我国法规特点、文化传统和语言习惯，使国外提出的较为宏观、抽象的内部控制理念转变为具有针对性、实用性的内部控制规定。二是体系创新。我国企业的内部控制体系将是一个层次分明、内容完整、衔接有序、整体互动的有机统一体。三是机制创新。我国的内部控制体系建设任务是各部门、各方面通力合作、合力推进的，使得内部控制问题从立法规范、标准建设、宣传培训、组织实施到监督检查等有一个良好的沟通协作机制，避免了从某一局部、某一方面入手可能造成的局限和被动。同样，不同所有制形式、不同组织形式、不同业务范围、不同规模的企业在实施内部控制时有不同的要求，这就要求企业在按照《企业内部控制基本规范》中内部控制的实质和框架构建自身内部控制体系时，必须立足企业实际情况，进行创新，即按照《企业内部控制基本规范》中内部控制的

实质和框架要求，从内部控制的体系化、系统化这一维度审视企业治理和管理体系，使内部控制渗透、融合到其他制度中去。同时，企业内部控制规范必须与企业所处的具体环境相协调，必须与国家有关法律法规相协调，必须与企业经营管理实践相协调。在这个实事求是的过程中，企业内部控制建设力争做到把零碎的管理系统化，极力避免把简单的管理复杂化，通过系统、简化和规范管理的规程，提高管理的效益，逐步站在企业整体战略层面上，建立一套以防范风险和控制舞弊为中心、以财务报告内部控制为主线，企业各个部门、人员共同参与的不断改进、不断完善的动态的内部控制机制。

（二）科学的公司治理结构是内部控制执行有效的关键一环

公司治理是指股东、董事会、监事会、经理层之间形成的权责分配、激励与约束、权力制衡关系。科学的公司治理结构包括民主、透明的决策程序和管理议事规则，高效、严谨的业务执行系统，以及健全、有效的内部监督和反馈系统。企业最高管理者对内部控制和风险管理的态度、做法决定着整个企业内部控制和风险管理的基调，左右着企业风险控制。企业在运行中要尽量避免管理者的绝对权威和不受约束的行为，避免管理者凌驾于内部控制之上；同时，要充分发挥独立董事和监事会的监督职能，坚决避免内部人控制现象的发生。为此，公司的内部控制有效运行的前提条件是公司的决策、管理、执行、监督四个层次的管理架构成为开放性的、动态的控制循环。只有当治理层和管理层具有明确的内部控制和风险管理的理念，并身体力行地实践内部控制，如畅通的决策和沟通机制、反舞弊机制、权责配置机制等，公司完备的内部控制制度才会发挥应有的作用。

（三）内部控制要真正融入企业文化当中

企业的内部控制体系建设工作由设计到执行，跨越了一大步，内部控制开始融入企业文化，成为公司的管理规范，也就是说，内部控制从“我要做”转到“做我要”的阶段。在内部控制“我要做”阶段，企业的治理层、管理层以及员工意识到企业必须建立内部控制，如何建立呢？往往是照抄照搬《企业内部控制基本规范》的要求，由于内部控制的一般要求并非适合所有的公司，每个公司的特征和条件不同，照抄照搬过来的内部控制运行成本和效益并不能匹配，让人感到企业的内部控制似乎是“外生的”。经过一段时间的磨合，企业终于明白，“外生的”内部控制的运行成本往往大于运行收益，内部控制处于失控状态。于是，人们从确保公司持续有效快速发展的战略高度，从企业每个员工的责任感和使命感出发，提出嵌入企业经营管理过程的内部控制建设，使内部控制进一步融入企业文化。企业内部控制体系建设不仅是为了满足上市监管要求，如在美国上市要遵从《萨班斯-奥克斯利法案》，更重要的是为企业的价值增值服务，为员工实现自身价值服务，这样，内部控制就嵌入企业经营管理的方方面面，尤其从风险防范、控制等方面促使企业练“内功”，凝聚企业的核心竞争力，使企业能够积极应对国内外市场的各种挑战。

（四）落实常规内部控制和强化特殊风险控制的有机结合

一方面，由于以下原因，常规控制活动的落实越来越难：(1) 公司内部控制环境失效；(2) 公司的制度、程序和控制点成为条文，被人们习以为常，但与企业的发展变化不匹配，造成企业花费大量精力制定的内部控制制度执行无效；(3) 信息技术对传统控制的冲击等。

另一方面，随着经济国际化、金融化和信息化的发展，以及企业新业务、新领域的拓展，出现了越来越多的特殊风险，企业需要跟进经济形势和业务环境的变化，找出对于企业而言特殊或例外的事项，专门设计和重点实施完善的内部控制和风险管理，这样才能使企业立于不败之地。

为此，常规内部控制的落实与特殊风险控制的强化是内部控制运行中的两大核心，这两个方面的落实既要"硬"，又要协调，否则内部控制会出现缺陷，不仅不能发现、预防和消除企业经营管理中的风险，内部控制执行本身也会增大企业的风险。

（五）动态评估与监督是内部控制有效运行的制度保证

构建完善的内部控制机制时，要具备这样的思路：标准明确的内容要用制度来规范，制度规定的内容一定要执行，执行后要留下管理控制的痕迹，管理控制的痕迹要经得起验证。按照这样的思路，在公司运行中实施全面监督，即每年每个部门、每个流程做自我评估；结合企业发展变化及控制重点的变化，决定对管理者的监督评价的幅度和频率，同时配合外部审计对内部控制的测试，保证内部控制在动态改善中为企业增加价值。

（六）畅通有效的信息与沟通是内部控制有效运行的载体

信息与沟通指企业各部门的人员能够取得他们在管理企业风险过程中所需的信息及其交换。信息系统提供包括经营、财务等方面信息的报告，作为经营企业的依据。有效的信息沟通不仅包括上下级之间的信息流动，还包括信息在各部门的横向流动。企业应当拥有双向沟通通道，即所有的员工都能够从上层管理部门获取准确信息，所有的上级管理部门都能够及时获取员工的反馈信息，这使他们理解自己在内部控制和风险管理框架中的作用以及本人活动与他人工作的关系。信息沟通不仅包括企业内部的信息沟通，还包括企业外部的信息沟通。企业只有拥有畅通有效的沟通，才能使交易始终处于监督（内外部监督）之中，才能更好地管理风险，提高内部控制运行效率。

（七）目标设定和战略实施的协调定格了内部控制运行方向

企业发展不能缺乏明确的战略目标，如果缺乏相应的组织结构、管理能力、资金技术等条件支持，战略目标不仅不能实现，还会使企业陷入更大的危机。为此，企业需要严格控制企业目标设定和战略实施的风险，也就是说，对于任何企业，目标的设定首先要适应市场的变化，但在跟进市场热点的同时，要培养起与战略目标相匹配的能够支持目标实现的技术、人才、资金与市场，否则目标将无法实现，还会招致更大的风险。企业首先要按照内部控制手册详细分解企业的目标，通过分解找到落实目标的路径，明确实现目标可能遇到的障碍，只有整合企业特有的人、财、物等资源，才能找到保证目标实现的最佳路径，才能使企业的内部控制为企业价值增值做出应有的贡献。

三、内部控制存在缺陷招致风险的案例：巴林银行破产案

（一）案例概要

弗朗西斯·巴林爵士于1763年创立的英国巴林银行曾是全球享有盛名的商业银行之一，直至1995年2月破产已有230多年历史。

尼克·里森22岁时辞掉在摩根士丹利银行的工作，于1989年7月10日正式到巴林银行工作。他有耐心和毅力，善于逻辑推理，被视为期货与期权结算方面的专家。1992年，巴林银行总部决定派他到新加坡分行成立期货与期权交易部门并出任总经理。

在金融业，期货交易失误总是不可避免，如有人会将“买进”手势误认为“卖出”手势；有人会在错误的价位购进合同；有人可能不够谨慎；有人可能本该购买6月份的期货却买进了3月份的期货，等等。一旦失误，就会造成损失，因此在出现这些错误之后，企业必须迅速妥善处理。如果错误无法挽回，企业的惯例是将错误转入电脑中一个被称为“错误账户”的账户中，然后向总部报告。里森在新加坡进行期货交易时，巴林银行有一个编号为“99905”的错误账户，专门用来处理交易过程中因疏忽所造成的错误，这是金融体系运作过程中正常的错误账户。1992年夏天，伦敦总部全面负责清算工作的戈登·鲍舍（风险管理官）给里森打了一个电话，要求他另外设立一个错误账户，记录较小的错误，并自行在新加坡处理，于是里森设立了编号为“88888”的错误账户。1992年7月17日，里森手下一名交易员犯了一个错误：客户（富士银行）要求买进20份日经指数期货合约，他误认为卖出20份，里森当天晚上进行清算工作时发现了这个错误。他深知欲纠正此项错误，须买回40份合约，如果按当日的收盘价计算，其损失为2万英镑。这件事应报告伦敦总部，但里森决定利用88888账户承接这40份日经指数期货空头合约，以掩盖这个错误。此后，里森利用88888账户掩盖的损失数不断增大，乔治420份合同的失误、非经授权操作期货指数和日经225股票指数[①]造成的几百万英镑的损失等，里森为了赚回足够的钱来补偿所有损失只能不断冒险，他时刻都在思考：一是如何弥补这些错误；二是将错误记入88888账户后如何躲过伦敦总部月底的内部

① 日经225股票指数（NIKKEI 225 Index）是指以东京股市上交易的225种热门股票为基础的一种指数。

审计；三是新加坡国际货币交易所（SIMEX）每天都要他们追加保证金，SIMEX会计算出新加坡分行每天赔多少。但他的困扰并没有被伦敦总部察觉，不仅如此，他因在1993—1994年使新加坡业务迅速扩张而成为SIMEX最大的经纪商，这为他赢得了一片赞扬、欣赏以及高额红利。1995年2月23日，里森的冒险终于走到尽头，日经股价收盘降至17 885点，而里森的日经期货多头风险头寸合约数已达61 039；日本政府债券价格一路上扬，而里森的空头风险头寸合约数已达28 034，里森给巴林银行造成的损失达到86 000万英镑，这让世界上最老牌的巴林银行回天乏力。

1995年6月29日，里森遭到指控，其罪行包括：

（1）里森向巴林银行查账员提供了关于77亿日元的错误信息……这个错误信息被查账人员接受了，并导致他们向伦敦总部提供了不正确的金融信息。

（2）在每日发往伦敦总部的账目核实记录中，里森没有提到88888账户。这样一来，里森可以通过操纵月末余额隐瞒此账户上的损失，导致伦敦总部获得了不正确的金融信息。

（3）里森多次向伦敦总部申请通过保证金的方式向SIMEX转账。这些错误申请导致伦敦总部为一个目的（为授权交易支付保证金）提供资金，但这些钱却用于另一目的（支付未经授权的88888账户交易保证金）。

（4）里森向伦敦上级出示假证明，证明他遵循规定，即不保留隔夜合同。

（5）里森欺骗伦敦总部，说他的交易只不过是通过新加坡与大阪之间的余额进行套汇。伦敦总部多次接到报告，声明里森全部交易是获利的，而实际上是亏损的。

（6）里森入账的虚假价格与88888账户有关。

（7）里森篡改了88888账户里月末证券余额，并传送到伦敦总部。

1995年7月18日，英格兰银行将巴林银行破产的报告公之于众，报告的结论如下：

（1）巴林银行内部无授权的交易及隐瞒交易导致巨大损失。

（2）巴林银行内部管理严重失误，组织混乱，因此没有更早注意到真正的交易风险。

（3）外界查账人员、巴林银行监督人员没有在银行倒闭前察觉到真正的交易风险。

（二）原因追溯

根据巴林银行的案情以及后来的评述和里森自传《我如何弄垮巴林银行》，下面从企业内部控制（风险管理）的角度追溯巴林银行破产的原因。

（1）内部环境存在问题。内部环境是影响、制约企业内部控制制度建立和执行的各种内部因素的总称，主要包括治理结构、组织机构设置与权责分配、企业文化、人力资源政策、内部审计机制和反舞弊机制等，这是实施内部控制的基础。直至20世纪80年代，巴林银行一直是一家经营传统业务的商业银行，高层对里森所从事的复杂的金融衍生工具交易不了解，从而在业务管理方面准备不充分，风险管理意识不足，缺乏风险偏好能力；另外，巴林银行的董事会和高管层对各个分支机构及其人员的管理缺乏主动性，随意性较大。正如《每日电讯报》的一则编者评论所述："最主要的是巴林银行的高级管理者极端不负责任。某人怎么可能在几乎三年的时间里不被人察觉地引起如此巨大的损失？原因在于像里森这样的年轻人被委以他们并不适合的职位与责任。这说明巴林银行董事会成员极端自大，他们在宽阔的甲板上开心地数着自己的战利品，却全然不知吃水线之下的水早已涌进舱内……假若里森坐了牢而上述董事会成员仍旧没有改变，那么这个传奇故事将给人们留下最苦涩的滋味。"

(2) 常规的控制活动被践踏或执行无效。企业常规的控制活动包括职责分工控制、授权控制、审核批准控制、预算控制、财产保护控制、会计系统控制、内部报告控制、经济活动分析控制、绩效考评控制、信息技术控制等，这些控制活动构成企业内部控制和风险管理的核心活动，任何一个环节被践踏或执行无效，都会给企业带来更大的风险。巴林银行在下述常规控制活动中出现了问题：

1）缺乏不相容职务的适当分离。一般银行会授予交易员持有一定额度的风险头寸，但为防止交易员在其所属银行暴露过多的风险，这种许可额度通常有限，而且通过清算部门每天的结算工作，银行应充分了解并掌握其交易员和风险头寸的情况。遗憾的是，里森一人身兼交易与清算二职，这使里森有机会对交易失误瞒天过海，最后造成不可挽回的局面。

2）授权控制执行无效。作为一名交易员，里森的工作是代巴林银行的客户买卖衍生商品，并代替巴林银行从事套利，这基本上没有太大的风险。因为代客操作，风险由客户自己承担，交易员只是赚取佣金，而套利行为只赚取市场间的差价。里森并没有获得直接做任何衍生交易的授权，但他却直接从事日本大阪及新加坡交易所之间的日经指数期货对冲和债券买卖活动，累计损失高达14亿美元。

3）风险评估不足，缺乏风险预警能力。从1992年开始，里森在日本和新加坡市场之间进行套利交易，建立巨量仓位；在危机爆发之前的两年内，里森的交易在账面上为巴林银行创造了大笔的利润，远远超过此类交易正常的盈利水平，银行连续收到里森继续追加保证金的请求，数额之巨足以威胁银行的生存。对于这些明显的预警信号，巴林银行及交易所没有充分评估风险，也没有产生应有的警觉。

4）信息与沟通扭曲，内外部监督失效。及时、准确、完整和有效的信息与沟通是实施内部控制的重要条件，内外部有效监督是实施内部控制的有力保证，但当这些条件和保证荡然无存时，危机将随时到来，无法阻挡。

虽然巴林银行作为老牌的商业银行，内部稽核或审计体系完善，但在对里森业务进行内部审计时，在审计执行频次、审计计划、审计目的、审计测试等方面存在极大的随意性，没有计划，缺乏内容，几乎每次都能被里森糊弄过去。巴林银行缺乏有效的内部监督不仅表现在内部审计的失败，也表现在各级管理者的监管不力。里森在看完指控后说："我不想强迫其他任何巴林银行的人和我一起受罪，但我知道从这堆废墟中走出来的相关人士是不可能完好无损的。有一连串人本可以看穿我的把戏，并且阻止我的行动，包括波德·巴林（巴林银行总裁）、波得·诺里斯（总经理）、罗恩·贝克尔和西蒙·琼斯（先后任新加坡经理）、戈登·鲍舍（风险管理官）、詹姆斯·贝克和伊恩·曼森（内部审计人员），还有外部审计人员……但他们没这么做……从伦敦到新加坡的现金转账全都发生在他们于1月10日（1995年）收到SIMEX的信后，而SIMEX在信中提及88888账户，更不用说他们还曾接到国际结算银行的电话（国际银行总部——巴塞尔的国际结算银行曾在1995年2月初打电话询问巴林银行是否有能力支付保证金）。若在1月中旬他们阻止了我的行动，事情也不至于发展到巴林银行破产的地步。"

巴林银行缺乏审慎的外部监督和审计主要表现在：对于运作高风险的金融工具的银行，英格兰银行没有尽到监督、督导责任，甚至对国际结算银行的提醒置若罔闻。1993—1994年，巴林银行在SIMEX及日本市场投入的资金超过1.1亿英镑，超出了英格兰银行的规定（英国银行的海外总资金不应超过25%的限制）。为此，巴林银行曾与英格兰银行进行多次会谈，得到英格兰银行主管商业银行监察的高级官员的"默许"。另外，外部审计人员在审计巴林银行财务报表时，没有做到严谨认真，没有及时指出巴林银行报表中存在的严重造假问题。

（三）启示

人们常说：聪明者善于从自己的错误中吸取教训；智慧者善于从别人的错误中吸取教训。从引以为戒的巴林银行事件中我们不仅要感悟到企业构建内部控制（风险管理）体系的重要性，更要明白如何才能构建完善的内部控制（风险管理）体系。

（1）公司治理层和管理层对内部控制和风险管理的态度和践行是完善内部控制（风险管理）体系的关键。长期以来，理论界和实务界一直认为内部控制是研究如何控制管理层以下的流程运作的问题，但巴林银行等无数引以为戒的事件揭示，内部控制有效运行的关键在于公司的治理层和管理层，内部控制要对全公司上上下下实施控制与约束，如果公司治理层和管理层缺乏内部控制和风险管理的理念，缺乏身体力行的内控实践，如畅通的决策和沟通机制、反舞弊机制、权责配置机制等，公司完备的内部控制制度就会成为一纸空谈，不会发挥应有的作用。为此，公司构建完善的内部控制（风险管理）体系的关键在于企业治理层和管理层对内部控制和风险管理的认识、理解和重视程度，以及他们自身是否按照内部控制和风险管理赋予的职责履行责任，把握和控制风险，这是内部控制（风险管理）体系构建中最关键的一环。

（2）落实常规的控制活动是完善内部控制（风险管理）体系的核心。分析内部控制理论的沿革，从20世纪前内部牵制理论中强调职责分工、会计记账、人员轮换等内部牵制论，到内部控制分为会计控制和管理控制的控制结构论，到内部控制三要素论，再到21世纪的内部控制五要素论和八要素论，不相容职责分离、授权等常规的控制活动始终得到继承和发展，但由于公司内部环境中的诱惑以及信息技术对传统控制的冲击，控制活动的落实越来越难，但从巴林银行等许多引以为戒的事件分析中，我们看到，所有不可逆转的风险或危机，均是常规的控制活动被人们熟视无睹地践踏或习以为常地走形式导致的，这种教训是惨痛的。目前，每个公司都有各种各样的成文的控制活动，在形式上可以说具有完善的内部控制制度，但许多控制活动（控制措施和方法）被束之高阁或被熟视无睹，这是内部控制无法正常运行和发挥作用的重要原因，为此，研究如何构建完善的内部控制体系，不能仅在文字上下功夫，更应当在如何落实常规的控制活动上下功夫。

（3）强化对特殊风险的控制是完善内部控制（风险管理）体系的重心。人们论述内部控制的固有限制时时常提及，内部控制制度是针对常规业务和日常经营管理活动而设计的，对于例外或特殊事件无法起到作用。为减少这种固有限制，要从风险的视角提升内部控制水平，使内部控制不仅能够识别、发现和防范常规业务和日常经营管理活动中的风险，更能对公司特殊业务、例外事件所带来的不确定性予以管理和控制。如巴林银行常规的交易是商业银行的借贷活动，内部控制堪称完美，但其在新加坡进行的金融衍生工具交易属于特殊业务、新业务，风险大，如果巴林银行能够积极研究、设计和实施应对此类特殊风险的内部控制和风险管理，悲剧也许能够避免。历史不能因假设而改变，却会在假设中给我们指出前进的方向。为此，在构建完善的内部控制（风险管理）体系时，人们应当重视风险管理的理念，每一个企业都要动态地跟进经济形势和业务环境的变化，找出对于公司而言特殊或例外的事项，专门设计和重点实施内部控制和风险管理。

（4）凸显监督要素是完善内部控制（风险管理）体系的保障。监督是对内部控制和风险管理系统有效性进行评估的过程，可以通过持续性监督、独立评估或两者的结合来实现。巴林银行等事件告诉我们，当内部控制和风险管理的内生因素——监督要素不能有效发挥其作用时，由于外部的监督具有间接性和时滞性，因此内部控制的实施效果会差。为此，构建完善的内部控制机制时，要凸显内部控制中的监督要素，通过对内部控制制度的整体监督检查，提出积极的建议，这不仅能够保障内部控制有效运行，也能够协调公司内外部监督，使公司内部审计、外部审计的监督以及职能部门的监督发挥应有的作用。

讨论思考题

1. 如何在协调原有管理体系的基础上更新理念，构建企业内部控制（风险管理）体系？

2. 如何真正在传承经验的同时创新体制，不断完善内部控制机制？

3. 如果让你帮助企业设计某一方面的内部控制，你的设计思路是什么？关键内容包括什么？

4. 为什么说构建内部控制（风险管理）体系既不能搞运动，也不能仅仅依赖于编制好的内部控制手册？

5. 结合当下因内部控制（风险管理）体系构建不完善而出现问题的案例，反思在构建内部控制（风险管理）体系时应当注意什么。

案例讨论与分析

中航油（新加坡）巨亏事件

1. 案情简介

中国航油（新加坡）股份有限公司（以下简称“中航油（新加坡）”）成立于1993年5月，由中央直属大型国企中国航空油料控股公司（中国航空油料集团公司的前身）控股，总部和注册地均位于新加坡。公司成立之初经营十分困难，一度濒临破产，后在总裁陈久霖的带领下，一举扭亏为盈，从单一的进口航油采购业务逐步扩展到国际石油贸易业务，并于2001年在新加坡交易所主板上市，成为中国首家利用海外自有资产在国外上市的中资企业。经过一系列扩张运作，公司从一家贸易型企业发展成工贸结合的实体企业，实力大为增强，其净资产由1997年的16.8万美元猛增至2003年的1.28亿美元，市值超过65亿元人民币，一时成为资本市场的明星。

中航油（新加坡）于2002年3月开始从事背对背期权交易。2002年3月27日，中国证监会对中航油（新加坡）未经批准开展衍生品交易提出批评、警告。2003年3月底，中航油（新加坡）开始从事石油衍生品期权交易，同日本三井银行、法国兴业银行、英国巴克莱银行、新加坡发展银行和新加坡麦戈利银行等在期货交易场外签订了合同。2003年第三季度以前，由于对国际石油市场价格判断准确，公司基本上购买看涨期权，出售看跌期权，产生了一定利润。

2003年年底至2004年，中航油（新加坡）错误地判断了油价走势，调整了交易策略，卖出买权并买入卖权，导致期权盘位到期时面临亏损。为了避免亏损，中航油（新加坡）分别在2004年1月、6月和9月先后进行了三次挪盘，即买回期权以关闭原先盘位，同时出售期限更长、交易量更大的新期权。但每次挪盘均成倍扩大了风险，该风险在油价上升时呈指数级扩大，直至中航油（新加坡）不再有能力支付不断高涨的保证金，最终导致严重的财务困境。

2. 风险扩大

2004年3月28日，中航油（新加坡）账面亏损已经高达580万美元，但公司决定延期交割合同，并宣布2003年全年盈利3 289万美元。（公司的《风险管理手册》中规定亏损50万美元，必须斩仓。）2004年第二季度，随着油价持续升高，公司的账面亏损增加，公司再次决定延后到2005年和2006年交割合同，交易量再次增加。2004年10月，油价再创新高，公司此时的交易盘口达5 200万桶石油，需要支付的保证金也急剧上升。2004年10月以后，中航油（新加坡）所持石油衍生品盘位已远远超过预期价格。根据合同，中航油（新加坡）需向交易对方（银行和金融机构）支付保证金，每桶油价每上涨1美元，中航油要向这些银行支付5 000万美元的保证金。2004年10月10日，面对严重的资金周转问题，中航油（新加坡）首次向母公司呈报交易和账面亏损，为了补加交易商追加的保证金，公司耗尽近2 600万美元的营运资本、1.2亿美元的银团贷款和6 800万元的应收账款资金，账面亏损高达1.8亿美元，另外支付8 000万美元的额外保证金。

2004年10月20日，母公司提前配售15%的股票，将所得的1.08亿美元资金贷款给中航油（新加坡）。2004年10月26日和28日，公司因无法补加一些合同的保证金而遭逼仓，蒙受1.32亿美元实际亏损。2004年11月8—25日，公司的衍生商品合同继续遭逼仓，截至25日，实际亏损达3.81亿美元。2004年12月1日，在亏损5.54亿美元后，中航油（新加坡）宣布向法庭申请破产保护令。

3. 原因追溯

根据中航油（新加坡）巨亏事件及人们的评述，我们从企业内部控制（风险管理）的角度追溯中航油（新加坡）巨亏的主要原因。

（1）控制环境方面存在严重问题。主要表现在：1）陈久霖以集团副总经理的身份兼任中航油董事和执行总裁，实质上成为集团派驻中航油（新加坡）的全权代表和实际监管者，在其过大的权力控制下，董事会形同虚设，公司治理结构不能正常发挥作用。如陈久霖把中航油集团向新加坡公司派出的财务经理调开，从当地雇人担任财务经理，只听命于他一人；党委书记在新加坡两年多，一直不知其从事OTC（场外交易市场）投机交易；公司从事期权交易一年多，从最初的200万桶发展到出事时的5 200万桶，一直未向中航油集团报告，中航油集团也没有发现。2）中航油集团文化的特点是以成败论英雄，而不管个人做事的方法。在这种过度人治的企业文化氛围下，一个人越是成功，就越容易被寄予厚望，授予权力，从而很容易超越内部的审核和监控体系。陈久霖7年之内将一个亏损的公司打造成明星公司，在集团内部威望很高。3）陈久霖作为一名经营者，其过度自信或自负、好赌及承受失败的心理素质较差等性格和作风，对中航油（新加坡）而言是致命的。

（2）缺乏风险评估和风险应对策略。中航油（新加坡）虽然高薪聘请安永会计师事务所为其设计《风险管理手册》，但在执行中严重缺乏风险评估和风险应对策略，具体表现在：1）中航油（新加坡）在不了解期权交易、没有对交易风险做出正确评估的情况下就从事期权交易；2）中航油（新加坡）2004 年第一季度出现 580 万美元的账面亏损后，没有按照行业标准对期权仓位进行估价，也没有按照内部风险控制的规则斩仓止损，而是通过三次挪盘，继续扩大仓位，将交割日延后至 2005 年和 2006 年，没有对风险做必要的对冲处理，也没有对交易设立上限，孤注一掷，赌油价回落，使公司在消除账面损失的同时导致实际损失成倍增长。3）截至 2004 年 10 月，公司亏损累计达到 1.8 亿美元，公司流动资产耗尽，陈久霖不得不向集团汇报亏损并请求救助，中航油集团不对其风险进行评估，且未及时要求公司斩仓，而是以收购为名向市场折价出售股权，并将售股所得悉数借给中航油（新加坡）填补窟窿。正是由于缺乏风险评估，并采取了错误的风险应对措施，最终没有阻止风险损失的扩大，反而扩大了风险损失。

（3）控制措施执行不力，风险限额管理动辄被践踏。“四大”之一的安永会计师事务所为中航油（新加坡）编制《风险管理手册》，设有专门的 7 人风险管理委员会及软件监控系统。其中，风险控制的基本结构是：交易员、风险控制委员会、审计部、总裁、董事会层层上报，交叉控制，每名交易员损失 20 万美元时要向风险控制委员会报告，征求他们的意见，当损失达到 35 万美元时要向总裁报告，征求他的意见，得到总裁的同意后才能继续交易；任何导致 50 万美元以上损失的交易将自动平仓。中航油（新加坡）总共有 10 位交易员，如果严格地按照《风险管理手册》执行，损失的最大限额应是 500 万美元。但是，中航油（新加坡）最终亏损额高达 5.5 亿美元。由此可见，中航油（新加坡）在制定政策方面不惜花重金，但在执行方面却不尽如人意，管理层动辄随意突破风险限额。

（4）缺乏有效的信息与沟通。内外部信息和沟通机制的有效运行，可以使公司所有的风险都暴露在“阳光之下”，从而及时应对和控制风险。但中航油（新加坡）却在信息与沟通方面存在巨大的障碍，具体表现在：1）在 2002—2004 年的财务报表中，中航油（新加坡）没有正确记录期权组合的价值，未披露公司的市值计价（MTM）损失，在其违规操作形成巨额亏损长达一年多的时间内，不仅中小股东不知道，甚至公司在 2004 年还被新加坡评为最具透明度的上市公司。2）中航油（新加坡）从事石油期权投机交易，一直未向作为控股股东的中航油集团报告，而中航油集团通过正常的财务报表也没有发现，致使损失到了不可挽回的地步。

（5）缺乏必要的监督，逾越法规的边界经营。陈久霖从事的石油期权投机交易是中航油集团明令禁止的，但陈久霖做了并在盈利时获得了更多的荣誉。中航油（新加坡）在缺乏必要监督的情况下出现的三个严重违法违规行为给自己招致了更大的灾难：1）违背了采用套期对冲风险的基本模式。卖出看涨期权方，其最高收益为期权费，但亏损没有底线。在这一有限收益和无限亏损之间的博弈中，成熟操作者极少单独购买期权合同，往往将期权合同与其他金融产品进行组合，从而对冲远期市场上期权交易所带来的价格风险，但中航油（新加坡）却违背了采用套期对冲风险的基本模式。2）违背设置临界价位斩仓止损的基本法则。通常的期货市场会设置一定的价格出货点，或获利了结，或斩仓止损，这虽是一种不得已的选择，但可以防止损失继续扩大，中航油（新加坡）却选择了展期、移仓。3）违反国家明令禁止投机交易的基本规定。国有企业从事金融衍生产品的交易范围主要限定于基于实物的金融衍生工具，交易通常以国有企业所从事的大宗商品的国际贸易为基础，一般按国有企业的实际交易量进行部分套期，而不是全部套期，以保留一定的风险敞口，享受商品价格变动可能带来的好处。1998 年 8 月 1 日国务院发布的《国务院关于进一步整顿和规范期货市场的通知》、2001 年 10 月 11 日证监会发布的《国有企业境外期货套期保值业务管理制度指导意见》都明确规定了取得境外期货业务许可证的企业，在境外市场只能进行套期保值，不能进行投机业务。1999 年 6 月 2 日国务院发布的《期货交易管理暂行条例》也规定了国有企业的期货交易仅限于从事套期保值业务（且明令禁止场外交易），并要求期货交易总量应当与其同期现货交易总量相适应。2001 年 5 月，中国证监会、国家经济贸易委员会等数个部委联合颁布《国有企业境外期货套期保值业务管理办法》，对投机交易明确禁止，但中航油（新加坡）却把国家禁止的事情全做了。

4. 启示

深层次分析中航油（新加坡）巨亏事件，我们得到的启示有：

(1) 科学的公司治理结构是实践全面风险管理的重要一环。公司治理是指股东、董事会、监事会、经理层之间形成的权责分配、激励与约束、权力制衡关系。科学的公司治理结构包括民主、透明的决策程序和管理议事规则，高效、严谨的业务执行系统，以及健全、有效的内部监督和反馈系统。由于企业最高管理者对内部控制和风险管理的态度、做法，决定整个企业内部控制和风险管理的基调，左右着企业风险控制，为此，企业运行中要尽量避免管理者的绝对权威和不受约束的行为，避免管理者凌驾于内部控制之上；同时，要充分发挥独立董事和监事会的监督职能，坚决避免内部人控制现象的发生。

(2) 风险限额管理是实践全面风险管理必不可缺少的内容。风险限额包括交易限额、产品限额、续存期限、别的头寸对于市场价格和利率变动的敏感度限额、风险价值限额、止损限额等，这些限额是根据企业具体情况确定的，必须无条件执行。中航油（新加坡）《风险管理手册》中规定的"任何导致 50 万美元以上损失的交易将自动平仓"，属于限额管理，如果中航油（新加坡）能够有效执行该风险限额管理，其损失不会由最初的 580 万美元扩大到 5.5 亿美元。

(3) 重视并科学地进行风险评估是实践全面风险管理的核心。风险评估是及时识别、科学分析影响企业战略和经营管理目标实现的各种不确定因素并采取应对策略的过程，主要包括目标设定、风险识别、风险分析和风险应对。只有重视并科学地进行风险评估，才能帮助企业确定何处存在风险、怎样进行风险管理，以及需要采取何种措施。中航油（新加坡）最初判断失误造成580万美元时，如果及时进行风险评估，就不会草率地采用挪盘这种风险更大的方法来规避风险；如果中航油集团在得知中航油（新加坡）亏损严重、公司流动资产已耗尽时，及时进行风险评估，就不会采用私募方式卖出部分中航油股份来“挽救”中航油（新加坡），中航油（新加坡）的亏损也就不会继续扩大了。

（4）畅通有效的信息与沟通是实践全面风险管理的基础。信息与沟通指企业各部门的人员能够取得他们在管理和控制企业风险过程中所需的信息，并交换这些信息。信息系统提供包括经营、财务等方面信息的报告，作为经营和控制企业的依据。有效的信息沟通不仅包括上下级之间的信息流动，还包括信息在各部门间的横向流动。所有的员工都能够从上层管理部门获取准确信息，所有的上级管理部门都能够及时取得员工的反馈信息，这使他们理解自己在内部控制和风险管理框架中的作用以及本人活动与他人工作的关系。信息沟通不仅包括企业内部的信息沟通，还包括企业外部的信息沟通。企业只有拥有畅通有效的沟通，才能使交易始终处于监督（内外部监督）之中，才能更好地管理风险。

（5）合法、合规经营是实践全面风险管理的重心。合法经营是内部控制和风险管理的目标之一，无论什么时候，超越合法框架的企业盈利不会长久，企业注定会遭受更大的风险。从中航油（新加坡）事件中可以看出，公司发展最大的风险不是单纯的经营亏损，而是违法和违规，逾越法规和惯例的约束，公司经营风险会无限扩大。

（6）企业应当学会科学的危机管理。现代市场经济中，危机时刻存在，当企业遇到危机情况时，不能一味地遮盖、隐瞒或以风险赌风险，要正面积极地对待，科学地抉择风险管理策略，以降低损失甚至化危机为机会，实现持续发展。这种危机管理能力不仅需要危机管理人员的性格和行为符合风险管理的要求，更需要从战略、流程、人力资源、技术、信息五个方面为企业全面风险管理提供支持。

讨论与分析：

结合中航油（新加坡）巨亏事件，讨论企业构建内部控制（风险管理）体系的关键环节。

第三章

与企业控制环境相关的内控建设

学习目标

1. 掌握高效的公司内部治理的构成要素。
2. 了解企业组织架构的设计原则、要求和构建过程。
3. 熟悉企业发展战略制定情况以及存在的风险。
4. 掌握人力资源的相关内容及风险。

引例

豫金刚石巨亏背后的控制环境问题

2020 年 1 月郑州华晶金刚石股份有限公司（以下简称“豫金刚石”）披露业绩预告，预计 2019 年可实现的盈利介于 6 743.8 万元至 9 634 万元之间，但三个月后披露的 2019 年年报却报告了 51.99 亿元的巨额亏损。业绩“变脸”引起了资本市场的质疑和监管部门的问询，公司后被证监会立案调查。2020 年 12 月 31 日，证监会通报了初步调查情况，指出豫金刚石 2016—2019 年涉嫌重大财务造假，存在三方面问题：连续三年累计虚增数亿元利润；未依法披露 40 多亿元的对外担保和关联交易；实际控制人累计占用上市公司 23 亿余元的资金。据统计，2010—2018 年公司累计实现净利润 10.61 亿元。为何豫金刚石一年的亏损额就接近此前九年净利润总和的五倍？这背后的控制环境方面的原因有：

（1）公司治理严重失范，重大决策程序不合规，比如发布年报、季报等重大事件，独立董事不能及时获得相关资料。2020年4月27日，豫金刚石发布2019年年报，时任独立董事的王莉婷当天发布公告称不保证报告真实性，原因是“收到年度会议资料较晚（26日）”，27日上午9点还没有看到审计报告，没有时间核实相关信息。2021年10月25日，董事王大平、刘淼均称无法保证三季度报告的真实性、准确性、完整性。反对的原因是公司及实际控制人恶意阻挠河南农投金控与上海兴瀚资本行使股东权利。

（2）实控人“失控”，上市公司资金被占用。公告显示，截至2020年5月28日，公司控制股东郑州华晶共涉诉讼（含仲裁）51项，涉案金额合计超48亿元，实际控制人欠债多数由公司埋单。2016—2019年，该公司实际控制人累计占用上市公司资金23亿余元。如2020年年初，郑州市中级人民法院判令河南华晶向山西证券支付股票收益权回购价款5.61亿元、违约金2 237万元以及自2019年9月3日至回购价款实际支付完毕之日以5.61亿元为基数按照日万分之五计收的违约金，判令河南华晶向原告支付律师代理费102万元，判令郑州高新科技企业加速器开发有限公司、郭留希对河南华晶所欠原告的上述债务承担连带保证责任，郑州华晶承担差额补足责任。年报显示，豫金刚石全额计提这笔负债共计6.21亿元。

什么样的企业控制环境能够决定企业内部控制的基调呢？

第一节 公司治理

公司治理通过一套包括正式或非正式的内部或外部的制度或机制来协调公司与所有利益相关者（股东、债权人、供应商、雇员、政府、社区）之间的利益关系。公司治理的表现形式是分权和议事规则，其实质是协调利益相关者目标的平台。公司外部治理即公司在完善的商品市场、资本市场和人力资源市场（包括经理人市场）机制下，使产品、资本和人才在有序流动中发展。公司内部治理是公司股东、董事会、监事会和高级经理人员之间的相互制衡，其制衡机理如图3-1所示。

根据公司内部治理的制衡机理，高效的公司内部治理需要规矩的控股股东、有绩效的董事会、尽责的监事会和有担当的管理层。

一、规矩的控股股东

根据表3-1所示的指标来定性、定量判断控股股东行为是否规矩，是否存在风险。

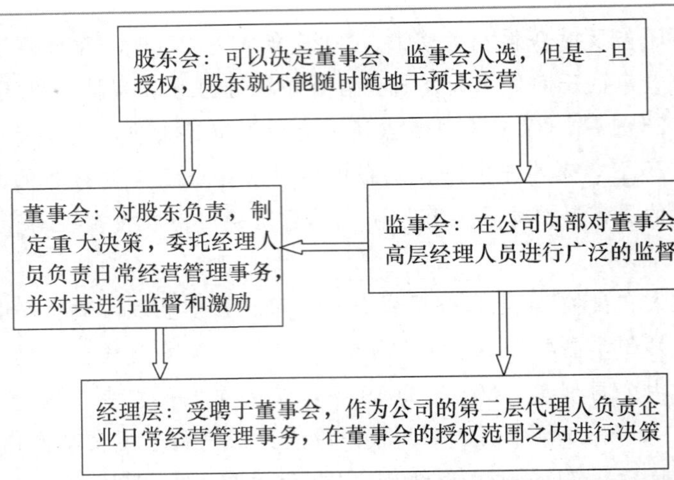

图3-1　公司内部治理的制衡机理

表3-1　控股股东行为的关键控制点

一级指标	二级指标	指标说明	评价标准
关联交易	1. 同业竞争	评价上市公司与控股股东或其控股的其他关联单位的同业竞争状况	上市公司与关联方属不同行业，无同业竞争
	2. 定价依据	评价控股股东与上市公司间关联交易定价的合理性，判断关联交易的规范性	上市公司应有明确的关联交易定价分析报告
	3. 资金占用	评价控股股东行为的外部性状况	无占用资金
	4. 贷款担保	根据上市公司是否为控股股东及其他关联方提供担保，评价控股股东行为的外部性状况	不提供担保
上市公司独立性	5. 人员独立性	衡量上市公司与控股股东人员的关联程度	独立
	6. 业务独立性	衡量上市公司与控股股东业务的关联程度	独立
	7. 财务独立性	衡量上市公司与控股股东财务的关联程度	独立
	8. 资产独立性	衡量上市公司与控股股东资产的关联程度	独立
股东大会	9. 股东大会的参与性	衡量股东参与股东大会的状况	尽可能多的股东参与
	10. 股东大会的规范性	衡量股东大会的程序，评价股东参与股东大会的状况	股东大会记录完整
中小股东权益保护	11. 临时股东大会提案	反映中小股东意志被重视的程度	有临时提案

二、有绩效的董事会

根据表 3－2 所示的指标来定性、定量判断董事会行为是否有绩效，是否存在风险。

表 3－2　董事会行为的关键控制点

一级指标	二级指标	指标说明	评价说明
董事权利与义务	1. 董事遴选	衡量董事选拔程序的合理性	履行法规和企业章程
	2. 董事的能力考核	考核董事履行职责和参与董事会活动的情况	符合证监会的要求和积极主动地参与董事会的活动
	3. 董事培训	评价董事能力的提升水平	培训次数越多越好
董事会运作效率	4. 董事会规模	考核董事会规模的合理性	能够进行富有成效的讨论和确保全体股东的利益被公平、客观地代表，规模在5～19人
	5. 董事人员构成	考核董事会人员结构的合理性	外部董事和独立董事占多数，且具有不同的专业背景
	6. 董事会会议质量	考核董事会召开会议的质量	全面、具体、翔实，并签字
董事会组织结构	7. 董事会领导结构	考核董事会的权力制衡状况	履行有关法律
	8. 专业委员会设置	考核专业委员会的设置状况	有相应的专业委员会
	9. 专业委员会运行	考核运行质量	独立董事代表占多数且发表独立意见的次数越多越好
董事薪酬	10. 董事薪酬水平	考核董事薪酬水平的合理性	符合有关规定
	11. 董事薪酬形式	考核董事激励结构的合理性	采用长期激励机制
	12. 董事绩效评价	考核薪酬方案制定的有效性	有效的评价程序
独立董事制度	13. 独立董事比例	考核独立董事的规模合理性	独立董事应占董事会成员的1/3
	14. 独立董事激励	考核独立董事的工作效率	具有明确的独立董事激励政策，且贯彻落实
	15. 独立董事独立性	考核独立董事职责履行的保障状况	符合有关规定

三、尽责的监事会

根据表 3－3 所示的指标来定性、定量判断监事会行为是否有作为，是否存在风险。

表3-3 监事会行为的关键控制点

一级指标	二级指标	指标说明	评价说明
监事的胜任能力	1. 监事遴选	衡量监事选拔程序的合理性	履行法规和企业章程
	2. 监事的能力考核	考核监事履行职责和参与监事会活动的情况	符合证监会的要求和积极主动地参与监事会的活动
	3. 监事培训	评价监事能力的提升水平	培训次数越多越好
监事会的结构和规模	4. 监事会规模	考核监事会规模的合理性	能够进行富有成效的讨论，其成员不得少于3人
	5. 监事人员构成	考核监事会人员结构的合理性	外部监事和职工监事占多数，且具有不同的专业背景
监事会运行状况和效率	6. 监事会会议质量	考核监事会召开会议的质量	全面、具体、翔实，并签字
	7. 监事会履职能力	考核监事会履行职责和表达意见的情况	监事会依法独立表达意见转变为董事会提交股东大会提案的个数，个数越多越好
	8. 利用专业委员会的情况	考核监事会利用专业委员会的状况	监事会接受专业委员会意见的个数，个数越多越好
	9. 利用审计机构的情况	考核监事会利用审计机构的状况	监事会讨论或接受审计机构提出建议的个数，个数越多越好

四、有担当的管理层

根据表3-4所示的指标来定性、定量判断管理层行为是否有担当，是否存在风险。

表3-4 管理层行为的关键控制点

一级指标	二级指标	指标说明	评价说明
任免制度	1. 总经理选聘方式	评价总经理来源的公开性与竞争程度	董事会采取公开、透明的方式选聘总经理
	2. 其他高管人员的选聘方式	评价其他高管人员来源的公开性与竞争程度	总经理或提名委员会提名，采取公开、透明的方式选聘其他高管人员
	3. 高管层的行政职务	评价政企分开的程度	实行现代企业制度的公司高层人员不兼任行政职务是政企分开的保证
	4. 总经理与董事长两职设置	评价总经理经营控制地位的相对独立性	上市公司董事长和总经理两职分离有利于董事会对经理层的监督与激励

续表

一级指标	二级指标	指标说明	评价说明
执行保障	5. 决策支持	考核高管层为董事会提供决策信息的方式和性质	高管层实时、定期地为董事会提供有价值的决策信息有利于提高董事会决策有效性
	6. 经营控制	通过公司经理层经营控制的有效程度评价治理成效	公司经理层应对公司经营实施有效控制
	7. 双重任职	衡量高管层介入关联交易的可能性	双重任职更易发生转移价格和其他非市场交易，避免双重任职是控制关联交易的有效手段
	8. 内部人控制	通过经理层董事人数占董事会成员总数的比例评价经理层与董事会相互制约的程度	应维持一定比例，比例过高会使经理层凌驾于董事会之上，使股东会、董事会形同虚设
	9. CEO 设置	通过公司董事会代理人——CEO的设置情况评价公司经营权的集中度	设置 CEO，负责监督、落实董事会统管的各项经营决策
激励机制	10. 薪酬水平	评价高管人员的薪酬在国内同行业的相对水平，以及与公司内其他员工薪酬的差异程度	高管人员在国内同行业较高的薪酬水平，以及与公司内其他员工较大的薪酬差异都会产生较强的激励作用
	11. 薪酬结构	薪酬的形式与构成	多样的、长短期兼顾的合理薪酬能正确引导经营者的职业方向
	12. 薪酬动态激励	通过衡量薪酬与业绩的关系，考核薪酬激励动态化程度	薪酬与公司业绩挂钩，使薪酬具有动态激励性
	13. 持股比重	反映经理层股权激励的强弱程度	持股比例越大越好
	14. 股权流通性	反映经理层股权激励作用的有效程度	流通性越高越好
	15. 持股方式	持股方式的主动与被动会引发不同的激励效果	主动持有的比例越大，激励效果越好
	16. 决策报告制度	评价董事会对经理层的决策控制及授权程度，反映决策控制权激励约束程度	董事会是否定期跟踪掌握授权事项的决策、执行情况，适时组织开展授权事项专题监督检查，对行权效果予以评估，并与管理层薪酬挂钩

五、公司治理的风险与改善

（一）公司治理的风险

公司治理的风险是指公司治理制度设计不合理或运行机制不健全给公司持续经营带来的不稳定性及对公司总价值的影响，从而对投资者的利益产生威胁。这种威胁体现在多个方面，具体某个风险往往有一定的潜伏期，产生的威胁有限，甚至不易被察觉，但众多风险的相互作用逐步积累，最终可能爆发。公司治理的风险不同于管理风险，公司治理的风险更多与制度设计有关，管理风险通常是管理人员决策失误、管理制度设计不合理或者其他客观及非人力因素造成的企业遭受损失的可能性。经营状况暂时较好、短期财务绩效不错的公司不一定不存在公司治理的风险。公司治理的风险主要表现为以下几个方面。

1. 股东之间的风险

股东之间的风险主要表现为信息不对称条件下，道德风险以及逆向选择等问题产生的大股东对中小股东利益的侵害。主要包括：

（1）大股东对中小股东的“隧道挖掘”风险。大股东利用其在公司治理结构中的优势地位，通过以下手段侵犯小股东的利益：1）滥用公司资源。2）占用公司资源，如直接占用资源；利用商品服务交易活动、资产租用交易活动和费用分摊活动等关联性交易占用公司资源。3）掠夺性财务活动，具体可以分为掠夺性融资、内幕交易、掠夺性资本运作、超额股利等。

（2）股东代表损害股东利益的风险。公司或其他组织作为投资者投资其他公司，需要派出人员代表公司（组织）行使股东权。这些股东代表可能存在道德风险，不能有效履行其代理权，造成股东的权益受到损害。

2. 股东（大）会、董事会及监事会治理风险

（1）股权不清晰、不规范的风险。股权不清晰、不规范容易引起公司控制权争议、诉讼甚至引起股东被投诉、举报，进而导致股东犯罪行为的发生。

（2）股东行为不合规、不审慎的风险。主要表现为：股东入股资金不实，违规股权代持，主要股东违反“两参一控”规定，主要股东违规干预经营管理，中小股东未能有效参与治理等。

（3）股东（大）会违法召开的风险。股东（大）会的召开程序违法，如未依照《中华人民共和国公司法》（以下简称《公司法》）的规定建立合法的会议召集、通知、主持、召开、决议及下发（或公告）等流程规范，或者即便建立了也完全没有或未严格按照程序规范来召开股东（大）会的定期或临时会议，因会议决议被确认无效、股东要求损害赔偿而引发股东争议甚至诉讼。另外，出现股东（大）会成为大股东会的情况，中小股东的权益难以保障。

（4）董事会与经理层关联过强的风险。如独立董事都是由大股东选出的、董事会和经理层缺乏相对独立性、董事会对经理层授权不当或监督不力等导致董事会与经理层关联过强，缺乏有效制衡。

（5）董事会及下设专门委员会不能发挥应有作用的风险。因董事会及下设专门委员会架构不完善、运作不规范、重大决策不科学，董事会及下设专门委员会不能发挥应有的作用。

（6）监事会监督不力的风险。由于监事会对董事、高管仅有提出罢免建议权，无任命权，监事会相对董事会处于弱势，权力平衡被打破；由于大部分职工监事是被上级“提拔”上来的，监事会独立性很难保证，致使监事会形同虚设，监督功能发挥不足。

3. 经理层治理的风险

（1）内部人控制风险。公司经理层违背忠诚义务导致的内部人控制问题主要表现为：过高的在职消费；盲目过度投资，经营行为短期化；侵占资产，转移资产；工资、奖金等收入增长过快，侵占利润；会计信息作假、财务作假；建设个人帝国。

公司经理层违背勤勉义务导致的内部人控制问题主要表现为：信息披露不完整、不及时；敷衍、偷懒、不作为；财务杠杆过度保守；经营过于稳健、缺乏创新等。

（2）公司管理当局的道德风险。即在公司经营活动中，管理当局的行为偏离公司价值最大化的目标，从而使股东利益受到损害。它是公司管理当局存在主观上的故意而产生的损害行为，例如公司管理当局在涉及公司利益的活动中故意不作为，或者利用公司资源为自己谋取私利等。

（3）缺乏有效的激励约束机制的风险。主要表现为：高管层履职越位、缺位、错位，内部问责机制存在缺失，薪酬制度体系不完善，绩效考核指标设置不合规，对绩效考核制度及执行情况的监督评估不足。

（二）公司治理的改善

根据《国务院关于进一步提高上市公司质量的意见》，为提高上市公司治理水平，证监会组织开展上市公司治理专项行动。在上市公司的专项治理中，改善公司治理需要梳理和提炼公司治理的理念和具体措施。

1. 公司治理理念

公司治理的核心是建立完善的公司治理机制，形成科学有效的决策机制、监督机制和激励机制，建设明确规范的制度体系，并严格贯彻执行，持续修订完善制度，增强自我规范、自我提高、自我完善的意识，更好地为公司战略和目标服务。公司治理的关键是抓好关键少数，企业的实际控制人及控股股东、董事、监事和高级管理人员等作为上市公司的关键主体，在公司的规范运作、经营发展中起到谋大局、定方向的作用，关键少数提升依法依规意识，增强履职能力和水平，切实履行好忠实勤勉义务，防范公司风险，通过以点带面使得公司治理的理念从外部推动转变为内在主动，对提升公司治理水平具有重要作用。

2. 改善公司治理的具体措施

（1）结合企业股权结构、经营管理等实际，把党建工作有关要求写入公司章程，不断加强党组织在公司中的政治引领作用。党组织成员通过“双向进入、交叉任职”方式参与公司治理，通过董事会、监事会、党委会、总办会等治理机制、决策机制影响企业的生产经营决策，提升公司治理水平和内控质量。

（2）科学有效配置董事会、监事会的成员。董事会独立董事涉及财务、法律、业务等专业，非独立董事分别由控股股东以及其他股东推荐，1名董事兼任高级管理人员，董事会延伸至经营层，为董事会决策和履职奠定坚实基础，更好地维护股东权益；监事会配备财务、审计、纪委监察、工会、业务等专业人员，监事会主席兼任纪委书记、工会主席并分管审计部门，内部监督主体形成各司其职、有效制衡的监督检查体系，职工监事延伸至子公司经营管理层，保障监事会履行独立监督和检查职能。

（3）董事会下设审计委员会、提名委员会、薪酬与考核委员会和战略委员会，主要由独立董事担任召集人且席位占比较多，以更好地发挥独立董事的监督职能，优化决策程序，提高董事会专业化决策水平，改善公司治理结构。

（4）组织董事、监事开展丰富的调研，增进其对公司经营情况和财务情况的了解，广泛听取意见和建议，结合公司实际制定科学的方案和有效的决策，加强董事和监事的参与和监督。

第二节　组织架构

组织架构是指企业按照国家有关法律法规、股东（大）会决议和企业章程，结合本企业实际，明确股东（大）会、董事会、监事会、经理层和企业内部各层级机构设置、职责权限、人员编制、工作程序和相关要求的制度安排。组织架构主要包括公司治理、内部职能机构与规章制度管理等。

组织架构是企业的骨架，是实现战略目标的载体，是企业运营的支撑，是岗位设置的依据，是企业信息流通的渠道。企业缺乏合理的组织架构，会造成分工不明确、权责不清楚、沟通渠道不畅。

一、组织架构的设计原则和要求

组织架构设计是根据组织目标和组织活动的特点来划分管理层次、确定组织系统、选择合理的组织结构形式，以期实现组织资源价值最大化和组织绩效最大化的过程。好的决策必须有强有力的组织架构才能贯彻实施，否则只是空中楼阁或纸上谈兵。

（一）设计原则

组织架构是单位开展风险评估、实施控制活动、促进信息沟通、强化内部监督的基础设施和平台载体。企业在设计组织架构时，需从内部控制的要求出发，遵循以下原则：

（1）战略导向原则。企业组织架构的设计首先要立足于企业战略发展要求，以实现企业战略任务和经营目标为旨归。无论环境如何变化，无论如何设计、调整组织架构，都要紧扣企业的总体战略目标，在深入领会和分析研究的基础上选择正确的企业组织架构类型，展现自身鲜明的特色。

（2）合规性原则。组织架构的设计必须遵循我国法律法规，严格厘定股东、董事会、监事会、经理层的权利和义务及其聘任条件和议事程序等，合理解决企业各方利益分配问题。

（3）制衡性原则。它是组织架构设计的核心原则，要求企业的决策机构、执行机构、监督机构相互分离，并进行合理的权责分配，在企业的部门管理、职责分工、业务流程等方面形成相互制约、相互监督的机制。

（4）适应性原则。组织架构的设计既要适应国家政策的调整、市场需求和经营环境的变化，又要结合自身编制情况，设置不同的部门、机构和岗位，灵活设计工作机制，选择合适的方式组织协调内部控制的建立、实施与日常工作。

（5）协同性原则。组织架构的设计要立足于整体，全面考虑企业经济活动的决策、执行和监督全过程，关注重要经济活动和经济活动的重大风险，以保证企业整体管理工作联动、和谐和高效，实现企业的整体目标。

（6）稳定性原则。它要求企业组织架构一旦建立实施，在一定时期内能够抵制干扰，确保稳定不变。长期稳定运行的组织架构可以凝聚企业发展力，提升企业管理水平，稳定员工情绪，维持企业高效运转。

需要指出的是，企业组织架构不是千篇一律的，其设计应根据所处行业的特点、企业规模、管理水平和人员素质等因素而有所不同。

（二）组织架构的一般要求

企业应当根据国家有关法律法规的规定，明确董事会、监事会和经理层的职责权限、任职条件、议事规则和工作程序，确保决策、执行和监督相互分离，形成制衡。

企业的重大决策、重大事项、重要人事任免及大额资金支付业务等，应当按照规定的权限和程序实行集体决策审批或者联签制度。任何个人不得单独进行决策或者擅自改变集体决策意见。重大决策、重大事项、重要人事任免及大额资金支付业务的具体标准由企业自行确定。

企业应当按照科学、精简、高效、透明、制衡的原则，综合考虑企业性质、发展战略、文化理念和管理要求等因素，合理设置内部职能机构，明确各机构的职责权限，避免职能交叉、缺失或权责过于集中，形成各司其职、各负其责、相互制约、相互协调的工作机制。

企业应当制定组织结构图、业务流程图、岗（职）位说明书和权限指引等内部管理制度或相关文件，使员工了解和掌握组织架构设计及权责分配情况，正确履行职责。

企业应当定期对组织架构设计与运行的效率和效果进行全面评估，组织架构设计与运行中存在缺陷的，应当进行优化调整。

（三）治理结构设计的要求

1. 企业治理结构设计的一般要求

治理结构涉及股东（大）会、董事会、监事会和经理层。企业应当根据国家有关法律法规的规定，按照决策机构、执行机构和监督机构相互独立、权责明确、相互制衡的原则，明确董事会、监事会和经理层的职责权限、任职条件、议事规则和工作程序等。

2. 上市公司治理结构设计的特殊要求

上市公司治理结构的设计应当充分反映其公众性。其特殊之处主要表现在：

（1）设立独立董事。上市公司董事会应当设立独立董事，独立董事应独立于所受聘的公司及其主要股东。独立董事不得在上市公司担任除独立董事外的其他任何职务。

（2）董事会专门委员会的特殊要求。上市公司董事会下设的审计委员会、薪酬与考核委员会中，独立董事应当占多数并担任负责人，审计委员会中至少还应有一名独立董事是会计专业人士。

（3）设立董事会秘书。上市公司应当设立董事会秘书，在上市公司实务中，董事会秘书是一个重要的角色，负责公司股东（大）会和董事会会议的筹备、文件保管以及公司股东资料的管理、信息披露事务的办理等事宜。

3. 国有独资企业治理结构设计的特殊要求

国有独资企业是我国比较独特的企业群体，治理结构设计应充分反映其特色。主要表现在：

（1）国有资产监督管理机构代行股东（大）会职权。国有独资企业不设股东（大）会，由国有资产监督管理机构行使股东（大）会职权。

国有独资企业董事会可以根据授权部分行使股东（大）会的职权，决定公司的重大事项，但公司的合并、分立、解散、增加或者减少注册资本和发行公司债券，必须由国有资产监督管理机构决定。

（2）国有独资企业董事会成员中应当包括公司职工代表。

（3）国有独资企业监事会成员由国有资产监督管理机构委派；但是监事会成员中的职工代表由公司职工代表大会选举产生。

（4）外部董事由国有资产监督管理机构提名推荐，由任职公司以外的人员担任。外部董事在任期内，不得在任职企业担任其他职务。

4. 对“三重一大”的特殊考虑

“三重一大”问题即“重大决策、重大事项、重要人事任免及大额资金使用”问题。“三重一大”事项通常关系到企业的长远发展且涉及资金往往巨大. 一旦出现错误和舞弊，极可能导致企业经营失败甚至破产倒闭，因此有必要在组织架构设计和运行环节对“三重一大”事项进行合理控制，对“三重一大”事项实行集体决策和联签制度。任何个人不得单独进行决策或者擅自改变集体决策意见。重大决策、重大事项、重要人事任免及大额资金使用业务的具体标准由企业自行确定。

二、构建组织架构的过程

（1）明确组织架构控制的目标。组织架构的核心是解决公司治理结构、管理体制和运行机制问题。完善企业的组织架构，以达到以下控制目标：

1）按照国家法律法规以及公司章程，明确董事会、监事会和管理层的职责权限、任职条件、议事规则和工作程序，形成企业的决策、执行和监督相互分离、相互制衡的机制。

2）按照股东（大）会决议，设置战略委员会、审计委员会、提名委员会和薪酬与考核委员会，明确各委员会的职责权限、任职条件、议事规则和工作程序，为董事会的科学决策提供支持。

3）按照科学、精简、高效和制衡的原则，综合考虑企业性质、发展战略、文化观念和管理要求，合理设置内部职能机构及其分（子）公司，提高执行力。

4）科学分解各项职责到具体岗位，明确具体岗位的责任、权力和利益以及绩效考核标准，提高全员绩效水平。

5）绘制组织结构图、业务流程图、岗（职）位说明书和权限指引，为所有员工提供组织架构和职责分工的明细指引，便于履行职责。除绘制企业组织架构图外，应当完善以下关于组织架构方面的文档资料：书面政策和流程手册；规范的工作描述；具体的责任细节；管理方针说明；道德准则；可接受行为的规程；利益冲突禁止说明。

6）构造完善的会计系统控制、运营分析控制和绩效评价控制，支撑企业决策、执行和监督高效运作。

（2）分析、整合并绘制组织架构图。企业组织架构图见图 3－2。

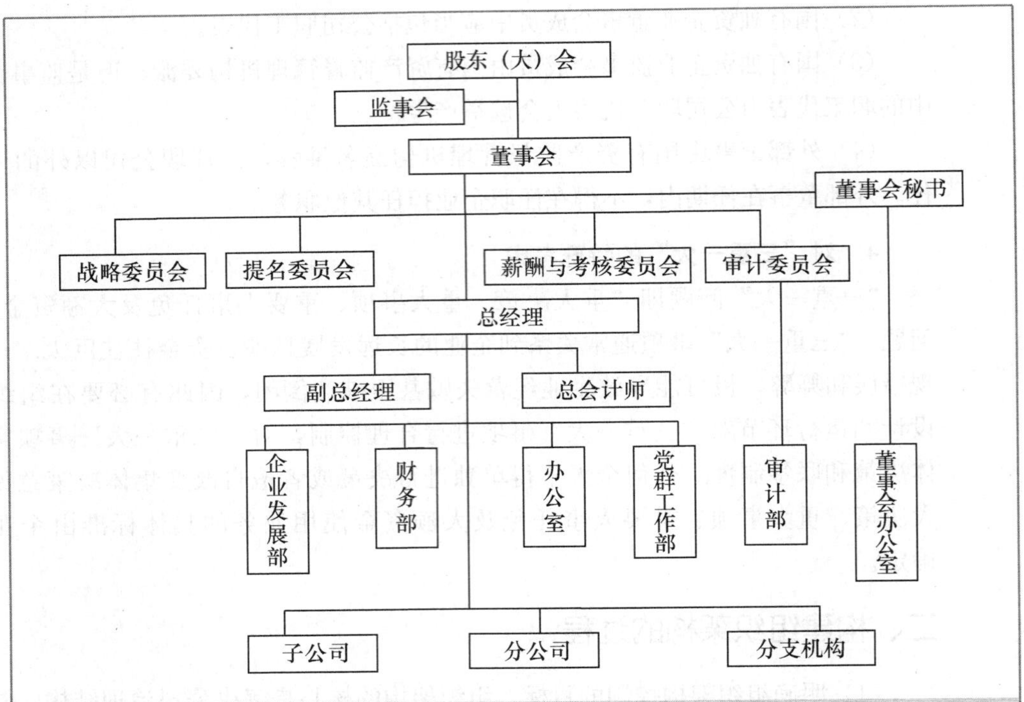

图3-2　企业组织架构图

(3) 鉴别重要控制环节。通过实地调查和分析，发现企业构建组织架构的风险点表现在以下方面。

1）治理结构形同虚设，缺乏科学决策、良性运行和执行力，导致企业难以实现其发展战略，经营失败。

2）重大决策、重大事项、重大人事任免和大额资金支付缺乏集体决策机制，产生内部人控制风险。

3）内部机构设计不科学、权责分配不合理，导致机构重叠、职能交叉或缺失、推诿扯皮、运行效率低下。

关注以上风险，企业应当从表3-5所示的关键控制入手完善企业组织架构。

表3-5　设计企业组织架构的关键控制

项目	关键控制
治理结构层面	1. 股东（大）会是否规范而有效地召开，股东是否可以通过股东（大）会行使自己的权利； 2. 企业与控股股东是否在资产、财务、人员方面实现相互独立，企业与控股股东的关联交易是否贯彻平等、公开、自愿的原则； 3. 对与控股股东相关的信息是否根据规定及时完整地披露； 4. 企业是否对中小股东权益采取了必要的保护措施，使中小股东能够和大股东以同等条件参加股东（大）会，获得与大股东一致的信息，并行使相应的权利； 5. 董事会是否独立于经理层和大股东，董事会及其审计委员会中是否有适当数量的独立董事存在且能有效发挥作用；

续表

项目	关键控制
治理结构层面	6. 董事对于自身的权利和责任是否有明确的认知，并且有足够的知识、经验和时间来勤勉、诚信、尽责地履行职责； 7. 董事会是否能够保证企业建立并实施有效的内部控制，审批企业发展战略和重大决策并定期检查、评价其执行情况，明确设立企业可接受的风险承受度，并督促经理层对内部控制有效性进行监督和评价； 8. 监事会的构成是否能够保证其独立性，监事能力是否与相关领域相匹配； 9. 监事会是否能够规范而有效地运行，监督董事会、经理层正确履行职责并纠正损害企业利益的行为； 10. 对经理层的权力是否存在必要的监督和约束机制。
内部机构层面	1. 企业内部组织机构是否考虑经营业务的性质，按照适当集中或分散的管理方式设置； 2. 企业是否对内部组织机构设置、各职能部门的职责权限、组织的运行流程等有明确的书面说明和规定，是否存在关键职能缺位或职能交叉的现象； 3. 企业内部组织机构是否支持发展战略的实施，并根据环境变化及时做出调整； 4. 企业内部组织机构的设计与运行是否适应信息沟通的要求，有利于信息的上传下达和在各层级、各业务活动间的传递，有利于为员工提供履行职权所需的信息； 5. 关键岗位员工是否对自身权责有明确的认识，有足够的能力去履行权责，是否建立了关键岗位员工轮岗制度和强制休假制度； 6. 企业是否对董事、监事、高级管理人员及全体员工的权限有明确的制度规定，对授权情况是否有正式的记录； 7. 企业是否对岗位职责进行了恰当的描述和说明，是否存在不相容职务未分离的情况； 8. 企业是否对权限的设置和履行情况进行了审核和监督，对于越权或权限缺位的行为是否及时予以纠正和处理。

对于一个企业来讲，设计完善的组织架构的关键在于解决好授权和责任分配问题，也就是通过授权与责任分配，使每个人知道其行为如何与他人工作共同作用于组织目标的实现，并且报告其责任是如何履行的。设计企业组织架构的基本标准是：凡事有人做；行为者要充分授权；人人承担责任。

（4）确定控制措施。根据企业组织架构的关键控制，完善公司章程。完善企业组织架构的主要政策和制度如表 3-6 所示。

表 3-6　完善企业组织架构的主要政策和制度

项目	具体内容
1. 不相容职务分离	决策、执行、监督职责相分离。
2. 授权审批控制	（1）股东（大）会行使经营方针、筹资、投资、利润分配等重大事项的表决权； （2）董事会对股东负责并行使企业的经营决策权； （3）监事会监督企业董事、经理和其他高级管理人员依法履行职责； （4）经理层实施股东（大）会、董事会决议事项，主持企业的生产经营管理工作。
3. 会计系统控制	（1）建立科学有效的财务组织机构； （2）建立健全财务资金、资产管理制度； （3）建立资产或资源的内部调配制度。

续表

项目	具体内容
4. 运营分析控制	（1）制定清晰、符合企业发展需要的战略目标； （2）制定股东会、董事会、监事会的议事规则，明确界定决策、执行、监督的职责，形成有效的制衡机制； （3）明确各类专业委员会的决策范围、议事规则； （4）人力资源规划符合企业发展需要，具有前瞻性、针对性； （5）规范关联交易程序、定价标准； （6）规范制度管理，明确规定、审批、发布、修订的程序与权限； （7）建立重大事项报告制度与问责制； （8）建立健全信息披露制度与程序。
5. 绩效考评控制	（1）建立健全绩效考评制度与程序，建立奖惩制度； （2）建立企业高级管理人员选聘、激励、监督的制度与程序。

第三节　发展战略

根据《企业内部控制应用指引第 2 号——发展战略》，发展战略是企业在对现实状况和未来趋势进行综合分析和科学预测的基础上，制定和实施的中长期发展目标与战略规划。其是否科学合理，对企业的生存与发展具有决定性的指导作用。它是企业的生命线，一切活动必须围绕战略规划规定的任务与目标进行，为此，发展战略通过提升企业的预见性，明确企业的方向和市场定位，提高企业核心竞争力。

一、制定企业发展战略的原则和要素

企业应当根据发展战略，制定年度工作计划，编制全面预算，将年度目标分解、落实；同时完善发展战略管理制度，确保发展战略有效实施。发展战略管理流程主要包括发展战略编制与审批、发展战略分解、发展战略调整等。

（一）制定企业发展战略的原则

企业发展战略的制定，至少要遵循如下原则：

（1）基本原则。企业发展战略的制定要切合实际，具有企业自身的特色；要聚集企业全体员工的共同愿望；要具有前瞻性、指导性、长期性、一贯性、严肃性、科学性；要反映企业文化、企业精神、企业经营理念、企业发展观和价值观。

（2）专业化原则。企业的核心竞争力来自企业的战略决策能力、组织协调能力和技术创新能力，企业的生产运营只有通过专业人士推动，才具有竞争优势。企业发展战略的制定，必须坚持专业化发展原则，集中优势力量和优质资源，以激发企业的创新力。

（3）动态化原则。作为企业文化、企业精神的一种表现形式，企业发展战略具有长期性、稳定性、不可变性特征；作为指导企业发展的一种工具，企业发展战略要兼顾环境变化，具备动态化特性，即在坚持原则的基础上不失灵活性。例如：如何应对经济危机的干扰、如何应对国家宏观调控政策的影响、如何应对本行业的环境变化、如何应对企业不可预见的风险等，都需要在战略制定中有所体现。

（4）市场化原则。企业治理的硬道理是使企业在纷繁复杂的市场环境中求得生存和发展，因此企业发展战略的制定要以市场为导向，力求使产品、技术等对接市场需求、面向目标市场，在市场中占据合理地位，并通过长期持续的发展不断壮大。

（5）独特性原则。任何企业要做大做强，必须有其独特性。独特性就是创新性，无论企业经营什么，这种独特性集中体现为一流产品、一流质量、一流服务，若能做到人无我有、人弱我强，就能在市场中胜出。因此在制定战略规划时，要在企业运营的各个环节体现独特性要求。

（二）发展战略的基本要素

不同企业的发展战略各异，但其基本要素相同。一般来说，企业发展战略应包含如下要素：

（1）战略背景。包括国际经济社会发展的总趋势及基本特征；国内经济社会发展的总趋势、总目标及基本特征；省内经济社会发展的定位及基本特征；本地区、本企业经济社会发展的成就及基本特征。

（2）战略方针。战略方针明确战略指导思想。它是发展战略的灵魂，规范并制约战略各要素和战略任务的科学确定，是根据国内外经济发展环境、经济发展总趋势，结合实际情况、发展潜力、发展优势以及区域迫切需要解决的重大问题来确定的。

（3）战略目标。战略目标又称战略定位，是发展战略的核心。包括：整体战略目标；专项战略目标体系；实现战略目标的优势条件；实现战略目标的制约因素。

（4）战略重点。战略重点是保障战略目标实现的支撑点和关键点。指那些对实现经济持续、快速发展具有全局意义和开发潜力，而又必须加强的产业、行业、项目以及工作重点和急需解决的重大问题。

（5）战略阶段的划分及战略任务布置。战略阶段的划分是为了有计划、有步骤地实现战略目标，大体为 5 年一个阶段。战略任务布置指分别列出每一阶段需要完成的主要任务。

（6）战略布局。战略布局是根据企业的特色、优势形成合理的布局结构，便于形成规模，产生规模效益，因地制宜地布局。

（7）战略对策的制定。战略对策的制定是为了高效实现战略目标及战略任务，从宏观层面上确定有针对性的战略对策，战略和战术要有机结合，便于操作，易于实施，凝聚人力、物力、财力、科技力、政策力，使战略形成强大合力。

总之，一个国家，一个企业，要有科学的发展战略，才能抓住机遇加快发展自己，才能制定正确的战略对策迎接挑战、开拓创新，实现跨越式发展的新目标。

二、企业发展战略的基本要求与主要风险

（一）企业发展战略的基本要求

制定发展战略是企业实现健康可持续发展的起点。企业应当按照科学发展观的要求，将企业的前途与国家的命运紧密联系起来，立足当前，面向未来，科学制定切合自身实际又符合市场经济发展规律的发展战略。

企业董事会下设立战略委员会，负责研究、制定企业总体发展的使命、愿景和目标，对公司长期发展战略和重大投资决策进行研究、审议，提出方案或者建议并监督实施。

发展策划部是编制发展战略规划和实施相关管理工作的部门，负责中长期发展战略规划和年度综合计划的编制、监督检查、评估等工作。

（二）企业发展战略中涉及的主要风险

企业在实施发展战略相关工作时，至少应当关注下列风险：

（1）缺乏明确的发展战略或战略实施不到位，可能导致企业盲目发展，丧失发展机遇、动机和后劲。

（2）未将战略执行结果与考核管理挂钩，可能无法促进战略的有效实施，造成战略执行不到位。

（3）年度综合计划和发展战略未及时调整更新，可能导致部分内容与企业战略目标出现偏差或无法落实，无法适应企业内外部经营环境变化，影响整体规划的运行效率。

三、巨人集团的发展战略案例

（一）巨人集团的兴起与衰败

1989年8月，从深圳大学软件科学管理系硕士毕业的史玉柱和三个伙伴，用借来的4 000元承包了天津大学深圳科技工贸发展公司电脑部，并用手头仅有的4 000元在《计算机世界》利用先打广告后付款的方式打了8 400元的广告，将其开发的M-6401桌面排版印刷系统推向市场。广告打出后13天，史玉柱的银行账户收到三笔汇款，共15 820元。巨人事业由此起步。9月下旬，史玉柱将收到的款项再次投

入广告。4 个月后，M-6401 的销售额一举突破百万元大关，从而奠定了巨人集团创业的基石。

1991 年 4 月，巨人公司注册成立，公司共 15 人，注册资金 200 万元，史玉柱任总经理。8 月，史玉柱投资 80 万元，组织十多个专家开发 M-6401 汉卡并上市，11 月，公司员工增加到 30 人，M-6401 汉卡销售量跃居全国同类产品之首，纯利达 1 000 万元。

1992 年 7 月，巨人公司实行战略转移，将管理机构和研发基地由深圳迁往珠海。9 月，巨人公司更名为珠海巨人高科技集团公司，注册资金 1.19 亿元，史玉柱任总裁，公司员工发展到 100 人。12 月底，巨人集团主推的 M-6401 汉卡年销售量为 2.8 万套，销售产值共 1.6 亿元，实现纯利 3 500 万元，年发展速度达 500%。1993 年 1 月，巨人集团在北京、深圳、上海、成都、西安、武汉、沈阳、香港成立了 8 家全资子公司，员工增至 190 人。12 月，巨人集团发展到 290 人，在全国各地成立了 38 家全资子公司。集团在一年之内推出中文手写电脑、中文笔记本电脑、巨人传真卡、巨人中文电子收款机、巨人钻石财务软件、巨人防病毒卡、巨人加密卡等产品。同年，巨人集团实现销售额 300 亿元，利税 4 600 万元，成为中国极具实力的计算机企业。

1993 年，由于国际电脑公司的进入，中国电脑业步入低谷，巨人集团也受到重创。为寻找新的产业支柱，巨人集团迈向多元化经营之路。

早在 1992 年，巨人集团已决定建造巨人大厦，但当时的设想是建造一幢 18 层的自用办公楼。史玉柱决定进入房地产业后，巨人大厦的设计一变再变，楼层节节拔高，从最初的 18 层一直涨到 70 层，投资也从 2 亿元涨到 12 亿元。尽管房地产是他完全陌生的一个领域，尽管巨人大厦的投资已超过巨人集团资金实力的十几倍，但他想以小搏大，盖一幢珠海市的标志性建筑、一幢当时全国最高的建筑。对于巨人大厦的筹资，史玉柱想“三分天下”，1/3 靠卖楼花，1/3 靠贷款，1/3 靠自有资金。但实际上，巨人大厦从 1994 年 2 月破土动工到 1996 年 7 月未申请过任何银行贷款，幸好巨人大厦的楼花卖得很火，从香港融资 8 000 万港元，从内地融资 4 000 万元，短短数月就获得现款 1.2 亿元。当然，如果按巨人集团当时的单一产业结构，这些资金是不够的，于是，史玉柱苦思冥想，找到一个绝妙的资金运作方式：用卖楼花所筹的 1 亿多元资金发展一个新兴产业，所赚利润再反哺巨人大厦。1994 年 2 月，巨人大厦动工，计划 3 年完工，史玉柱当选中国十大改革风云人物。

1994 年年初巨人集团发生的两件大事加速了巨人管理体制的变革。一件是西北办事处主任贪污和挪用巨额资金；另一件是参与 6405 软件开发的一位员工在离职后将技术卖给另一家公司，给公司造成很大的损失。1994 年春节刚过，史玉柱宣布一条惊人消息：聘请北大方正集团总裁楼滨龙出任巨人集团总裁，公司实行总裁负责制，而他自己将从管理的第一线退下来，担任集团董事长。但在1994年8月，史玉柱突然召开员工大会，提出了巨人集团第二次创业的总体构想。其总目标是：跳出电脑产业，走产业多元化的扩张之路，以发展寻求解决矛盾的出路。与此同时，史玉柱还解除了原集团所有干部的职务，全部重新委任。史玉柱第二次创业的规模是宏大的：在房地产方面，投资12亿元兴建巨人大厦，投资4.8亿元在黄山兴建绿谷旅游工程，投资5 400万元重新装修巨人总部大楼，在上海浦东买下了3万平方米的土地，准备兴建上海巨人集团总部。在保健品方面，准备斥资5亿元在一年内推出上百个产品。产值总目标是：1995年达到10亿元，1996年达到50亿元，1997年达到100亿元。

1995年5月18日，巨人集团在全国以集中轰炸的方式一次性推出电脑、保健品、药品三大系列的30个产品，投放广告耗资1亿元，子公司从38家发展到228家，员工从200人发展到2 000人。史玉柱被《福布斯》列为中国内地富豪第8位。

1995年7月11日，史玉柱在提出第二次创业的一年后，不得不再次宣布进行整顿，在集团内部进行了一次干部大换血。8月，集团向各大销售区派驻财务总监和监察审计总监，财务总监和监察审计总监直接对总部负责，同时，二者又各自独立，相互监控。但是，整顿并没有从根本上扭转局面。1995年9月，巨人集团的发展形势急转直下，出现财务危机，步入低潮。

1996年年初，史玉柱为挽回局面，将公司重点转向减肥食品“巨不肥”，3月，“巨不肥”营销计划顺利展开，销量大幅上升，公司情况有所好转，但一种产品销售得不错并不代表公司整体状况好转，公司旧的制度弊端、管理缺陷并没有得到解决。相反，“巨不肥”带来的利润还被一些人私分了。集团内各种违规违纪、挪用贪污事件层出不穷。其全资子公司康元公司财务管理混乱，集团也未派出财务总监对其进行监督，导致公司浪费严重，债台高筑。截至1996年年底，康元公司累计债务已达1亿元，且大量债务存在水分，相当一部分是由公司内部人员侵吞造成的，公司的资产流失严重。这时，巨人大厦资金告急，史玉柱决定将保健品业务的全部资金调往巨人大厦，保健品业务因资金“抽血”过量和管理不善，迅速盛极而衰，巨人集团危机四伏。

按原合同，巨人大厦施工3年盖到20层，1996年年底兑现，但由于施工不顺利没有完工。大厦动工时卖楼花所签订的楼花买卖协议规定，大楼一期工程（盖20层）完工后履约，如未能如期完工，应退还定金并给予经济补偿。当1996年年底大楼一期工程未能完成时，国内购楼花者天天上门要求退款。媒体“地毯式”报道巨人集团财务危机。1997年年初，只建至地面三层的巨人大厦停工，巨人集团因财务状况不良陷入破产危机。

（二）巨人集团兴起与衰败的战略原因

许多人从各种角度研究了巨人集团衰败的原因，这里仅从企业发展战略确立和实施角度来分析。

（1）按照个人的理解确立企业发展战略，缺乏战略实施的资源和群众基础。巨人集团的每一次重大决策都是史玉柱苦思冥想出来的，虽然他的想法多，思路好，但个人的主观性不可避免地造成决策失误多，风险大。虽然巨人集团在不断重造组织结构、构建内部控制，以改变史玉柱一人决策的局面，但当现实无法符合设想时，史玉柱又被动改变设想，形成一人决策的局面。如 1994 年年初，史玉柱突然宣布聘请北大方正集团总裁楼滨龙出任巨人集团总裁，公司实行总裁负责制，而他自己从管理的第一线退下来，担任集团董事长。但 1994 年 8 月，史玉柱突然又召开员工大会，提出了巨人集团第二次创业的总体构想。与此同时，史玉柱还解除了原集团所有干部的职务，全部重新委任。这说明当时巨人集团的组织结构和决策体系不匹配。

（2）企业发展战略目标的错位。从巨人集团兴衰的发展，我们看到巨人集团“成也目标，败也目标”。正由于史玉柱用软件科学管理系硕士的优势资源支持其在电脑行业的创业，才奠定了巨人集团的发展；但也正由于史玉柱明确目标——向保健品和房地产行业发展，巨人集团由此衰败，这主要是多元化发展的目标与集团的管理能力、资金能力和技术能力错位所致，由于企业管理、资金、人员素质不能与设定的目标匹配，企业战略风险增大。

（3）发展战略的目标设定和实施缺乏协调。在巨人集团激进的发展中，内部控制以及员工素质没有跟上企业发展战略的变化，巨人集团从几个人发展到上千人，人员素质、组织结构以及企业文化在磨合阶段。由于缺乏规范的内部控制，各类违规、违纪、违法案件，截留、坐支、挪用公款，搞虚假广告、冲货的人屡见不鲜。几万、十几万、几十万甚至上百万元资产在阳光照不到的地方流失了，甚至在危急时刻，“巨不肥”带来的利润还被一些人私分，这说明巨人集团当时的管理团队和管理水平远远不能支撑其战略的发展。

（三）从巨人集团的兴衰理解如何确立企业发展战略目标

巨人集团的事件告诉我们，企业发展需要明确的战略目标，但如果发展战略目标缺乏相应的组织结构、管理能力、资金技术等条件支持，目标不仅不能实现，反而会使企业陷入更大的危机。为此，企业内部控制需要严格控制企业设定目标和战略实施的风险，也就是说，对于任何企业，发展战略目标的设定首先要适应市场的变化，在跟进市场热点的同时，要培养与发展战略目标相匹配的能够支持目标实现的技术、人才、资金与市场，否则，目标将无法实现，还会招致更大的风险。

因此，在制定企业发展战略目标时，需要遵循如下一般原则：

（1）权衡轻重、考虑周详。对风险的性质、可能性、发生频率做出合理评估，结合企业管理、人员、财务等综合能力，制定企业发展战略及其实施的具体目标和方法。

（2）避免超额负载。企业管理当局应当牢记，一些风险是不可避免的，企业管理者必须事先明确哪种风险必须承担，坚决不能承担超过承担能力的风险。同时，董事会对企业的风险管理能力要有质疑精神，避免不稳健的经营策略。

（3）坚持成本效益原则。对比分析企业发展战略目标采取的具体措施的成本及收益，合理择用。

企业确定发展战略的主要工作及关键风险点如表3-7所示。

表3-7　企业确立发展战略的主要工作及关键风险点

主要工作	关键风险点
（1）在充分调查研究、科学分析预测和广泛征求意见的基础上确定明确的发展战略目标。 （2）战略规划应当明确发展的阶段性和发展程度，确定每个发展阶段的具体目标、工作任务和实施路径。 （3）明确战略委员会会议的召开程序、表决方式、提案审议、保密要求和会议记录等的职责及议事规则，确保议事过程规范透明、决策程序科学民主。 （4）根据发展战略制定年度工作计划，编制全面预算，将年度目标分解、落实；同时完善发展战略管理制度，确保发展战略有效实施。 （5）通过内部各层级会议和教育培训等有效方式，将发展战略及其分解、落实情况传递到内部各管理层级和全体员工。	（1）缺乏明确的发展战略或发展战略实施不到位，导致企业盲目发展，难以形成竞争优势，丧失发展机遇和动力。 （2）发展战略过于激进，脱离企业实际能力或偏离主业，导致企业过度扩张，甚至经营失败。 （3）发展战略因主观原因频繁变动，可能导致资源浪费，甚至危及企业的生存和持续发展。

第四节　人力资源

根据《企业内部控制应用指引第3号——人力资源》，人力资源是指企业组织生产经营活动而录（任）用的各种人员，包括董事、监事、高级管理人员和一般员工，其本质是企业组织中各种人员所具有的脑力和体力的总和。企业要想在日益变化的市场竞争环境中具备强有力的竞争力，必须注重人力资源管理，构建科学合理的人才管理模式。

人力资源主要包括人力资源规划、招聘管理、人员异动管理、员工离职管理、培训管理、考勤管理、绩效考核管理、薪酬与福利管理和人力资源档案管理。

一、人力资源控制的目标及流程

（一）明确公司人力资源控制的目标

公司人力资源控制的主要目标在于解决如何建立一套科学的人力资源制度和机

制，不断优化人力资源结构，实现人力资源的合理配置和布局，切实做到人尽其才，充分发挥人力资源的作用，强化激励机制，增强人才活力，合理引进和开发人才，用好和盘活现有人才，强化人力资源风险管理，全面提升管理团队、专业技术人才和全体员工的创造力，切实做到使每位员工都投身于企业可持续发展之中。具体包括以下目标：

(1) 建立并完善人力资源管理的政策、规章和制度。

(2) 严格职位分工和职责权限的控制。

(3) 提高人员招聘、录用、培训、晋升和离职的科学性和效率性。

(4) 建立科学、有效的全员绩效考核评价与奖惩机制。

(5) 严格对薪资、津贴和福利的控制。

(二) 分析、整合人力资源控制流程

公司人力资源控制流程如图 3-3 至图 3-8 所示。

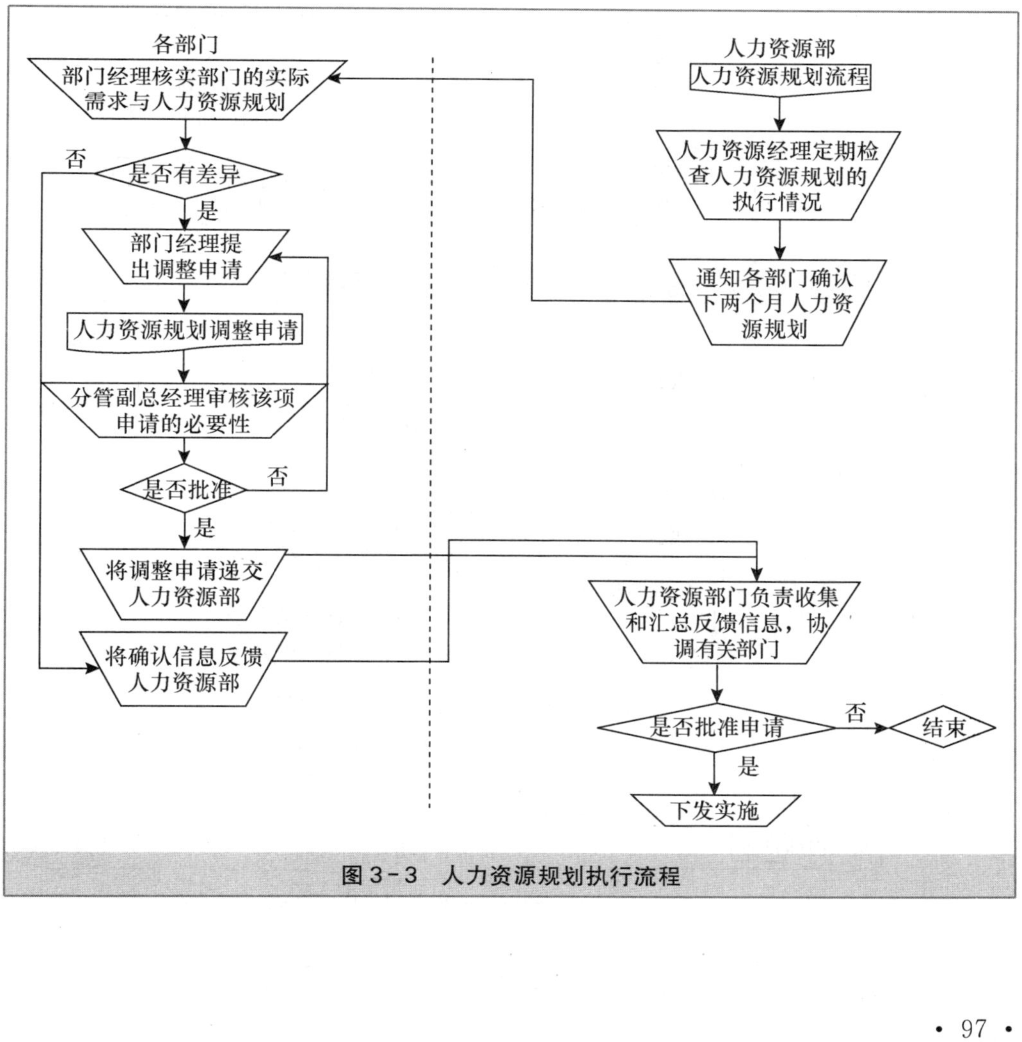

图 3-3 人力资源规划执行流程

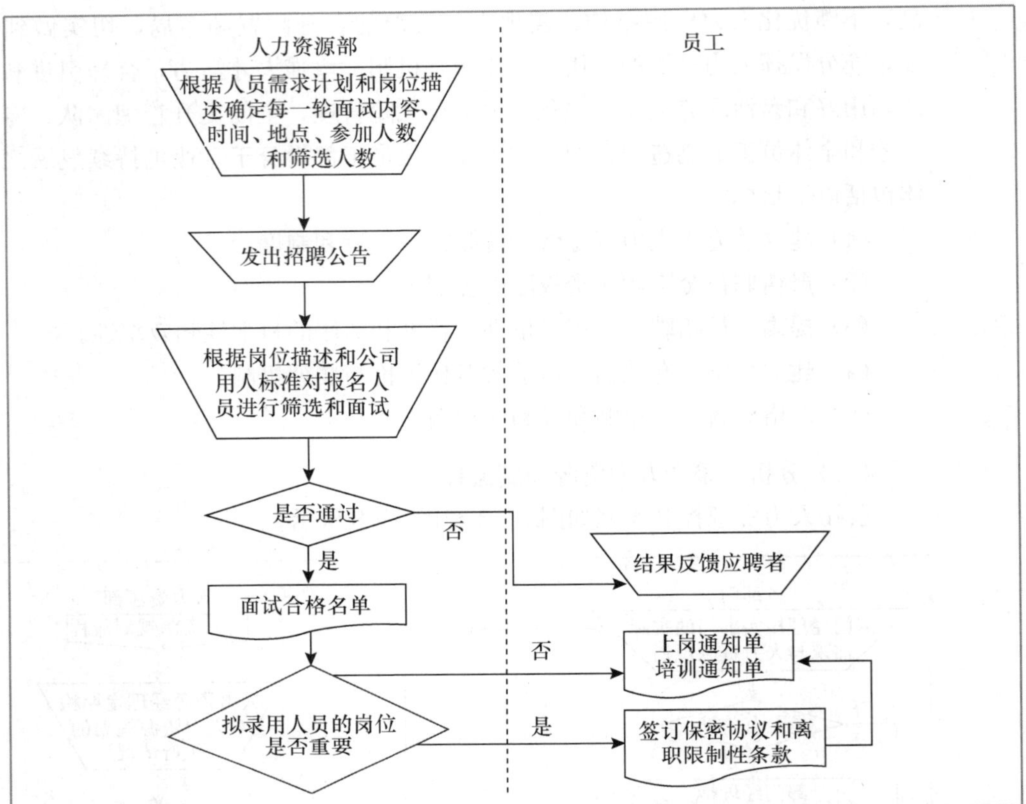

图3-4　人力资源招聘流程

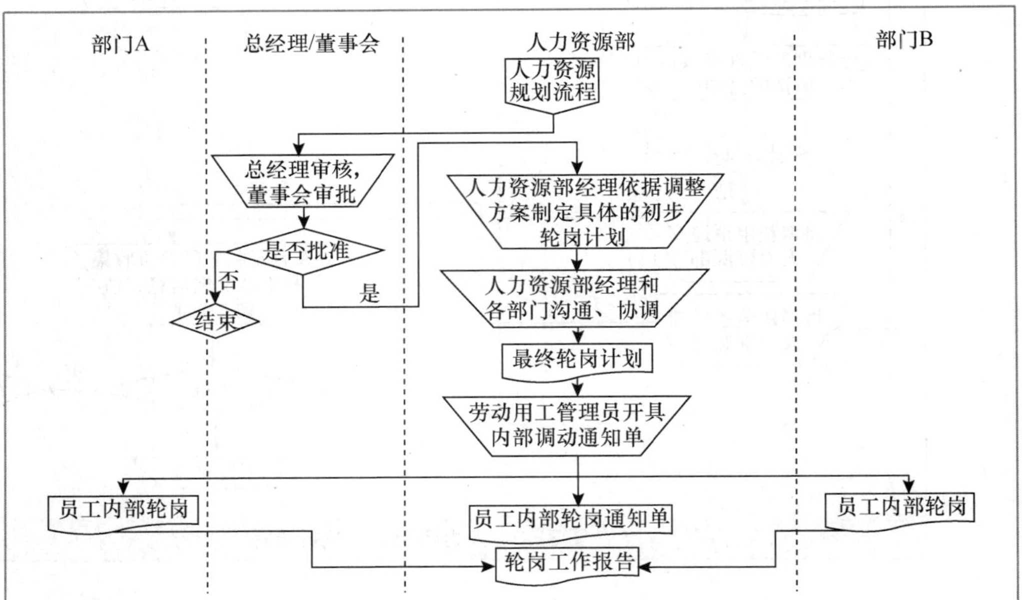

图3-5　人力资源轮岗流程

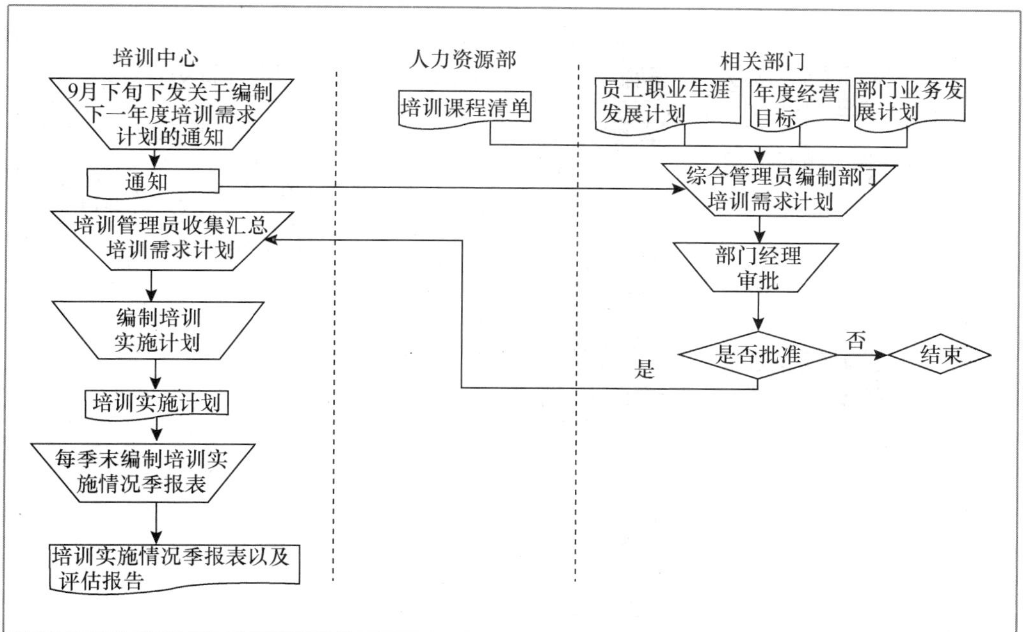

图3-6 培训需求计划流程

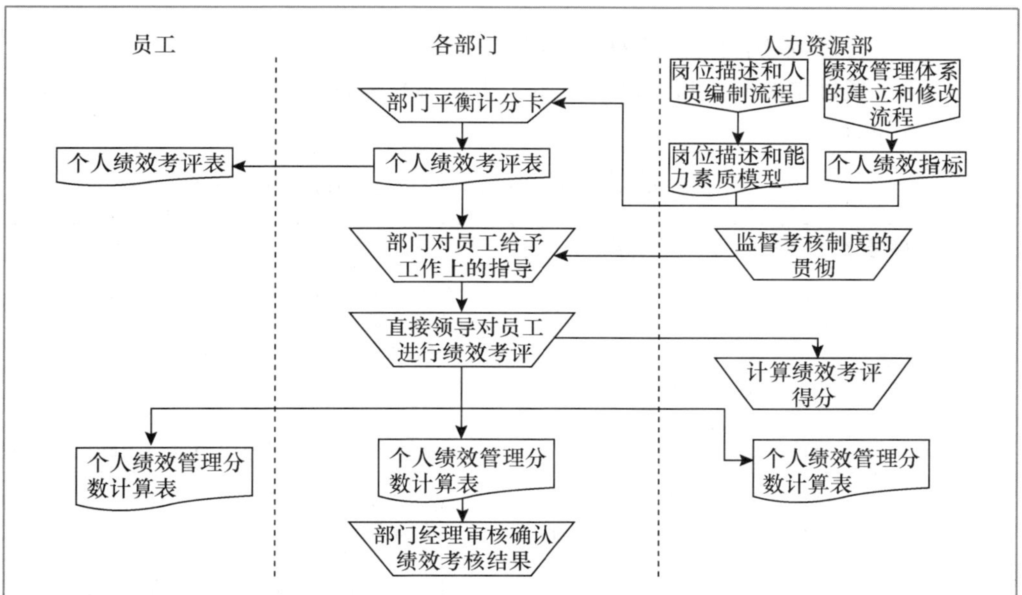

图3-7 人力资源绩效考核和薪酬激励流程

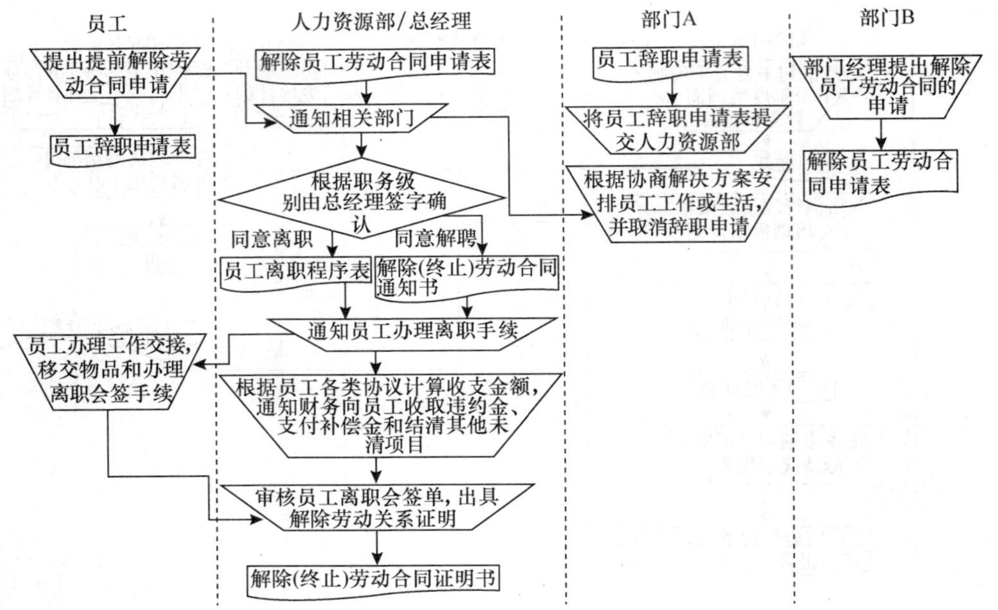

图3-8　员工辞职解聘流程

（三）鉴别关键风险点和关键控制环节

通过实地调查和评价，公司人力资源控制的关键风险点及关键控制环节如表3-8所示。

表3-8　公司人力资源控制的关键风险点及关键控制环节

序号	关键风险点	关键控制环节
1	违反人力资源法规、政策，受到处罚或面临诉讼	根据国家及相关部门的法规修改完善公司各种人力资源政策
2	人力资源需求计划不合理	跟进企业发展战略与发展需要，制定人力资源需求计划
3	岗位职责安排不科学	编制各个岗位的工作说明书，明确权限和职责
4	员工晋升不透明、不公正，人力资源薪酬、考核政策不合理	建立科学合理的员工考核、评价机制以及与绩效挂钩的激励约束机制
5	员工岗位舞弊	建立轮岗制度，关键岗位双人双签，特殊岗位签订保密协议

（四）制定具体控制制度并落实到不同岗位

根据人力资源的关键控制点，企业制定《企业招聘管理制度》《企业培训管理制度》《企业绩效考核管理制度》《企业薪酬与激励管理制度》《企业晋升与离职管理制度》，并把以上制度要求落实到人力资源管理相关人员的岗位责任上（见表3-9），形成一人一表、一岗一表。

表3-9　人力资源管理相关人员的岗位责任

岗位	主要职责
1. 总裁（董事长、总经理）	审批人力资源管理政策及各项规章制度；审批人力资源发展战略及费用预算；审批经理级以上岗位的招聘录用；参与高级管理人员的招聘录用工作。
2. 人力资源总监	审核人力资源管理相关制度；审核人力资源发展战略规划；审核各部门的人力资源需求计划；审核人力资源费用预算。
3. 人力资源经理	组织制定并初审人力资源管理规章制度；指导相关人员编制企业各岗位的工作说明书；指导各部门制定并汇总人力资源需求计划；编制企业人力资源费用预算；指导并协调招聘、录用、培训、考核、薪酬、晋升与离职等工作。
4. 财务部会计、出纳	核对并发放员工薪酬；把员工薪酬记入相关会计账簿。
5. 其他职能部门负责人	制定本部门人力资源需求计划；参与制定所属员工的考核项目及标准；参与所属员工的各阶段绩效考核；培训、指导所属员工的日常工作；参与本部门员工的面试、录用工作。
6. 招聘培训主管	组织编制企业各个岗位的工作说明书；拟定招聘、培训计划及方案；编制招聘、培训费用预算；组织招聘、培训活动的实施；组织基层员工的面试、录用和培训；总结评估招聘、培训工作；规范员工晋升及离职管理。
7. 绩效考核主管	起草绩效管理制度；建立绩效考核指标及其标准体系；拟定绩效考核计划及方案；组织、指导各部门负责人实施绩效考核；处理员工绩效考核申诉。
8. 薪酬福利主管	起草企业薪酬福利制度；建立企业工作岗位评价体系；拟定企业薪酬福利计划；核算员工薪金并将核算结果材料提交财务部。

二、人力资源管理的风险与防范

企业人力资源管理风险指企业在开展人力资源管理工作时，受到相关不确定因素的影响而造成损失的可能性。在全球经济一体化背景之下，人力资源管理越来越复杂，管理风险也随之增加。企业有必要加强人力资源管理风险防范工作，以不断提升风险防范意识和水平，为企业竞争力的提升提供源源不断的人力资源支持。

（一）人力资源管理的风险

（1）规划风险。人力资源规划要满足企业战略需要，具有前瞻性和预见性，如果管理者对企业发展现状及前景未做出有效预测和规划或未按照规划方向及时做出组织结构调整，将给企业带来人才缺失、积压或组织结构失衡的风险。

公司人力资源管理的最大风险集中在高管人员的引进与开发。企业制定高管人员引进计划，董事会审议通过后实施。董事会在审议高管人员引进计划时，应当关注高管人员的引进是否符合企业发展战略，是否符合企业当前和长远需要，是否有明确的岗位设定和能力要求，是否设定了公平、公正、公开的引进方式。企业引进的高管人员应当具备以下特征：熟悉企业所处行业及企业在行业的定位、优势；认同企业的文化和价值观；具有全局性的思维、广阔的思路和宽广的胸怀；具有对全局性的重大事项进行谋划的能力；具有解决复杂问题的能力；具有综合分析能力和敏锐的洞察力；精明强干并具有奉献精神。在高管人员开发过程中，要注重激励和约束相结合，创造宽松的工作环境，让他们的聪明才智充分显现，成为企业的核心领导者。

（2）招聘风险。人员招聘相当于人力资源的采购，因信息不对称等原因，既有可能聘到不合格人员，也有可能聘不到所需人员，从而导致企业内部发生人力资源大量浪费以及结构性失调等问题，对企业生产造成负面影响。

（3）使用风险。人力资源使用风险是指在使用调配人员和管理授权时，认识决策失误、组织协调失衡、员工的思想道德问题或者能力不足等给企业造成损失的可能性，主要包括职位能力风险、道德风险、授权风险、激励政策风险。人力资源管理的主要目的是择优汰庸，确保人岗匹配、人尽其才，否则就会出现德不配位、才不堪任的情况，挫伤员工的积极性，给企业带来损失。

（4）培训风险。开展员工培训有助于提升技能和开发潜能，增强企业核心竞争力。企业在进行人力资源教育投资的时候，若选择的投资对象与企业本身的岗位需求不符，或者投资对象的增值性偏低，很可能面临教育投资失败的结果。

（5）薪酬管理风险。薪酬是吸引人才、留住人才、激励人才的杠杆，若无合理的管理制度和举措，则难以激发员工的工作积极性，难以形成组织目标和员工目标的有效关联，造成人才流失，引发竞争风险。

（二）人力资源管理风险的防范措施

（1）建立健全人力资源管理信息系统。由于信息不对称是造成人力资源管理风险的根本原因，因此管理者不仅要注重信息设施建设，还要做好对信息的过程管理，实现信息内容的真实性、可靠性，信息资料的系统化、完整化，信息存储的安全性，信息反馈的及时性。

（2）强化管理监督激励制度。制度是管理的基石和保障。首先，企业应结合实际，出台相应的人力资源管理制度，明确管理原则、目标和基本程序，确保制度的科学性、合理性以及制度之间的逻辑性。其次，应加大对制度实施的监督力度，使各项制度得到有效执行，以降低人力资源管理风险的发生概率。最后，在激励机制建设上，既要注重激励的公平性，尽可能地避免因主观判断失误而造成不公平的局面；又要加强对被激励者心理的引导，使其树立正确的公平观，避免出现盲目攀比的情况。

（3）建立重要岗位人员离职审计制度。对重要岗位人员的工作质量、是否存在损害公司利益的违法违规行为进行审计，有效控制公司的内部人员违反职业道德和法律法规的风险。重要岗位人员离职审计工作责任重、工作量大，必须成立一个专门的机构，建立健全档案。这个机构可由党委组织部门负责，纪检、监察、审计、财政等部门参与，专司领导离任审计之职，为组织任免领导提供依据。离任审计对象主要指各部门的正职领导、重要岗位上的副职领导。对有升任意向的对象，在换届选举前一年或半年左右，可结合年度考核，开展专门审计，也可以在季度工作检查中进行审计。对辞退领导，也可进行临时审计。审计内容包括政绩、财务、德能等方面，编制专题审计报告，实事求是地对审计对象进行客观公正的评价。

（4）改善绩效考核方法，提高员工满意度。企业在考核时应当主要解决以下问题：1）管理人员（包括各个生产部门负责人）考核的科学化；2）考核指标的改进，特别是量化指标，避免能干的、会干的容易被考核，反之则不被考核的问题；3）强化薪酬与效益的挂钩，以更好地激发员工的工作积极性；4）严格考核制度，做到奖罚分明；5）针对不同的岗位采取不同的评价方法，避免采用单一的“德、能、勤、绩”评价标准。

（5）提高管理人员的综合素质。要降低企业人力资源管理的风险，就必须提高管理人员的综合素质。首先，企业应对管理人员的选拔严格把关，要求负责人力资源管理的人员具备相应的专业背景和一定的实践经验。其次，企业应注重对管理人员的培训，通过安排多样化的培训活动，提升其管理能力，从而更好地防控管理过程中的风险。

讨论思考题

1. 高效的公司内部治理的构成要素有哪些？
2. 企业组织架构的设计原则和要求有哪些？
3. 企业发展战略制定和实施中的主要风险有哪些？如何应对？
4. 如何理解人力资源管理中的主要风险？如何应对？
5. 结合企业或行政事业单位发生的风险事项，分析其内外部环境问题。

案例讨论与分析

包商银行破产的企业环境问题

一、包商银行破产事件的来龙去脉

包商银行在包头市科技城市信用社等 17 家城市信用社的基础上改制组建而来，

1998年12月经中国人民银行批准成立，是内蒙古自治区最早成立的股份制商业银行。

2019年5月24日，银保监会通知，对包商银行进行1年的接管。接管前的调查发现，包商银行涉及内鬼风波、严重信用风险、大股东违规占用资金等问题。2019年10月，包商银行开始改革重组，相关的债务由蒙商银行和徽商银行接手。2020年8月6日，包商银行申请破产。2020年11月23日，银保监会发布公告《中国银保监会关于包商银行股份有限公司破产的批复》，同意包商银行进入破产程序。

二、导致包商银行破产的企业环境问题分析

1. 不规矩的大股东违规占用银行资产

明天集团是包商银行的大股东，该集团合计持有包商银行89%的股权。明天集团是一个金融控股集团，以分散隐蔽持股、概念炒作、掏空上市公司、打造全牌照金融版图著称。据新财富统计，截至2016年年底，该集团鼎盛时期持股的金融机构共44家，包含全部金融牌照。

清产核资结果显示，2005—2019年，“明天系”通过注册209家空壳公司，以347笔借款的方式套取信贷资金，形成的占款高达1 560亿元，且全部成了不良贷款。由于大量资金被大股东违法违规占用，形成逾期，长期难以归还，包商银行出现严重的信用危机，各项经营指标显著承压，资本充足率自2017年起突破监管红线。包商银行为非上市城商行，且主要股东均为明天集团关联公司，一旦股东集中出现问题，外源性资本补充难度将加大，持续增加的信用风险和资产质量压力首先侵蚀利润，银行难以进行内源性资本补充，从而触发法定的接管条件。

2. 监管机构被深度腐蚀“围猎”，监管全方位失守失责

银保监会对银行的监管是重要一环，但原内蒙古银监局领导班子被包商银行等深度腐蚀“围猎”，背离监管初衷，监管全方位失守失责。作为党政领导班子“一把手”，薛纪宁长期无视党的政治纪律和政治规矩，导致内蒙古银监局政治生态持续恶化，党内关系极不正常。在任7年半间，薛纪宁漠视“三重一大”议事规则，从未在党委会议上研究部署对包商银行的监管工作，民主集中制形同虚设，“一言堂”现象普遍，甚至干扰局纪委查办案件，要求大事化小，小事化了。薛纪宁将内蒙古银监局收到反映“包商银行行长李镇西向包头银监分局领导行贿”的举报，违规批转包头银监分局办理；对银监会纪委转办的举报件，擅自取舍问题线索，缩小核查范围。同时，内蒙古银保监局原党委委员刘金明，原内蒙古银监局党委副书记、副局长宋建基，原内蒙古银监局党委委员、副局长陈志涛，内蒙古银保监局原党委委员贾奇珍等人陆续因违纪违法行为被处罚。一是准入监管避实就虚。内蒙古银监局、包头银监分局在明天集团准入银行环节不做实质性审查，使本该暴露的问

题始终没有充分暴露。二是现场检查从不处罚，2009—2016 年，内蒙古银监局、包头银监分局对包商银行实施现场检查 50 余项，始终有意规避潜藏巨大风险的业务，对发现的问题从未实施行政处罚，薛纪宁、贾奇珍甚至指示将现场检查发现的重大违规问题予以删除。三是蓄意拔高监管评级，包商银行的监管评级与该行实际风险水平严重不符，为该行实施机构和业务扩张提供了错误的监管“背书”。四是信访举报核查敷衍了事，薛纪宁任局长期间，多次收到反映不法金融集团操控、“掏空”包商银行的信访举报，从未认真组织核查。

3. “形似而神不至”的公司治理

表面上看，包商银行有较为完善的公司治理结构，各项规章制度一应俱全。但实际上，包商银行只有形式上的公司治理框架。党的领导缺失，党委主要负责人附庸于大股东并演化为内部控制人，总行党委、纪委的作用被严重弱化，逐渐成了摆设；大股东操纵股东大会，干预银行正常经营，通过各种方式进行利益输送；董事会形同虚设，缺乏全面有效的风险管理体系，风险管控职能失效，核心作用被董事长个人取代；监事会监督职能弱化，监事专业性不足、独立性不强，监督履职失灵；管理层凌驾于制度之上，以领导指示或领导集体决策代替规章制度；监管失效，“内部人”内外勾结，银行经营管理混乱，风险管理和内控管理机制失灵。

4. 外部监管弱化

外部监管主要体现在两个方面：一是外部监管机构缺乏对股东实施穿透式管理；二是外部信息披露不合规。2018 年 4 月 28 日，包商银行公告称“由于我公司预计 4 月 30 日前不能完成年度报告的审批程序，因此年报披露时间将往后延迟”，并将披露时间拟定于 2018 年 6 月 30 日前。2018 年 6 月 28 日，包商银行再度发布公告称“暂不披露 2017 年年度报告”，理由则是包商银行“拟引入战略投资者，主要股东股权可能发生变动”。

讨论与分析：

分析导致包商银行破产的企业环境问题，思考为什么说企业内外部环境决定企业的内控基调。

第四章

与企业资金活动相关的内控建设

学习目标

1. 掌握企业资金活动的控制目标。
2. 掌握企业资金活动的控制流程、关键控制点和主要控制措施。
3. 掌握企业筹资活动的控制目标。
4. 掌握企业筹资活动的控制流程、关键控制点和主要控制措施。
5. 掌握企业投资活动的控制目标。
6. 掌握企业投资活动的控制流程、关键控制点和主要控制措施。

引例

加强中央企业资金内部控制管理

按照2021年3月2日国务院国有资产监督管理委员会发布的《关于加强中央企业资金内部控制管理有关事项的通知》(国资发监督〔2021〕19号),国有企业应当从以下几个方面加强内部控制管理。

1. 建立健全资金内控管理体制机制

近年来,一些中央企业集中出现资金管理体系不健全、制度执行不到位、支付管理不规范、信息化建设滞后等问题,个别基层单位甚至发生重大违纪违法案件,暴露出资金内控管理严重缺失的问题。各中央企业要高度重视资金内控管理工作,以提升资金内控有效性为目标,以强化资金内控监督为抓手,以健全资金内控制度体系为保障,落实内控部门的资金内控监管责任、工作职责与权限,明确监管工作程序、标准和方式方法，构建事前有规范、事中有控制、事后有评价的工作机制，形成内控部门与业务、财务（资金）、审计等部门运转顺畅、有效监督、相互制衡的工作体系。

2. 切实加强资金内控制度建设

各中央企业内控部门要在推动完善财务资金制度的基础上，结合企业行业特点、业务模式和经营规模，抓紧建立资金内控监管制度，明确资金内控监管工作原则和任务、职责权限和控制程序，细化资金内控在资金支出、审批联签、收支结算、银行账户、网银支付、票据管理、不相容岗位设置、上岗资质、定期轮岗、后续教育等关键环节的控制触发条件和控制标准、缺陷认定标准，确保内控要求嵌入资金活动全流程。根据国家有关部门及国资委关于资金管理政策制度的变化，以及新设立企业（项目部、分支机构）、新开办业务、资金结算方式更新等情况，及时督促、提示业务部门和财务（资金）部门制定或修订资金业务管理制度，并对资金业务制度修订情况进行检查复核，为有效防范重大资金风险提供制度保障。

3. 持续强化资金内控关键环节监管

各中央企业内控部门要建立资金内控关键要素管理台账，对企业资金账户、核心岗位、上岗人员、审批权限、银行印鉴及网银U盾责任人等关键要素进行限时备案管理。持续跟踪、监测、预警资金内控要素异动情况，对资金内控关键要素失控、重要岗位权力制衡缺失、大额资金拨付异常等风险第一时间启动紧急应对控制措施。严格银行账户和网银监管，定期或不定期对特殊银行账户开户审批、银行印鉴及网银U盾分设管理、银行账户和网银交接程序及密码定期更换等情况进行评估，确保账户和网银安全可控。加强大额资金支付监管，从资金支付额度、支付频次、支付依据等方面研究设置控制参数，对于短期内向同一账户多次或单笔支付大额资金、预算外支出、超出预付信用敞口限额支付预付款等异常情形，通过线上信息系统推送或线下报送（未建立财务资金信息系统的企业）等方式及时预警风险，纠正违规问题，消除资金风险隐患。按照不相容岗位分离、定期轮岗、人岗相适原则，对人员调动、分工调整等情形，内控部门应当出具复核意见；定期开展各级企业资金岗位任职情况巡检巡评，对资金结算中心等重点单位进行重点检查，对不符合内控要求的，限期整改。

4. 加快推进资金内控信息化建设

各中央企业内控部门要深度参与信息化建设顶层设计，通过完善财务资金信息系统权责设置，落实对财务资金风险监督预警职责，有效发挥信息化管控的刚性约束和监督制衡作用。优化完善现有财务资金信息系统功能，将控制触发条件和控制标准、缺陷认定标准等内控要求嵌入信息系统，科学设置异常预警条件，强化资金全流程预警监控，促进资金管理活动可控制、可追溯、可检查，有效减少人为违规操控因素。尚未建立财务资金信息系统或未将相关内控要求嵌入信息系统的中央企业，要抓紧推进有关工作，并于2022年年底前完成集团总部及所属二级子企业、三级及以下重要子企业财务资金信息系统内控功能建设或优化工作，实现对财务资金信息全面有效监控。加大新兴技术运用及风险防控，督促财务（资金）部门扩大中央企业银（财）企直连系统覆盖范围，对因客户指定账户等特定原因不能实现银（财）企直连的账户，研究制定替代内控措施和应急预案；定期抽查第三方支付账户监管、余额归集及对账管理情况，严控资金支付风险。

5. 有效开展境外资金风险管控

各中央企业内控部门要结合所属境外单位所在国家（地区）法律法规和本企业内控管理要求，建立健全境外资金内控监管体系。完善境外资金内控监管制度，明确境外大额资金审核支付、银行账户管理、财务主管人员委派、同一境外单位任职时限、资金关键岗位设置等方面要求，细化资金内控预警触发条件，促进境外资金合规管理。加强境外资金风险防范，督促境外单位及时搜集所在国家（地区）政治、经济、社会、安全、舆情等国别风险信息，对发生外汇管制、汇率大幅波动、通货膨胀率快速攀升等情况，及时做好重大资金风险应急处置工作。加大对境外单位大额资金监督力度，对大额资金的决策程序、资金调度、资金收付渠道、资金支付联签及银行账户变动、境外项目佣金管理等情况建立备案跟踪内控机制，出现异常情况的，及时采取应对措施，保障境外资金安全。

6. 认真做好资金内控体系监督评价工作

中央企业内控工作要坚持以评促建、以评促改，规范评价方法，提升评价质量，促进资金内控体系持续优化。每年对资金内控体系有效性开展全方位、全覆盖自评工作，深入揭示风险问题，堵塞管理漏洞，建立风险管控长效机制。对新兴业务（开展三年内）、高风险业务以及风险事件频发领域至少每半年开展一次内控自评，评价重点包括资金管理制度建设、重要岗位权力制衡、大额资金拨付程序、网银U盾管理等内容。有效推进“上对下”资金内控体系监督评价工作，将资金管理制度健全性、内控体系执行有效性、关键岗位制衡性、信息系统刚性约束等作为监督评价的重要内容，查找内控缺陷和风险隐患，确保集团对全部子企业每三年至少评价一次。加大资金内控体系监督评价结果在干部管理、考核分配等工作中的运用力度，强化问题整改工作，明确整改责任部门、责任人和完成时限，加强整改工作跟踪检查力度，持续完善资金内控体系。对因资金内控缺失、未执行资金内控制度等造成资产损失的中央企业，严肃开展责任追究工作。

第一节　企业资金活动控制

一、明确企业资金活动控制目标

资金是企业生存和发展的重要基础，是企业生产经营的血液，资金活动风险管控事关企业生死存亡。为此，资金活动的控制目标是：

（1）推进资金管理信息化建设，将资金预算管理与资金适时监控相结合，及时准确地反映资金运行状况和风险，保持生产经营各环节资金供求的动态平衡。企业应当将资金合理安排到采购、生产、销售等各环节，做到实物流和资金流相互协调，资金收支在数量上、时间上相互协调。

（2）根据内部控制规范等法律法规及企业自身的管理需要，完善涉及资金授权、批准、审验等方面的资金管理制度，强化资金内控管理。

（3）促进资金合理循环和周转，提高资金使用效率。资金只有在不断流动的过程中才能带来价值增值。加强资金营运的内部控制，就是要促使资金正常周转，为短期资金寻找适当的投资机会，避免出现资金闲置和沉淀等低效现象。

（4）确保资金安全。企业的资金营运活动大多与流动资金尤其是货币资金相关，这些资金由于流动性很高，出现错弊的可能性更大，保证资金安全的要求更迫切。

（5）加强资金的集中统一管控。有条件的企业集团，应当探索财务公司、资金结算中心等的资金集中管控模式。

二、分析整合资金活动控制流程

企业资金活动是一种价值运动，为保证资金价值运动安全、完整、有效，企业资金活动应按照设计严密的流程进行控制。

（1）资金收付需要以业务发生为基础。企业资金收付，应该有根有据，不能凭空付款或收款。所有收款或者付款需求，都由特定的业务引起，因此，有真实的业务发生，是资金收付的基础。

（2）企业授权部门审批。收款方应该向对方提交相关业务发生的票据或者证明，收取资金。资金支付涉及企业经济利益流出，应严格履行授权分级审批制度。不同责任人应该在自己的授权范围内，审核业务的真实性、金额的准确性，以及申请人提交票据或者证明的合法性，严格监督资金支付。

（3）财务部门复核。财务部门收到经过企业授权部门审批签字的相关凭证或证明后，应再次复核业务的真实性、金额的准确性，以及相关票据的齐备性、相关手续的合法性和完整性，并签字认可。

（4）出纳或资金管理部门在收款人签字后，根据相关凭证支付资金。

三、鉴别关键控制点和主要控制措施

通过实地调查和评价，企业资金活动控制的关键控制点和主要控制措施如表 4－1 所示。

表4-1　企业资金活动控制的关键控制点和主要控制措施

关键控制点	控制目标	主要控制措施
审批	合法性	制定资金的限制接近措施，经办人员进行业务活动时应该得到授权审批，任何未经授权的人员不得办理资金收支业务；使用资金的部门应提出用款申请，记载用途、金额、时间等事项；经办人员在原始凭证上签章；经办部门负责人、主管总经理和财务部门负责人审批并签章。
复核	真实性和合法性	资金营运活动会计主管审查原始凭证反映的收支业务是否真实合法，审核通过并签字盖章后才能填制原始凭证；凭证上的主管、审核、出纳和制单等印章齐全。
收付	收支手续、入账完备	出纳人员按照审核后的原始凭证收付款，对已完成收付的凭证加盖戳记，并登记日记账；会计主管人员及时准确地记录在相关账簿中，定期与出纳人员的日记账核对。
记账	真实性	出纳人员根据资金收付凭证登记日记账，会计人员根据相关凭证登记有关明细分类账；主管会计登记总分类账。
对账	真实性、安全性	账证核对、账账核对、账表核对、账实核对等。
保管	财产安全和完整	授权专人保管资金；定期、不定期盘点。
银行账户管理	防范小金库、加强业务管控	检查银行账户的开立、使用和撤销是否有授权，下属企业或单位是否有账外账。
票据与印章管理	财产安全	印章的保管要贯彻不相容职务分离的原则，严禁将办理资金支付业务的相关印章和票据集中一人保管，印章要与空白票据分管，财务专用章要与企业法人章分管。

四、制定具体控制制度并落实到不同岗位

根据资金活动控制的关键控制点，企业制定《现金管理制度》《银行存款管理制度》《票据管理制度》以及特殊的控制措施《资金支付授权审批制度》，并把以上制度要求落实到企业资金活动控制相关人员的岗位职责上（见表4-2），形成一人一表、一岗一表。

表4-2　企业资金活动控制岗位职责

岗位	主要职责
1. 企业高级管理者	制定企业开户的政策、程序并适当授权；审批资金管理相关制度；审批现金、银行存款支付申请。

续表

岗位	主要职责
2. 各部门管理岗位	部门用款申请；授权范围内审批部门个人用款申请。
3. 财务总监	审核资金管理相关制度；批准银行开户；与金融机构接洽；权限范围内审批现金。
4. 财务经理	组织制定资金管理相关制度；权限范围内审批现金；与金融机构接洽；指导、协调资金管理工作；抽查现金盘点表、支票登记簿、银行存款调节表。
5. 资金主管	制定资金管理相关制度；办理银行开户、撤销等；复核现金盘点表；复核银行存款调节表；复核部门及个人用款申请；复核现金记录和支票登记簿。
6. 资金管理员	盘点现金，填制现金盘点表；核对银行存款对账单，编制银行存款余额调节表；整理、归档各种凭证和报表；办理部门及个人用款申请手续；保管银行预留印鉴和有关印章。
7. 出纳	填制银行、现金日记账；保管现金，控制现金支付；开出支票并登记；按规定办理部门及个人用款支付；定期核对总账与银行、现金日记账；购买、保管空白收据、支票等票据。
8. 会计人员	审核业务经办人员取得或填制的原始凭证；编制记账凭证；填制资金总账。
9. 审计人员	审核资金日记账、总账；审核资金办理手续；盘点库存现金。

第二节　企业筹资活动控制

一、明确企业筹资活动控制目标

企业筹资活动是企业资金活动的起点，也是企业经营活动的基础。通过筹资活动，企业取得投资和日常生产经营活动所需的资金，使企业投资、生产经营活动顺利进行。为此，企业筹资活动控制目标有：

（1）通过银行借款、发行股票和债券等手段筹集资金，取得满足企业生产经营和发展需要的资金。

（2）使融资结构合理，降低融资成本和融资风险。

（3）高效使用资金，降低企业财务风险，维持企业经营。

二、分析整合筹资活动控制流程

企业筹资活动控制流程如图 4－1 所示。

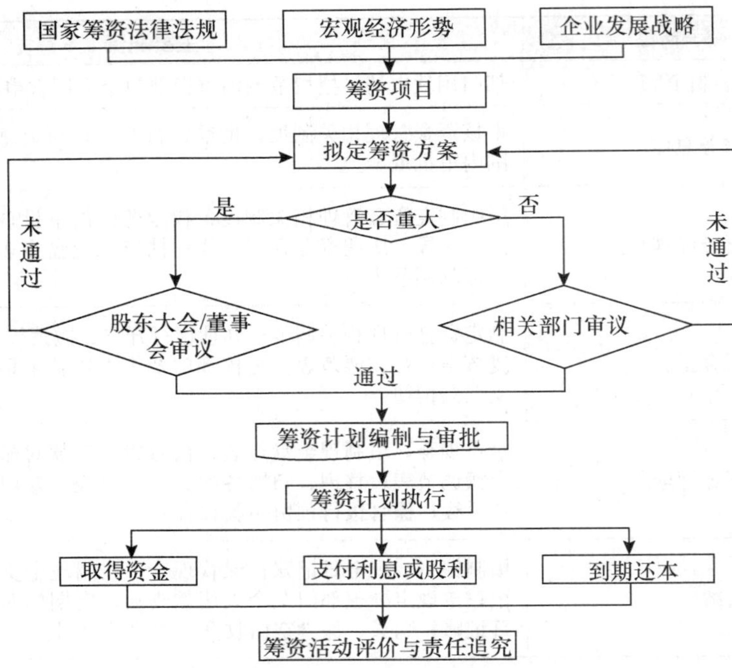

图4-1 企业筹资活动控制流程

三、鉴别关键控制点和主要控制措施

根据图4-1，鉴别企业筹资活动控制的关键控制点和主要控制措施，如表4-3所示。

表4-3 企业筹资活动控制的关键控制点和主要控制措施

关键控制点	主要控制措施
不相容职务分离	1. 筹资方案的拟定与决策分离； 2. 筹资合同或协议的审批与订立分离； 3. 与筹资有关的各种款项偿付的审批与执行分离； 4. 筹资业务的执行与相关会计记录分离。
提出筹资方案	1. 进行筹资方案的战略评估，包括是否与企业发展战略相符合，筹资规模是否适当； 2. 进行筹资方案的经济评估，如筹资成本是否最低，资本结构是否恰当，筹资成本与资金收益是否匹配； 3. 进行筹资方案的风险评估，如筹资方案面临哪些风险，风险大小是否适当，风险是否可控，是否与收益匹配。
筹资方案审批	1. 根据分级授权审批制度，按照规定程序严格审批经过可行性论证的筹资方案； 2. 审批中应实行集体审议或联签制度，保证决策的科学性。

续表

关键控制点	主要控制措施
制定筹资计划	1. 根据筹资方案，结合当时经济形势，分析不同筹资方式的资金成本，正确选择筹资方式和不同方式的筹资数量，财务部门或资金管理部门制定具体筹资计划； 2. 根据授权审批制度报有关部门批准。
实施筹资方案	1. 根据筹资计划进行筹资； 2. 签订筹资协议，明确权利义务； 3. 按照岗位分离和授权审批制度，各环节和各责任人正确履行审批监督责任，实施严密的筹资程序控制和岗位分离控制； 4. 做好筹资记录，发挥会计控制作用。
筹资活动评价与责任追究	1. 促使各部门严格按照确定的用途使用资金； 2. 监督检查，督促各环节严密保管未发行的股票、债券； 3. 监督检查，督促正确计提、支付利息； 4. 加强债务偿还和股利支付环节的监督管理； 5. 评价筹资活动过程，追究违规人员责任。

四、制定具体控制制度并落实到不同岗位

根据企业筹资活动控制的关键控制点，制定《筹资授权审批制度》《筹资决策管理制度》《筹资执行管理制度》《筹资偿付管理制度》等控制制度，并把各项制度落实到企业筹资活动控制相关人员的岗位职责上（见表 4－4）。

表 4－4　企业筹资活动控制岗位职责

岗位	主要职责
1. 总裁	审批财务管理的规章制度；审批企业的财务计划；审批筹资预算；审批筹资方案；审批筹资合同或协议；签订筹资合同或协议。
2. 财务总监	制定企业的财务规划；审核企业财务管理的规章制度；审核筹资预算；审核筹资方案；审核筹资合同或协议。
3. 法律顾问	审核筹资方案的合法性；审核筹资合同或协议的合法性。
4. 财务部经理	制定企业的财务管理制度；指导筹资主管编制筹资预算；指导筹资主管设计筹资方案；指导筹资主管拟写筹资合同或协议。
5. 筹资主管	管理筹资渠道；编制筹资预算；设计筹资方案并编写具体内容；拟写筹资合同或协议。
6. 筹资人员	为筹资主管编制筹资预算提供帮助；为筹资主管编写筹资方案提供帮助；配合筹资主管执行筹资的具体工作。
7. 会计人员	审核筹资的会计凭证；计算企业筹资应付的利息或应发的股利；对企业的筹资活动进行会计记录。
8. 出纳	核实资金的到位情况；支付利息或发放股利。
9. 稽核人员	审查企业筹资偿付的记账凭证。

第三节　企业投资活动控制

一、明确企业投资活动控制目标

企业投资活动作为一种盈利活动，对于筹资成本补偿和企业利润创造具有举足轻重的意义。为此，企业投资活动控制目标为：

（1）根据自身发展战略和规划，结合企业资金状况以及筹资可能性，拟定投资目标，制定投资计划，合理安排资金投放的数量、结构、方向与时机，慎选投资项目，凸显主业，为企业拓展新的盈利增长点。

（2）使投资结构合理，降低投资成本并规避投资风险。

二、分析整合投资活动控制流程

企业投资活动控制流程如图4－2所示。

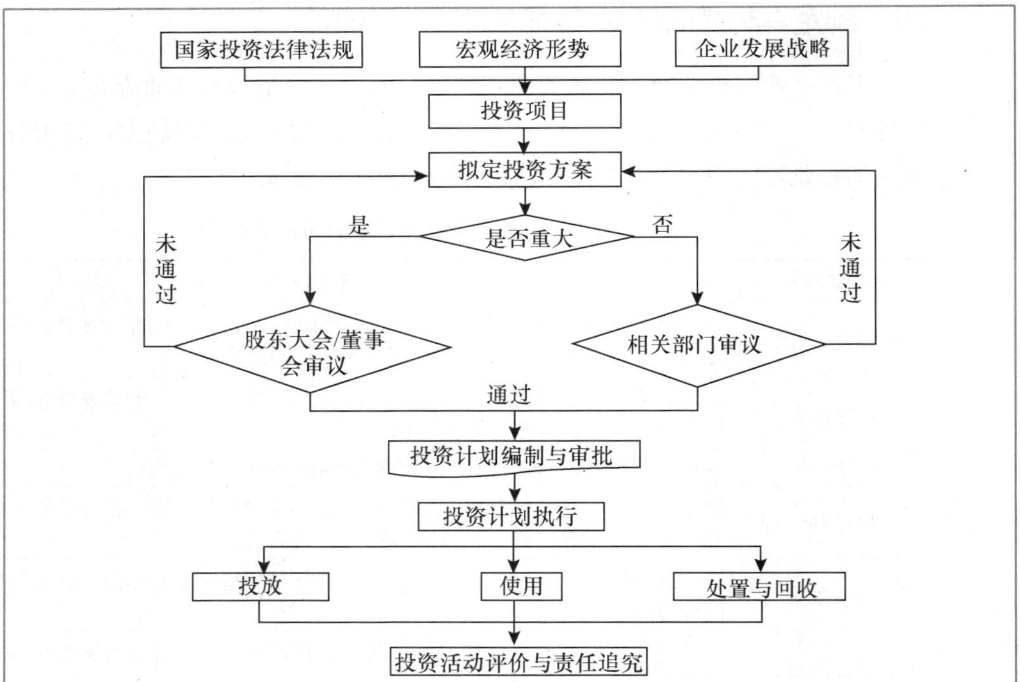

图4－2　企业投资活动控制流程

三、鉴别关键控制点和主要控制措施

根据图4－2，鉴别企业投资活动控制的关键控制点和主要控制措施，如表4－5

所示。

表 4-5　企业投资活动控制的关键控制点和主要控制措施

关键控制点	主要控制措施
不相容职务分离	1. 投资项目可行性研究报告编制人员与投资计划编制人员分离； 2. 投资计划编制人员与审批人员分离； 3. 投资业务执行人员与会计记录人员分离； 4. 有价证券保管人员与会计记录人员分离； 5. 有价证券操作人员、保管人员不能同时负责有价证券的盘点工作； 6. 股利或股息的经办人员与会计记录人员分离； 7. 投资处置审批人员与执行人员分离。
编制投资方案	1. 进行投资方案的战略评估，包括是否与企业发展战略相符合； 2. 评估投资规模、方向是否恰当； 3. 对投资方案进行技术、市场、财务可行性研究，深入分析项目的技术可行性与先进性、市场容量与前景，以及项目预计现金流量、风险与报酬，比较或评价不同项目的可行性。
投资方案审批	1. 明确审批人对投资业务的授权批准方式、权限、程序和责任，不得越权； 2. 审批中应实行集体决策审议或者联签制度； 3. 与有关被投资方签署投资协议。
编制投资计划	1. 核查企业当前资金量及正常生产经营预算对资金的需求量，积极筹措投资项目所需资金； 2. 制定详细的投资计划，并根据授权审批制度报有关部门审批。
实施投资方案	1. 根据投资计划进度，严格分期、按进度适时投放资金，严格控制资金流量和时间； 2. 以投资计划为依据，按照职务分离制度和授权审批制度，各环节和各责任人正确履行审批监督责任，对项目实施过程进行监督和控制，防止各种舞弊行为，保证项目建设的质量和进度； 3. 做好会计记录，发挥会计控制作用； 4. 做好跟踪分析工作，及时评价投资的进展，将分析和评价的结果反馈给决策层，以便及时调整策略或制定投资退出策略。
投资资产处置	1. 投资资产的处置应当通过专业中介机构，选择相应的资产评估方法，客观评估投资价值，同时确定处置策略； 2. 投资资产的处置必须经过董事会的授权批准。

四、制定具体控制制度并落实到不同岗位

根据企业投资活动控制的关键控制点，制定《投资授权批准制度》《长期股权投资决策制度》《长期股权投资执行管理制度》《长期股权投资处置管理制度》等控制制度，并把各项制度要求落实到企业投资活动控制相关人员的岗位职责上（见表 4-6）。

表4-6 企业投资活动控制岗位职责

岗位	主要职责
1. 董事会	审议投资计划；审议投资可行性研究报告。
2. 总裁	审批投资部的规章制度；审批投资计划；审批投资项目建议书；审批投资可行性研究报告；审批投资方案；审批并签订投资合同。
3. 法律顾问	审核投资项目建议书；审核投资可行性报告；审核投资合同。
4. 财务总监	审核投资部的规章制度；审核投资部的工作流程与规范；审核投资计划；审核投资项目建议书；审核投资可行性研究报告；审核投资方案；审核投资合同；审核投资取得的权益证书；审核关于投资的会计账目；审核投资质量分析报告。
5. 财务经理	指导会计人员对投资业务进行记录和会计核算；安排人员核对投资账目；与投资部经理核对权益证书。
6. 投资部经理	制定投资部的规章制度；制定投资部的工作流程与规范；制定企业的投资计划；审阅投资项目建议书；安排人员对目标企业进行调查并进行投资可行性研究；编制可行性研究报告；制定投资方案；拟定投资合同；安排人员对投资项目进行跟踪管理。
7. 投资人员	根据投资计划寻找投资项目；编制投资项目建议书；调查目标企业并进行投资可行性研究；协助投资经理编制投资方案；协助经理进行谈判；根据投资规范对投资项目进行跟踪、管理；编写投资质量分析报告；记录已取得的权益证书；填写并保管投资备查登记簿。
8. 会计人员	核算投资收益。
9. 审计人员	审核投资账目，就异常情况编写报告；分析目标企业投资后的财务状况、现金流量等。
10. 财务部文员	保管权益证书。

讨论思考题

1. 描述企业资金活动的控制目标。
2. 结合实例分析企业资金活动各个责任人的职责分工及其风险控制。
3. 描述企业筹资活动的控制目标。
4. 结合实例分析企业筹资活动各个责任人的职责分工及其风险控制。
5. 描述企业投资活动的控制目标。
6. 结合实例分析企业投资活动各个责任人的职责分工及其风险控制。

案例讨论与分析

华融亏损 1 029.03 亿元背后的故事

1. 华融简介与主要财务状况

中国华融资产管理公司成立于 1999 年 10 月 19 日，和中国信达、中国长城、中国东方并列四大金融资产管理公司。资产管理公司（AMC）设立的初衷是清理我国经济体制改革转轨过程中积累的呆坏账，其中，商业银行过度放贷产生的大量不良资产是四大 AMC 所要剥离处置的主要内容。

2011 年，国务院会议决定对中国华融资产管理公司进行股份制改造，使其转型为企业法人主体，自负盈亏、自主经营，参与市场竞争，并制定了引进战略投资者的计划和上市时间表。2012 年，经国务院批准，中国华融资产管理股份有限公司（以下简称华融）正式挂牌成立，华融由政策性金融机构转变为市场化的金融机构。

2017 年年报显示，华融设有 31 家分公司，旗下拥有华融证券、华融金融租赁、华融湘江银行、华融信托、华融期货、华融融德、华融置业、华融国际、华融消费金融等多家营运子公司，服务网络遍及全国 30 个省、自治区、直辖市和香港、澳门特别行政区。华融对外提供不良资产经营、资产经营管理、银行、证券、信托、金融租赁、投资、期货、消费金融等多牌照、多功能、一揽子综合金融服务。华融系在香港拥有三家上市公司：中国华融（02799. HK）、华融金控（00993. HK）和华融投资股份（02277. HK）。

财报显示，截至 2020 年 6 月末，华融总资产为 17 315.14 亿元，总负债为 15 634.87 亿元，资产负债率为 90.3%；负债中，借款为 7 660.81 亿元，应付债券及票据为 3 388.58 亿元。如图 4－3 所示，2016—2020 年平均资产负债率为 89.72%，2018 年资产负债率高达 90.69%。华融的净利润指标如同过山车：2009 年净利润只有 4.03 亿元，但 2017 年达到 265.88 亿元，9 年间利润翻了近 65 倍。2018 年归属于公司股东的净利润同比下降 92.8%。2019 年归属于公司股东的净利润为 14.24 亿元，而 2020 年归属于公司股东的净亏损高达 1 029.03 亿元，同比下降 92.8%。如图 4－4 所示。

2. 导致华融亏损 1 029.03 亿元的项目

2020 年年报显示，华融确认信用减值损失和其他资产减值损失合计 1 077.55 亿元，其中，信用减值损失高达 976.8 亿元，其他资产减值损失为 100.75 亿元，同比分别增加了 291.25%和 572.6%。主要体现在以下三个方面：

（1）对集中处置存量风险资产进行减值测试。华融致远投资管理有限责任公司（以下简称华融远投）是华融的全资子公司，华融远投持股 91%控制华融华侨。2019 年，

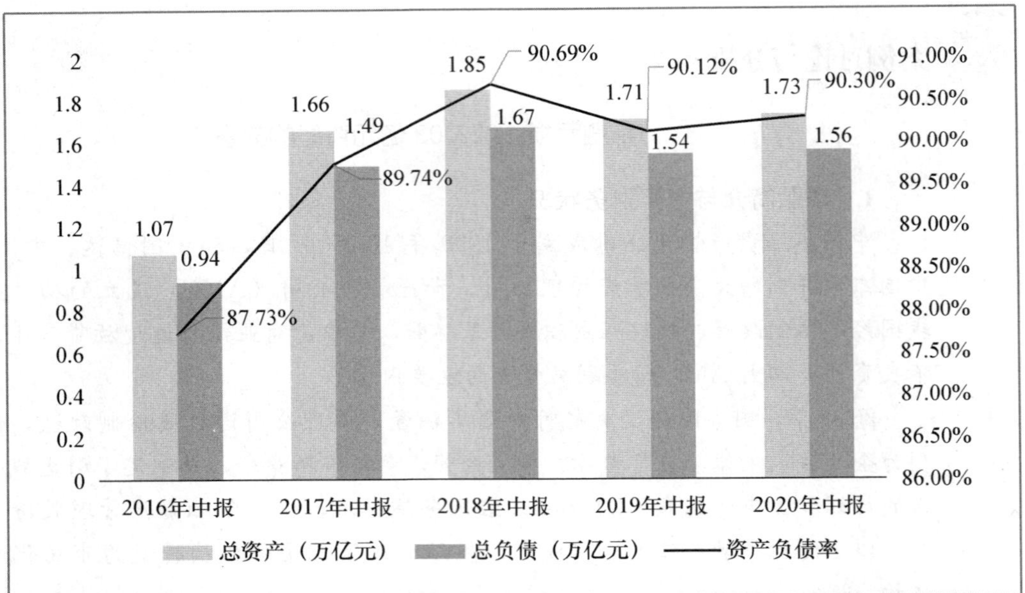

图4-3　2016—2020年华融中报资产负债情况

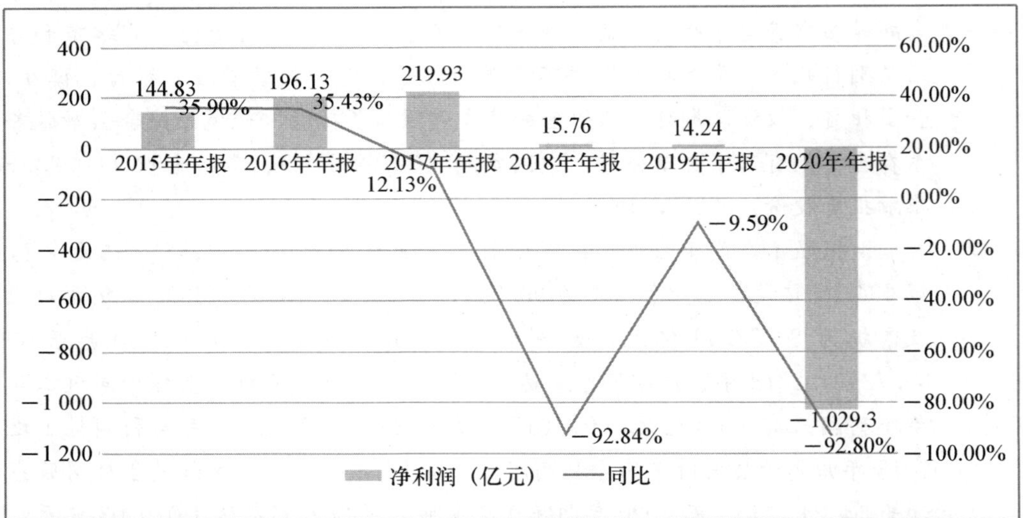

图4-4　2015—2020年归属于公司股东的净利润情况

华融国内外的坏账转移到了华融华侨，在海外业务整合基础上，由华融华侨在集团范围内整合分、子公司部分存量资产，进行集中管理和处置，约1 500亿元。预计回收率为50%，损失800亿元。华融已对华融华侨计提了450亿元损失，还有300亿元以共管基金的形式解决。2020年4月8日，华融远投拟转让华融华侨股权，但直到2020年年末仍未实现。因此华融华侨对集中管理资产确认了信用减值损失和公允价值变动损失。

(2) 对当期资产风险审慎评估减值损失。2015—2017 年快速增长的收购重组类项目和固定收益类项目于 2020 年集中到期，资产形成的历史原因和当期市场影响交织，叠加“新冠肺炎”疫情的严重冲击和市场“爆雷”事件，客户履约能力受到较大影响，相关资产质量承压，公司对其确认了信用减值损失。

(3) 部分子公司风险严重侵蚀了集团经营业绩。从 2010 年开始，我国不良资产行业从商业化转型彻底演变成全面商业化。由单一的金融机构向综合的金控集团转变，最终成为全牌照金控帝国。在华融的金控版图中，金融服务是证券期货、金融租赁以及银行。直接子公司为华融证券、华融期货、华融金融租赁、华融信托和华融湘江银行，在 2012—2016 年间，这些公司的业务是华融业务中回报率最高、利润最高的一部分。但自监管要求四大 AMC 回归主业之后，这些公司的业务不再急速扩张，除了华融湘江银行之外，其他公司在同行业中业绩一直较差，华融信托更是排在最后五位。为此，华融针对相关金融服务附属公司资管计划底层资产风险加速暴露，确认了信用减值损失和公允价值变动损失。

3. 华融亏损 1 029.03 亿元背后的扩张性投融资

2009 年，华融进入迅速扩张期。原银监会办公厅主任赖某民接手华融，确定了“五年三步走”的市场化发展战略。第一步：推行大客户战略，彻底市场化；第二步：走多元化、综合化、国际化的现代金融控股集团的路子；第三步：引进战略投资者，实现上市。

2014 年 10 月，华融国际以 4.87 亿港元认购港股公司天行国际，持股 51%，其后天行国际更名为华融金控。华融金控下设华融国际证券有限公司、华融国际融资有限公司、华融国际资产管理有限公司，业务包括证券、投行、资管三大类，并于境内设立两家全资子公司，分别是华融天海（上海）投资管理有限公司和华融国金（深圳）股权投资基金管理有限公司。

2015 年 10 月 30 日，已经完成股份制改造、引入战略投资者的华融在香港联交所上市，募集资金 197 亿港元，之后，华融开始在主业之外大力发展其他业务，迅速成为拥有银行、证券、租赁、信托、期货、消费金融等金融牌照的大型金控集团。

2016 年上半年，华融国际购入震昇工程股票，成为震昇工程控股有限公司（2014 年 12 月在香港联交所主板上市）单一大股东，2016 年 11 月，该公司正式更名为华融投资股份有限公司。

2016 年年底，华融发布 A 股招股说明书，正式启动回归之路。2017 年中期业绩发布会上，赖某民表示，公司的战略是整个集团回 A 股上市，实现 A+H，之后再分拆旗下的证券、银行、租赁等业务，逐家上市。

2017 年，华融二级资本债券信用评级报告显示，2014—2016 年，华融财务性投资余额分别为 122.44 亿元、367.42 亿元和 701.18 亿元。这意味着华融的投资每年都在以数百亿元的规模大幅增长。

据第三方工商资料平台“天眼查”显示，仅华融旗下就对外投资了198家企业。

据统计，“华融系”在二级市场先后投资多家港股公司，例如，PACIFIC PLYWOOD、北方矿业、千百度、中国飞机租赁、珠光控股、丰盛控股、正荣地产、阳光100中国、熊猫绿能、鼎亿集团投资等。

2017年12月18日，房地产企业阳光100中国公告称，华融金控旗下全资附属公司以每股3.1港元认购其2.35亿股新股，占阳光100中国扩大后已发行股本的约9%，认购所涉资金约7.29亿港元。

正因为如此，中纪委在通报赖某民与华融事件中指出：“违背中央金融工作方针政策，盲目扩张、无序经营导致公司严重偏离主责主业。”在赖某民个人的强力引导下，总资产达1.87万亿元（约合2 700亿美元）的华融严重偏离不良债务投资的主业。

讨论与分析：

导致华融扩张性投融资的内部控制缺陷有哪些？如何应对企业投融资风险？

第五章

与企业资产管理相关的内控建设

学习目标

1. 熟悉企业存货控制目标及流程。
2. 掌握企业存货控制风险及其关键控制环节。
3. 了解企业固定资产控制目标及流程。
4. 掌握企业固定资产控制风险及其关键控制环节。
5. 了解企业无形资产控制目标及流程。
6. 掌握企业无形资产控制风险及其关键控制环节。

引例

锦化集团的内部盗窃案[1]

1. 案情概况

坐落于辽宁省葫芦岛市的锦化集团，是国家500强企业和全国18个大型化工生产基地之一，曾被誉为“中国化学工业的摇篮”。自2002年以来，锦化集团下属氯碱股份有限公司聚醚分厂八万吨环氧丙烷车间工段长程志勇的邻居们发现，月薪只有七八百元的程志勇居然买了一辆小轿车，还经常出入酒店、歌厅等场所。与他走得很近的同事、朋友也突然暴富，个个出手阔绰，其中一个保安竟抽起了中华香烟。

① 李晓慧．构建动态调整的内部控制机制——由锦化集团内部盗窃案引发的思考．财务与会计，2008（5）：15-16.

他们的钱是从哪里来的？

原来，锦化集团引进先进技术和设备，自1998年起，生产环氧丙烷所用原料丙烯的消耗量逐年降低，这时如果根据新技术和新设备修改尾气排放要求和考核指标，使用丙烯回收装置，每年多回收丙烯是有可能的。但是2000年，锦化集团由于尾气中含氧超标，尾气回收装置发生爆炸，从那以后，公司对尾气排放的要求和考核就放松了，车间是否多回收丙烯，多回收多少，只有车间的操作人员清楚，企业领导并不知情。程志勇作为具体操作人员，发现使用新设备和新技术后，只要对丙烯回收装置的尾气排放进行控制，就可降低丙烯消耗，获得超过公司计划的余量。当时他问过企业有关负责人："我们超额完成生产计划，能不能多发点奖金？"得到的回答是："我没有这个权力。"这就造成了一种局面：一方面，职工超额完成产量的积极性得不到鼓励；另一方面，节能回收装置长期得不到有效利用，大量的环氧丙烷随着尾气排放被消耗了。于是，身为车间工段长的程志勇认为能够回收的环氧丙烷不应当白白浪费，就买通了车间主任、段长、班长，为其提供货源；对计量人员施以小恩小惠；对个别门卫拉拢腐蚀，让其"睁一只眼闭一只眼"；买通监控人员，删除监控录像，使保卫处无法从录像中看到真相；甚至夜间巡逻人员都被拉拢入伙……这样，自2002年3月18日至2006年1月2日，打通了生产、运输、监控、计量、保安、销售等各个环节后，以程志勇为首的一伙人作案百余起，共盗窃本单位环氧丙烷和聚醚3 500余吨，价值3 900多万元。他们将盗窃的产品销售到山东、湖北、河北、天津等地，然后根据每名成员在作案中所起的作用分赃，每人每次所得少则数千元，最高可达15万元。

2. 问题的提出

锦化集团内部出现盗窃案是不是由于没有管理制度或制度不严密？回答是否定的。对于产品的盘点入库，锦化集团规定，生产车间采取5日盘存制度，每月末统一入库。入库时，由生产车间、质管处、仓储中心的成品库共同认定，财务部统一办理。每季度还由生产处牵头，抽查车间盘点情况，抽查盘存表报生产处、财务部。产品出厂也有严格的流程：每天早上，由销售公司将产品装罐量通知分厂生产科，由生产科负责通知车间主任，罐装人员接到指令后，负责开锁，打开防盗盒，连接好充装管路，然后开始装车。开锁的钥匙由车间主任和段长保管。经过检斤计量、门卫查验等各种手续才放行。

案发时锦化集团的领导一头雾水，因为从近几年的报表看，没有发现产量、产品消耗定额异常。每月底6个部门共同参与盘存，也没发现问题。

几名犯罪嫌疑人在受审时表达了相同的意思：企业浪费这么多没人心疼，不拿白不拿，拿一点是他们为企业超额生产应得的回报，不是犯罪。

问题出在什么地方呢？

（1）锦化集团引进先进技术和设备，生产环氧丙烷所用原料丙烯的消耗量逐年降低，针对这种变化，环氧丙烷车间的内部控制的关键控制点发生变化，生产环氧丙烷所用原料丙烯的消耗量以及废料回收成为关键控制点，但锦化集团没有随着关键控制点的转移而改变丙烯的消耗量以及废料回收控制，为企业内部盗窃提供了机会，使高层管理者无法知道引进先进技术后正常的产品消耗定额。

（2）即便锦化集团不能随时跟进技术、管理的变动而完善内部控制，对于一个内部控制严密的公司，也不可能出现上述犯罪在长达3年的时间内无人发现的情况。尽管锦化集团有他们认为严密的库存盘点制度、燃料出入库管理制度以及安全管理制度等，但这些制度并不系统，且随着当事人的串通，有些内部控制已经失效。针对系统缺陷以及当事人串通，企业内部控制需要动态地调整和完善，但锦化集团并没有做到这一点，而是对其“严密”的内部控制感到满意。

我们从锦化集团的内部盗窃案可以看出，公司的内部控制容易由于当事人串通或环境、条件变化等失效，这说明企业内部控制建设是一个持续完善的过程，在这个过程中，企业必须针对新情况或内部控制评价或审计中发现的有重大缺陷的领域专门研究设计内部控制。

第一节　企业存货控制

一、明确企业存货控制目标

企业存货控制是指企业生产经营活动中所需各种物资的储备、调配及合理使用等各项管理工作的总称，主要包括企业原材料、在产品、产成品、半成品、商品及周转材料以及企业代销、代管、代修、受托加工的存货的仓储、运输管理、物资调配等内容，其控制的主要目标有：

（1）建立健全存货管理的制度和流程，符合相关法律法规的要求。

（2）使存货保持最佳储量，既应对预期需求和防止局部短缺，又防止浪费。

（3）避免存货在中间储存和转运中丢失和损伤，合理投保。

（4）存货转移经过适当授权。

（5）采用效率高、成本适当的运输方式，运输设备合法运营。

二、分析整合存货控制流程

企业存货控制流程如图5-1所示。

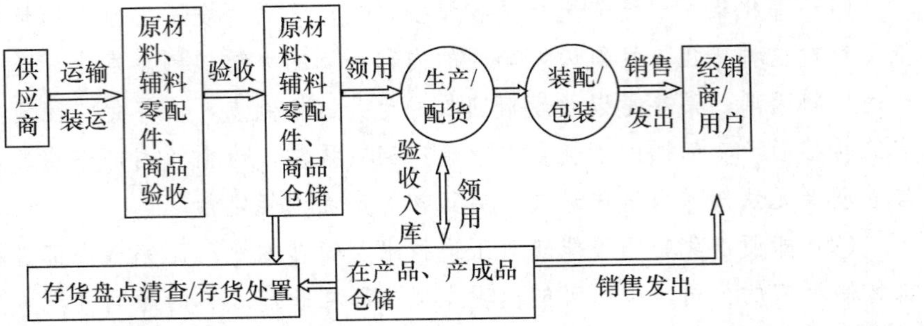

图5-1 企业存货控制流程

三、鉴别存货控制的关键控制环节

企业要加强存货控制、确保存货安全和提高存货运营效率，就必须全面了解存货控制的风险。根据图5-1的流程，存货控制的风险主要表现在：

（1）存货预算编制不科学、采购计划不合理，可能导致存货积压或短缺。

（2）验收程序不规范、标准不明确，可能导致数量克扣、以次充好、账实不符。

（3）存货仓储保管方法不适当、监管不严密，可能导致损坏变质、价值贬损、资源浪费。

（4）存货领用发出审核不严格、手续不完备，可能导致货物丢失。

（5）存货盘点清查制度不完善、计划不可行，可能导致工作流于形式、无法查清存货真实状况。

（6）存货报废处置责任不明确、审批不到位，可能导致企业利益受损。

分析图5-1，企业存货控制的关键控制环节如表5-1所示。

表5-1 企业存货控制的关键控制环节

项目	具体内容
1. 不相容职务分离	（1）存货经办、会计记账职责相分离； （2）物资入库、保管职责相分离； （3）物资出库、保管职责相分离； （4）物资盘点、保管职责相分离； （5）物资处置的经办、审批职责相分离。
2. 授权审批控制	（1）建立健全存货相关制度和流程，明确常规授权； （2）年度物资管理计划按规定程序审批； （3）物资报废按权限逐级报批； （4）物资转移应明确审批权限； （5）大件运输、危险品运输等具体方案应按专业实行联签审批。

续表

项目	具体内容
3. 会计系统控制	(1) 统一核算物资； (2) 仓储部门设置实物明细账，定期与财务核对； (3) 年度聘请外部审计师对存货进行监盘。
4. 财产保护控制	定期清查、盘点，确保财产安全。
5. 预算控制	(1) 年度物资管理预算按程序报批； (2) 定期分析预算执行情况； (3) 建立追加预算审批制度。
6. 运营分析控制	(1) 编制月度资源配置计划，根据市场变化适时调整； (2) 存货管理合同应符合法律法规及企业相关规定； (3) 设置明细账，定期核对，动态管理物资。
7. 绩效考评控制	(1) 确保存货管理人员的专业胜任能力； (2) 制定考核指标，考评结果与绩效挂钩。

存货控制的关键控制点及控制措施有：

(1) 采用先进的存货管理技术和方法，规范存货验收程序和方法，对入库存货的质量、数量、技术规格等方面进行查验，验收无误方可入库。

(2) 建立存货保管制度，定期对存货进行检查，加强存货的日常保管工作，严格限制未经授权的人员接触存货。

(3) 明确存货发出和领用的审批权限，大批存货、贵重商品或危险品的发出应当实行特别授权。仓储部门应当根据经审批的销售（出库）通知单发出货物。

(4) 合理确定存货采购日期和数量，确保存货处于最佳库存状态。

(5) 企业仓储部门应当详细记录存货入库、出库及库存情况，做到存货记录与实际库存相符，并定期与财会部门、存货管理部门核对。

(6) 建立存货盘点清查制度，结合本企业实际情况确定盘点周期、盘点流程等相关内容，核查存货数量，及时发现存货减值迹象。企业至少应当于每年年度终了开展全面盘点清查，盘点清查结果应当形成书面报告。

四、制定具体控制制度并落实到不同岗位

根据存货控制的关键控制点，制定《存货授权审批制度》《存货采购控制制度》《存货储存管理制度》《仓库调拨管理制度》《存货领用和发放管理制度》《存货盘点管理制度》《存货废损管理制度》《存货核算工作规范》等控制制度，并把各项制度落实到企业存货控制相关人员的岗位职责上（见表 5－2）。

表5-2　企业存货控制岗位职责

岗位	主要职责
1. 总裁	审批存货采购、保管、使用、处置相关政策和制度；审查、审阅存货管理重要财务报表；审批存货管理账目的增减和调整；审批盘盈盘亏的应对策略和方法。
2. 仓库经理	审核仓库物资管理台账；审核月收货、出货报告；审核并确认盘点报告；审核存货补仓申请；审核存货保险购买申请。
3. 仓库管理员	进行货物验收和出入库手续办理；填写、更新仓库台账、卡片；进行在库存货的日常盘点；编制在库存货的日常盘点表；参与月度盘点和年度盘点；提出仓库补仓申请；提出库存呆废品处理意见；制作月收货、出货报告；办理存货保险申请手续。
4. 质量管理部质检人员	开展专业性要求较高的存货出入库验收；抽查存货的常规性入库检验工作。
5. 生产管理部经理	定期检查成品仓库状况；审核生产车间原材料申领单和采购申请单。
6. 生产车间工作人员	将产成品存入指定仓库；向仓库领用生产原材料和其他半成品；提出生产所需原材料的采购申请；管理生产过程中的半成品、在产品和周转材料。
7. 采购部经理	审核存货使用部门提出的采购申请；编制存货采购的制度、预算、计划；组织实施存货采购的市场调研、询价、比价、合同谈判、合同签署等工作。
8. 采购部会计负责人	审核存货采购、保管、使用、处置过程中形成的财务报表；提出存货账目调整的政策；根据管理层的意见调整存货账目；组织开展年度存货盘点和月度存货盘点；参与存货保险决策。
9. 采购部会计人员	编制存货采购、保管、使用、处置过程中形成的财务报表；审核存货采购费用和金额，支付存货采购的货物；复核仓库台账和上报的仓库出入库单、盘点表、汇总表等。
10. 存货使用部门相关人员	审核本部门所用存货申领单；填写本部门所用存货申领单；办理本部门所用存货的申领手续。
11. 保安	检查进出企业大门的货物。

第二节　企业固定资产控制

一、明确企业固定资产控制目标

企业固定资产控制是指企业获取、准备和维护固定资产的一系列业务活动。这些业务活动可能涉及房屋、建筑物、机器、机械、运输工具以及其他与生产经营活动有关的设备、器具、工具等的购置、使用、维护和处置。控制目标是：

（1）有效地预测和规划企业现在和未来的生产经营能力。

（2）使资本支出的价值最大化。

（3）制定有效程序对固定资产实施有效的维护。

（4）使运营成本、资产损失和安全问题导致的风险最小。

（5）保持有效的资产承保范围。

（6）获取、处理和报告有助于改善固定资产控制流程的信息。

二、分析整合固定资产控制流程

企业固定资产控制流程如图 5-2 所示。

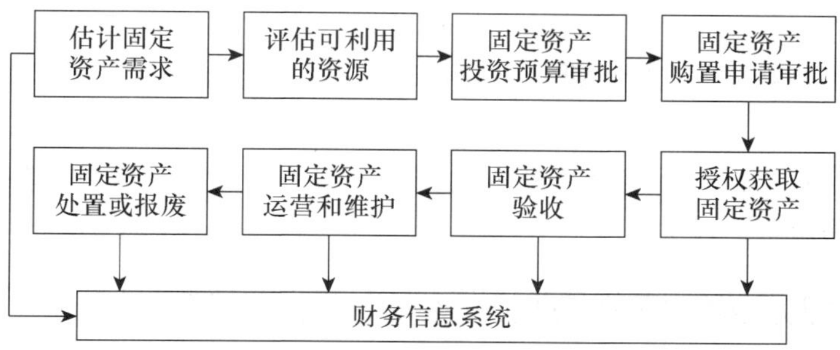

图 5-2　企业固定资产控制流程

三、鉴别固定资产控制的关键控制环节

根据图 5-2，企业应当关注的固定资产控制风险如下：

（1）固定资产投资预算不适当，导致企业生产能力不足或过剩。

（2）未经适当审批或超越授权审批，导致固定资产形成、使用和处理中出现资产损失或资源浪费。

（3）选择资质不合格的评估机构，导致评估结果无效或不准确，造成决策失误。

（4）固定资产投保制度不健全，可能导致应投保资产未投保、索赔不力，不能有效防范资产损失风险。

（5）固定资产登记内容不完整，可能导致资产流失、资产信息失真、账实不符。

（6）固定资产操作不当、失修或维护过度，可能造成资产使用效率低下、产品残次率高，甚至发生生产事故或资源浪费。

（7）固定资产更新改造不够，可能造成企业产品线老化、缺乏市场竞争力。

（8）固定资产盘点结果不准确，固定资产丢失、毁损等，造成账实不符或资产贬值严重。

（9）固定资产抵押制度不完善，可能导致抵押资产价值低估和资产流失。

（10）固定资产处置方案不合理，未经有效审批，造成资产损失。

针对以上风险，企业固定资产控制的关键控制环节如下：

（1）制定固定资产目录。建立固定资产卡片，记录各项固定资产的来源、验收、使用地点、责任单位和责任人、运转、维修、改造、折旧、盘点等信息。

（2）制定固定资产日常维修和大修理计划，定期对固定资产进行维护保养。

（3）强化对生产线等关键设备运转的监控，严格操作流程，实行岗前培训和岗位许可制度，确保安全运转。

（4）加大技改投入，不断促进固定资产技术升级，淘汰落后设备。固定资产投保。

（5）规范固定资产抵押管理，确定固定资产抵押程序和审批权限等。

（6）建立固定资产清查制度，至少每年进行全面清查。

（7）加强对固定资产处置的控制，关注固定资产处置中的关联交易和处置定价，防范资产流失。

四、制定具体控制制度并落实到不同岗位

根据企业固定资产控制的关键控制点，制定《固定资产授权审批制度》《固定资产购置管理制度》《固定资产验收管理制度》《固定资产保管管理制度》《固定资产投保制度》《固定资产折旧制度》《固定资产维修制度》《固定资产盘点制度》《固定资产处置制度》《固定资产转移制度》等控制制度，并把各项制度落实到企业固定资产控制相关人员的岗位职责上（见表5-3）。

表5-3 企业固定资产控制岗位职责

岗位	主要职责
1. 董事会	审批固定资产投资预算。
2. 总裁	审批固定资产管理相关规章制度；审核固定资产投资预算；审批预算外固定资产投资项目；组织进行重大固定资产构建项目的技术可行性、市场可行性及财务可行性分析；审批固定资产的维护保养、盘点、报废、转移、处置、投保计划。
3. 财务总监	组织编制固定资产投资预算；审批授权范围内预算外固定资产投资项目；审批授权范围内固定资产购置申请；审批重大固定资产的维护保养、盘点、报废、转移、处置、投保计划。
4. 资产管理部经理	制定固定资产管理各项规章制度；编制企业总体固定资产投资预算；审核固定资产盘盈盘亏报告；审核固定资产盘点、维修、报废和投保等计划；审核固定资产报废、转移、外借、维修等申请；审核固定资产增加、转移、报废、调拨、外借等各类业务手续；组织固定资产报废、报损的技术鉴定，提出处理建议；参与固定资产采购工作。

续表

岗位	主要职责
5. 固定资产管理员	汇总各部门固定资产投资预算；负责设置固定资产登记卡和台账；定期盘点固定资产，编制盘盈盘亏报告；定期检查各类固定资产使用损耗情况；拟定固定资产的盘点、更新、维修、报废和投保计划；办理固定资产增加、转移、报废、调拨、外借等各类手续。
6. 财务部经理	审核固定资产投资预算；审核固定资产的各项财务报表；审核支付账款凭证；审核固定资产盘盈盘亏报告；参与固定资产的投资决策，分析、评价各种投资方案；负责对固定资产构建、出售、清理、报废和内部转移等活动引起的增减变动情况进行控制和管理。
7. 固定资产会计	登记固定资产总分类账和明细账；审核固定资产增加、转移、处置及对外出租等的原始凭证；开具固定资产支付账款凭证；参与固定资产的盘点工作。
8. 出纳	根据购置合同以及付款凭证支付固定资产相关款项。
9. 工程部门相关人员	进行设备等固定资产的验收管理；负责设备等固定资产的安装调试；负责设备等固定资产的维护、大修和报废处理。
10. 采购部门相关人员	组织实施固定资产的询价和采购。
11. 固定资产使用部门相关人员	编制本部门固定资产投资预算；提出本部门固定资产购置、维修、转移、处置等申请；参与本部门所购固定资产的可行性论证、招标、采购等活动；设置所使用固定资产的台账；负责固定资产日常维护和管理；组织相关人员参与固定资产验收；检查、报告固定资产日常使用情况；办理固定资产内部借用和调拨手续。

第三节 企业无形资产控制

一、明确企业无形资产控制目标

企业无形资产控制是指企业对拥有或控制的没有实物形态的可辨认非货币性资产，如专利权、非专利技术、商标权、著作权、特许权、土地使用权等的取得、验收并落实权属、自用或授权其他单位使用、安全防范、技术升级与更新换代、处置与转移等活动，旨在充分发挥无形资产对提升企业创新能力和核心竞争力的作用。控制目标是：

（1）有效地预测和规划企业现在和未来的技术、产品和声誉水平。

（2）明确无形资产管理各项业务的审批程序。

（3）降低无形资产获得、运用和处置中的成本与损失。

（4）确保无形资产安全、完整。

（5）提高企业的创新能力和核心竞争力。

二、分析整合无形资产控制流程

企业无形资产控制流程如图 5－3 所示。

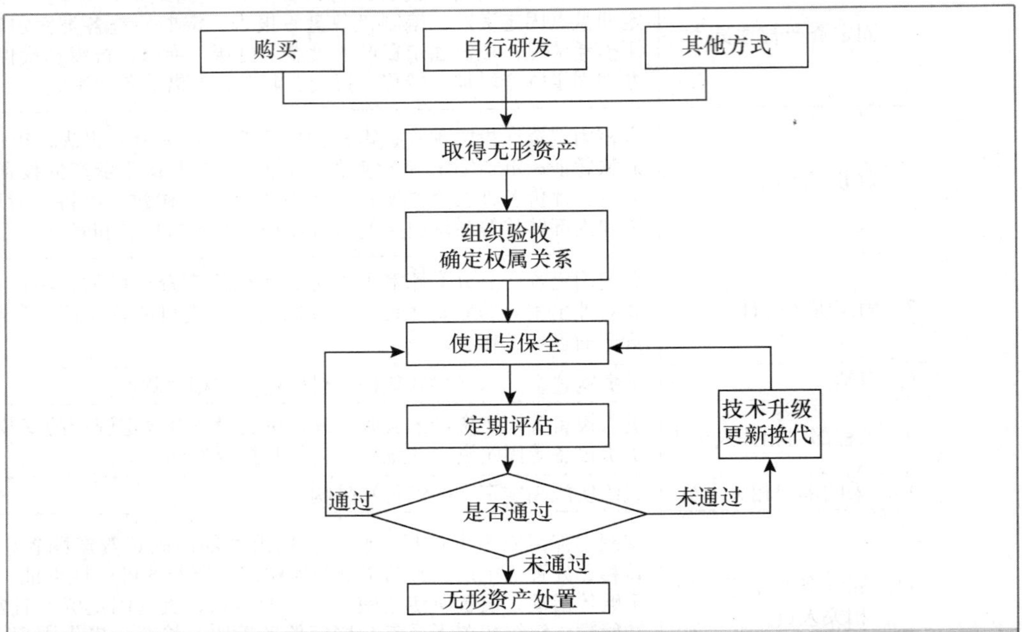

图 5－3 企业无形资产控制流程

三、鉴别无形资产控制的关键控制环节

根据图 5－3，企业应当关注的无形资产控制风险如下：

（1）取得的无形资产不具有先进性，或权属不清，可能导致企业资源浪费或引起法律诉讼。

（2）无形资产使用效率低下，效能发挥不到位。

（3）缺乏严格的保密制度，致使体现在无形资产中的商业机密泄露；商标等无形资产疏于管理，导致其他企业侵权，严重损害企业利益。

（4）无形资产内含的技术未能及时升级换代，导致技术落后或存在重大技术安全隐患。

（5）无形资产长期闲置或低效使用，逐渐失去其使用价值。

（6）无形资产处置不当，造成企业资产流失。

针对以上风险，企业无形资产控制的关键控制环节如下：

（1）建立严格的无形资产交付使用验收制度，明确无形资产的权属关系，及时办理产权登记手续。

（2）强化无形资产使用过程的风险管控，充分发挥无形资产对提升企业产品品质量和市场影响力的重要作用。

（3）建立健全无形资产核心技术保密制度，严格限制未经授权人员直接接触技术资料，技术资料等无形资产的保管及接触应保有记录，进行责任追究，保证无形资产的安全与完整；侵害企业无形资产的，要积极取证并形成书面调查记录，提出维权对策，按规定程序审核并上报。

（4）定期对专利、专有技术等无形资产的先进性进行评估，加大研发投入，促进技术更新换代，不断提升自主创新能力，努力做到核心技术处于同行业领先水平。

（5）明确建立无形资产处置的相关管理制度，明确无形资产处置的范围、标准、程序和审批权限等要求。

（6）无形资产的确认、计量和报告应当符合国家统一的会计准则的规定。

四、制定具体控制制度并落实到不同岗位

根据企业无形资产控制的关键控制点，制定《无形资产授权批准制度》《无形资产取得与验收控制制度》《无形资产使用管理制度》《无形资产处置与转移制度》《无形资产重大处置集体合议审批制度》等控制制度，并把各项制度落实到企业无形资产控制相关人员的岗位职责上（见表5-4）。

表5-4　企业无形资产控制岗位职责

岗位	主要职责
1. 董事会	审议、审批无形资产购置计划、方案；审批超预算或预算外无形资产投资项目。
2. 财务部经理	设置无形资产总账及明细账科目；审核无形资产投资可行性分析报告；审核无形资产处置依据、处置方式、处置价格等；审核无形资产业务的会计核算结果；监督、指导资产管理部对企业无形资产进行妥善管理；参与无形资产盘点工作。
3. 法律事务部负责人	审定无形资产购置合同或协议书；审定无形资产转让合同或协议书；审定无形资产业务中涉及的其他法律文件。
4. 无形资产使用部门负责人	依据无形资产管理制度和办法，制定并组织实施具体细则；建立并及时登记无形资产使用台账；提出无形资产处置申请；检查并报告无形资产的日常使用情况。
5. 资产管理部负责人	制定无形资产管理规章制度，并组织实施和监督检查；会同归口管理部门编制无形资产投资可行性分析报告；受理使用部门提出的无形资产技术鉴定申请；审核无形资产的增加、调剂和处置方法；组织拟定无形资产购置、转让合同或协议书；负责组织对无形资产的清查、盘点、登记、统计汇总及日常监督检查工作；检查、指导使用部门的无形资产管理工作；组织协调有关单位对无形资产进行评估。

续表

无形资产管理控制岗位	主要职责
6. 无形资产归口管理部门负责人	会同资产管理部编制无形资产投资可行性分析报告；会同资产管理部开展无形资产技术鉴定工作；核查、指导使用部门的无形资产使用与管理，确保无形资产保值增值、安全与完整；参与企业使用无形资产进行投资的决策。
7. 无形资产管理人员	受理无形资产增加、调剂和处置等申请；负责无形资产可行性分析报告的编制执行工作；拟定无形资产购置、转让合同或协议；指导无形资产使用部门对无形资产进行维护。
8. 财务部会计人员	负责登记归口管理的无形资产明细账；对无形资产业务进行会计核算；参与无形资产的验收、检查、处置工作；参与无形资产清查盘点。
9. 财务部出纳	支付无形资产购置款项；收取无形资产处置所得款项。

讨论思考题

1. 描述企业存货控制目标及流程。
2. 结合实例分析企业存货控制风险及其关键控制环节。
3. 描述企业固定资产控制目标及流程。
4. 结合实例分析企业固定资产控制风险及其关键控制环节。
5. 描述企业无形资产控制目标及流程。
6. 结合实例分析企业无形资产控制风险及其关键控制环节。

案例讨论与分析

獐子岛的扇贝去哪了？

1. 獐子岛简介

獐子岛集团股份有限公司（以下简称“獐子岛”）始创于1958年，2006年在深圳证券交易所（以下简称“深交所”）挂牌上市（股票代码002069），主营业务为海珍品种业、海水增养殖业、海洋食品研发与加工、冷链物流、渔业装备等。

2. 獐子岛三次扇贝死亡或逃走的事件

2014年10月31日，獐子岛发布公告称，2011年与2012年的底播海域虾夷扇贝，因受冷水团异动导致的自然灾害影响近乎绝收，公司巨亏8.12亿元，股票连续三个跌停板，公司一度披星戴帽，连亏两年，2016年才勉强扭亏保壳。

2018 年 1 月，獐子岛再次突发公告，声称 2017 年降水减少，导致饵料短缺，再加上海水温度异常，大量扇贝饿死，公司巨亏 7.23 亿元，预计 2017 年业绩由盈利 0.9 亿～1.1 亿元变为亏损 5.3 亿～7.2 亿元。2019 年 10 月 14 日，獐子岛业绩预报披露，2019 年前三季度，公司预计亏损 3 100 万～3 600 万元。亏损的原因是 2018 年海洋牧场遭受自然灾害之后，扇贝销量大幅下降，产品单位成本上升。

2019 年 10 月 19 日，面对深交所的业绩关注函，獐子岛表示，扇贝的投放采捕按计划进行，不存在减值风险。2019 年 11 月 11 日，獐子岛因扇贝“突然死了”再次收到深交所的关注函。

3. 证监会查证獐子岛扇贝的真相与处罚事实

2019 年 7 月，证监会下发《行政处罚及市场禁入事先告知书》，拟对獐子岛和相关人员做出处罚。

公司每月虾夷扇贝成本结转的依据为当月捕捞区域，在无逐日采捕区域记录可以核验的情况下，证监会借助北斗卫星导航系统，对公司 27 条采捕船只数百万条海上航行定位数据进行分析，委托两家第三方专业机构运用计算机技术还原了采捕船只的真实航行轨迹，复原了公司最近两年真实的采捕海域，进而确定实际采捕面积，并据此认定獐子岛公司成本、营业外支出、利润等存在虚假。证监会认定獐子岛存在三项违法事实：

（1）獐子岛涉嫌财务造假，内部控制存在重大缺陷。2016 年虚增利润 1.31 亿元，2017 年虚减利润 2.79 亿元。

监管部门调取的采捕船只及执行抽测任务的科研船只的航行轨迹与公司账面记载的作业区域有明显的差异，发现公司有重复结转和随意结转成本的情形，导致 2016 年利润虚增 1.31 亿元，虚增利润占当期披露利润总额的 158.15%，追溯调整后，业绩由盈转亏；2017 年利润虚减 2.79 亿元，占当期披露利润总额的 38.57%，追溯调整后，业绩仍为亏损。

因此，监管部门认定獐子岛 2016 年年报、2017 年年报以及年终盘点公告和核销公告涉嫌存在虚假记载。

（2）獐子岛披露的《关于 2017 年秋季底播虾夷扇贝抽测结果的公告》涉嫌虚假记载。

“獐子岛科研 19”号船只在公司记录的秋测天数内，被航行轨迹证实执行计划的点位极少，而秋测抽取但实际执行的 66 个点位占秋测全部披露点位的 55%。

（3）单月亏损 1 000 余万元，预计全年亏损 528 万元，涉嫌未及时披露信息。

证监会认为獐子岛及相关当事人的相关行为构成信息披露违法，拟决定对獐子岛及 24 名相关当事人给予警告，并对獐子岛处以 60 万元罚款；对吴某刚等 24 名相关当事人分别处以 30 万元、20 万元、8 万元、5 万元和 3 万元不等的罚款。

此外，证监会还拟对吴某刚采取终身市场禁入措施，对董事梁某采取 10 年证券市场禁入措施，对首席财务官勾某和董秘孙某君分别采取5年证券市场禁入措施。

讨论与分析：

1. 獐子岛连续多次公告扇贝死亡或逃走说明什么？
2. 结合本案例讨论像扇贝这样的存货应当如何盘点，如何控制风险。
3. 分析獐子岛涉嫌财务造假背后的内部控制存在什么重大缺陷。

第六章 与企业常规业务活动相关的内控建设

学习目标

1. 了解企业采购控制目标及流程、措施。
2. 掌握企业采购各个责任人的职责分工及其风险控制措施。
3. 掌握企业销售控制目标及流程、措施。
4. 了解企业工程项目控制目标及流程、措施。
5. 掌握企业工程项目各个责任人的职责分工及其风险控制措施。
6. 熟悉企业研究开发控制的基本要求和主要风险。
7. 熟悉企业业务外包控制目标及流程、措施。

引例

销售与收款、采购与付款存在的内部控制缺陷

2019 年度否定意见内部控制审计报告中揭示的上市公司销售与收款、采购与付款存在的内部控制缺陷主要包括以下方面。

(1) 上市公司没有建立和实施与贸易业务相关的供应商选择及授信管理制度、信用风险监管制度，未对单一供应商或客户的累计交易金额进行限额管理。

(2) 上市公司与联营商户签订《合作经营合同书》，约定联营商户销售产品后，将销售款存入上市公司指定的银行账户，双方按照一定比例分配收入，并按月结算支付给上市公司。2019 年度，上市公司应当与该等联营商户结算并收回销售款，但上市公司未收到任何款项；公司将已销售未收回货款产品作为发出商品核算，并计提

存货跌价准备。该事项违反了公司《合同管理制度》等内部控制制度的相关规定，且公司未及时根据业务模式的变化，按照《企业内部控制基本规范》《上海证券交易所上市公司内部控制指引》等相关规定，完善公司《销售管理制度》《门店管理制度》等相关内部控制制度。

(3) 上市公司采购与付款业务中，付款金额超出采购所需的资金，采购与付款业务的内部控制存在重大缺陷。

(4) 与上市公司预付有关的部分供应商目前无法对账，亦无其他有效的补偿性控制措施，与之相关的控制失效。

与企业常规业务活动相关的内部控制究竟有哪些风险？如何控制？

第一节　企业采购控制

一、明确企业采购控制目标

企业采购是指企业为满足日常生产经营及管理需要，购买物资（或接受劳务）及支付款项等相关活动。其中，物资主要包括企业的原材料、商品、工程物资、固定资产等。采购是企业生产经营的起点，既是企业实物流的重要组成部分，又与资金流密切关联。设计企业采购控制的目的在于规范请购与审批、采购与验收、付款等行为，防范采购过程中的差错和舞弊。具体包括：

(1) 合理降低采购成本，实现企业利益最大化；

(2) 建立健全符合国家法律法规的采购制度和流程；

(3) 选用适当的采购策略，维护招标程序的公平；

(4) 执行采购预算管理，所有采购行为都经审批；

(5) 对供应商的管理形成定期评估、优胜劣汰的机制。

二、分析整合采购控制流程

公司应当结合实际情况，全面梳理采购业务流程，完善采购业务相关管理制度，统筹安排采购计划，明确请购、审批、购买、验收、付款、采购后评估等环节的职责和审批权限，按照规定的审批权限和程序办理采购业务，建立价格监督机制，定期检查和评价采购过程中的薄弱环节，采取有效控制措施，确保物资采购满足公司生产经营需要。

公司采购控制流程主要涉及编制需求计划和采购计划、请购、选择供应商、确定采购价格、订立框架协议或采购合同、管理供应过程、验收、退货、付款、会计控制等环节，如图 6－1 所示。

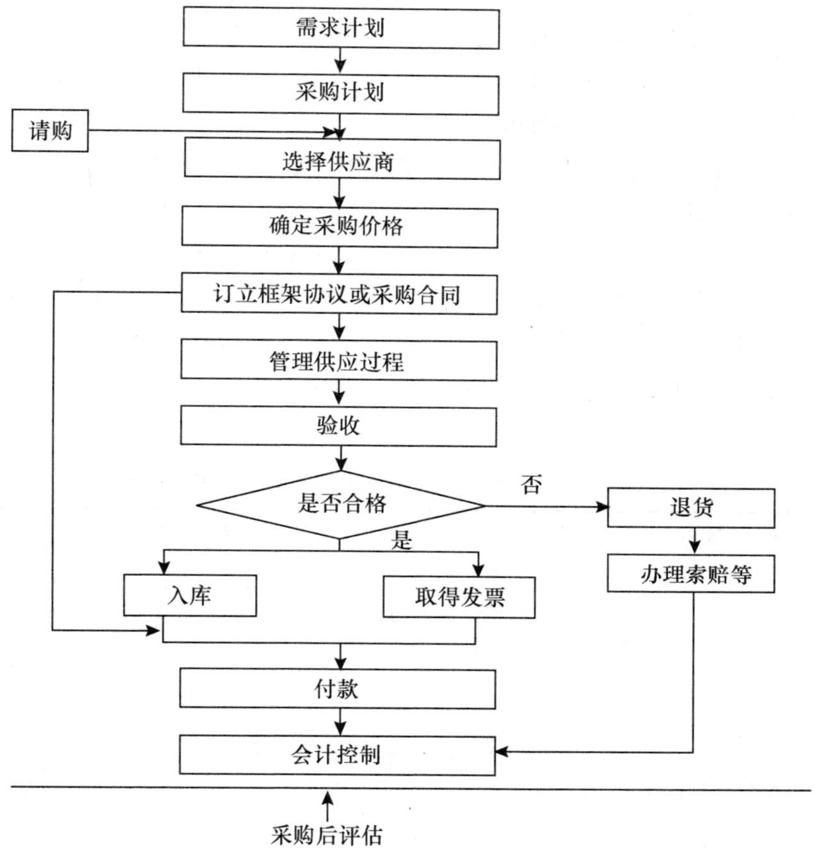

图 6－1　企业采购控制流程

三、鉴别采购控制的关键控制环节

整合绘制适用于各类企业的一般采购控制的流程，分析采购控制中的常见风险：

（1）需求计划或采购计划不合理，不按实际需求安排采购或随意超计划采购，甚至与企业生产经营计划不协调等，可能造成资源浪费。

（2）缺乏采购申请制度，请购未经适当审批或超越授权审批，可能导致采购物资过量或不足，影响企业正常生产经营。

（3）供应商选择不当，可能导致采购物资质次价高，甚至出现舞弊行为。

（4）采购定价机制不科学，采购定价方式选择不当，缺乏对重要物资品种价格的跟踪监控，导致采购价格不合理，可能造成企业资金损失。

（5）盲目签订采购合同，因采购合同条款无效或不利而造成违约或合同执行不力，引发资金损失。

（6）缺乏对采购合同履行情况的有效跟踪，运输方式选择不合理，忽视运输保险，可能导致采购物资损失或无法保证供应。

（7）验收标准不明确、验收程序不规范、对验收中存在的异常情况不作处理，可能造成账实不符或采购物资损失。

（8）付款审核不严格、付款方式不恰当、付款金额控制不严，可能导致企业资金损失或信用受损。

（9）缺乏有效的采购会计系统控制，未能全面真实地记录和反映企业采购各环节的资金流和实物流情况，相关会计记录与相关采购记录、仓储记录不一致，可能导致企业采购业务未得到如实反映或者采购物资和资金受损。

针对企业采购控制中的主要风险，鉴别出企业采购控制的关键控制环节，如表6-1所示。

表6-1　企业采购控制的关键控制环节

项目	具体内容
1. 不相容职务分离	（1）采购申请、审批、执行职责相分离； （2）供应商名单确定、询价、授标决策职责相分离； （3）招标标书的编制、审批职责相分离； （4）授权审批、经办职责相分离； （5）供应商审批、经办职责相分离。
2. 授权审批控制	（1）企业统一制定采购权限与审批流程； （2）各部门及其子公司在授权范围内执行，并可对下属单位细化授权。
3. 财产保护控制	（1）建立采购物资验收、盘点、保管制度； （2）建立平库、立库程序，维持最佳经济储量； （3）物资报废处理按权限逐级及时审批。
4. 计划和预算控制	（1）生产、经营、项目建设等部门，应当根据实际需求准确、及时地编制需求计划，需求部门提出需求计划时，不能指定或变相指定供应商，对独家代理、专有、专利等特殊产品应提供相应的独家、专有资料，专业技术部门研讨后，经具备相应审批权限的部门或人员审批； （2）在制定年度生产经营计划过程中，企业应当根据发展目标，结合库存和在途情况，科学安排采购计划，防止采购过量或不足； （3）采购计划应纳入采购预算管理，相关负责人审批后，作为企业刚性指令严格执行，追加预算或动用不可预见费用应履行必要的审批程序。
5. 运营分析控制	（1）建立科学的供应商评估和准入制度，对供应商资质、信誉情况的真实性和合法性进行审查，确定合格的供应商清单，健全企业统一的供应商网络，企业新增供应商的市场准入、供应商新增服务关系以及调整供应商物资目录，都要由采购部门根据需要提出申请，按规定的权限和程序审核批准后，纳入供应商网络，企业可委托具有相应资质的中介机构对供应商进行资信调查；

续表

项目	具体内容
5. 运营分析控制	(2) 建立供应商管理信息系统和供应商淘汰制度，对供应商提供物资或劳务的质量、价格、交货及时性、供货条件及其资信、经营状况等进行实时管理和考核评价，根据考核评价结果，提出供应商淘汰和更换名单，审批后对供应商进行合理选择和调整，并在供应商管理系统中做出相应记录； (3) 根据采购权限执行自行采购、报批采购和集中采购程序。
6. 绩效考评控制	(1) 确保采购人员的专业胜任能力； (2) 确保采购人员遵守职业道德操守； (3) 将年度考评结果与绩效挂钩。

1. 采购环节的关键控制点及控制措施

(1) 建立采购申请制度，明确相关部门或人员的职责权限及相应的请购和审批程序。

(2) 按照预算执行进度办理请购手续。对于超预算和预算外采购项目，应先履行预算调整程序，由具备相应审批权限的部门或人员审批后，再行办理请购手续。

(3) 建立科学的供应商评估和准入制度，确定合格供应商清单，与选定的供应商签订质量保证协议。

(4) 根据市场情况和采购计划，合理选择招标采购、询价或定向采购、直接购买等采购方式。

(5) 合理确定采购价格。建立采购定价机制，采取协议采购、招标采购、谈判采购、询比价采购等多种方式。

(6) 按照规定权限签订采购合同。根据确定的供应商、采购方式、采购价格等情况拟订采购合同，明确双方权利、义务和违约责任。

(7) 建立严格的采购验收制度，确定检验方式，由专门的验收机构或验收人员对购买物资（劳务）进行验收，出具验收证明。发现异常情况，及时报告，及时处理。

(8) 加强物资采购供应过程的管理，做好采购业务各环节的记录，确保采购业务的可追溯性。及时跟踪合同履行情况，针对异常情况，出具书面报告并及时提出解决方案。

2. 付款环节的关键控制点及控制措施

(1) 审核票据、单证与合同。

(2) 加强预付账款和定金的管理，定期追踪核查大额或长期的预付款项，发现疑问及时采取措施。

(3) 加强对采购活动的会计系统控制，详细记录供应商情况、请购申请、采购合同、采购通知、验收证明、入库凭证、商业票据、款项支付等情况，确保会计记录、采购记录与仓储记录核对一致。企业应当指定专人函证往来款项。

(4) 建立退货管理制度，对退货条件、退货手续、货物出库、退货货款回收等做出明确规定，并在与供应商的合同中明确退货事宜，及时收回退货货款。

四、制定具体控制制度并落实到不同岗位

根据企业采购控制的关键控制点，企业制定《采购申请审批制度》《采购预算管理制度》《采购控制制度》《付款控制制度》《退货管理制度》《应付账款管理制度》，并把各项制度落实到企业采购控制相关人员的岗位职责上（见表6-2）。

表6-2　企业采购控制岗位职责

岗位	主要职责
1. 总裁	审批采购部各项规章制度；审批年度采购预算和采购计划；审批合格供应商名单；审批预算和计划外采购项目；批准请购单和重要购货合同。
2. 财务总监	审核采购部各项规章制度；审核年度采购预算和采购计划；审核预算和计划外采购项目；根据权限审批请购单和购货合同。
3. 采购部经理	制定采购部规章制度和工作流程；编制年度采购预算和采购计划；审核购货合同和采购订单；在授权范围内签订购货合同；采购大宗物资及重要物资；组织进行合格供应商的选择和评审。
4. 采购员	进行市场调查，填写询价比价单；负责起草购货合同和填制采购订单；提出付款申请；实施采购，办理退换货事宜；建立、更新和维护供应商档案；参与对供应商质量、交货情况的评价。
5. 财务部经理	审核购货合同及付款申请；审批会计提交的付款凭证；参与合格供应商评审；参与商定对供应商的付款条件。
6. 应付账款会计	核对原始单据并入账；开具付款凭证。
7. 出纳	支付货款。
8. 采购物资使用部门相关人员	编制本部门年度采购预算和采购计划；提出推荐供应商名单；提交请购单；参与检验采购物资质量；参与合格供应商选择评审；对不合格及报废物资提出处理意见。
9. 质量管理部门相关人员	事先检验样货质量；检验所购物资的质量。
10. 技术部门相关人员	提供对所购物资的专业技术建议；参与对特有物资的技术检验工作。
11. 仓储部门相关人员	参与外购物资的出入库验收；参与外购物资的标识、保管、收发；提出采购物资的补仓申请。

第二节　企业销售控制

一、明确企业销售控制目标

企业销售控制是指规范企业销售的管理活动，主要包括营销策略管理、定价管理、招投标管理、产品购销管理、商品出入库管理、商品运输管理和客户管理等内容。其控制目标主要有：

（1）建立健全销售制度和流程，遵守国家相关法律法规；

（2）建立科学、合理的定价机制；

（3）新产品开发与企业战略目标一致；

（4）员工在授权范围内进行销售业务操作；

（5）销售渠道管理规范，维护企业品牌形象；

（6）投诉及其处理程序规范、合理。

二、分析整合销售控制流程

企业销售控制流程如图 6－2 所示。

三、鉴别销售控制的关键控制环节

分析图 6－2，企业销售控制风险主要表现在：

（1）销售计划缺乏或不合理，或未经授权审批，导致产品结构和生产安排不合理，难以实现企业生产经营的良性循环。

（2）现有客户管理不足、潜在市场需求开发不够，可能导致客户丢失或市场拓展不力；客户档案不健全，缺乏合理的资信评估，可能导致客户选择不当，销售款项不能收回或遭受欺诈，影响企业的资金流转和正常经营。

（3）定价或调价不符合价格政策，未能结合市场供需状况、盈利测算等进行适时调整，造成价格过高或过低、销售受损；商品销售价格未经恰当审批，或存在舞弊，可能损害企业经济利益或者企业形象。

（4）合同内容存在重大疏漏和欺诈，未经授权对外订立销售合同，可能导致企业合法权益受到侵害；销售价格、收款期限等违背企业销售政策，可能导致企业经济利益受损。

（5）未经授权发货或发货不符合合同约定，可能导致货物损失或客户与企业的销售争议，销售款项不能收回。

（6）企业信用管理不到位，结算方式选择不当，票据管理不善，账款回收不力，导致销售款项不能收回或遭受欺诈；收款过程中存在舞弊，使企业经济利益受损。

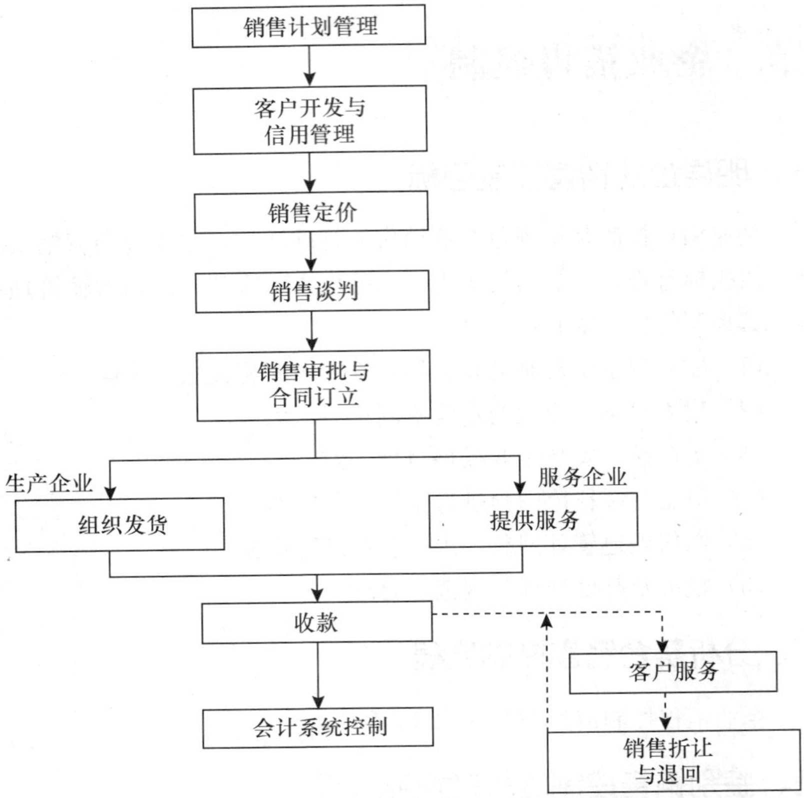

图6-2　企业销售控制流程

（7）客户服务水平低，消费者满意度不足，影响公司品牌形象，造成客户流失。

（8）缺乏有效的销售业务会计系统控制，可能导致企业账实不符、账证不符、账账不符或者账表不符，影响销售收入、销售成本、应收款项等会计核算的真实性和可靠性。

针对销售控制的风险，鉴别出企业销售控制的关键控制环节，如表6-3所示。

表6-3　企业销售控制的关键控制环节

项目	具体内容
1. 不相容职务分离	销售业务的经办、审批和监督职责相分离。
2. 授权审批控制	（1）定价和折扣均有相应授权； （2）合理制定销售人员佣金制度。
3. 会计系统控制	（1）合理计提坏账准备； （2）及时处理坏账损失。
4. 财产保护控制	定期清查、盘点，确保财产安全。

续表

项目	具体内容
5. 运营分析控制	（1）设计销售相关报表，分析运营情况； （2）分析市场信息、价格、竞争对手的变化，适时改进市场策略； （3）与客户充分沟通，针对需求分析不足，及时改进。
6. 绩效考评控制	（1）建立科学的销售人员选拔机制； （2）制定考核指标，考评结果与绩效挂钩。

1. 销售环节的关键控制点及控制措施

（1）加强市场调查，合理确定定价机制和信用方式。

（2）业务谈判、合同审核会签。

（3）销售合同应当明确双方的权利和义务，审批人员应当对销售合同草案进行严格审核。

（4）企业销售部门应当按照经批准的销售合同开具相关销售通知。发货和仓储部门应当对销售通知进行审核，严格按照所列项目组织发货，确保货物安全发运。

（5）企业应当在销售与发货各环节做好相关的记录，填制相应的凭证，建立完整的销售登记制度，并加强销售订单、销售合同协议、销售计划、销售通知单、发货凭证、运货凭证、销售发票等文件和凭证的相互核对工作。

（6）完善客户服务制度，加强客户服务和跟踪，不断改进产品质量和服务水平。

2. 收款环节的关键控制点及控制措施

（1）完善应收款项管理制度。销售部门负责应收款项的催收，催收记录（包括往来函电）应妥善保存；财会部门负责办理资金结算并监督款项回收。企业应当及时办理销售收款业务。对以银行转账方式办理的销售收款，应当通过企业核定的账户进行结算。企业应当将销售收入及时入账，不得账外设账，不得擅自坐支现金，应当避免销售人员直接接触销售现款。

（2）加强商业票据管理，明确商业票据的受理范围，严格审查其真实性和合法性，防止票据欺诈。

（3）加强对销售、发货、收款业务的会计系统控制，详细记录销售客户、销售合同、销售通知、发运凭证、商业票据、款项收回等情况，确保会计记录、销售记录与仓储记录核对一致，并指定专人定期与客户核对往来款项。

具体措施是：财会部门开具发票时，应当依据相关单据（计量单、出库单、货款结算单、销售通知单等）并经相关岗位审核。销售发票应遵循有关发票管理规定，严禁开具虚假发票。财会部门对销售报表等原始凭证审核销售价格、数量等，并根据国家统一的会计准则制度确认销售收入，登记入账。财会部门与相关部门月末应核对当月销售数量，保证各部门销售数量的一致性。

（4）加强对应收款项坏账的管理。

四、制定具体控制制度并落实到不同岗位

根据企业销售控制的关键控制点，制定《销售授权审批制度》《客户信用管理制度》《销售合同管理制度》《发货-退货管理制度》《货款回收管理制度》《应收账款管理制度》《销售回款奖励制度》《问题账款管理制度》等控制制度，并把各项制度落实到企业销售控制相关人员的岗位职责上（见表6-4）。

表6-4　企业销售控制岗位职责

岗位	主要职责
1. 总经理	审批企业销售管理规章制度；审批企业信用政策及客户信用等级标准；审批销售价格、赊销及折让政策；审批企业销售计划及费用预算；审批企业销售格式合同；审批信用额度以外的销售合同；参与销售合同标的超过（　　）万元的业务谈判。
2. 营销总监	审核企业销售管理规章制度；审核企业信用政策；审核销售价格、赊销及折让政策；审核企业销售计划及费用预算；审核企业销售格式合同；审核信用额度以外的销售合同；审核客户信用等级标准；负责超出销售经理权限的销售谈判。
3. 销售经理	制定企业销售管理规章制度；制定销售价格、赊销及折让政策；制定企业各项销售计划及费用预算；制定企业销售格式合同；参与制定企业信用政策及客户信用等级标准；核定客户信用额度；负责超出销售人员权限的销售谈判；审核确认发货通知单；审核客户退货申请；审核销售台账。
4. 财务部经理	审核企业信用政策及客户信用等级标准；审核应收账款账龄分析；审核坏账准备计提；审核销售发票；审核退货凭证。
5. 销售人员	收集客户信用资料，协助进行客户信用调查；处理客户订单；负责销售合同标的（　　）万元以下的销售谈判；与客户签订销售合同；开具发货通知单；催收销售货款；调查客户退货原因；设置销售台账；建立客户信息档案。
6. 应收账款主管	拟定企业信用政策及客户信用等级标准；参与客户信用调查；建立客户信用档案；监督销售部门信用政策的执行情况；监督销售部向客户催收应收账款；分析应收账款账龄；设置应收账款台账。
7. 销售会计	核算销售收入及销售费用；登记销售收入及应收账款；计提坏账准备；定期与客户核对往来款项；登记核销坏账。
8. 出纳	开具销售发票；结算销售款项；审核退货凭证及退货接收报告；办理货物退款事宜；保管应收票据。
9. 法律顾问	协助制定销售格式合同；审查重要的销售合同；针对催收无效的逾期账款制定诉讼方案，进行诉讼。
10. 质检员	检查退回货物质量。

续表

岗位	主要职责
11. 仓库保管人员	核对销售发货凭证和发货通知单；办理货物出库、入库手续；负责货物出库；清点验收退回货物；填制退货接收报告。
12. 运输主管	办理货物发运手续；组织运送货物。
13. 合同档案管理人员	保管销售合同；保管客户信息及信用档案。

第三节　企业工程项目控制

一、明确企业工程项目控制目标

工程项目是企业自行或者委托其他单位进行的建造、安装等活动。重大工程项目体现企业发展战略和中长期发展规划，对于提高企业再生产能力和支撑保障能力、促进企业可持续发展具有关键作用。

工程项目管理包含可研及立项管理、设计及施工图管理、项目进度及变更管理、竣工验收管理等。

企业工程项目控制是指对一项工程从概念设计到正式运营的全过程进行管理，主要包括工程项目设计、招标、采办、施工、试运行等内容。其控制目标主要是：

（1）对工程项目的进度、费用、质量、安全进行控制，保证项目顺利投产。

（2）建立健全符合国家和企业相关规定的项目管理控制和流程。

二、分析整合工程项目控制流程

企业应当严格执行内外部相关要求，加强对工程项目可研、立项、建设过程等的管理，明确相关工作流程和要求，落实责任制，确保工程建设符合发展需求，防范工程建设风险。

工程项目部门负责项目可研、立项、过程管理、竣工预验收、结算等工作。项目归口管理部门负责制定和完善相关管理制度，规范工程项目建设流程，监督检查工程项目的实施，组织开展工程项目的可研评审、初步设计评审、竣工验收、后评价等工作。企业各决策层级在各自权限范围内，负责对工程项目建设中的重要事项进行决策审议，切实有效防范工程项目建设风险。

企业工程项目控制的流程如图 6－3 所示。

三、鉴别工程项目控制的关键控制环节

根据图 6－3，工程项目的风险如下：

（1）投资意向与国家产业政策和企业发展战略脱节。

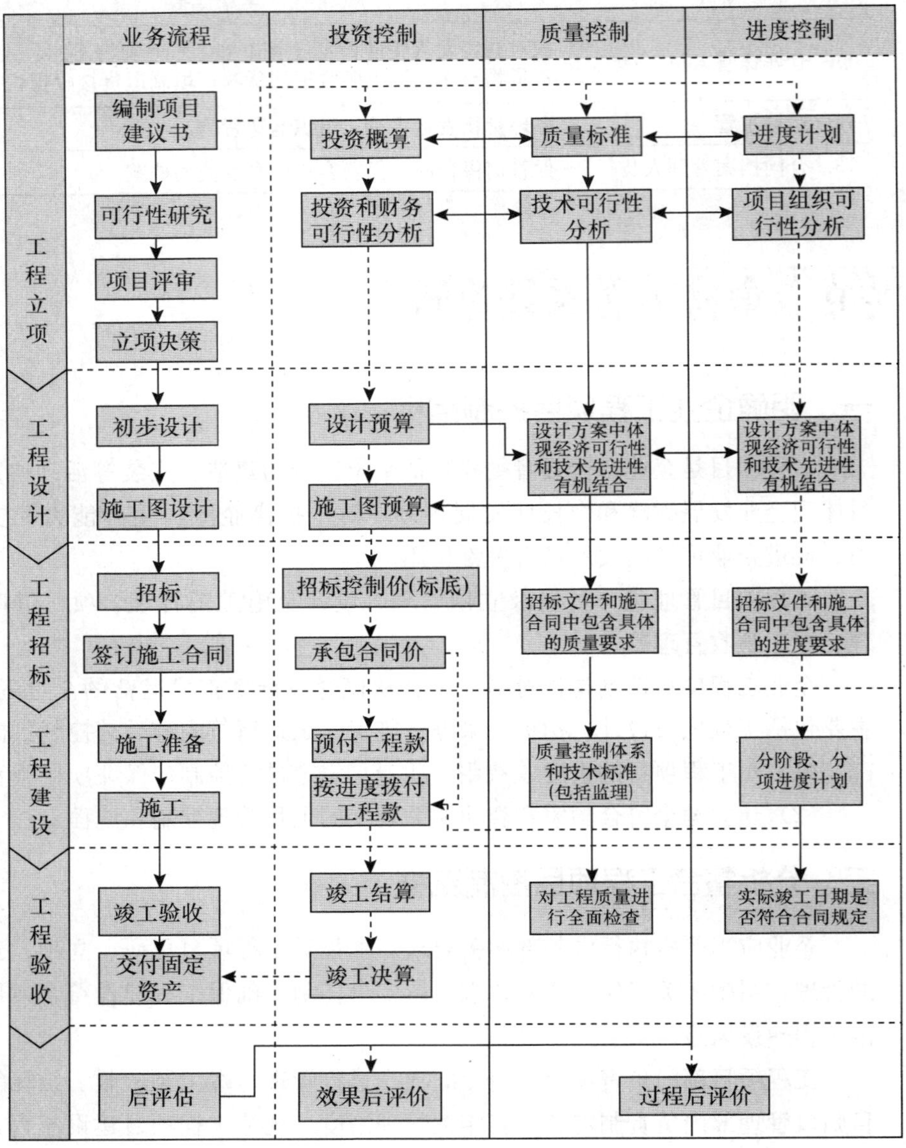

图6-3　企业工程项目控制流程

（2）项目建议书内容不合规、不完整，项目性质、用途模糊，拟建规模、标准不明确，项目投资估算和进度安排不协调。

（3）缺乏可行性研究，或可行性研究流于形式，导致决策不当，难以实现预期效益，甚至可能导致项目失败。

（4）可行性研究的深度达不到质量标准和实际要求，无法为项目决策提供充分、可靠的依据。

（5）项目评审流于形式，误导项目决策；权限配置不合理，或者决策程序不规范，导致决策失误，给企业带来巨大经济损失。

（6）设计单位不符合项目资质要求；初步设计未进行多方案比选；设计人员对相关资料研究不透彻，初步设计出现较大疏漏；设计深度不足，造成施工组织不周密、工程质量存在隐患、投资失控以及投产后运行成本过高等。

（7）概预算严重脱离实际，导致项目投资失控；工程设计与后续施工未有效衔接或过早衔接，导致技术方案未得到有效落实，影响工程质量，或造成工程变更，发生重大经济损失。

（8）招标人肢解建设项目，致使招标项目不完整，或逃避公开招标；投标资质条件因人而设，未做到公平、合理，可能导致中标人并非最优选择；相关人员违法违纪泄露标底，存在舞弊行为。

（9）招标人与投标人串通投标，存在舞弊行为；投标人的资质条件不符合要求或挂靠、冒用他人名义投标，可能导致工程质量难以达到规定标准等。

（10）开标不公开、不透明，损害投标人利益；评标委员会成员缺乏专业水平，或者建设单位向评标委员会施加影响，致使评标流于形式；评标委员会成员与投标人串通作弊，损害招标人利益。

（11）盲目赶进度，牺牲质量、费用目标，导致质量低劣、费用超支；质量、安全监管不到位，存在质量隐患。

（12）建设资金使用管理混乱，项目资金不落实，导致工程进度延迟或中断。

（13）现场控制不当，工程变更频繁，导致费用超支、工期延误。

（14）竣工验收不规范，质量检验把关不严，可能导致工程存在重大质量隐患；虚报项目投资完成额、虚列建设成本或者隐匿结余资金，竣工决算失真；固定资产达到预定可使用状态后，未及时进行估价、结转。

针对以上风险，鉴别出企业工程项目控制的关键控制环节，如表 6－5 所示。

表 6－5　企业工程项目控制的关键控制环节

项目	具体内容
1. 不相容职务分离	（1）项目可行性研究、项目决策职责相分离； （2）概预算编制、审核职责相分离； （3）初步设计、详细设计的编制与审核职责相分离； （4）采办、经办、审批和执行职责相分离。
2. 授权审批控制	（1）制定项目的工程招标、设备采办的分级授权审批权限； （2）制定设计变更、现场签证的分级授权审批权限。
3. 会计系统控制	实施独立财务核算，设置相应的财务机构，纳入企业统一的财务管理体系。

续表

项目	具体内容
4. 财产保护控制	（1）建立工程项目的剩余材料及办公设备的移交程序，项目组不得擅自处理剩余材料； （2）建立办公设备登记和报废程序，项目结束后及时履行移交手续； （3）工程设施的移交应具备完善的清单、完工图、工作总结等移交文件记录。
5. 预算控制	（1）以概预算为执行依据，严格控制项目投资； （2）概预算的追加应履行必要的审批程序； （3）不可预见费用的动用应履行必要的审批程序。
6. 运营分析控制	（1）组织专家审查基本设计，建立规范的审查、报批程序； （2）项目实施过程中出现重大方案变更时，应履行必要的审批程序； （3）工程和设备招标采办策略、发标名单、授标、议标、合同变更等应履行必要的审批程序； （4）制定并执行质量管理体系，保证工程项目质量； （5）制定并执行安全管理体系，实现健康、安全、环保的管理目标； （6）执行企业集中投保的工程项目保险管理政策； （7）建立工程项目周报、月报制度，定期报告项目进度； （8）组织专家对工程项目竣工进行验收、检查，执行竣工决算审计程序； （9）工程项目投产后，做好项目总结，包括项目管理经验和教训以及采用的创新技术，提交完工报告； （10）工程项目关闭前，履行项目关闭的验收工作，完成相关资产、资料移交。
7. 绩效考评控制	（1）确保项目组人员专业胜任能力； （2）对项目管理人员进行年度工作评价，考评结果与绩效挂钩。

四、制定具体控制制度并落实到不同岗位

根据企业工程项目控制的关键控制点，制定《项目决策管理制度》《概预算审查制度》《工程实施管理制度》《项目竣工清理管理制度》《项目竣工验收管理制度》《项目决算审计制度》等控制制度，并把各项制度落实到企业工程项目控制相关人员的岗位职责上（见表6-6）。

表6-6 企业工程项目控制岗位职责

岗位	主要职责
1. 总裁	审批项目建议书；审批可行性研究报告；审批工程项目概预算报告；组织开展项目招标，审批中标单位；审批工程变更报告；审批工程项目竣工验收报告。
2. 财务部经理	审批工程采购付款计划；审批工程采购款的支付；审核工程项目竣工决算书。

续表

岗位	主要职责
3. 会计	核对工程项目相关原始凭证；登记工程项目业务的相关账目。
4. 出纳	支付工程项目进度款、结算款款项。
5. 审计部经理	组织工程项目竣工决算审计。
6. 工程部经理	提交工程项目建议书和可行性研究报告；组织研究工程项目的实施方式和方法；提交工程项目费用预算，并实施控制；审核工程项目更改报告，上报总监审批；审核工程项目竣工验收报告。
7. 项目经理	制定工程进度控制计划和进度支付计划，并实施控制；监督施工单位施工进度，编制工程进度报告，报上级审批；审核施工单位提出的进度款支付申请，报送上级审批；定期或不定期检查施工现场，对存在的安全、质量隐患给予指正意见；组织工程项目竣工决算、验收工作，编制工程决算报告报上级审批。

五、华兴公司的工程项目控制案例

华兴公司是一家成立时间较长的大型建筑工程公司，有在海外承揽大型工程的丰富经验。由于公司资质良好，所以顺利承揽到北欧某国修建跨海大桥的工程项目。华兴公司管理层在施工之前对该项目的各项情况进行分析评估时发现：

（1）该工程的工期长，工程价款分期结算，可能存在尾款，交易以当地货币结算，汇出时再按当时牌价折算成美元。

（2）工程开展期间，会调运大型塔吊设备到该国，塔吊设备价值高昂，一旦运输过程出现失误造成设备毁损或丢失，对公司来说损失较大。

（3）工程完工时间要求严格，如果不按时完工，华兴公司需要支付大额违约金，但是工程项目的难度很大，能否按时完工仍未知。

（4）临近正式施工的时候，华兴公司管理层才意识到该项目的难度。华兴公司虽然之前做过很多海外工程项目，但是很少承揽海上工程，没有丰富的经验和成熟的技术支持。贸然承接如此高难度的项目很容易遭受失败。

对可能存在的风险，华兴公司采取以下措施应对：

（1）引入多个风险，使不同的风险相互抵销，以减轻某一个风险带来的巨大影响。

（2）建立风险准备金，以应对可能支付的大额违约金。

（3）对施工难度大、花费时间长的项目，提前入场并进行详细的项目评估，以确保项目按期完成。

假设不考虑其他因素。

要求：

（1）从风险内容的角度，分析判断华兴公司可能面对的风险。

（2）指出华兴公司采取的措施属于何种风险应对策略。

【分析】

（1）华兴公司可能面对的风险有：

1）市场风险。交易结算流程烦琐，时间跨度大，汇率的变化可能会影响公司的正常项目收入。

2）财务风险。如不能按时完工需要支付大额违约金，可能造成公司财务损失与资金压力。

3）战略风险。贸然承接缺乏经验和成熟技术的项目，管理层的战略决策存在失误。

4）运营风险。大型塔吊设备的运输过程可能发生失误，影响正常的工程建设运营。

（2）华兴公司采取的风险应对措施的策略属性是：

1）第一项应对措施属于风险对冲策略。

2）第二项应对措施属于风险补偿策略。

3）第三项应对措施属于风险控制策略。

第四节　企业研究开发控制

一、企业研究开发控制的基本要求及主要风险

企业应当着力梳理研究与开发业务流程，针对主要风险和关键环节，制定切实有效的控制措施，不断提升研发活动全过程的风险管控效能。

研究与开发，是指企业为获取新产品、新技术、新工艺等所开展的各种研发活动。

研究与开发的基本流程主要涉及组织保障、研发战略规划、委托（技术合作）研发、项目储备库建设、项目立项、项目设计、项目分解、项目实现、项目测试、项目验收和后评价、研究成果开发研究、研究成果保护、研发费用管理、科研成果的转化等。

企业开展研发活动至少应当关注下列风险：

（1）项目立项过程。研发计划与国家（或企业）科技发展战略不匹配，研发承办单位或专题负责人不具有相应资质，研究项目未经科学论证或论证不充分，评审和审批环节把关不严，可能导致创新不足或资源浪费。

（2）研发过程。第一，研究人员配备不合理，导致研发成本过高、舞弊或研发失败。第二，研发过程管理不善，导致费用失控或科技收入形成账外资产，影响研发效率，提高研发成本甚至造成资产流失。第三，多个项目同时进行时，相互争夺

资源，出现资源的短期局部缺乏，可能造成研发效率下降。第四，研究过程中未能及时发现错误，导致修正成本提高。第五，科研合同管理不善，导致权属不清，知识产权存在争议。

（3）项目验收过程。验收人员的技术、能力、独立性不足等造成验收成果与事实不符；测试与鉴定投入不足，导致测试与鉴定的不充分，不能降低技术失败的风险。

（4）研究成果开发研究过程。研究成果转化应用不足，导致资源闲置；新产品未经充分测试，导致大批量生产不成熟或成本过高；营销策略与市场需求不符，导致营销失败。

（5）研究成果保护过程。未能有效识别和保护知识产权，权属不能得到明确规范，开发出的新技术或产品被限制使用；核心研究人员缺乏管理激励制度，导致竞争落败或技术秘密外泄。

二、企业研究开发控制的设计实例①

（一）中兴公司的基本概况

中兴公司是一家电子及通信设备制造企业，主要从事光纤通信用激光器、光电器件、光模块的研究、生产和营销，产品主要应用于电信、能源、铁路、航天航空、军事、科技和教育等领域，可为信息领域提供全套光电器件解决方案，是国内同行业最大的公司。

中兴公司的质量方针是“高品质、低成本、快反应、重细节”，为了实现这一方针，保证产品质量，公司通过了 ISO 9001 质量体系、通信业 TL 9000 质量体系、ISO 14001 环境管理体系、OHSAS 18001 职业健康安全管理体系认证。公司要求员工重视每一个细节，做到精益求精，追求完美，以专业的水平为客户提供质量可靠、创新的光电器件及服务，实现国际化的管理。

20 世纪 90 年代初期，中兴公司建立了相关的内部控制制度，并于 1994 年采用美国 QAD 公司开发的软件，实行全面 ERP 管理，将业务流程的关键点和控制措施导入信息系统，实现物流、资金流、信息流的集成管理。其后，公司在经营管理过程中不断完善内部控制制度，优化业务流程，并进行信息系统的再次开发。

（二）中兴公司研究开发控制设计的完善

中兴公司为了缩短产品开发周期、降低产品开发成本、提高产品开发质量，同时规范产品开发的过程和活动，使知识和经验得到最大限度的积累和共享，提高开发能力和优化开发流程，在 2008 年推行产品开发系统（PDS）流程，对研发活动进行管理。PDS 流程包括立项阶段、研究阶段、开发阶段、验收阶段、发布阶段和

① 本实例根据全国会计领军（后备）人才（大赛班）的刘桂芝开发的案例改编而成，为了保密，用虚拟的中兴公司代替公司真实名称。

维护阶段。

（1）立项阶段控制设计。中兴公司立项阶段控制流程如图6-4所示。

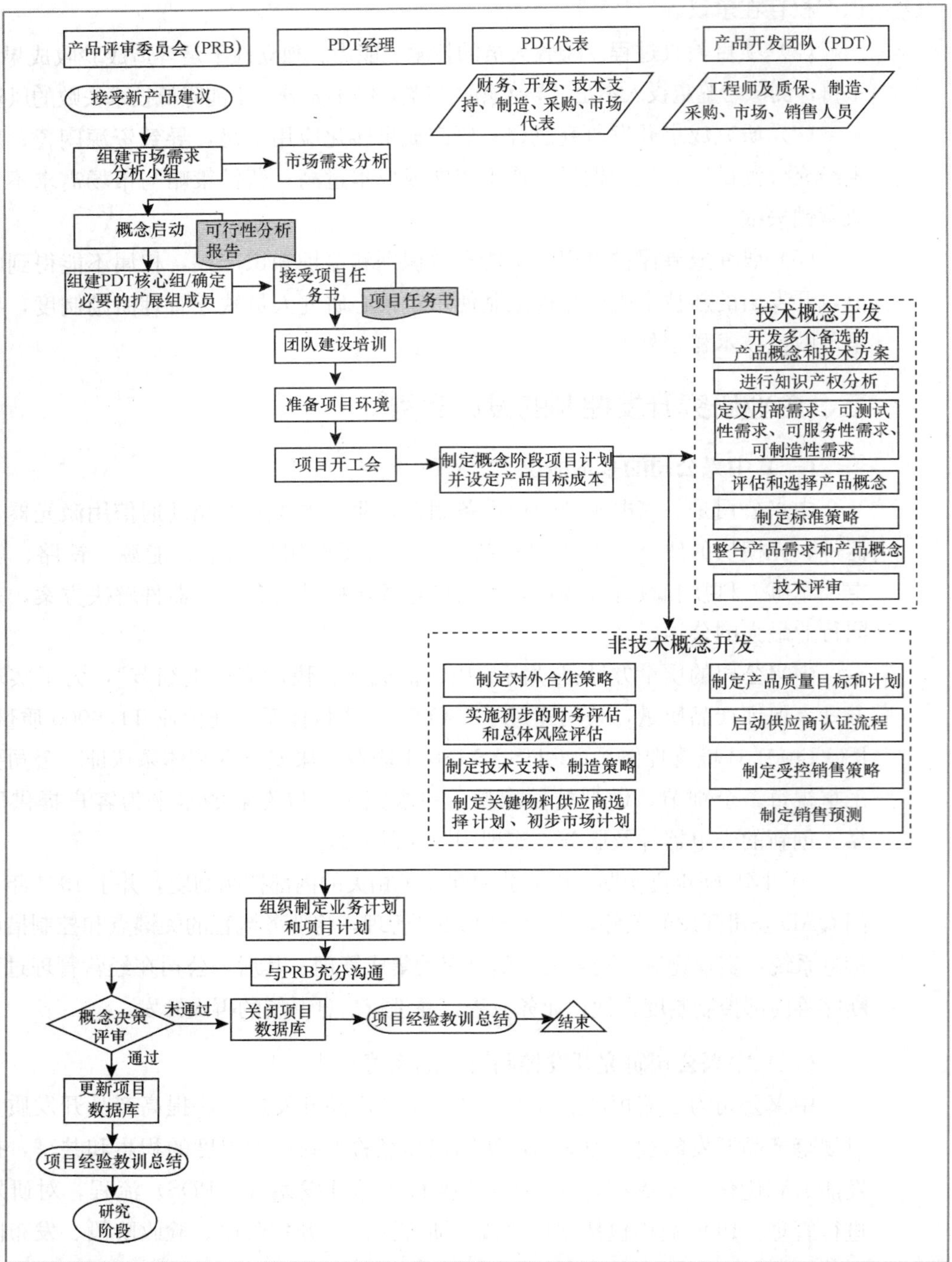

图6-4 立项阶段控制流程

说明：虚线框内的各个流程由PDT代表和PDT中不同的角色执行。

分析图 6-4，公司立项阶段的关键风险及其控制措施如表 6-7 所示。

表 6-7 立项阶段的关键风险及其控制措施

关键风险	控制措施
研发计划与企业发展战略、市场需求不匹配	1. PRB 接受来自销售、市场、研发等部门的新产品建议书后，根据新产品建议书和现有资源分配情况，与研发部门充分沟通，指定临时 PDT 经理，组建市场需求分析小组，确定小组成员。采取客户访谈、专题分析、问卷调查等方式对产品的市场需求进行分析。 2. PRB 及相关专家进行概念启动评审，给出评审结论。评审通过，则组织成立 PDT，开始概念阶段工作。 3. 制定受控销售策略。制定一个总体方案以支持使用首批产品的早期客户，这些初始产品可能会有一些问题；受控销售有利于抢先占领市场，了解更多该产品在现实环境下的性能表现，企业有机会和时间去发现并修改该产品在实际操作中出现的一些重要问题。 4. 组织制定业务计划和端到端项目计划。定位新产品的细分市场；提供市场/机会分析；提供竞争分析；识别风险、优先级；确定目标市场和价格；确定在产品概念中的技术方法和技术路线；提供财务分析（包括成本和收入分析）。
研发负责人和成员配备不合理，不具有相应能力	1. 组建 PDT 核心组/确定必要的扩展组成员。选择为完成该产品概念阶段任务所需的 PDT 成员，主要包括 PDT 经理和核心组成员、系统工程师（SE）和产品质量管理者（PQA）；任命 PDT 经理，并审批由 PDT 经理提交的 PDT 组成计划。 2. 接受项目任务书。与 PRB 确认 PDT 核心组和 SE 等资源到位。
没有进行可行性研究或论证不充分，导致创新不足或资源浪费	根据市场需求分析的输出结果，对概念启动的可行性进行分析：由财务、开发、技术支持、制造、采购、市场代表组成的 PDT 代表制定项目计划，设定产品目标成本；由工程师及质保、制造、采购、市场、销售人员组成的 PDT 进行技术概念开发；由 PDT 进行产品质量、财务、技术支持、供应商、制造等非技术概念开发；PDT 经理组织制定业务计划和项目计划。
知识产权的风险分析不足，导致智力资产浪费	进行知识产权分析，检查基于以前项目经验教训的智力资产以防重犯过去的错误；探索能用在新项目上的内部技术；评估进度、成本和交付的风险；检查该产品概念和技术的专利权和法律问题。
对外合作的风险分析不足，导致项目失败或产权归属纠纷	制定对外合作策略，分析产品概念、技术路线和可能的资源状况，提出可外包的技术（人力不足时或非公司核心技术可以外包），对可能的风险及控制方法、可能的合作对象、合作过程中知识产权归属等进行分析。
评审和审批环节把关不严	公司项目由公司高管层和研发、市场、技术支持、制造、采购等功能领域的高级管理人员组成的 PRB 评审通过；集团项目和政府项目由集团项目决策评审小组评审通过。

续表

关键风险	控制措施
项目管理凌乱，不便于统一管理	准备项目环境： 1. 在 IT 系统制造资源计划（MRPⅡ）中申请项目号，并建立项目会计账目来反映项目支出和实际的花费。 2. 在合适的信息系统中为 PDT 成员建立用户 ID、权限、群组等。 3. 在 PDT 建立和运行过程中，建立和维护信息管理系统。 4. 获取合适的 IT 工具使用许可。 5. 和 IT 工程师一起工作来保证信息系统的有效安全运行。

（2）研究阶段控制设计。中兴公司研究阶段控制流程如图 6－5 所示。

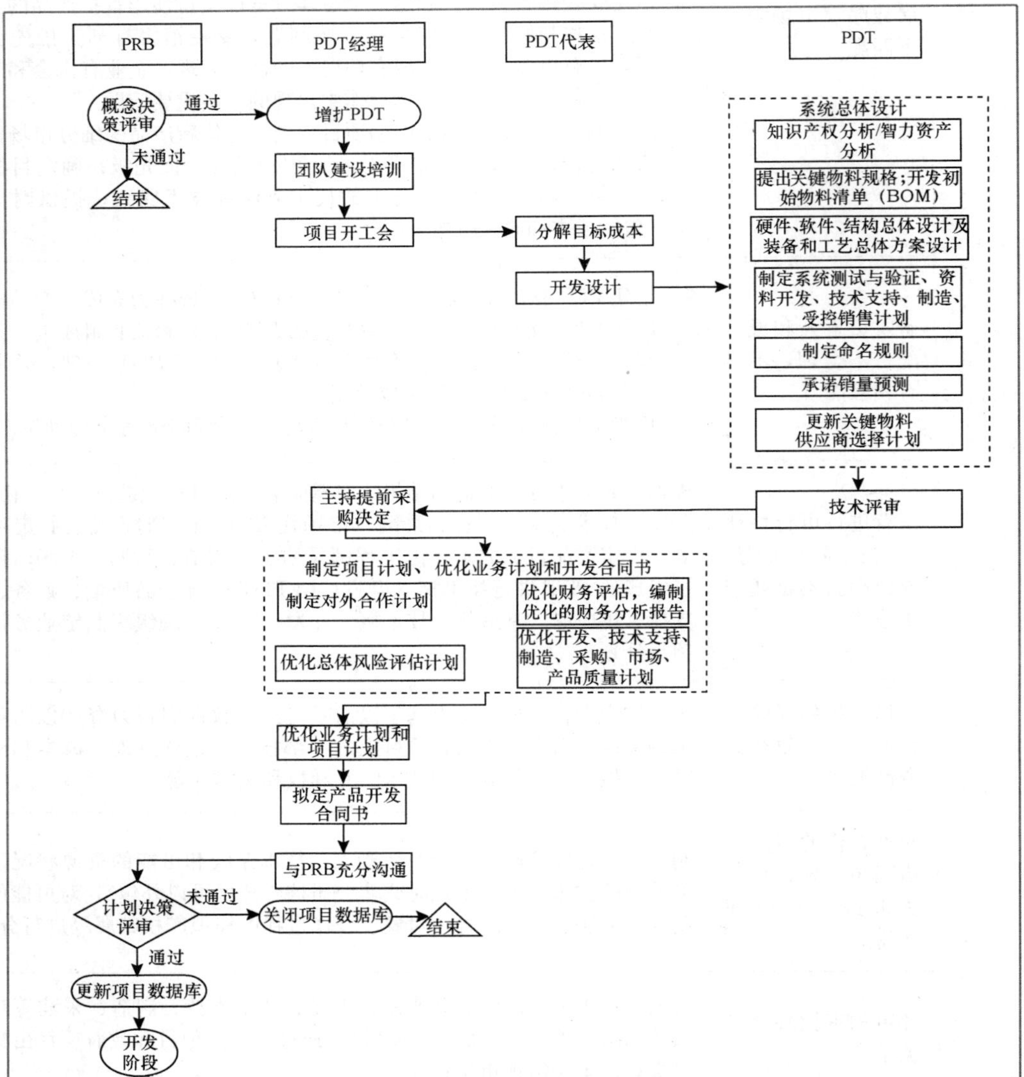

图 6－5 研究阶段控制流程

说明：虚线框内的各个流程由 PDT 代表和 PDT 中不同的角色执行。

分析图 6-5，公司研究阶段的关键风险及其控制措施如表 6-8 所示。

表 6-8 研究阶段的关键风险及其控制措施

关键风险	控制措施
研发人员配备不合理，导致研发失败	增扩 PDT 并组织团队建设培训。PDT 经理选择为完成该产品计划阶段任务所需的扩展组成员，在工作前进行系统培训。
研发过程管理不善，导致研发成本过高或研发效率不高	1. 分解目标成本。根据产品架构，PDT 的财务人员（FPDT）将产品目标成本分解成各组件或关键物料的成本，以便研发以及控制采购成本。 2. 技术评审。对产品需求和总体设计进行评审，确保产品完全、正确地在总体设计中得到体现。 3. 拟定产品开发合同书。合同书以承诺的方式对产品开发的进度、质量以及财务指标加以约束，明确 PDT 与 PRB 在开发过程中的责任和义务，并作为考核依据。 4. 更新关键物料供应商选择计划。根据产品项目计划设定采购业务相关目标，包括供应商选择与评估（如物料复用率、独家供应商比率、关键物料替代率等指标）、采购订单下达、到货、质量等方面的指标，形成包括资源、成本和时间进度估计的详细计划。为了提高关键物料替代率，避免独家供应商带来的采购风险，在产品总体设计时应尽量考虑两套方案，其中一套方案在后续开发中实施，另一套可作为备选方案或另外立项开发，并作为采购应急计划的一部分。 5. 优化业务计划和项目计划。
成果转化应用不足，保护措施不力，导致公司利益受损	知识产权分析/智力资产分析。根据项目需要检索专利文献和科技论文，分析其可利用性和专利风险；确定产品专利申请计划和商标使用方案，特别是专利申请计划，以保护公司知识产权。
委托研发方面，承包单位选择不当、成果归属划分不清、时间/进度/质量合同金额不明确；合作研发方面，合作方实力不符合要求，双方投资、分工、权利义务、成果产权归属划分不清	制定对外合作计划。优化、细化各合作项目计划： 1. 各合作项目要求的启动时间和完成时间，及项目成果（含阶段成果）提交时间。 2. 工作量估算及人力需求计划（公司内部投入需求、外部人力需求）。 3. 合作费用分析：投资分析、占产品研发预算比例。 4. 各合作项目成果验收标准。 5. 风险预测（内部风险，如需求变动、技术方案变动；外部风险，如达不到技术要求、时间延误等）。
市场需求变化对产品研发造成不利影响，下游供应商不能满足需求	1. 提出更新关键物料规格、更新关键物料供应商选择计划。 2. 制定受控销售计划，承诺销量预测。 3. 整合产品物料需求计划。保证产品上市过程中所有的物料资源需求在预算前提下尽早明朗化，统一规划资源需求，同时指导开发工程师及时启动计划下达工作。
评审和审批环节把关不严	计划决策由公司高管层和研发、市场、技术支持、制造、采购等功能领域的高级管理人员组成的 PRB 评审通过。

（3）开发阶段控制设计。中兴公司开发阶段控制流程如图6-6所示。

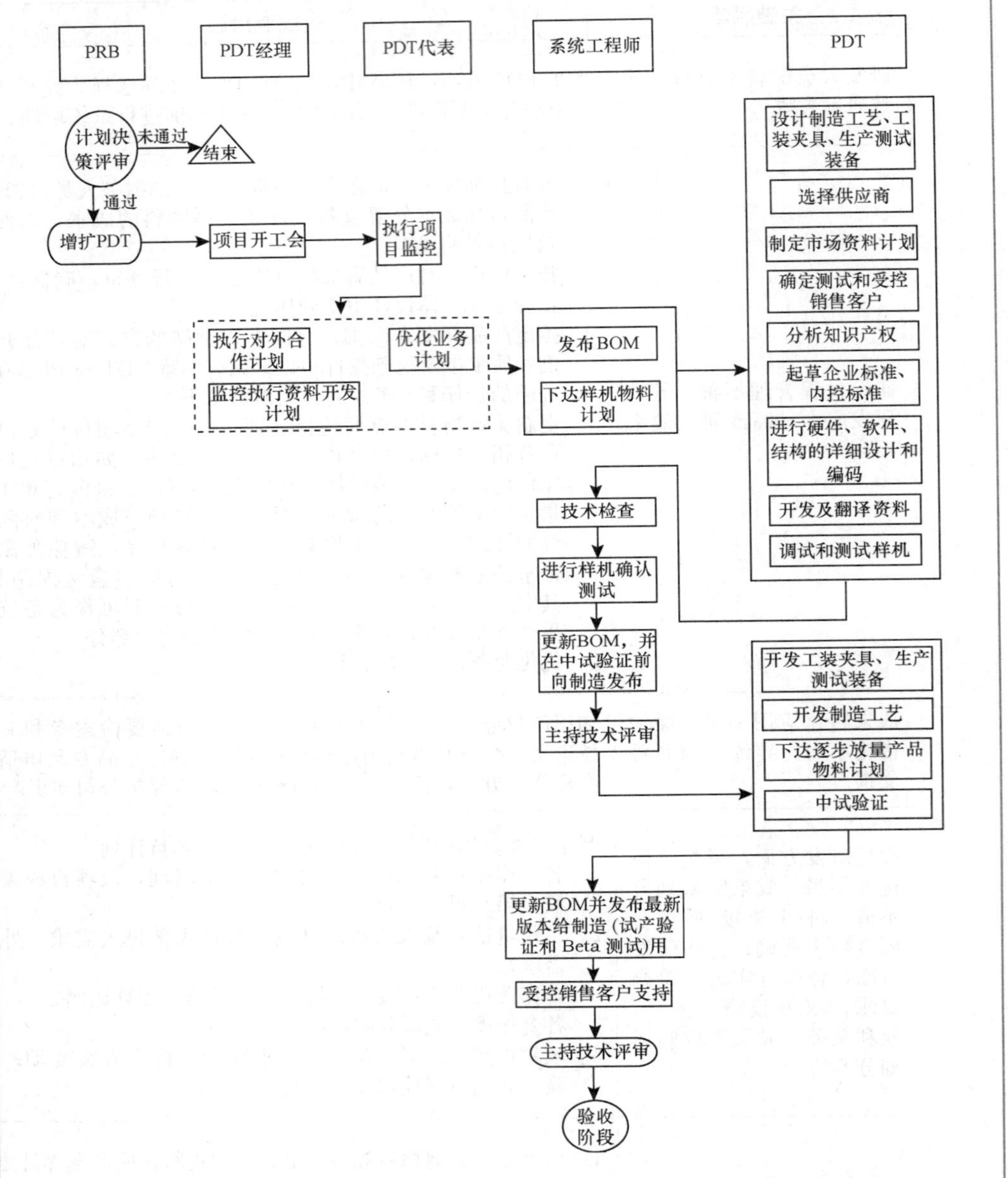

图6-6 开发阶段控制流程

说明：虚线框内的各个流程由PDT代表和PDT中不同的角色执行。

分析图6-6，公司开发阶段的关键风险及其控制措施如表6-9所示。

表 6-9　开发阶段的关键风险及其控制措施

关键风险	控制措施
研发过程管理不善，导致研发成本过高或研发失败	1. 执行项目监控。协调并跟踪项目任务绩效；跟踪进度、成本、资源和交付件；管理项目范围及其更改；管理资源，必要的话重新分配资源；必要的话，向上反映问题；定期报告项目状态；使用项目管理流程。 2. 技术检查。保证产品在样机确认测试之前是完整的。
新产品未经充分测试，导致大批量生产不成熟或成本过高	1. 在硬件调试和测试、软件调试和测试、结构试制/试装/测试等单元测试完成后，系统工程师组织进行 2 个单元之间的集成测试以及 3 个单元的系统测试。该测试属于开发人员自测。 2. 样机确认测试。由测试工程师执行测试计划，组织样机确认测试，对样机的功能性能进行测试。在此过程中，开发人员必须积极配合。 3. 生产初始产品。在技术评审后，根据销售专员提供的经评审的受控销售计划，物料计划员制定逐步放量产品物料计划文件，按照相关计划操作流程进行排产，下达专用物料采购计划，制定专用物料半成品加工计划。利用开发完成的产品制造工艺，生产小批用于测试的产品，借此机会来测试/验证工艺流程。 4. 中试验证。由测试工程师执行测试计划，对生产出来的初始产品进行全面测试（功能测试、性能测试、可靠性测试、专业测试），验证产品是否符合产品规格。
研发产品不能满足市场的需求	1. 开发和审视市场资料。根据营销类资料计划，各责任部门编写资料，并组织相关部门进行审视。 2. 受控销售客户支持。从市场的角度进行受控销售客户支持。

（4）验收阶段控制设计。中兴公司验收阶段控制流程如图 6-7 所示。

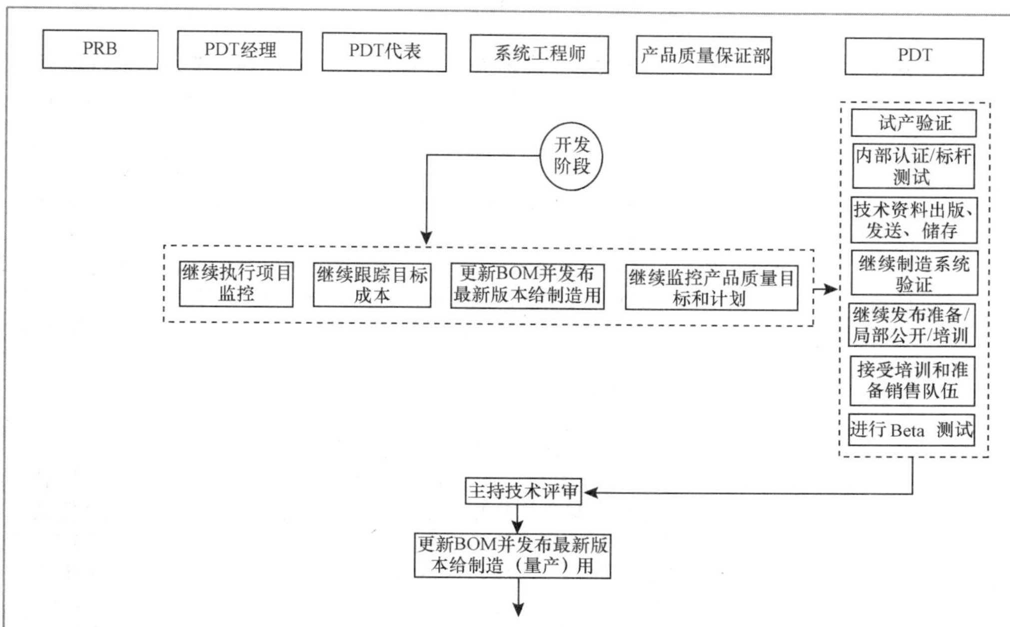

图 6-7　验收阶段控制流程

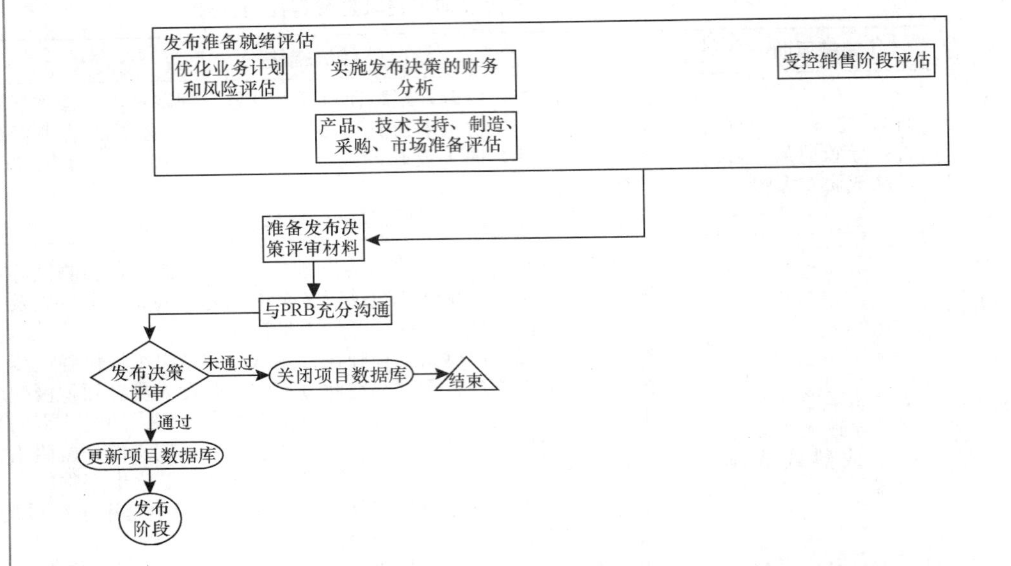

图6-7（续）

说明：虚线框内的各个流程由PDT代表和PDT中不同的角色执行。

分析图6-7，公司验收阶段的关键风险及其控制措施如表6-10所示。

表6-10 验收阶段的关键风险及其控制措施

关键风险	控制措施
研发过程管理不善，导致研发成本过高或研发失败	1. 继续执行项目监控。 2. 继续监控产品质量目标和计划。 3. 继续跟踪目标成本。根据产品BOM和采购价格，PDT计算产品的实际成本（物料成本），比较实际成本与目标成本的差距，并反馈给研发、采购和PRB。
新产品未经充分测试，导致大批量生产不成熟或成本过高	1. 试产验证。对初始产品进行性能、可靠性、环境测试。 2. 继续制造系统验证。利用开发完成的产品制造工艺，生产小批用于测试的产品。 3. 进行Beta测试。在客户的环境中安装Beta测试产品并在实际条件下进行测试，包括功能性能测试、压力测试等。 4. 技术评审。确保产品的制造能力能满足全球范围内发货的需求。
资产不满足安全完整的要求	为技术资料出版、发送、储存提供保障。
评审和审批环节把关不严	发布决策评审。PRB评估准备情况并提出建议；对发布做出决策；PRB将决策意见通知PDT。如果决策是“发布”，PRB将成立产品维护组（LMT）；PRB审视PDT是否按照合同约定的条件完成工作，并将PDT核心组人员的评价反馈给功能部门；大多数的PDT核心组成员在项目结束之后返回功能部门；部分PDT核心组成员可能被委派到功能部门或持续支持LMT工作。如果PRB取消这个项目，PDT核心组员将签署项目取消函，更新项目文档、数据库，立即解散团队并终止后续项目工作；PRB反馈意见给项目成员。

续表

关键风险	控制措施
验收人员的技术、能力、独立性不足等造成验收成果与事实不符	发布决策由公司高管层和研发、市场、技术支持、制造、采购等功能领域的高级管理人员组成的 PRB 评审通过。

（5）发布阶段控制设计。中兴公司发布阶段控制流程如图 6-8 所示。

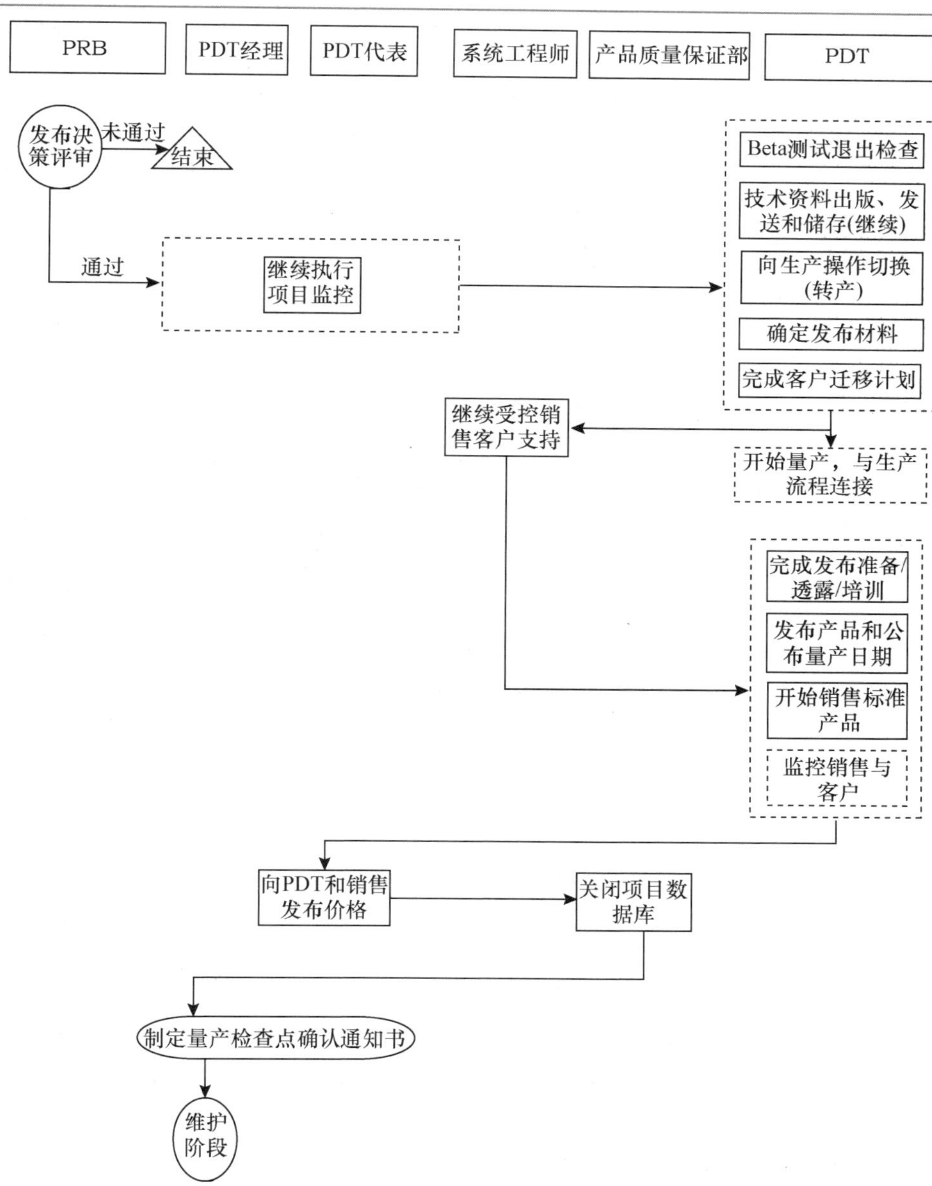

图 6-8　发布阶段控制流程

说明：虚线框内的各个流程由 PDT 中不同的角色执行。

分析图6-8，公司发布阶段的关键风险及其控制措施如表6-11所示。

表6-11 发布阶段的关键风险及其控制措施

关键风险	控制措施
研发产品不能满足市场的需求。新产品未经充分测试，导致大批量生产不成熟或成本过高	1. 继续执行项目监控。 2. 逐步放量生产。在转产切换后的生产线上建立批量生产能力；订购制造用物料，测试采购系统并监控供应商绩效等；培训生产操作与测试人员；监控质量、生产周期，并提升流水线人员的技能；通过生产线人员参与讨论并识别瓶颈与问题，加快学习过程，明确解决办法、变通方法与长期解决方案；重新平衡生产线，必要的话，增添新设备；利用配置管理流程来生成和评估工程更改数量。 3. 向生产操作切换（转产）。制造流程被验证，初始产品被成功地生产出来，获得面向生产的产品文档、作业指导书；生产线成功地转移至制造操作人员，逐渐扩大产能到量产规模，并维护生产线直至制造结束。

（6）维护阶段控制设计。中兴公司维护阶段控制流程如图6-9所示。

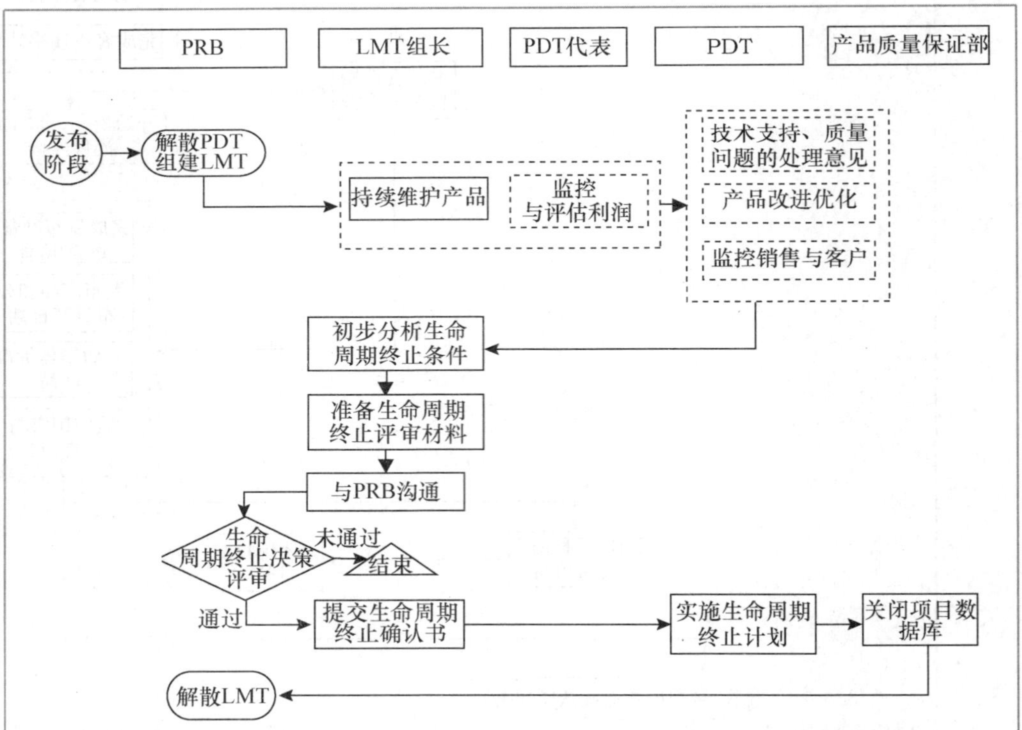

图6-9 维护阶段控制流程

说明：虚线框内的各个流程由PDT中不同的角色执行。

分析图6-9，公司维护阶段的关键风险及其控制措施如表6-12所示。

表 6-12　维护阶段的关键风险及其控制措施

关键风险	控制措施
产品后续管理不足，不能及时对市场做出反应	1. 技术支持、质量问题的处理意见。作为 LMT 成员，在维护阶段为产品提供可能的技术支持（特别是在技术支持工程师无法完全满足技术支持需求时），并及时关注产品出现的质量问题，提出处理意见。 2. 产品改进优化。作为 LMT 成员，及时响应产品改进和优化的硬件方面的需求，参与制定产品改进和优化计划并实施。
产品不能得到优化，造成资源浪费	实施生命周期终止计划。规范产品量产后的维护和生命周期终止活动，确保产品得到持续的技术支持、服务、改进和优化，同时确保公司资源得到最大限度的合理利用。
评审和审批环节把关不严	生命周期终止决策由公司高管层和研发、市场、技术支持、制造、采购等功能领域的高级管理人员组成的 PRB 评审通过。

（三）中兴公司研究开发控制设计的进一步完善

对照《企业内部控制基本规范》及其应用指引，中兴公司研究开发控制中需要进一步完善的内容如下：

（1）立项过程。完善并进一步落实的主要管控措施有：第一，建立完善的立项、审批制度，确定研发计划制定原则和审批人，审查承办单位或专题负责人的资质条件和评估、审批流程等。第二，结合企业发展战略、市场及技术现状，制定研发计划。第三，企业应当根据实际需要，结合研发计划，提出研究项目立项申请，开展可行性研究，编制可行性研究报告。企业可以组织独立于申请及立项审批之外的专业机构和人员进行评估论证，出具评估意见。第四，研究项目应当按照规定的权限和程序进行审批，重大研究项目应当报经董事会或类似权力机构集体审议决策。审批过程中，应当重点关注研究项目促进企业发展的必要性、技术的先进性以及成果转化的可行性。第五，编写开题计划和报告，开题计划经科研管理部门负责人审批，开题报告应对市场需求与效益、国内外在该领域的研究现状、主要技术路线、研究开发目标与进度、已有条件与基础、经费等进行充分论证、分析，保证项目符合企业需求。

（2）研发过程。自主研发完善并进一步落实的主要管控措施有：第一，建立研发项目管理制度和技术标准，建立信息反馈制度和研发项目重大事项报告制度；严格落实岗位责任制。第二，合理设计项目实施进度计划和组织结构，跟踪项目进展，建立良好的工作机制，保证项目顺利实施。第三，精确预计工作量和所需资源，提高资源使用效率。第四，建立科技开发费用报销制度，明确费用支付标准及审批权限，遵循不相容岗位牵制原则，完善科技经费入账管理程序，按项目正确划分资本性支出和费用性支出，准确开展会计核算，建立科技收入管理制度。第五，开展项目中期评审，及时纠偏调整；优化研发项目管理的任务分配方式。

委托（合作）研发完善并进一步落实的主要管控措施有：第一，加强委托（合作）研发单位资信、专业能力等方面的管理。第二，委托研发应采用招标、议标等方式确定受托单位，制定规范详尽的委托研发合同，明确产权归属、研究进度和质量标准等相关内容。第三，合作研发应对合作单位进行尽职调查，签订书面合作研发合同，明确双方投资、分工、权利义务、研究成果产权归属等。第四，加强项目的管理监督，严格控制项目费用，防止挪用、侵占等。第五，根据项目进展情况、国内外技术最新发展趋势和市场需求变化情况，对项目的目标、内容、进度、资金进行适当调整。

（3）研究成果保护过程。完善并进一步落实的主要管控措施有：第一，进行知识产权评审，及时取得权属。第二，研发完成后确定采取专利或技术秘密等不同保护方式。第三，利用专利文献选择较好的工艺路线。第四，建立研究成果保护制度，加强对专利权、非专利技术、商业秘密及研发过程中形成的各类涉密图纸、程序、资料的管理，严格按照制度规定借阅和使用，禁止无关人员接触研究成果。第五，建立严格的核心研究人员管理制度，明确界定核心研究人员的范围，制定名册清单，并与核心研究人员签署保密协议。第六，企业与核心研究人员签订劳动合同时，应当特别约定研究成果归属、离职条件、离职移交程序、离职后保密义务、离职后竞业限制年限及违约责任等内容。第七，实施合理有效的研发绩效管理，制定科学的核心研究人员激励体系，注重长效激励。

（4）在整个研究开发过程中增加两个评审点，即生命周期终止计划评审和生命周期终止决策评审。PRB 评审业务计划和建议，并且决定是否批准项目继续进行。假如 PRB 批准，项目就进入开发阶段。PRB 支持 PDT 按照批准的计划管理项目、按照合同条款对交付负责。PRB 要提供开发阶段到量产阶段的资金。假如 PRB 不批准，PDT 核心组将签署项目取消函，更新项目文件、数据库，立即解散团队并终止项目进一步的工作。对于集供、产、销为一体的企业来说，研发是一个不断持续、周而复始的过程，一个产品有它的生命周期，企业必定会研发另一个产品以满足市场的需求，因此建议增加生命周期终止计划评审和生命周期终止决策评审。

第五节　企业业务外包控制

一、企业业务外包控制目标

企业业务外包控制是指企业利用专业化分工优势，将日常经营中的部分业务委托给本企业以外的专业服务机构或经济组织（以下简称“承包方”）完成的经营行为，通常包括研发、资信调查、可行性研究、委托加工、物业管理、客户服务、IT服务等。

其控制目标主要有：

（1）明确业务外包岗位责任制，规范业务外包的授权审核以及归口管理。

（2）科学制定和执行外包策略和外包协议。

（3）加强对外包业务流程的控制。

（4）规范处理外包业务的会计事项。

二、分析整合业务外包控制流程

企业应当建立和完善业务外包管理制度，规定业务外包的范围、方式、条件、程序和实施等相关内容，明确相关部门和岗位的职责权限，强化对业务外包全过程的监控，防范业务外包风险，充分发挥业务外包的优势。

企业应当根据年度生产经营计划和业务外包管理制度，结合确定的业务外包范围，拟定实施方案，按照规定的权限和程序审核批准。总会计师或分管会计工作的负责人应当参与重大业务外包的决策。重大业务外包方案应当提交董事会或类似权力机构审批。企业应当按照批准的业务外包实施方案选择承包方。

业务外包控制流程如图 6－10 所示。

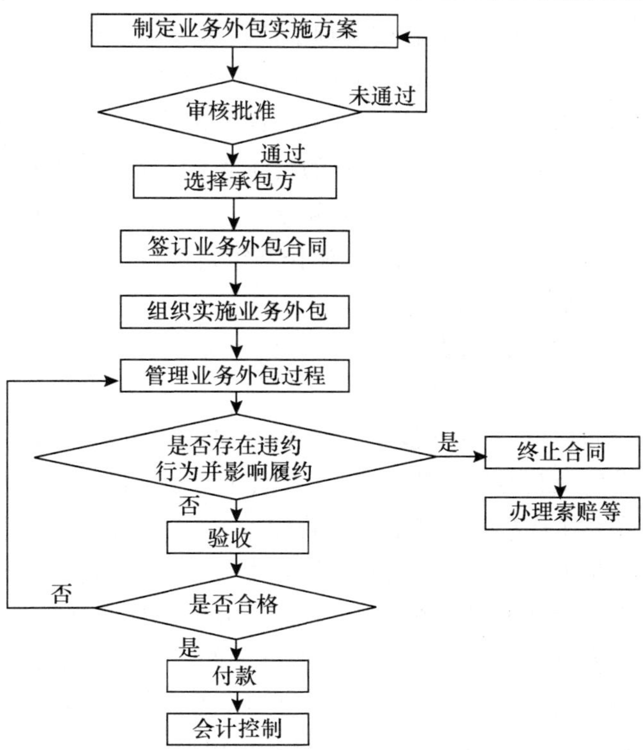

图 6－10 企业业务外包控制流程

三、鉴别业务外包控制的关键控制环节

分析图6-10，企业业务外包控制的关键控制环节的风险及其控制措施如下：

（1）企业缺乏业务外包管理制度，导致制定实施方案时无据可依；业务外包管理制度未明确业务外包范围，可能导致有关部门在制定实施方案时，将不宜外包的核心业务进行外包。

控制措施：公司应结合业务实际，确立业务外包相关管理规范或要求。内容至少包含业务外包实施方案、审核标准、选择分包方、签订业务外包合同、组织实施业务外包活动、验收、会计控制等环节。

（2）公司外包组织机构的职责没有定义或定义不清，可能导致机构之间权责不清、相互推诿或执行乏力等弊端。

控制措施：公司应明确外包业务的决策机构、管理机构和责任部门及相应的职责权限。1）公司设立采购工作领导小组，负责指导和监督公司执行有关招投标工作，决定采购工作中的重大事项；2）生产部门负责依据项目预算控制采购预算；3）业务部门负责外包项目过程的整体管控；4）财务部门负责项目预算与公司预算的衔接，制定并实施成本费用管控方案；5）各业务部门负责制定外包方案、提交项目资料及实施项目；6）物资管理部门负责采购方案或计划的具体执行及合同归档；7）合规管理部门负责审查业务外包的合规性。

（3）不相容职责没有分离，导致存在舞弊机会，威胁公司运行。

控制措施：公司根据外包业务的具体情况，建立不相容岗位，不相容岗位应互相分离、制约和监督。如下岗位必须分离：1）业务外包的申请与审批；2）业务外包的审批与执行；3）会计凭证的制作与审批；4）外包合同的起草与审核；5）业务外包付款的申请、审批与执行。

（4）实施方案不合理、不符合企业生产经营特点或内容不完整，可能导致业务外包失败。

控制措施：1）完善外包方案的内容。①服务外包。人员要求、面试评价内容、项目工作分解及其他日常管控需求。②专业分包。供应商（系统内选取）资质及审核要求、项目工作分解及其他日常管控需求。2）明确业务外包归口管理部门的主要职责。①根据各类业务与核心主业的关联度、对外包业务的控制程度以及市场成熟度等标准，合理确定业务外包的范围，并根据是否对企业生产经营有重大影响，对外包业务实施分类管理，以突出管控重点，同时明确规定业务外包的方式、条件、程序和实施等相关内容。②根据公司年度预算及生产经营计划，对实施方案的重要方面进行深入评估以及复核，包括供应商的选择、外包业务的成本效益及风险、外包合同期限、外包方式、员工培训计划等，确保方案的可行性。③对重大的业务外包项目组织可行性分析，必要时可征询外部专家的意见，并根据其合理化建

议完善实施方案。

（5）审批制度不健全，导致对业务外包的审批不规范；审批不严格或者越权审批，导致业务外包决策出现重大疏漏，可能引发严重后果；未能对业务外包实施方案是否符合成本效益原则进行合理审核以及做出恰当判断，导致业务外包不经济。

控制措施：公司需求部门的项目负责人按业务类型准备相应资料，经本部门总经理审核后，填写项目采购的申请，并将《业务外包方案》相关资料经过本部门、物资管理部门、财务部门、归口管理部门审核，递交业务部门、物资管理部门、财务部门、归口管理部门分管领导审批。

（6）承包方不是合法设立的法人主体，缺乏应有的专业资质，从业人员不具备应有的专业技术资格，缺乏从事相关项目的经验，导致企业遭受损失甚至陷入法律纠纷。外包价格不合理，业务外包成本过高，导致难以发挥业务外包的优势；存在接受商业贿赂的舞弊行为，导致相关人员涉案。

控制措施：供应商的准入及资格评价主要参照采购业务-供应商管理流程。由公司物资管理部门制定供应商资质能力核实标准并在相关系统中建立独立的供应商档案；物资管理部门及各业务部门对供应商管理过程中的资质、从业人员技术资格、价格等进行全过程管理并根据下属公司实际情况进行综合评价。

（7）合同条款未能针对业务外包风险做出明确的约定，对承包方的违约责任界定不够清晰，导致企业陷入合同纠纷和法律诉讼。

承包方在合同期内因市场变化等原因不能保持履约能力，无法继续按照合同约定履行义务，导致业务外包失败和企业生产经营活动中断；承包方出现未按照业务外包合同约定的质量要求持续提供合格的产品或服务等违约行为，导致企业难以发挥业务外包优势，甚至遭受重大损失；管控不力，导致商业秘密泄露。

控制措施：1）外包项目确定承包单位后，发包单位应与承包单位依法签订承包合同及安全协议，安全协议作为承包合同的附件，与承包合同同步履行。2）承包合同内容包含外包项目内容、实施场所（地点）、外包类型以及承包单位项目负责人、专职安全生产管理人员等基本信息。3）安全协议内容包含：双方应承担的安全责任和评价考核条款；建设工程施工类外包的承包合同，应明确承包单位需自行完成的主体工程或关键性工作；劳务外包或劳务分包的承包合同，应明确承包单位需自行完成劳务作业，承包单位不得再次外包。4）承包合同及安全协议必须由发包单位与承包单位双方法定代表人或其授权委托人（提供授权委托书）签订。严禁与非法人单位、不能有效代表承包单位的人员签订承包合同。严禁与个人签订承包合同。5）外包项目承包合同及安全协议由各业务部门项目负责人与供应商协商并起草，协商完成后在相关系统中提交合同审核/会签申请，经业务部门总经理、物资管理部门、归口管理部门、财务部门、合规管理部门审核会签后，按权限报公司分管领导、总经理、董事长审批并签订合同。

（8）未建立外包业务过程管控机制，导致外包实施监控日常工作无章可循，过程管控不到位，技术、质量、安全事故发生的可能性增大。

控制措施：1）公司建立外包业务过程管控机制，按照管控机制及时处理业务执行过程中出现的各类异常情况。一旦发现偏离合同目标等情况，由相关人员及时调整改进或启用备选方案。2）物资管理部门牵头，相关管理部门、财务部门、各业务部门等业务相关部门参与，根据业务类型分别审查以下内容：①服务外包。从人员选用、入场、定级、工作量等方面对外包人员实施考核及进度控制。②专业外包。对供应商履约能力进行持续评估。包括项目投入能否支持其产品或服务质量达到预期目标，供应商自身的财务状况、生产能力、技术创新能力等综合能力是否满足该项目的要求。

（9）未对外包实施过程进行持续监控，导致技术、质量、安全事故频发，工程进度延迟，公司承担不必要的经济损失。

控制措施：1）公司建立健全业务外包管理工作督导考核机制，以实地检查、问卷调查、专项调研等形式对业务外包管理工作开展情况、执行情况进行监督检查。2）项目立项后，在已下达的外包预算范围内，下属子公司各业务部门根据目前已建立的资源档案库挑选可用资源，根据实际业务需求，由采购工作领导小组对承包方或相应服务外包人员评价后分别签署评价意见，形成评价最终结果。3）下属子公司物资管理部门负责定期对供应商履约能力进行考核并填写《供应商履约评价汇总表》，各需求部门、归口管理部门、物资管理部门等相关部门负责在《供应商履约评价汇总表》中签署专业意见。4）下属子公司对完成项目关键里程碑进度工作有贡献的部门、经理等给予表彰，同时对严重违反项目管理工作标准规范，以至于引发重大损失的项目进行通报批评。

（10）验收方式与业务外包成果交付方式不匹配，验收标准不明确，验收程序不规范，使验收工作流于形式，不能及时发现业务外包质量低劣等情况，导致企业遭受损失。

控制措施：1）公司各业务部门是项目竣工验收的责任主体，负责组织推动并实施验收工作；归口管理部门、物资管理部门是项目竣工验收的配合部门，协助完成项目竣工验收工作。2）在完成合同规定的任务后，项目负责人负责组织编写验收资料，资料应包含但不限于：《项目部署方案》、《应急预案》、《专家验收意见》、各类验收及工作报告、《用户反馈意见》。3）由项目负责人在相关系统中发起项目竣工验收的申请（项目里程碑进度确认），经业务部门总经理、归口管理部门、物资管理部门审核通过后完成验收工作。4）项目验收通过后一个月内，项目负责人须将甲方验收资料、《归档确认单》、《专家验收意见》、合同约定的验收文档等材料提交至公司项目过程资产库、档案室，完成相关资料归档工作。

(11) 缺乏有效的业务外包会计系统控制，未能全面真实地记录和反映企业业务外包各环节的资金流和实物流情况，可能导致企业资产流失或贬损；业务外包相关会计处理不当，可能导致财务报告信息失真；结算审核不严格、支付方式不恰当、金额控制不严，可能导致企业资金损失或信用受损。

控制措施：1）公司项目负责人根据九大类经营项目里程碑管控要求确认项目进度并按照资金支付审签流程及权限在 SAP 系统中填写《付款申请单》，经业务部门总经理、部门分管领导、物资管理部门总经理、物资管理部门分管领导、财务部门核算会计、财务部门总经理、总会计师审核后，总经理、董事长按权限进行审核审批。出纳根据审核通过的《付款申请单》办理资金支付。2）公司财务部门根据合同约定和外包进度办理结算业务，并进行审查。未到达合同约定的履约状态的，财务部门有权拒绝付款。

针对以上风险点，鉴别出企业业务外包控制的关键控制环节如下：

(1) 业务外包的授权审核以及岗位责任控制。

(2) 业务外包策略的制定和落实。

(3) 业务外包流程的控制。

(4) 业务外包的会计处理。

四、制定具体控制制度并落实到不同岗位

根据业务外包控制的关键控制点，制定《业务外包授权审批制度》《技术服务外包合同范例》《业务外包管理制度》等控制制度，并把各项制度落实到企业业务外包控制相关人员的岗位职责上（见表 6-13）。

表 6-13 企业业务外包控制岗位职责

岗位	主要职责
1. 董事会及其审计委员会	审议、审批重大或核心业务外包项目计划书。
2. 董事长、总裁	审批外包业务流程管理制度；审议非核心业务或涉及金额较少的外包项目计划书；审定最终的承包方；审批外包合同书；审批外包业务付费款项；审议因承包方提供附加产品而产生的额外付费。
3. 财务总监	审核外包业务各项制度；审批盘盈盘亏资产及其会计处理。
4. 法律顾问	审核外包的法律性协议或合同文件；参与外包业务的谈判；解释协议或合同条款，处理相关法律事宜。
5. 归口管理部门负责人	审核业务外包流程管理制度，并监督其执行情况；审核经遴选留下的承包方的资质，确定 1～3 个承包方；审核业务外包合同；培训涉及业务外包流程的员工；定期检查和评价业务外包进展情况；主持验收业务外包成果；确认业务外包付费款项。

续表

岗位	主要职责
6. 归口管理部门专员	拟定业务外包流程管理制度；跟踪监督业务外包流程管理制度的执行情况；根据承包资质标准及遴选办法，审核承包方资质并进行初步遴选；初步接洽，订立业务外包合同；提出业务外包的初步检验结果，参与项目的正式验收；确认承包方最终提供的产品（服务）的差异，提出改进意见或建议；协调处理与承包方之间，以及各承包方之间的争议；申请业务外包正常及额外付费款项。
7. 职能部门相关负责人	组织下属人员编制业务外包项目计划书，并进行初步审核。
8. 资产管理部门负责人	组织编制业务外包固定资产、流动资产各项制度，并进行审核；审查业务外包承包方对企业固定资产、流动资产的使用情况；定期对承包方库存进行检查；组织开展资产盘点工作。
9. 财务部经理	根据成本收益情况，评估业务外包项目计划；审核业务外包相关的会计处理；审核业务外包付款款项；审核、确认业务外包中的退款及折扣金额。
10. 财务部会计人员	预测业务外包项目计划成本/收益；对业务外包过程中涉及的企业资产存量、增量变动进行会计处理；对经过审核、审批的盘盈、盘亏资产进行会计处理；计算业务外包中退款及折扣金额。
11. 财务部出纳人员	支付合同或协议规定的或经批准的业务外包费用。

讨论思考题

1. 描述企业采购控制目标。
2. 结合实例分析企业采购控制各个责任人的职责分工及其风险控制。
3. 描述企业销售控制目标。
4. 结合实例分析企业销售控制各个责任人的职责分工及其风险控制。
5. 描述企业工程项目控制目标。
6. 结合实例分析企业工程项目控制各个责任人的职责分工及其风险控制。
7. 描述企业研究开发控制的基本要求及其主要风险。
8. 结合实例分析企业研究开发控制各个责任人的职责分工及其风险控制。
9. 描述企业业务外包控制目标。
10. 结合实例分析企业业务外包控制各个责任人的职责分工及其风险控制。

案例讨论与分析

启迪环境多项工程计提巨额减值

1. 启迪环境巨亏与深交所关注函

2021年8月26日，启迪环境科技发展股份有限公司（以下简称“启迪环境”）发布2021年中报，营业总收入为38.64亿元，同比下滑9.16%，净利润亏损39.56亿元，同比暴跌1 587%。这是该公司继2020年亏损14.17亿元之后再次巨亏。

对于亏损主要原因，启迪环境表示是受到整体战略调整及城发环境股份有限公司重大资产重组的影响，决定处置报告期内停建、拟退出项目并计提资产减值，上半年合计计提资产减值34.43亿元，其中针对在建工程计提资产减值22.08亿元。

2021年10月22日，启迪环境收到深交所关注函，要求说明近五年在建工程项目主要信息，是否存在停工、烂尾等影响施工进度的情况，工程进度及投资额与媒体报道是否一致；是否存在虚增在建工程，资金流向是否涉及关联方资金占用、违规财务资助等。

回复函中，启迪环境表示，自2021年以来，公司债务压力持续加大，基于保障公司正常运营的需要，公司对在建项目进行全面梳理，对部分项目进行重新评估，并逐一列出资产减值损失明细，包括12个在建工程损失22.08亿元，及11个项目的资产处置损失9.2亿元。

回复函的数据显示，涉及的12个在建工程账面余额总计28.77亿元，计提减值损失高达22.08亿元，预计可回收金额仅6.69亿元（见表6-14）。

表6-14 启迪环境在建工程减值损失详情

序号	项目名称	签约时间（年）	项目主要内容	项目建设及运营期	进度达预期否	账面余额（万元）	计提资产减值损失（万元）	预计可收回金额（万元）
1	河南省南阳市镇平生活垃圾焚烧发电项目	2014	生活垃圾处理规模800吨/日（一期规模400吨/日）	30年	否	16 619.27	15 997.00	622.27
2	湖北省天门生活垃圾焚烧发电项目	2015	生活垃圾处理规模800吨/日（一期规模400吨/日）	30年	否	16 272.80	14 463.00	1 809.80
3	河北省保定市安新县生活垃圾等城市固体废弃物综合处理项目	2013	生活垃圾（包括生活、餐厨、污泥及粪便垃圾）处理规模300吨/日	30年	否	21 168.89	6 702.74	14 466.15

续表

序号	项目名称	签约时间（年）	项目主要内容	项目建设及运营期	进度达预期否	账面余额（万元）	计提资产减值损失（万元）	预计可收回金额（万元）
4	湖南省吉首市改善农村人居环境建设工程PPP项目	2017	生活垃圾无害化处理场、传统村落保护和乡镇人居环境改善配套建设工程、乡村绿道建设工程	15年	否	46 505.68	45 066.38	1 439.30
5	湖北省宜昌桑德经发环保项目	2017	夷陵城区及部分村镇原有污水升级改造、新建污水处理及配套管网工程	15年	否	28 561.00	19 008.41	9 552.59
6	湖南湘潭固体废弃物综合处置中心工程项目	2013	日处理生活垃圾2 000吨、餐厨垃圾200吨、市政污泥200吨及固体废弃物综合处置中心相关配套及附属工程	30年	否	76 585.04	45 881.00	30 704.04
7	广西壮族自治区南宁市武鸣区流域水环境综合整治PPP项目	2018	武鸣区流域1个教育园区、9个乡镇污水及配套管网，三河两岸流域综合整治项目	15年	否	15 566.60	15 012.77	553.83
8	辽宁省营口经济技术开发区生活垃圾处理BOT项目	2014	生活垃圾处理规模800吨/日（包括配套垃圾打包处理厂、填埋场、渗滤液处理站等设施）	30年	否	4 502.29	4 225.89	276.40
9	山西省运城市盐湖区生活垃圾焚烧发电项目	2016	生活垃圾处理规模900吨/日（一期规模600吨/日）	30年	否	18 512.70	18 306.54	206.16
10	湖北省荆州市餐厨粪便垃圾无害化处理PPP项目	2017	餐厨垃圾处理规模220吨/日（一期规模120吨/日）	30年	否	7 160.00	6 860.00	300.00
11	吉林省和龙边境经济合作区2015—2018年地下综合管廊PPP项目	2016	新建北一路、甲三街地下综合管廊4.25公里及管廊附属设施	30年	否	5 937.44	5 908.33	29.11

续表

序号	项目名称	签约时间（年）	项目主要内容	项目建设及运营期	进度达预期否	账面余额（万元）	计提资产减值损失（万元）	预计可收回金额（万元）
12	河北省张家口市塞北管理区牛粪资源化利用工程项目	2014	项目包括：1）建设沙梁子管理处1万头奶牛集约化养殖园区牛粪资源化利用工程；2）建设东大门管理处3万头奶牛集约化养殖园区牛粪资源化利用工程	30年	否	30 298.11	23 401.65	6 896.46
合计						287 689.82	220 833.71	66 856.11

资料来源：启迪环境关注回复.

2. 与启迪环境的在建工程相关的指标

数据显示，启迪环境的在建工程从2011年1.15亿元一路增长至2019年年末142亿元的峰值，2020年年末依然高达127亿元。从在建工程占总资产的比例来看，也是从2011年3%迅速增长至2016年41%的峰值，到2020年年末占比仍达30%（见图6-11）。

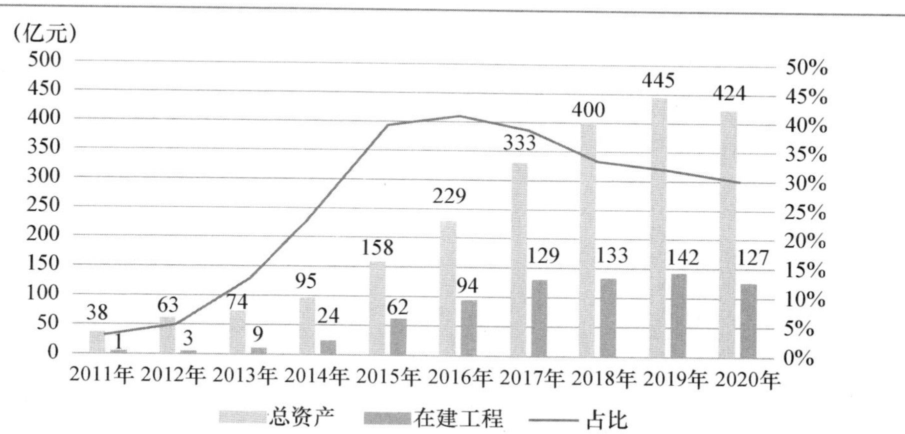

图6-11 启迪环境的在建工程占总资产比例

自2015年以来，启迪环境的营业收入经历快速增长之后，于2019年开始步入下降通道。与收入增长趋势相同的是应收账款。应收账款占营业收入的比例逐年提升，2015年为40%，2020年已经接近80%（见图6-12）。

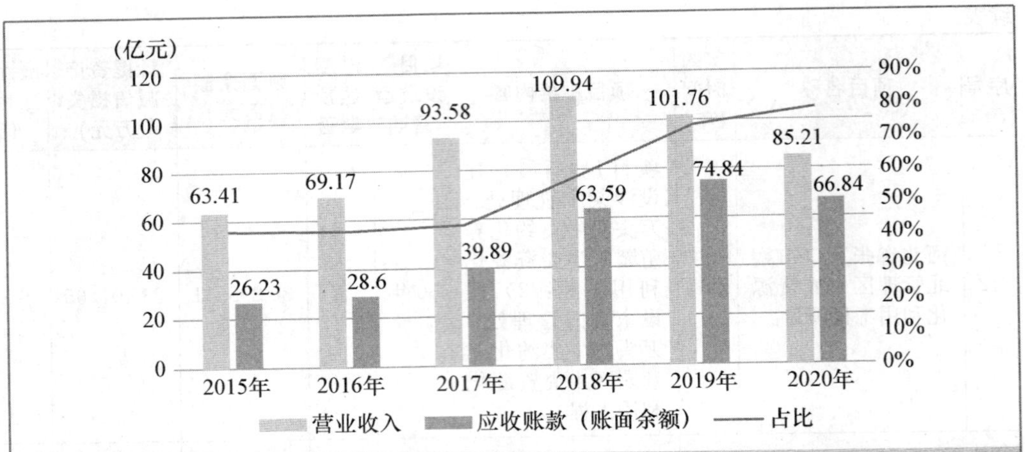

图6-12　启迪环境的应收账款占营业收入比例

讨论与分析：结合本案例分析工程管理的风险有哪些？如何控制这些风险？

第七章

与企业整体管理系统相关的内控建设

学习目标

1. 熟悉企业预算控制流程及其关键控制环节。
2. 掌握企业合同控制风险及其控制措施。
3. 熟悉企业信息系统控制流程及其关键控制环节。
4. 掌握企业财务报告编制和披露全过程的主要风险及其控制措施。
5. 了解内部审计在企业中的定位及其与职能部门、业务部门的关系。
6. 熟悉三线模型，理解内部审计的价值增值功能。

引例

暴风集团海外收购的“雷”与两起诉讼

2016 年，暴风集团与光大证券牵头的投资基金（上海浸鑫投资咨询合伙企业）以 52 亿元完成对国际体育版权代理巨头 MPS 65%股权的收购。上海浸鑫投资咨询合伙企业的股东信息如表 7-1 所示。

该投资基金（下称“浸鑫基金”）使用结构化的方式，采用的嵌套方式分为优先级、夹层级和劣后级，光大资本及其管理的基金为夹层基金，规模约为 10 亿元。光大资本为两个优先级投资人出具了《差额补足函》，协议指明，在浸鑫基金中，优先级合伙人不能实现退出时，由光大资本承担相应的差额补足义务。

按照原计划，收购完成后，由暴风投资、光大资本同时对 MPS 进行培育，当条件成熟时，暴风集团及其指定关联方有权优先对 MPS 进行收购，收购期限为 18 个

表7-1　上海浸鑫投资咨询合伙企业的股东信息

序号	股东（发起人）	出资比例	认缴出资额
1	招商财富资产管理有限公司（大股东）	53.82%	280 000 万元
2	嘉兴招源涌津股权投资基金合伙企业（有限合伙）	11.53%	60 000 万元
3	上海爱建信托有限责任公司	7.69%	40 000 万元
4	鹰潭浪淘沙投资管理合伙企业（有限合伙）	6.05%	31 500 万元
5	深圳科华资本管理有限公司	4.80%	25 000 万元
6	上海隆谦迎申投资中心（有限合伙）	3.84%	20 000 万元
7	北京暴风科技股份有限公司	3.84%	20 000 万元
8	冠军昆泰（赣州）投资有限公司	2.88%	15 000 万元
9	上海杏奈投资管理合伙企业（有限合伙）	2.50%	13 000 万元
10	贵州贵安金融投资有限公司	1.83%	9 500 万元
11	光大资本投资有限公司	1.15%	6 000 万元
12	暴风（天津）投资管理有限公司	0.02%	100 万元
13	上海群畅金融服务有限公司	0.02%	100 万元
14	光大浸辉投资管理（上海）有限公司	0.02%	100 万元

月（于2019年2月25日届满到期）。

2018年8月，意大利足球甲级联赛将MPS告上法庭，要求赔偿4 440万美元的未付费用。另外，MPS还欠德国足球甲级联赛1 000万美元，欠法国网球公开赛500万英镑，还有英格兰足球超级联赛、国际手球联合会、世界一级方程式锦标赛等账单要付。最终，2018年10月，针对法国网球协会联合起诉MPS拖欠版权款的诉讼，英国高等法院宣判，MPS正式破产清算。

2019年6月1日，35亿元打水漂的招商银行一气之下起诉光大资本，索赔34.89亿元，并冻结了光大资本旗下银行账户、股权、基金份额，合计近44亿元。

光大证券旗下的光大浸辉、上海浸鑫对暴风集团及公司CEO冯鑫提起了股权转让纠纷诉讼，要求赔偿7.5亿元。

固然这些事件背后的原因很多，但合同签约中存在的以下问题是直接导火索：

(1) 签约前的尽职调查严重失误。如收购浸鑫基金时，MPS的诸多体育版权大多在1～2年内到期；MPS账上留下大笔欠账、暗账。这些都没有在尽职调查报告中揭示，也没有在签约中充分考虑这些风险并予以应对。

(2) 没有对MPS的原核心团队做出业绩要求以及签署竞业协议。浸鑫基金入主后，MPS的三位创始人不再参与关键决策，而是将重要事务移交给中资一方，决策效率大不如前。三位创始人在收购后开始陆续减持，拿钱走人之后马上另起炉灶，成立了几个体育版权公司跟原公司直接竞争，抢占市场。

(3) 光大资本为优先级合伙人兜底，补足差额，暴风集团为光大资本的投资做担保，这些契约设计和承诺是引发两起诉讼的根源。

在企业合同管理中，如此低级的错误都不能避免，一方面说明问题不仅出在企业合同控制环节，另一方面，意味着合同管理、合规管理是内部控制建设中最基本的要求。

第一节　企业全面预算管理

一、企业全面预算管理目标

企业全面预算管理是一项以企业的战略目标为原则，全面规划和预测未来一定时期经营活动和财务结果，控制和监督执行全过程，评价和反馈执行结果的综合管理活动。该管理活动面向全公司，涉及全部门，监督全过程，由预算编制、执行、分析、调整、考核、奖惩等一系列环节组成。企业全面预算管理包括预算的编制与审核管理、预算执行分析管理、预算调整管理和预算考核管理。企业全面预算管理目标有：

(1) 设置合法科学、高效有力、经济适度、全面系统、权责明确的全面预算管理体制。

(2) 预算编制与预算审批、预算审批与预算执行、预算执行与预算考核不相容岗位相分离。

(3) 预算编制、预算审批、预算下达、预算指标分解和责任落实、预算执行控制、预算分析、预算调整等具体控制适当，实现企业资源的优化配置，增强资源的价值创造能力。

(4) 建立预算执行分析、审计、考核和预警制度，确保预算得到严格执行。

二、分析整合全面预算管理流程

企业应当严格执行内外部相关要求，加强对预算编制、预算执行、预算调整和预算考核过程的管理，明确相关工作流程和要求，落实责任制，确保预算方案符合经营管理需求、预算活动合法合规。

董事会负责制定年度预算方案、决算方案。经理层负责协助董事会开展预算管理工作，主要负责拟订年度预算目标、预算编制要求及内容，形成年度预算方案；平衡预算方案和预算调整方案，协调解决预算管理中的其他重大问题；根据预算执行结果，审议预算考核和奖惩意见，督促各预算执行单位完成预算目标。

财务资产部是预算管理组织协调等工作的牵头部门，负责组织预算的编制、审查、调整、报告等具体工作，跟踪监督预算的执行情况，分析预算与实际执行的差异及原因，提出改进管理的措施和建议。

全面预算管理流程如图7-1所示。

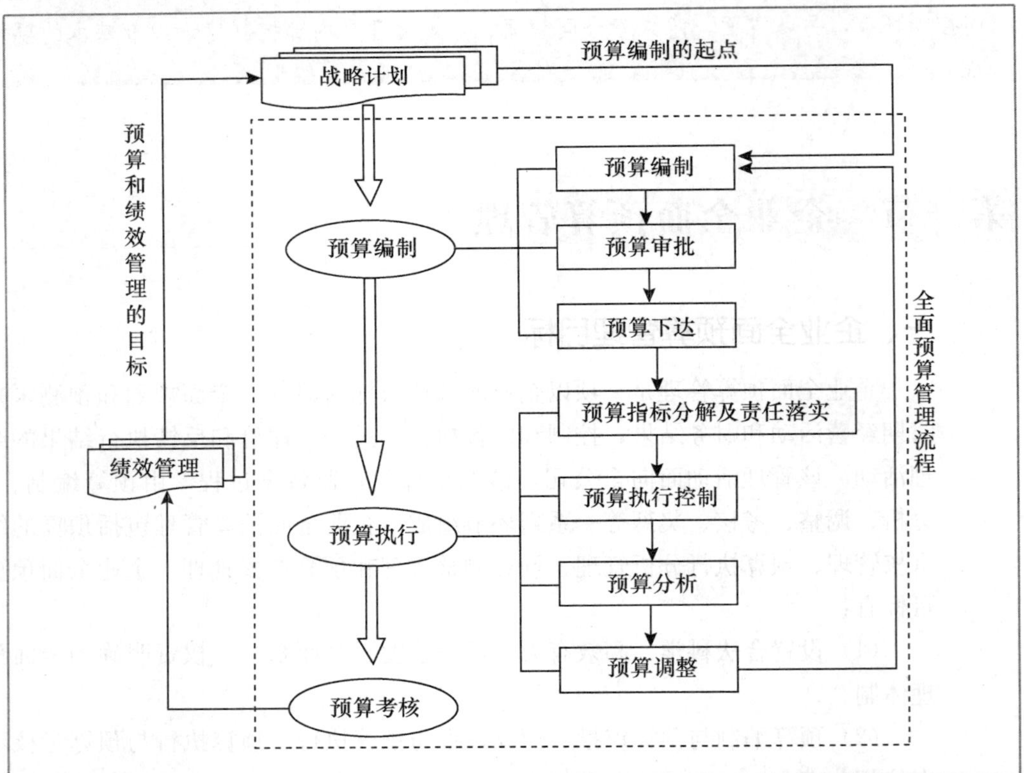

图7-1 全面预算管理流程

三、鉴别全面预算管理的关键控制环节

根据图7-1，企业应当关注的全面预算管理风险如下。

1. 全面预算管理组织结构风险

在企业中，全面预算管理工作机构、执行机构共同组成全面预算管理组织体系，它是以预算为目标，相互协调、相互配合的有机整体。董事会、预算管理委员会属于企业全面预算管理的决策机构；由财会部门牵头，计划、人力资源、生产、销售、研发等业务部门人员参加的预算管理工作机构，履行预算管理委员会的日常管理职责；企业内部各职能部门、所属分（子）企业都是全面预算管理的执行机构。全面预算管理组织结构风险主要包括以下内容。

（1）全面预算组织结构不健全风险。全面预算的有效实施需要健全组织结构，如果企业组织结构尚未完全建立，如预算编制以财务部门为主，业务部门参与度较低，可能导致预算编制不合理，预算管理责、权、利不匹配。

（2）全面预算组织结构选择风险。组织结构与企业实际需求不符，当全面预算管理组织体系设置过于繁杂、庞大，会增加预算的管理成本，影响全面预算管理的运行，同时也会造成企业经营管理低效、混乱。而全面预算管理组织体系设置过于精简，可能达不到全面预算管理的目的。

2. 全面预算管理预算编制阶段的风险

（1）预算不准确性风险。如预算编制基础数据不足，可能导致预算编制准确率降低；编制预算的时间太早或太晚，可能导致预算准确性不高，或影响预算的执行；预算编制程序不规范，横向、纵向信息沟通不畅，可能导致预算目标缺乏准确性、合理性和可行性；预算编制范围和项目不全面，各个预算之间缺乏整合，可能导致全面预算难以形成等。

（2）预算目标不适宜性风险。如预算编制所依据的相关信息不足，可能导致预算目标与战略规划、经营计划、市场环境、企业实际等相脱离；预算目标及指标体系设计不完整、不合理、不科学，可能导致预算管理在实现发展战略和经营目标、促进绩效考评等方面的功能难以有效发挥；目标拟定过大或者过小都会影响公司的经济利益，影响企业经营目标的实现等。

（3）预算编制方法不恰当性风险。如预算编制方法选择不当，或强调采用单一的方法，可能导致预算目标缺乏科学性和可行性。

（4）预算审批决策不当风险。如全面预算未经适当审批或超越授权审批，可能导致预算权威性不够、执行不力，或因出现重大差错、舞弊而导致损失。

3. 全面预算管理预算执行阶段的风险

（1）预算下达风险。如全面预算下达不力，可能导致预算执行或考核无据可查；预算指标分解不够详细、具体，可能导致企业的某些岗位和环节缺乏预算执行和控制依据；预算指标分解与业绩考核体系不匹配，可能导致预算执行不力；预算责任体系缺失或不健全，可能导致预算责任无法落实，预算缺乏强制性与严肃性；预算责任与执行单位或个人的控制能力不匹配，可能导致预算目标难以实现等。

（2）预算执行风险。如缺乏严格的预算执行授权审批制度，可能导致预算执行随意；预算审批权限及程序混乱，可能导致越权审批、重复审批，降低预算执行效率和严肃性；预算执行过程中缺乏有效监控，可能导致预算执行不力，预算目标难以实现；缺乏健全有效的预算反馈和报告体系，可能导致预算执行情况不能及时反馈和沟通，预算差异得不到及时分析，预算监控难以发挥作用。

（3）预算调整风险。如预算调整依据不充分、方案不合理、审批程序不严格，可能导致预算调整随意、频繁，预算失去严肃性和硬约束。

4. 全面预算管理考评阶段的风险

分析预算考评在全面预算中起着尤为重要的作用，它不仅帮助企业明确战略方向、激发员工积极性，也有助于完善企业业绩评价体系、提升企业管理水平。目前而言考评阶段的风险包括以下几个方面。

（1）预算分析风险。如预算分析不正确、不科学、不及时，可能削弱预算执行控制的效果，或导致预算考评不客观、不公平；对预算差异原因的解决措施不得力，可能导致预算分析形同虚设。

（2）预算考评风险。如全面预算考核依据缺乏公平性、客观性，将影响预算考核；预算考核不严格、不合理、不到位，可能导致预算目标难以实现、预算管理流于形式；预算考核部门缺乏独立性，可能导致预算考评难以实现客观公正等。

（3）预算奖惩风险。如考核主体和对象的界定不合理，考核指标缺乏科学性，考核过程缺乏公开透明性，考核结果缺乏客观公正性，预算奖惩起不到应有的效果等。

四、制定具体控制制度并落实到不同岗位

根据企业全面预算管理的关键控制点，制定《预算授权审批制度》《预算编制管理制度》《预算执行控制制度》《预算调整管理办法》《预算执行分析制度》《预算审计管理制度》《预算考核管理制度》等控制制度，并把各项制度落实到企业全面预算管理相关人员的岗位职责上（见表7-2）。

表7-2　企业全面预算管理岗位职责

岗位	主要职责
1. 股东大会	审批年度预算方案；审批预算调整方案。
2. 董事会	审议预算目标、预算管理措施和办法；审批预算编制方法、分析制度和考核制度；审批季度、月度预算目标；审批预算管理的岗位责任制度；组织制定年度预算方案，提交股东大会审议；调解和仲裁预算执行中出现的矛盾和纠纷。
3. 总裁	权限范围内审批超预算的资金支出申请；审阅预算执行情况报告。
4. 预算委员会	拟定预算目标和预算政策；制定预算管理的具体措施和办法；汇总、编制、平衡年度预算草案；审核预算调整报告，编制调整方案并报批；组织下达预算方案，并协助解决预算执行中的问题；考核预算执行情况，督促完成预算目标。
5. 财务部经理	为预算编制、调整、分析和考核提供财务信息；按照有关要求进行会计核算，实施会计监督。
6. 预算管理员	协助财务部经理整理、分析预算编制相关信息；汇总各部门在预算执行过程中形成的数据和资料，将其作为预算分析和考核的依据；拟定企业总体预算执行情况报告；拟定企业总体预算分析报告；协助领导对预算执行情况进行监督检查；协助开展预算执行考核事项。
7. 审计部负责人	对预算执行过程实施审计监督，及时上报审计中发现的问题。
8. 各部门负责人	负责本部门业务预算的编制、执行、控制等工作；配合做好企业总体预算的综合平衡、分析；提出本部门业务预算调整报告，报上级审批；加强同其他部门的沟通、联系，确保业务预算执行情况得到相互监督。

五、华兴公司全面预算管理的案例

华兴公司是一家生产经营多种日用商品的大型企业，按照产品事业部的形式构建了甲、乙、丙三个分部。华兴公司开展全面预算管理工作的部分情况如下：

（1）华兴公司设立了一个由总经理与各事业部负责人组成的预算管理委员会，负责公司预算的编制、审核、控制、调整、分析、考核等日常工作，并对预算执行结果承担责任。

（2）全面预算调整流程：预算一经正式批复下达，一般不予调整。如果在执行中市场环境、经营条件、政策法规发生重大变化，致使预算的编制基础不成立，或者导致预算执行结果产生重大偏差，可以调整预算数据。公司接到各子公司的预算调整报告后，应进行审核分析，根据分析结果编制预算调整方案，提交公司总经理办公会审议批准后下达子公司执行。

（3）全面预算的基本任务：确定公司的经营方针和目标并组织实施；明确公司内部各个层级的管理责任和权限；对公司经营活动进行控制、监督和分析；保证公司预算的全面完成。

（4）甲分部根据预算制定了详细的资金收支控制制度，但在预算执行过程中，外部环境发生重大变化，导致企业发生大量突发事件，部门负责人不得不将主要精力放在审批日常事务方面。

（5）乙分部根据预算制定了详细的资金收支控制制度，但负责人认为像甲分部那样严格执行全面预算控制可能得不偿失，因此没有督促其所在分部实施。

（6）丙分部负责人在编制本部门预算时认为，弹性预算运用灵活，因此，他在前一年度固定预算的基础上规定一个介于0.8～2.0的弹性系数，以实际执行数是否落在固定预算与弹性系数的乘积构成的上下限之间来判断预算执行是否正常。

要求：假设不考虑其他因素。根据事项（1）～（6），指出华兴公司及其分部在全面预算管理工作中存在的问题，并简要说明理由。

【分析】

（1）事项（1）存在的问题：全面预算管理组织体系不健全。

理由：全面预算管理组织体系通常由预算管理决策机构、工作机构和执行机构三个层面构成。华兴公司除了设立预算管理委员会之外，还应当设立预算管理委员会办公室，具体负责全面预算的组织领导和日常工作。

（2）事项（2）存在的问题：全面预算调整审批流程存在缺陷。

理由：全面预算调整流程是由预算执行单位向预算管理委员会提出预算申请，而该公司是直接提交总经理办公会审议批准，预算管理委员会没有发挥应有的作用；且应提交股东（大）会审议批准后方可下达执行。

（3）事项（3）存在的问题：公司的全面预算管理的基本任务中“保证公司预

算的全面完成”不合理。

理由：预算管理制度不能“保证公司预算的全面完成”，只能通过预算管理最大限度地实现预算目标。

（4）事项（4）存在的问题：过于强调预算的刚性。

理由：当企业运营的外部环境发生重大变化时，管理者应及时、主动地调整预算，以免导致重大资源浪费。

（5）事项（5）存在的问题：预算管理流于形式，重编制、轻执行。

理由：全面预算管理是一个持续改进的过程，全面预算管理的流程可分为预算编制、预算执行（预算控制、预算调整等）和预算考核三个阶段。全面预算执行、分析与控制是实现预算目标的关键步骤，也是全面预算管理工作的中心环节。

（6）事项（6）存在的问题：对弹性预算的认识错误。

理由：弹性预算与固定预算相对应，是指企业在分析业务量与预算项目之间数量依存关系的基础上，分别确定不同业务量及其相应预算项目所消耗资源的预算编制方法。简单地用固定预算乘以弹性系数作为预算的上下限，这种做法并不是弹性预算。此外，丙分部弹性系数的确定太随意，缺乏科学依据。

第二节　企业合同控制

一、企业合同控制目标

企业合同控制是指企业与自然人、法人及其他组织等平等主体之间设立、变更、终止民事权利义务关系的协议订立和履行的活动，旨在规范合同双方当事人的经营行为，帮助企业维护自身合法权益、防控法律风险、实现内部控制目标。合同管理包括合同订立及审批、合同的履行、合同保管等。其控制目标是：

（1）根据经济业务性质、组织机构设置和管理层级安排，建立合同分级管理制度。

（2）签约主体资格及合同订立程序、形式、内容等合法合规。

（3）合同履行、变更或解除得到有效监控。

（4）合同违约风险得到及时识别和有效处理。

二、分析整合合同控制流程

企业应当加强合同管理，确定合同归口管理部门，明确合同拟定、审批、执行等环节的程序和要求，定期检查和评价合同管理中的薄弱环节，采取相应控制措施，促进合同有效履行，切实维护自身合法权益。

合规管理部（纪委办公室）是合同的归口管理部门负责合同订立、合同审批、合同履行监督、法律纠纷处理等相关工作。

合同控制流程如图 7－2 所示。

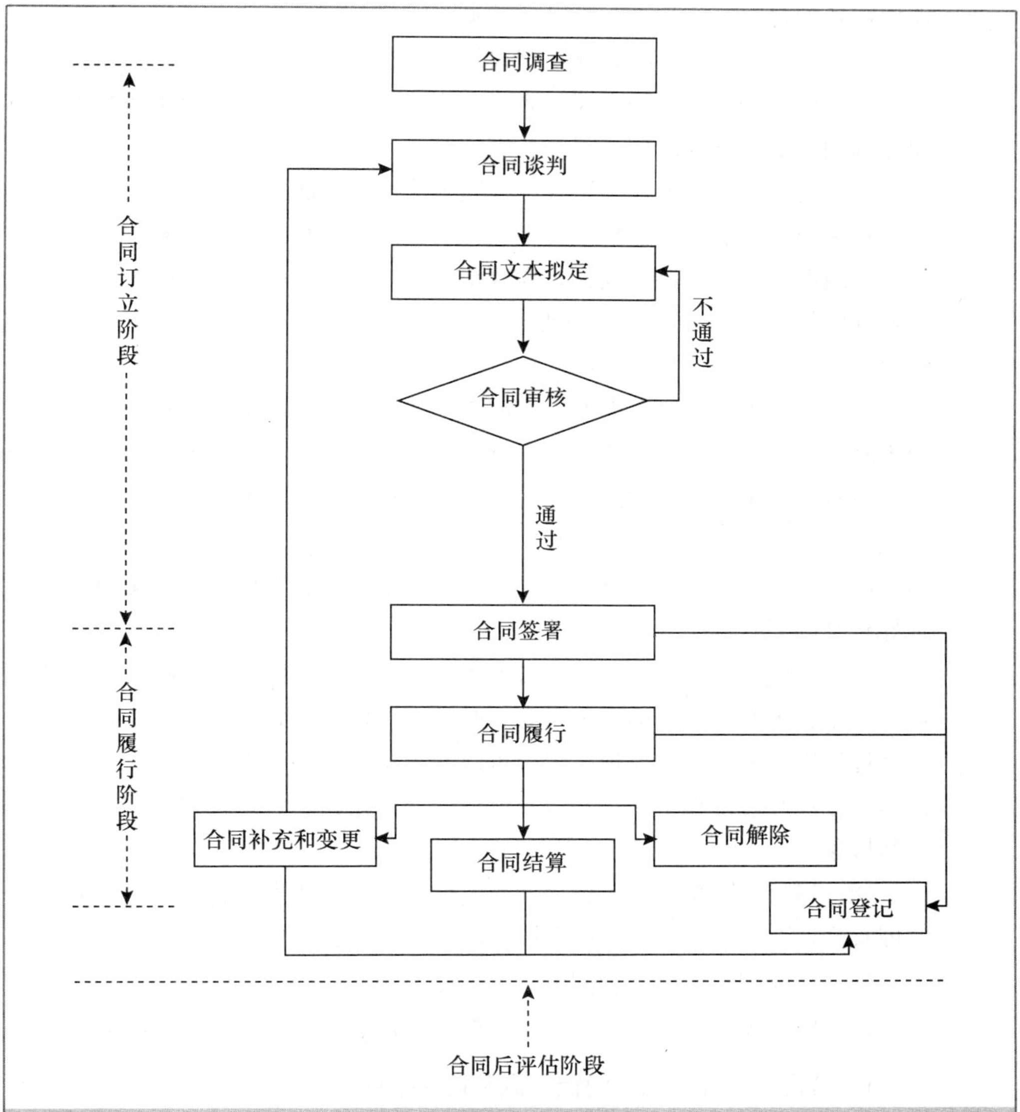

图 7－2　企业合同控制流程

三、鉴别合同控制的关键控制环节

根据图 7－2，企业应当关注的合同控制风险如下：

（1）忽视被调查对象的主体资格审查，对方当事人不具有相应民事权利能力和民事行为能力，或不具备特定资质，或与无权代理人、无处分权代理人签订合同，导致合同无效，或引发潜在风险。

（2）在合同签订前错误判断被调查对象的信用状况，或在合同履行过程中没有持续关注对方的资信变化，致使企业蒙受损失；对被调查对象的履约能力给出不当评价，导致合同对方当事人难以满足生产经营需要。

（3）忽略合同重大问题或在重大问题上做出不恰当让步；谈判经验不足，缺乏技术、法律和财务知识的支撑，导致企业利益受损；泄露本企业谈判策略，导致企业在谈判中处于不利地位。

（4）选择不恰当的合同形式；合同与国家法律法规、行业产业政策、企业总体战略目标或特定业务经营目标发生冲突；合同内容和条款不完整，表述不严谨、不准确，或存在重大疏漏和欺诈，导致企业合法利益受损；有意拆分合同、规避合同管理规定等；对于合同文本须报经国家有关主管部门审查或备案的，未履行相应程序。

（5）合同审核人员因专业素质或工作态度等原因，未能发现合同文本中的不当内容和条款；审核人员虽然通过审核发现问题但未提出恰当的修订意见；合同起草人员没有根据审核人员的改进意见修改合同，导致合同中的不当内容和条款未被纠正。

（6）超越权限签订合同；合同印章管理不当；签署后的合同被篡改；因手续不全导致合同无效等。

（7）企业或合同对方当事人没有恰当地履行合同中约定的义务；合同生效后，对合同条款未明确约定的事项没有及时补充协议，导致合同无法正常履行；在合同履行过程中，未能及时发现已经或可能导致企业利益受损的情况，或未能采取有效措施；合同纠纷处理不当，导致企业遭受外部处罚、诉讼失败，损害企业利益、信誉和形象等。

（8）违反合同条款，未按合同规定期限、金额或方式付款；疏于管理，未能及时催收到期合同款项；在没有合同依据的情况下盲目付款等。

（9）合同档案不全、合同泄密、合同滥用等。

针对以上风险，鉴别出合同控制的关键控制环节及控制措施如下。

1. 合同订立环节的关键控制点及控制措施

（1）企业对外发生经济行为，应当订立书面合同。合同订立前，应当充分了解合同对方的主体资格、信用状况等有关内容，确保对方当事人具备履约能力。对于影响重大、涉及较高专业技术或法律关系复杂的合同，应当组织法律、技术、财会等专业人员参与谈判。谈判过程中的重要事项和参与谈判人员的主要意见，应当予以记录并妥善保存。

（2）根据协商、谈判等的结果，拟订合同文本。

（3）严格审核合同文本。重点关注合同的主体、内容和形式是否合法，合同内容是否符合企业的经济利益，对方当事人是否具有履约能力，合同权利和义务、违约责任和争议解决条款是否明确等。对影响重大或法律关系复杂的合同文本，应当组织内部相关部门进行审核。

（4）按照规定的权限和程序与对方当事人签署合同。正式对外订立的合同，应当由企业法定代表人或由其授权的代理人签名或加盖有关印章。授权签署合同的，应当签署授权委托书。

（5）建立合同专用章的保管制度。合同经编号、审批及企业法定代表人或由其授权的代理人签署后，方可加盖合同专用章。

（6）加强合同信息安全保密工作。未经批准，不得以任何形式泄露合同订立与履行过程中涉及的商业秘密或国家机密。

2. 合同履行环节的关键控制点及控制措施

（1）企业应当遵循诚实信用原则严格履行合同，对合同履行实施有效监控，强化对合同履行情况及效果的检查、分析和验收，确保合同全面有效履行。

（2）履行过程中发现有显失公平、条款有误或对方有欺诈行为等情形，应按照规定权限和程序办理合同变更或解除事宜。

（3）加强合同纠纷管理。合同纠纷经协商无法解决的，应当根据合同约定选择仲裁或诉讼方式解决。

（4）财会部门对合同条款审核后办理结算业务。未按合同条款履约的，或应签订书面合同而未签订的，财会部门有权拒绝付款，并及时向企业有关负责人报告。

（5）加强合同登记管理。

（6）建立合同履行情况评估制度。企业应当建立合同履行情况评估制度，至少于每年年末对合同履行的总体情况和重大合同履行的具体情况进行分析评估，对分析评估中发现的合同履行中存在的不足，应当及时加以改进。

四、制定具体控制制度并落实到不同岗位

根据企业合同控制的关键控制点，制定《合同授权审批制度》《合同会审制度》《合同专用章管理制度》《合同违约及纠纷处理制度》等控制制度，并把各项制度落实到企业合同控制相关人员的岗位职责上（见表7-3）。

表7-3　企业合同控制岗位职责

岗位	主要职责
1. 董事长	授权总裁代表企业行使合同相关职权；签署合同（协议）签章授权委托书；审批超出总裁权限的重大合同（协议）。
2. 总裁	审批企业合同管理制度；审批企业主营业务格式合同；审批各部门的合同文本；审核超出各部门负责人审核权限的合同；负责重大合同协议的谈判与签章。

续表

岗位	主要职责
3. 法务部经理	审核企业合同管理制度；审核企业格式合同；审核各部门合同文本；参与重大合同的谈判；审核企业合同台账；审核有关合同纠纷的法律诉讼文件。
4. 各部门负责人	草拟与本部门业务相关的合同文本内容；协助拟定企业主营业务格式合同；负责超出业务经办人员权限的合同谈判；初审业务经办人员与合同对方拟定的合同条款；监督本部门合同的签订及履行情况。
5. 法律顾问	草拟企业合同管理制度；草拟企业主营业务格式合同；草拟企业重大或特殊合同；监督、指导各部门起草及修订合同文本；查证拟签约对象的合法身份及法律资格；审查业务经办人员与合同对方拟定的合同具体条款；参与法律关系复杂的合同谈判；协助业务经办人员依法签订、变更和解除合同；检查合同履行情况；协助各部门处理合同中的纠纷；负责合同纠纷的仲裁及诉讼。
6. 业务经办人员	对拟签约对象进行资格调查；与合同对方商讨合同条款，负责拟定合同；在授权委托的范围内签订合同；定期汇报合同的履行情况；与合同对方协商解决合同纠纷；办理合同变更、解除手续。
7. 财务人员	调查拟签约对象的资信状况；按照合同约定条款办理财务手续；按照合同约定条款收付款项；按照合同约定条款履行赔偿责任。
8. 合同档案管理人员	设置企业合同台账；建立和保管合同档案。
9. 印章管理人员	保管合同专用章。

第三节　企业信息系统控制

一、企业信息系统控制目标

信息系统是指企业利用计算机和通信技术，对内部控制进行集成、转化和提升所形成的信息化管理平台。信息系统控制的主要对象是信息系统，由计算机硬件、软件、人员、信息流和运行规程等要素组成。其控制目标是：

（1）合理规划信息系统，避免造成信息孤岛或重复建设。

（2）利用信息技术实施有效控制，提高企业现代化管理水平，减少人为操纵因素。

（3）增强信息系统的安全性、可靠性和合理性以及相关信息的保密性、完整性和可用性，为建立有效的信息与沟通机制提供支持保障。

二、分析整合信息系统控制流程

企业信息系统控制流程如图 7－3 所示。

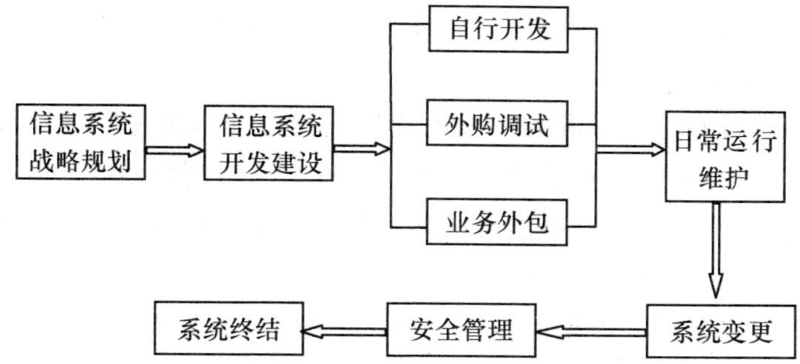

图 7－3 企业信息系统控制流程

三、鉴别信息系统控制的关键控制环节

根据图 7－3，企业应当关注的信息系统控制风险如下：

（1）缺乏战略规划或规划不合理，可能造成信息孤岛或重复建设，导致企业经营管理效率低下。

（2）没有将信息化与企业业务需求结合，降低了信息系统的应用价值。

（3）信息系统建设缺乏项目计划或者计划不当，导致项目进度滞后、费用超支、质量低下。

（4）需求本身不合理，对信息系统提出的功能、性能、安全性等方面的要求不符合业务处理和控制的需要；技术上不可行，经济上成本效益倒挂，或与国家有关法规制度存在冲突；需求文档表述不准确、不完整，未能真实全面地表达企业需求，存在表述缺失、表述不一致甚至表述错误等问题。

（5）设计方案不能完全满足用户需求，不能实现需求文档规定的目标；设计方案未能有效控制建设开发成本，不能保证建设的质量和进度；设计方案不全面，导致后续变更频繁；设计方案没有考虑信息系统建成后对企业内部控制的影响，导致系统运行后衍生新的风险。

（6）编程结果与设计不符；各程序员编程风格差异大，程序可读性差，导致后期维护困难，维护成本高；缺乏有效的程序版本控制，导致重复修改或修改不一致等问题；测试不充分。

（7）缺乏完整可行的上线计划，导致系统上线混乱无序；人员培训不足，不能正确使用系统，导致业务处理错误，或者未能充分利用系统功能，导致开发成本浪费；初始数据准备设置不合格，导致新旧系统数据不一致、业务处理错误。

（8）外包合同条款不准确、不完善，可能导致企业的正当权益无法得到有效保障。

（9）缺乏外包服务跟踪评价机制或跟踪评价不到位，可能导致外包服务质量不能满足企业信息系统开发需求。

（10）服务提供商选择不当，削弱了外购软件产品的功能发挥，导致无法有效满足用户需求。

（11）没有建立标准的信息系统日常运行管理规范，计算机软硬件的内在隐患易爆发，可能导致企业信息系统出错；没有执行例行检查，导致一些人为的恶意攻击长期隐藏在系统中，可能造成严重损失；企业信息系统数据未能定期备份，可能导致损坏后无法恢复，从而造成重大损失。

（12）没有建立严格的变更申请、审批、执行、测试流程，导致系统随意变更；系统变更后的效果达不到预期目标。

（13）硬件设备分布物理范围广，设备种类繁多，安全管理难度大，可能导致设备生命周期短。

（14）业务部门信息安全意识薄弱，对系统和信息安全缺乏有效的监管手段；对系统程序的缺陷或漏洞防护不够，导致遭受黑客攻击，造成信息泄露；对各种计算机病毒的防范与清理不力，导致系统运行不稳定甚至瘫痪；缺乏对信息系统操作人员的严密监控，可能导致舞弊和利用计算机犯罪。

针对以上风险，鉴别出企业信息系统控制的关键控制环节及控制措施如下。

1. 信息系统开发环节的关键控制点及控制措施

（1）企业应当根据信息系统建设整体规划提出项目建设方案，明确建设目标、人员配备、职责分工、经费保障和进度安排等相关内容，按照规定的权限和程序审批后实施。

（2）企业可以采取自行开发、外购调试、业务外包等方式开发信息系统。选定外购调试或业务外包方式的，应当采用公开招标等形式择优确定供应商或开发单位。

（3）企业开发信息系统，应当将生产经营管理业务流程、关键控制点和处理规则嵌入系统程序，实现手工环境下难以实现的控制功能。企业应当在信息系统中设置操作日志功能，确保操作的可审计性。对异常或者违背内部控制要求的交易和数据，应当设计由系统自动报告并设置跟踪处理机制。

（4）企业信息系统归口管理部门应当加强信息系统开发全过程的跟踪管理，组织开发单位与内部各单位的日常沟通和协调，督促开发单位按照建设方案、计划进度和质量要求完成编程工作，对配备的硬件设备和系统软件进行检查验收，组织系统上线运行等。

（5）企业应当组织独立于开发单位的专业机构对开发完成的信息系统进行验收测试，确保在功能、性能、控制要求和安全性等方面符合开发需求。

（6）企业应当切实做好信息系统上线的各项准备工作，培训业务操作和系统管理人员，制定科学的上线计划和新旧系统转换方案，考虑应急预案，确保新旧系统顺利切换和平稳衔接。系统上线涉及数据迁移的，还应制定详细的数据迁移计划。

2. 信息系统运行与维护环节的关键控制点及控制措施

（1）企业应当加强信息系统运行与维护的管理，制定信息系统工作程序、信息管理制度以及各模块子系统的具体操作规范，及时跟踪、发现和解决系统运行中存在的问题，确保信息系统按照规定的程序、制度和操作规范持续稳定运行。

（2）企业应当建立信息系统变更管理流程，信息系统变更应当严格遵照管理流程进行操作。信息系统操作人员不得擅自进行系统软件的删除、修改等操作；不得擅自升级、改变系统软件版本；不得擅自改变软件系统环境配置。

（3）企业应当根据业务性质、重要性程度、涉密情况等确定信息系统的安全等级，建立不同等级信息的授权使用制度，采用相应技术手段保证信息系统运行安全有序。企业应当建立信息系统安全保密制度和泄密责任追究制度。

（4）企业应当建立用户管理制度，加强对重要业务系统的访问权限管理，定期审阅系统账号，避免授权不当或存在非授权账号，禁止不相容职务用户账号的交叉操作。

（5）企业应当综合利用防火墙、路由器等网络设备，漏洞扫描、入侵检测等软件技术以及远程访问安全策略等手段，加强网络安全，防范来自网络的攻击和非法侵入。对于通过网络传输的涉密数据或关键数据，应采取加密措施，确保信息传递的保密性、准确性和完整性。

（6）企业应当建立系统数据定期备份制度，明确备份范围、频度、方法、责任人、存放地点、有效性检查等内容。

（7）企业应当加强服务器等关键信息设备的管理，建立良好的物理环境，指定专人负责检查，及时处理异常情况。未经授权，任何人不得接触关键信息设备。

四、制定具体控制制度并落实到不同岗位

根据企业信息系统控制的关键控制点，制定《信息系统授权审批制度》《信息系统开发、变更和维护管理制度》《信息系统访问安全管理制度》《信息系统硬件管理制度》《会计信息化综合管理制度》《会计信息化岗位责任制度》《信息化会计档案管理制度》《会计信息系统安全保障制度》《会计信息系统软硬件管理制度》等控制制度，并把各项制度落实到企业信息系统控制相关人员的岗位职责上（见表7-4）。

表7-4　企业信息系统控制岗位职责

岗位	主要职责
1. 总裁	审批信息系统战略规划；审批重要信息系统的政策；审批信息部规章制度；审批信息系统的开发、变更、维护等程序；审批信息系统开发任务书；审批各部门系统开发申请；审批会计电算化制度。

续表

岗位	主要职责
2. 运营总裁	制定企业的信息系统战略规划；制定重要信息系统的政策；审核信息部规章制度；审核信息系统开发、变更、维护等程序；审核信息系统开发任务书；审核各部门系统开发申请。
3. 信息部经理	制定信息部规章制度；制定信息系统开发、变更、维护等程序；协助运营总监制定信息系统政策；编写信息系统开发任务书；指导下属员工，设计员工各岗位所需方案；培训信息系统的使用者。
4. 信息分析专员	分析用户的信息需求；制定设计或修改程序的方案。
5. 信息系统开发人员	根据信息分析专员的方案编写程序。
6. 测试专员	设计测试方案；测试程序是否满足设计或修改的方案；将测试结果反馈给信息系统开发人员，以便修改程序。
7. 数据库管理员	录入、处理、管理信息系统中的数据；维护企业的数据资源。
8. 数据控制专员	维护计算机路径代码的注册；监控信息系统工作流程；协调信息的输入和输出。
9. 信息系统管理员	负责企业网络设备和软硬件的维护、保养；负责企业信息系统的保密管理；负责企业内外部信息的交流、沟通；防范企业信息系统来自外网的威胁；负责保障并监控程序的正常运行；协助经理培训信息系统的使用者；解决终端用户在使用中出现的问题。
10. 财务经理	提出财务方面的系统开发申请；制定会计电算化制度；制定财务系统操作规范。
11. 其他用户部门工作人员	提出相关业务方面的系统开发申请；依自身权限遵守相关信息系统使用规定。

第四节　企业财务报告编制和披露控制

一、企业财务报告编制和披露控制的基本要求及其主要风险

企业应当严格执行会计法律法规和国家统一的会计准则制度，加强对财务报告编制、对外提供和分析利用全过程的管理，明确相关工作流程和要求，落实责任制，确保财务报告合法合规、真实完整和有效利用。总会计师负责组织领导财务报告的编制、对外提供和分析利用等相关工作。企业负责人对财务报告的真实性、完整性负责。

财务报告，是指反映企业某一特定日期财务状况和某一会计期间经营成果、现金流量的文件。企业财务报告管理包括会计核算管理、结账管理、报表编制及审核管理、财务分析管理、税务管理和会计档案管理。企业编制、对外提供和分析利用

财务报告，至少应当关注下列风险：

（1）编制财务报告违反会计法律法规和国家统一的会计准则制度，可能导致企业承担法律责任和声誉受损。

（2）提供虚假财务报告，误导财务报告使用者，造成决策失误，干扰市场秩序。

（3）不能有效利用财务报告，难以及时发现企业经营管理中存在的问题，可能导致企业财务和经营风险失控。

二、企业财务报告编制和披露的关键控制点及控制措施

（一）财务报告编制环节的关键控制点及控制措施

（1）关注会计政策和会计估计。

（2）遵循企业会计准则的要求。

（3）如实反映各个项目的金额，关注资产减值等，企业财务报告列示的资产、负债、所有者权益金额应当真实可靠。各项资产计价方法不得随意变更，如有减值，应当合理计提减值准备，严禁虚增或虚减资产；各项负债应当反映企业的现时义务，不得提前、推迟或不确认负债，严禁虚增或虚减负债；所有者权益应当反映企业资产扣除负债后由所有者享有的剩余权益，严禁虚假出资、抽逃出资、资本不实。

（4）企业财务报告应当如实列示当期收入、费用和利润。各项收入的确认应当遵循规定的标准，不得虚列或者隐瞒收入，推迟或提前确认收入；各项费用、成本的确认应当符合规定，不得随意改变费用、成本的确认标准或计量方法，不得虚列、多列、不列或者少列费用、成本；企业不得随意调整利润的计算、分配方法，编造虚假利润。

（5）企业财务报告列示的各种现金流量由经营活动、投资活动和筹资活动的现金流量构成，应当按照规定划清各类交易和事项的现金流量的界限。

（6）注重按要求编制附注。附注是财务报告的重要组成部分，对反映企业财务状况、经营成果、现金流量的报表中需要说明的事项，做出清晰的说明。企业应当按照国家统一的会计准则制度编制附注。

（7）关注合并财务报表的范围和方法。企业集团应当编制合并财务报表，明确合并财务报表的合并范围和合并方法，如实反映企业集团的财务状况、经营成果和现金流量。

（8）注重信息技术的运用。企业编制财务报告，应当充分利用信息技术，提高工作效率和工作质量，减少或避免编制差错和人为调整。

（二）对外提供环节的关键控制点及控制措施

（1）及时对外提供财务报告。企业应当依照法律法规和国家统一的会计准则制

度的规定，及时对外提供财务报告。

（2）装订成册，签名盖章。企业财务报告编制完成后，应当装订成册，由企业负责人、总会计师或分管会计工作的负责人、财务部门负责人签名并盖章。

（3）财务报告须经注册会计师审计的，注册会计师及其所在的会计师事务所出具的审计报告，应当随同财务报告一并提供。企业对外提供的财务报告应当及时整理归档，并按有关规定妥善保存。

（三）分析利用环节的关键控制点及控制措施

（1）定期召开财务分析会议。企业应当重视财务报告分析工作，定期召开财务分析会议，充分利用财务报告反映的综合信息，全面分析企业的经营管理状况和存在的问题，不断提高经营管理水平。总会计师或分管会计工作的负责人应当在财务分析和利用工作中发挥主导作用。

（2）注重对四张报表的分析。

（3）形成财务分析报告。企业定期的财务分析应当形成财务分析报告，作为内部报告的组成部分。财务分析报告应当及时传递给企业内部有关管理层级，充分发挥财务报告在企业生产经营管理中的重要作用。

三、企业财务报告编制和披露控制设计的实例[①]

（一）华兴集团公司的财务报告报送情况

华兴集团公司作为一家特大型企业集团，下属企业多，管理链条长，下属二级子企业近80家，三级子企业400多家，最长的产权级次达到6级，共有子企业1 000多家。

华兴集团公司对外报送的财务报告主要包括：

（1）年度财务报告：报送国资委、财政部、银保监会等，并向社会公布。

（2）季度和半年度财务报表：向社会公布。

（3）月度财务快报：报送国资委、财政部。

其中上市公司、金融企业遵循证监会、银保监会等监管机构的要求提供财务报告；所有法人单位依据工商、税务等部门的要求提供财务报告。

（二）华兴集团公司的财务报告编制和披露控制流程

华兴集团公司财务报告编制和披露控制流程由会计手册制定流程、财务报告编制流程、财务报告对外提供流程、财务报告分析利用流程四个阶段组成，如图7-4至图7-7所示。

① 本实例根据全国会计领军（后备）人才（大赛班）的贾波、付辉平开发的案例改编而成，为了保密，用华兴集团公司代替公司真实名称。

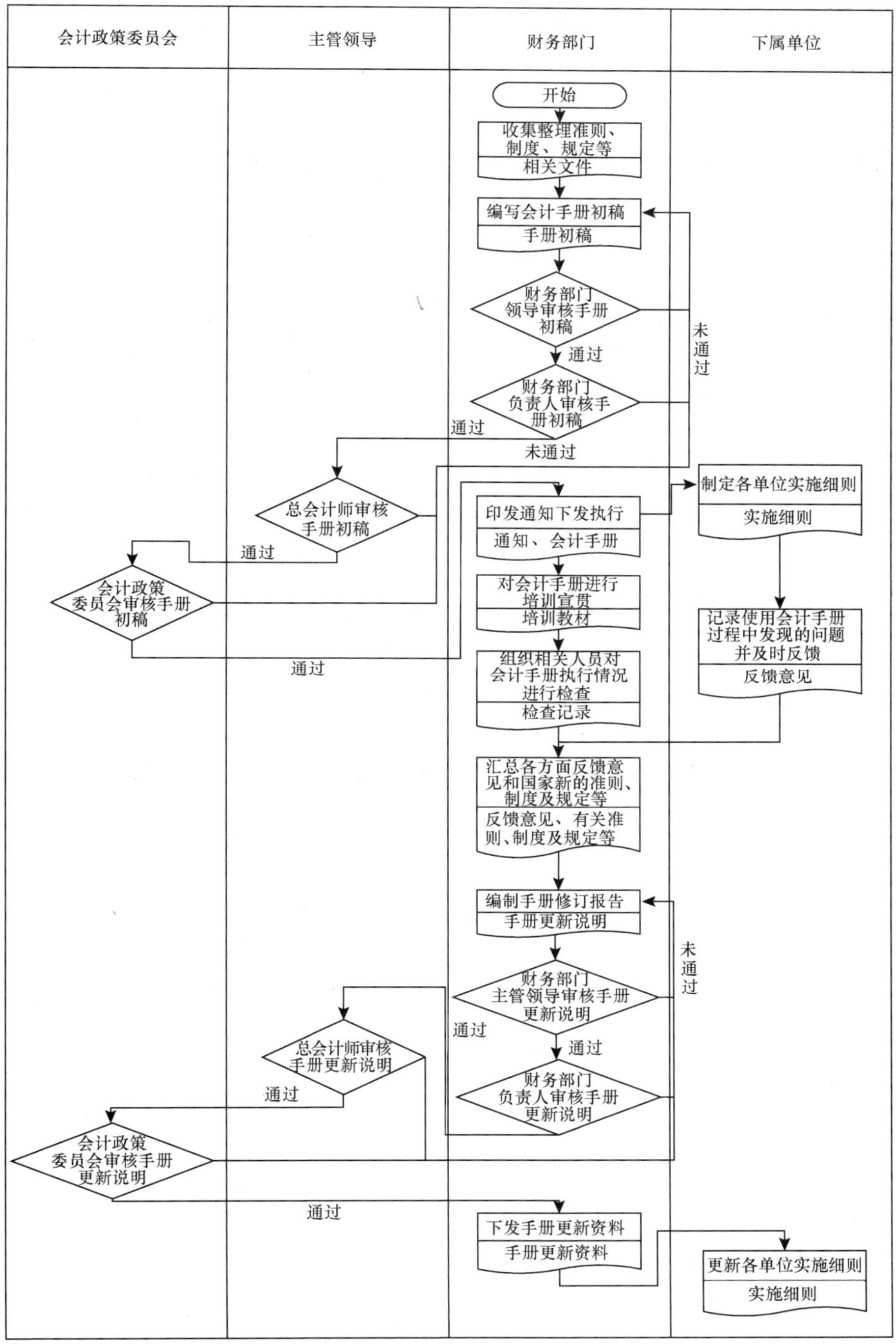

图 7-4　企业会计手册制定流程

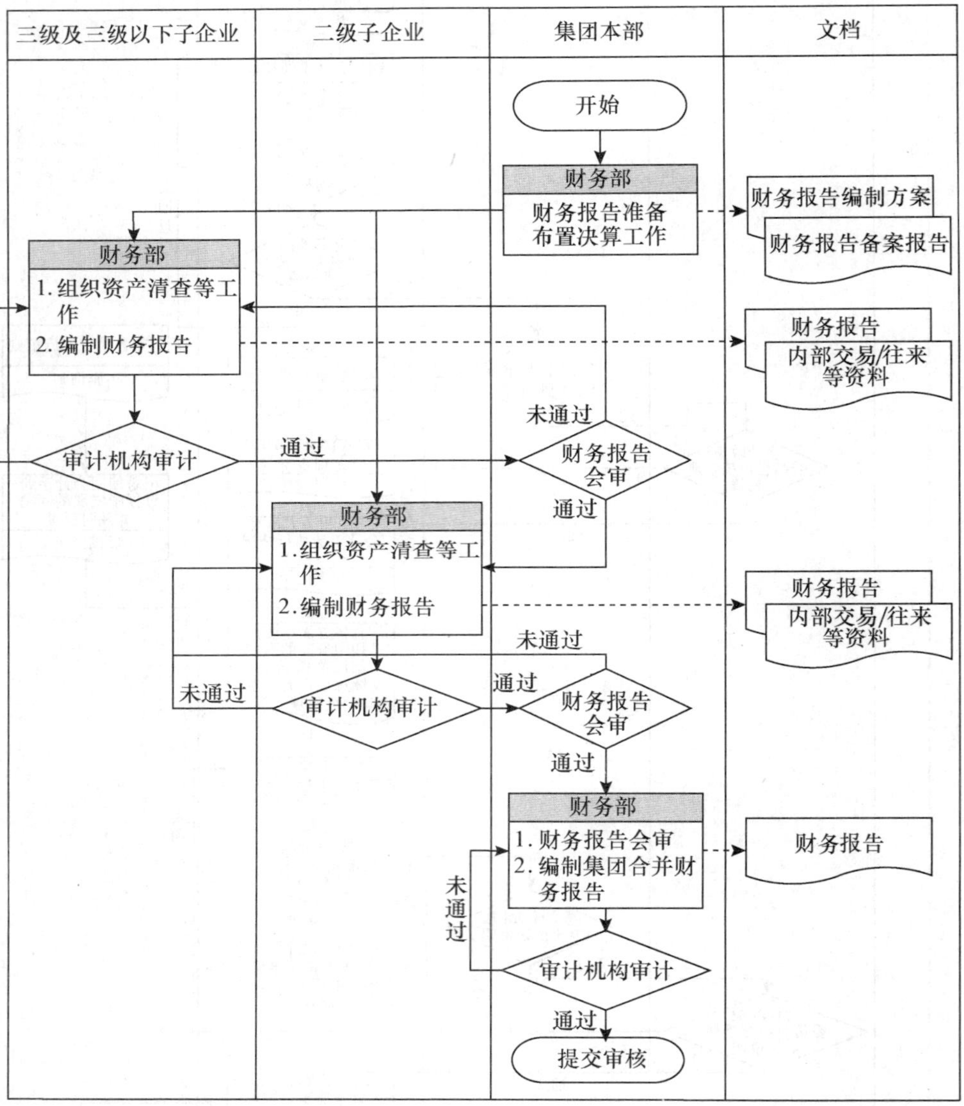

图 7-5　企业财务报告编制流程

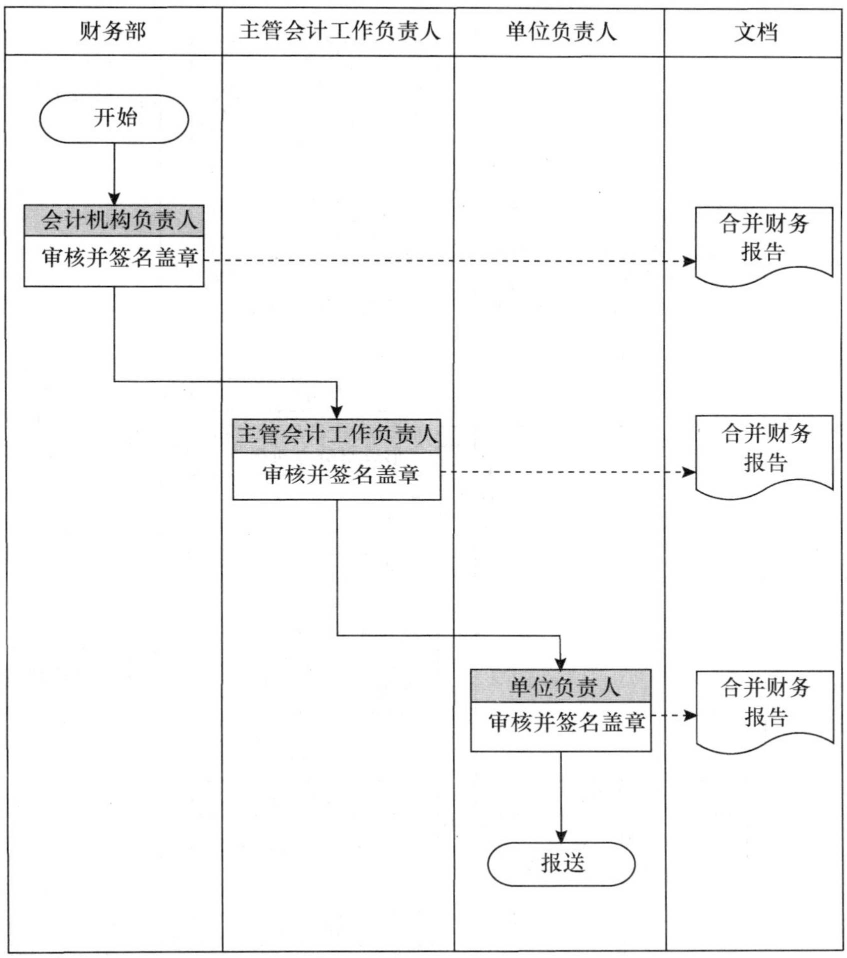

图7-6　企业财务报告对外提供流程

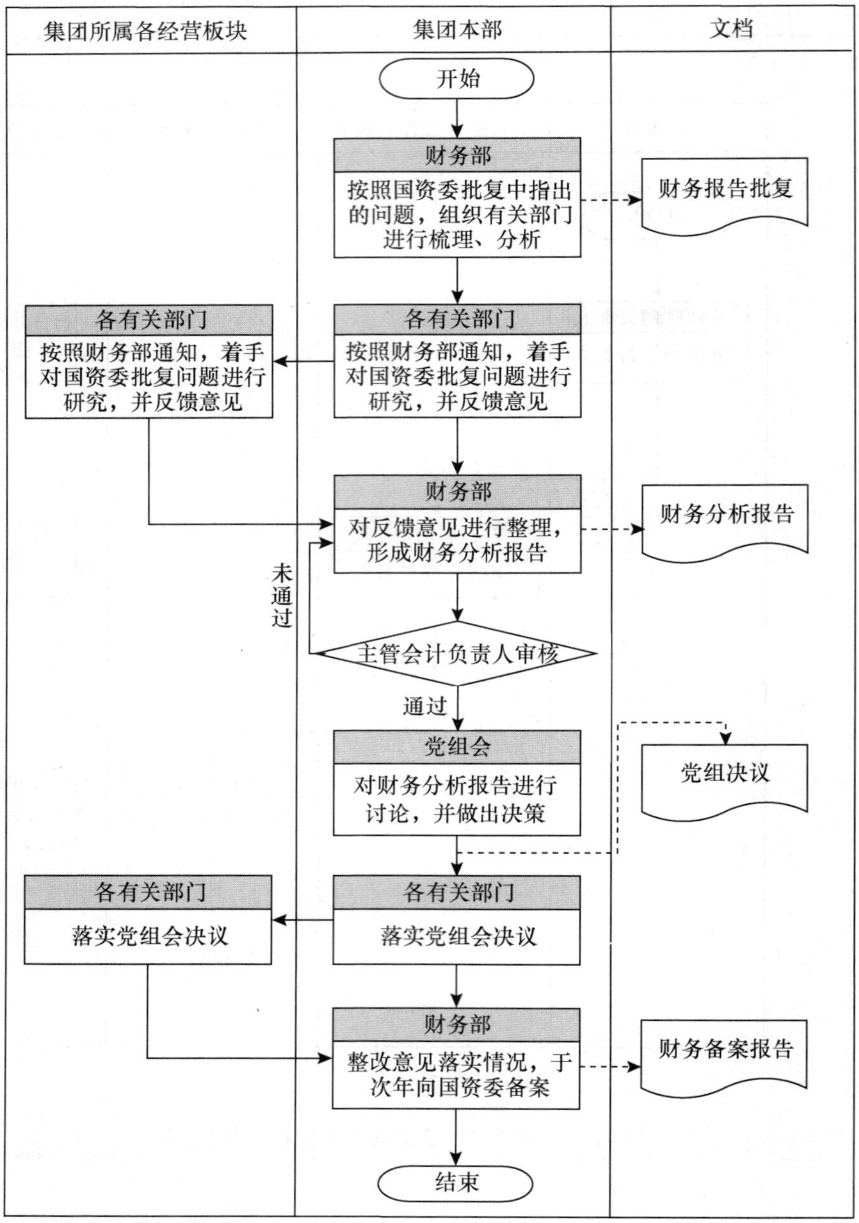

图7-7　企业财务报告分析利用流程

（三）华兴集团公司财务报告编制和披露的风险控制文档

梳理华兴集团公司的财务报告编制和披露的风险控制文档，如表7-5至表7-8所示。

表7-5　华兴集团公司会计手册制定的风险控制文档

序号	风险描述	控制类型	控制方法（自动/人工）	控制措施（手工及系统控制）	控制频率（随时/每日/每周/每月/每季度/每年）
1	会计手册的编写不符合国内外准则、制度、规定的要求	预防性	人工	公司设置会计手册编写项目组，收集整理相关准则、制度，并根据准则、制度编写会计手册初稿	每年
2	会计手册未经有效审批	预防性	人工	会计手册经审批后上报会计政策委员会，会计政策委员会审定会签后下发执行，重要会计政策的变更经会计政策委员会审定后，报国资委备案	每年
3	会计手册的内容未能得到有效宣贯	预防性	人工	集团公司对会计手册的更新内容制定培训方案，并进行培训宣贯	每年
4	会计手册没有得到有效执行	发现性	人工	集团公司组织相关人员对会计手册的执行进行监督检查，检查方式为：（1）月度、季度、半年度、年度对公司报表进行审核；（2）不定期对企事业单位会计手册执行情况进行检查；（3）内外部审计、监管机构的检查	每年
5	会计手册未能根据相关准则、制度以及集团公司的实际情况进行更新	预防性	人工	集团公司收集核算中出现的问题和意见以及相关准则制度的变化，定期对会计手册进行更新	每年

表7-6　华兴集团公司财务报告编制的风险控制文档

序号	风险描述	控制类型	控制方法（自动/人工）	控制措施（手工及系统控制）	控制频率（随时/每日/每周/每月/每季度/每年）
1	财务报表的种类不齐全，格式、内容不完整	预防性	人工	财会部根据使用者需求和企业会计准则的要求进行报表体系设计，提交财务总监审核	每年
2	报表管理权限缺乏适当的职责分工	预防性	人工	企业主管领导结合各岗位的实际情况及财务管理信息系统使用权限申请表，进行审核并签字	每年
3	财务报表编制错误（如取数错误、公式错误、报表间数据勾稽关系错误等）	预防性	人工	财会部各岗位根据系统管理员设置的权限，设置和修改报表格式、计算公式、校验公式、打印格式后交叉复核	每年
4		预防性	人工	结账前，财会部相关岗位对主要经济事项的会计核算情况进行分析性审核、检查，并填写结账工作清单	每月
5		预防性	人工	结账前，财会部报表审核岗对结账工作清单进行复核，复核处理交易或事项的相关人员是否签字	每月
6		预防性	人工	财会部经理审核如未发现任何问题，则直接在财务报告封面上签字并盖章；如发现异常情况和重大问题，则在财务报告审核情况记录表中进行记录并及时处理	每月
7		预防性	人工	财会部经理审核抵销分录	每月
8		预防性	人工	财会部相关报表管理岗自动校验总部报表的勾稽关系是否正确	每月

续表

序号	风险描述	控制类型	控制方法（自动/人工）	控制措施（手工及系统控制）	控制频率（随时/每日/每周/每月/每季度/每年）
9	所属单位报送的相关财务报告不完整、不准确、不及时	发现性	人工	财会部报表汇总管理岗接收所属单位上报的财务报表，通过会计信息系统自动审核	每月
10		发现性	人工	财会部各板块报表管理岗检查报表上报情况，并审查相关信息的合理性	每月
11		发现性	人工	财会部相关岗位审核财务报表并签字	每年
12	合并抵销事项不完整、数据不准确（例如内部购销和内部往来未正确抵销）	发现性	人工	财会部资产负债合并岗、利润合并岗取得合并抵销相关资料，包括所属单位关联交易表、集团公司投资相关材料、资金内部拨付资料、内部借贷款项等，并进行审查	每月
13		发现性	人工	财会部资产负债合并岗、利润合并岗进行相关信息合理性审查，主要审核内部抵销数据是否准确，调整的数据是否合理、准确、完整，同时与会计信息系统中的数据逐项核对	每月
14		发现性	人工	财会部资产负债合并岗、利润合并岗审核业务板块之间的内部购销及往来财务报表。分析对账差异，查找原因并进行调整。确定抵销原则，编制合并报表分录底稿	每月
15		发现性	人工	集团公司编制总部财务报表、接收并审核业务单元财务报表、编制业务板块合并报表相关分录后，财会部资产负债合并岗、利润合并岗执行会计信息系统相关功能，自动校验报表间的勾稽关系是否正确	每月
16		发现性	人工	财会部资产负债合并岗、利润合并岗交叉复核会计信息系统中的报表	每月
17		发现性	人工	财会部报表汇总管理岗审核集团公司合并财务报表	每月

表7-7　华兴集团公司财务报告对外提供的风险控制文档

序号	风险描述	控制类型	控制方法（自动/人工）	控制措施（手工及系统控制）	控制频率（随时/每日/每周/每月/每季度/每年）
1	财务报表数据不准确、不完整，格式不准确，种类不齐全	预防性	人工	财会部经理负责对财务报告进行审核，审核通过后在财务报告审核情况记录表上签字	每年
2	财务报表数据不准确、不完整，格式不准确，种类不齐全	预防性	人工	财会部经理对相关岗位提交的报告，包括财务报表、报表附注、专项报告、财务情况说明书、其他辅助资料等进行复核	每年
3	财务报表数据不准确、不完整，格式不准确，种类不齐全	预防性	人工	集团公司总会计师审核相关资料	每年
4	财务报表数据不准确、不完整，格式不准确，种类不齐全	预防性	人工	集团公司总经理审核相关资料	每年
5	财务报告其他相关工作不及时完成（包括注册会计师审计、签署管理层声明书、对外披露、归档）	预防性	人工	财会部相关岗位将审计后的财务报告报送财政部、国资委相关部门，集团公司领导对政府部门批复进行批示，针对问题及时采取应对措施	每年
6	财务报告其他相关工作不及时完成（包括注册会计师审计、签署管理层声明书、对外披露、归档）	预防性	人工	财会部相关岗位将财务报告及时归档	每月

表7-8　华兴集团公司财务报告分析利用的风险控制文档

序号	风险描述	控制类型	控制方法（自动/人工）	控制措施（手工及系统控制）	控制频率（随时/每日/每周/每月/每季度/每年）
1	财务分析报告的目的不明确，财务分析方法不正确	预防性	人工	听取其他职能部门及各经营板块的意见，对财务报告进行分析	每年
2	财务分析报告的内容不完整，未对本期生产经营活动中发生的重大事项做专门分析	预防性	人工	会计机构负责人审核财务分析报告的准确性，判断是否需要对特殊事项进行补充说明，并对财务分析报告进行补充说明。对生产经营活动中的重要资料、重大事项以及与上年同期数据相比有较大差异的情况做重点说明	每年

续表

序号	风险描述	控制类型	控制方法（自动/人工）	控制措施（手工及系统控制）	控制频率（随时/每日/每周/每月/每季度/每年）
3	党组会决议内容传递不畅，未能及时使有关部门获悉；各部门、各经营板块对国资委财务决算批复不够重视，未对其中的意见进行整改落实	纠正性	人工	对国资委在批复中提出的集团在经营管理中存在的问题，集团召开党组会，会议要求有关部门负责人参加，在最高层面提出解决方案，最后形成党组决议，对存在的问题及时采取措施	每年
4		指导性	人工	党组会关于财务批复意见的整改措施及时传达给有关部门、各经营板块，充分利用信息技术和现有内部报告体系在各个层级上进行沟通	每年
5	汇报资料的种类或数据不完整、不准确；种类不齐全、不完整	预防性	人工	财务部主管领导审核是否按规定程序针对反馈意见进行修改	每年
6		预防性	人工	总会计师审核汇报资料的种类及数据是否完整、准确。提出问题，通知相关人员按规定程序修改后，财务资产部相关领导向集团公司管理层汇报	每年

（四）制定具体控制制度并落实到不同岗位

根据企业财务报告编制和披露控制的关键控制点，华兴集团公司制定《财务报告编制准备管理制度》《会计凭证管理办法》《财产清查管理制度》《财务报告编制管理制度》《财务报告报送与披露管理制度》《反财务舞弊与投诉举报制度》等控制制度，并把各项制度落实到企业财务报告编制和披露控制相关人员的岗位职责上（见表7－9）。

表7－9　企业财务报告编制和披露控制岗位职责

岗位	主要职责
1. 董事会及其审计委员会	审议可能对财务报表产生重大影响的交易或事项的会计处理；审议涉及变更会计政策、调整会计估计的事项；审议资产清查及债务核实报告；审议确定合并财务报表编制范围的方法；审议会计师事务所聘请制度；审议注册会计师出具的初步审计意见；审议、批准会计师事务所正式出具的审计报告；核查财务舞弊或造假行为。
2. 总裁	审批财务报告编制与披露的各项规章制度；审批年度、半年度、季度、月度财务报告。

续表

岗位	主要职责
3. 财务总监（总会计师）	审核财务报告编制与披露的各项规章制度；审核可能对财务报表产生重大影响的交易或事项的会计处理方法；审核年度财务报告编制方案；审核年度、半年度、季度、月度财务报告等；审核会计师事务所聘请制度；与负责审计的注册会计师沟通初步审计意见。
4. 财务部经理	组织制定财务报告编制与披露的各项规章制度；监督财务报告编制与披露的各项规章制度的执行；组织编制年度、半年度、季度、月度财务报告；制定年度财务报告编制方案；制定可能对财务报表产生重大影响的交易或事项的会计处理方法；组织资产清查及债务核实并报告；组织制定会计师事务所聘请制度。
5. 会计人员	清查企业资产并核实债务；收集并汇总有关会计信息；对账、查账、结账；编制各类财务报表。
6. 其他职能部门相关负责人	提供编制财务报告所需的信息；配合财务部对账。

第五节　企业内部审计控制

一、企业内部审计机构设置及内部审计工作的流程

企业内部审计机构设置如图7－8所示。相应地，内部审计人员开展内部审计工作的流程如图7－9所示。

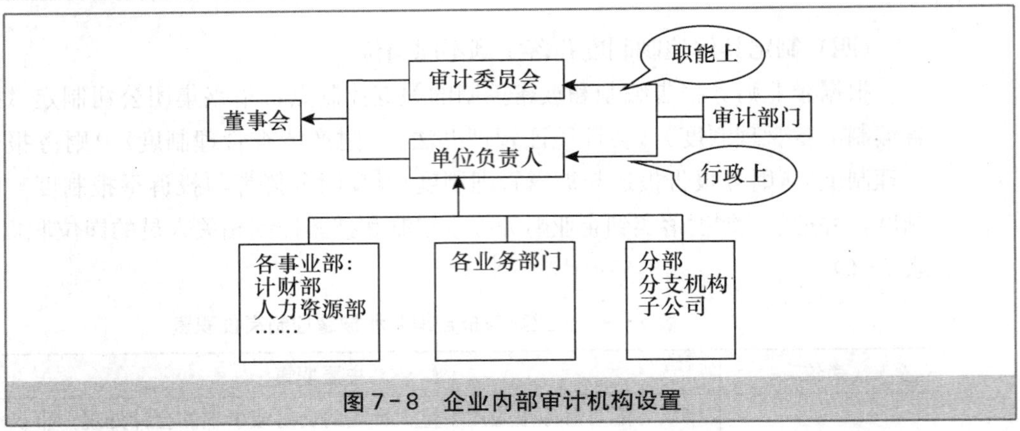

图7－8　企业内部审计机构设置

二、企业内部审计控制的关键控制点

根据图7－8、图7－9的内部审计机构设置及内部审计工作流程，企业内部审计控制的关键控制点有：

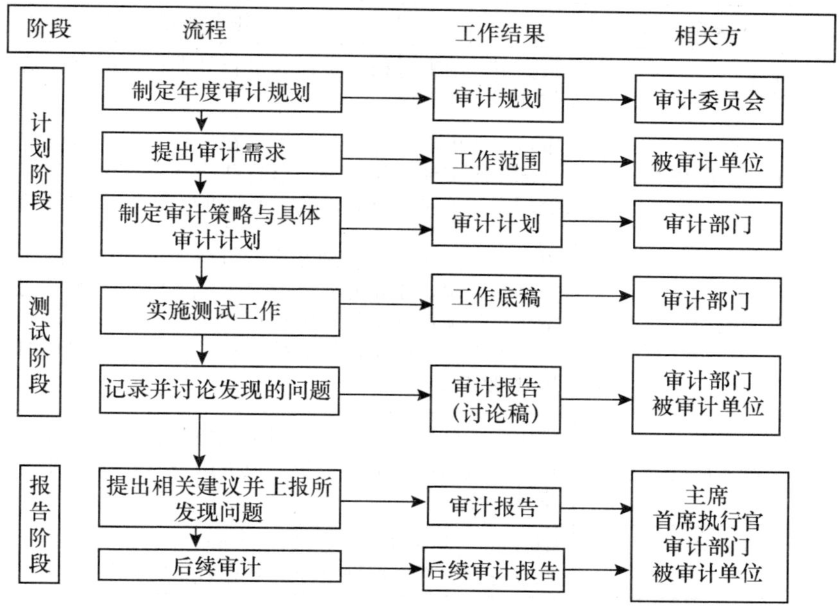

图 7-9 企业内部审计工作流程

（1）内部审计机构设置和人员配备是否科学合理；

（2）内部审计机构是否按照法律法规及内部审计规范的要求，制定内部审计工作手册，规范内部审计程序；

（3）企业内部审计机构是否建立了健全有效的质量控制制度；

（4）内部审计人员是否具备相应的学识、业务能力、专业胜任能力以及沟通能力；

（5）内部审计机构和人员是否遵循职业道德和独立性要求；

（6）内部审计如何履行舞弊行为的防范、检查与汇报职责。

三、制定具体控制制度并落实到不同岗位

根据企业内部审计控制的关键控制点，制定《审计人员工作规范》《内部审计管理制度》《企业舞弊行为预防、检查、汇报制度》《内部审计督导控制制度》《内部审计质量控制制度》《内部审计外部评价制度》等控制制度，并把各项制度落实到企业内部审计控制相关人员的岗位职责上（见表 7-10）。

表 7-10 企业内部审计控制岗位职责

岗位	主要职责
1. 董事会	审批企业内部审计管理制度；审批内部审计年度工作计划；审批内部审计重要审计报告；对重大舞弊、过失行为的处理进行裁决。

续表

岗位	主要职责
2. 总裁	根据审计结果对相关责任人进行处罚；根据审计结果指导被审计单位开展整改工作。
3. 审计委员会	审核企业内部审计管理制度；在授权范围内审批审计报告；审核审计部年度审计工作计划；监督并指导审计部开展审计工作；受理并处理审计争议和申诉；确定企业进行内审外评的实施单位。
4. 审计经理	编制企业内部审计管理制度；审核各审计项目的实施方案；根据企业经营状况，制定年度审计工作计划；组织审计工作按计划开展，指导审计项目的实施；审核审计项目的工作底稿和审计报告；初选内审外评实施单位，报上级审批；及时汇报发现的舞弊行为，并给出处理建议。
5. 审计项目负责人	拟定审计项目实施方案，报上级审批；编制审计工作底稿，报上级审批；编制审计工作报告，报上级审批；组织开展审计项目的后续审计工作。
6. 被审计单位工作人员	配合审计部门完成对本部门的审计；对审计报告、处理建议提出意见或进行申诉；根据审计结果对本部门工作进行整改。

四、2020年新版三线模型

2020年7月，内部审计师协会发布了新版三线模型（three lines model），如图7-10所示，旨在帮助组织确定最有利于实现目标并促进强有力的治理和风险管理的结构和流程。

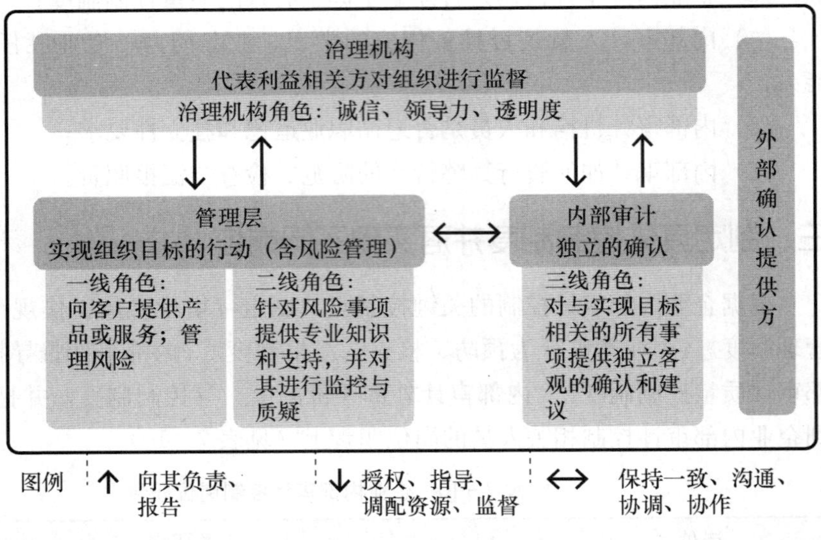

图7-10　2020年新版三线模型

三线模型通过明确组织内各个角色和职责来增进对风险管理和控制的理解。该模型实际上是将风险、战略和绩效这三个方面纳入系统的组织结构准则。为此，三线模型被视为一种监督模型，旨在提供透明的监督职责分配，并要求个人（或团体）承担各自的职责，如图 7－11 所示。

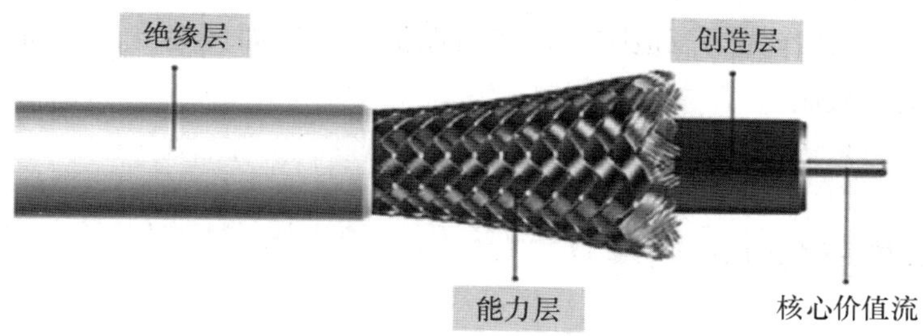

图 7－11　三线模型中三道防线的融合与价值网络形成

资料来源：The Institute of Internal Auditors 官网.

（1）第一道防线：创造层。第一道防线即企业经营管理中和外部市场直接接触的部门，如销售部门、采购部门等核心业务部门，作为风险管理的第一责任机构，主要进行价值创造，同时保护价值，负责打赢“战争”。

（2）第二道防线：能力层。第二道防线是指可以协助第一道防线核心业务部门进行风险管控的法务、合规、财务、人力、质量、安全等支持职能部门，主要负责能力输出，在专业领域形成价值创造和保护的专项能力并支持第一道防线更好地进行价值创造和保护，以提升第一道防线的专项能力为主要目标，负责提供“弹药”。

（3）第三道防线：绝缘层。第三道防线主要指独立监督和审计部门，包括内部审计和外部审计，部分企业还包括纪检和监察等保证职能部门，其主要职能是保护价值，建立审计和监督“绝缘机制”，防止价值外流，负责“督战”。

三道防线中最核心的内容是第一道和第三道，即执行与监督，缺一不可，第二道防线其实为衍生物。实践中第一道防线和第二道防线可以融合，第二道防线与第三道防线可以融合，但第一道防线和第三道防线不可融合。

第一道防线和第二道防线融合侧重的是核心业务层风险的自控制，将风险管理工作最大限度地嵌入业务职能。

第二道防线和第三道防线融合侧重的是对风险的监督检查，最大限度地通过监督检查职能实现风险管理工作要求。

讨论思考题

1. 描述企业预算控制流程及其关键控制环节。

2. 结合具体情况分析企业合同控制的风险及其控制措施。

3. 描述企业信息系统控制流程及其关键控制环节。

4. 结合具体情况分析企业财务报告编制和披露全过程的主要风险及其控制措施。

5. 描述内部审计在企业中的定位及其与职能部门、业务部门的关系。

6. 审计作为第三道防线，如何保护价值？如何建立防止价值外流的审计和监督“绝缘机制”？

案例讨论与分析

腾信股份财务报告编制与披露

1. 腾信股份简介

北京腾信创新网络营销技术股份有限公司（原名腾信互动，2010年正式更名为腾信创新，以下简称“腾信股份”）成立于2001年，是国内第一家互联网营销上市公司，2014年9月10日在深圳证券交易所挂牌上市，公司主营业务是“为客户在互联网上提供广告和公关服务，通过分析相关数据，使得广告和公关服务的精准度更高，服务效果更好”，实际控制人是徐炜。Wind数据显示，2014—2020年，腾信股份的营业收入从8.39亿元增长至8.91亿元；归母净利润从0.90亿元变成−1.05亿元。

2. 董事对公司2021年三季报投弃权票

2021年10月26日晚，腾信股份披露了2021年三季报，报告期内公司实现营业收入2.87亿元，同比下降68.04%；归母净利润为−0.40亿元，同比下降2 014.53%。腾信股份的三名董事吴智烽、党国峻、张少华分别投了弃权票。

吴智烽的弃权理由是：“针对公司在违规担保问题方面存在的内控制度缺陷，截至本次董事会召开日，未收到任何相关的整改报告，无法判断公司是否依然存在违规担保的情形或其他内控制度缺陷的问题，基于此，本人无法对公司2021年第三季度报告发表意见。”

党国峻、张少华的弃权理由是：“报告显示公司第三季度营业收入同比下降98.09%，至570.7万元，预付账款同比上升289.30%，至5.45亿元，缺乏合理性。我们积极进行核实并查阅相关合同，但无法判断大额预付账款是否具备商业实质。”

3. 董事对公司2021年半年度报告投反对票

2021年8月26日，腾信股份披露2021年半年度报告，报告期内，公司实现营业收入2.81亿元，同比下降53.00%；归属于上市公司股东的净利润为−4 085.43万元，同比扩大 342.62%；归属于上市公司股东的扣除非经常性损益后的净利润为 −4 037.54 万元，同比扩大 126.84%；经营活动现金净流出 3 050.10 万元，上年同期为净流入 1.36 亿元；基本每股亏损 0.106 4 元。

董事党国峻、张少华对腾信股份半年度报告投了反对票，理由包括“公司正处于证监会立案调查期间，并且因违规办理存单质押担保事项于 2021 年 6 月 15 日被北京证监局采取出具警示函的行政监管措施。我们多次向公司询问核实，未能获得充分合理的信息以判断公司是否仍存在违规担保问题”等。

4. 董事对公司 2020 年年报和内部控制报告投反对票

董事吴智烽对 2020 年年报投了反对票，理由是：“虽然公司自查并披露了 2020 年度的对外担保事项（未经董事会审议），但是由于公司内控制度存在重大缺陷，无法保证公司在报告期内是否存在其他对外担保而未披露的情形。根据公司披露的《2020 年度业绩预告修正公告》，其中公司与魔游公司的技术服务协议不具备商业逻辑，无法保证相关业务的真实性。”

董事吴智烽对公司 2020 年度内部控制自我评价报告投了反对票，理由是：(1) 公司 2020 年度审计报告中“保留意见涉及的事项”说明公司在关联方交易制度方面可能存在重大缺陷，在会计资料档案管理保存方面存在重大缺陷。(2) 公司在 2019 年度及 2020 年度均存在以大额定单作为质押提供违规担保，且未经公司董事会审议表决，说明公司内控制度存在重大缺陷。

5. 事务所对公司 2020 年年报出具保留意见的理由

(1) 腾信股份在 2020 年度与天津九洲鸿博国际贸易有限公司、天津市港运中兴商贸有限公司等 19 家单位发生多笔大额资金往来，款项以预付合同款支付，以合同终止退回，累计支付、退回发生额均为 19.28 亿元，期末余额为零。我们无法获取充分、适当的审计证据，以判断该部分预付款项的实际用途。

(2) 2020 年 3—10 月，腾信股份账面记载与青岛浩基资产管理有限公司的借款通过辽阳市宏伟区颢达经贸有限公司及天津融艺圣科技发展有限公司银行账户转入、转出，累计借入、归还发生额均为 9.32 亿元，期末余额为零。2020 年 12 月 30—31 日，腾信股份向天津万信恒行贸易有限公司支付 3 亿元款项，腾信股份对该项资金往来的会计处理与相关支持性文件存在差异。我们无法获取充分、适当的审计证据，以判断该部分款项的实际用途。

(3) 腾信股份 2021 年 4 月 20 日公告称控股子公司青岛数腾智能科技有限公司（控股比例 51%）遗失 2019 年 10 月至 2020 年 12 月期间的会计账簿等资料，对于纳入合并报表的该子公司期末资产总额 2 302.77 万元、负债总额 1.08 万元、本年度净利润 −314.86 万元，我们无法实施审计程序，以确定该事项对腾信股份财务报表可能产生的影响。

讨论与分析：

1. 分析腾信股份财务报告编制与披露的风险及其应对措施。

2. 结合事务所对腾信股份2020年年报出具保留意见，分析审计师对财务报告的责任。

3. 董事是否可以对财务报告不保真？应当采取什么措施防范这种财务报告的风险？

第八章

内部控制（风险管理）的评价

学习目标

1. 了解内部控制（风险管理）评价的各方面责任人。
2. 熟悉内部控制（风险管理）评价体系。
3. 掌握内部控制（风险管理）评价的流程、底稿、技术方法。
4. 掌握企业内部控制自我评价。
5. 熟悉内部控制评价报告的编制。

引例

华兴公司产品被召回的风波

在华兴公司董事长张敏的办公室，审计部部长把最近对公司内部控制进行评价时形成的公司内部控制缺陷报告交给了董事长，董事长随手把报告丢在办公桌上，心想：目前最棘手的问题是如何在企业大发展中巩固市场占有率，以及如何把公司大发展的情况宣传出去，内部控制缺陷报告是在给企业经营管理挑毛病，解决不了什么问题……

四个月后，华兴公司因急于扩大市场占有率，在服务和产品上出了问题，引起社会不满，不利舆论纷起，产品被召回，暴露出公司在产品开发、生产以及市场推广等方面存在严重问题。董事长张敏不明白，两年前公司花大价钱聘请国际著名会计师事务所设计内部控制手册，涉及产品开发、生产以及市场推广等方面的规章制度，这些规章制度严密有效，为公司防范了许多风险，但这次为什么会出现致命问题？

董事长把公司所有高层和中层领导痛骂一遍，并给审计部部长放狠话："一定要在整改中深入彻查，查出是谁的责任就开除谁。"审计部部长欲言又止，实际上他想说："四个月前我们在对公司内部控制进行评价时，已经发现公司在产品开发、生产以及市场推广等方面存在问题：一些控制措施原本有效，但人们习以为常地把一些关键控制点当作例行公事，防范风险能力降低；一些原来有效的规定已经与日新月异的现状不符，需要改进了……"但审计部部长感受到董事长的愤怒，只是连声说："查、认真查、深入查……"

从华兴公司产品被召回的风波中，人们认识到对于一家公司来讲，再好的内部控制只有在"设计—实施—评价—改善—再实施—再评价—再改善"中持续完善，才能促使企业逐步形成自我识别风险、自我防范风险的内部控制良性运行机制；同时，公司的管理者要重视内部控制评价所揭示的风险，这对控制风险、提高管理效率很有用。现实中，如何对内部控制进行评价？如何发挥内部控制评价报告在企业经营管理中的作用？

第一节　内部控制（风险管理）评价体系

一、企业内部控制（风险管理）评价的各方面责任人

内部控制评价，是指由企业董事会和管理层实施的，对企业内部控制有效性进行评价、形成评价结论、出具评价报告的过程。企业应当根据国家有关法律法规和《企业内部控制基本规范》的要求，结合企业实际情况，对战略目标、经营管理的效率和效果目标、财务报告及相关信息真实完整目标、资产安全目标、合法合规目标等单个或整体控制目标的实现进行评价。在整个内部控制评价过程中，各方面责任人的职责如下。

（1）企业董事会及审计委员会。企业董事会及审计委员会负责领导本企业的内部控制评价工作。董事会对内部控制评价承担最终的责任。企业董事会应当对内部控制评价报告的真实性负责。董事会可以通过审计委员会来承担对内部控制评价的组织、领导、监督职责。董事会或审计委员会应听取内部控制评价报告，审定内部控制重大缺陷、重要缺陷整改意见，对内部控制部门在督促整改中遇到的困难，积极协调，予以解决。

（2）企业监事会。企业监事会对董事会实施内部控制评价进行监督。

（3）企业经理层。经理层应结合日常掌握的业务情况，为内部控制评价方案提出应重点关注的业务或事项，审定内部控制评价方案和听取内部控制评价报告，对

于内部控制评价中发现的问题或报告的缺陷，要按照董事会或审计委员会的整改意见采取有效措施予以整改。

（4）企业各业务部门或所属单位。

1）建立健全并不断完善自身的内部控制。

2）组织内部控制自我评价。

3）配合企业全面的内部控制评价工作。

4）及时整改内部控制评价中发现的缺陷，对不能立即整改的，制定缺陷整改实施计划。

（5）内部审计监察部门及其审计人员。

1）组织企业内部控制自我评价工作。

2）对企业内部控制自我评价结果进行抽查，进行独立评价。

3）出具企业内部控制评价报告，跟踪、督促和复查内部控制缺陷的整改。

对于评价过程中发现的重大问题，评价者应及时与董事会、审计委员会或经理层沟通，认定内部控制缺陷，拟订整改方案，编写内部控制评价报告，及时向董事会、审计委员会或经理层报告；与外部审计师沟通，督促各部门、所属企业对内外部内部控制评价进行整改；根据评价和整改情况拟订内部控制考核方案。

二、企业内部控制（风险管理）评价的目标与原则

（一）企业内部控制评价的目标

（1）促使企业各级管理者和员工强化内部控制意识，严格贯彻落实各项控制措施，确保内部控制体系有效运行。

（2）通过持续的内部控制评价，不断改进和完善内部控制，确保企业各项制度与流程设计合理、执行有效。

（3）建立企业内部控制检查评价机制，提高企业运行的效率和效果。

（4）促使企业在出现业务创新、机构重组及新设等重大变化时，及时有效地评估和控制可能出现的风险。

（5）促使企业提高风险管理水平，保证其发展战略和经营目标的实现。

（二）企业内部控制评价的原则

（1）风险导向原则。内部控制评价应当以风险评估为基础，根据风险发生的可能性和对企业单个或整体控制目标造成的影响程度来确定需要评价的重点业务单元、重要业务领域或流程环节。

（2）一致性原则。内部控制评价应当采用统一可比的评价方法和标准，保证评价结果的可比性。

（3）公允性原则。内部控制评价应当以事实为依据，以法律法规、监管要求为准绳，客观公正、实事求是，且评价结果应当有适当的证据支持。

（4）独立性原则。内部控制评价应由具有相对独立性的内部机构或受托的外部审计师来执行。

（5）适应性原则。内部控制评价应当以公认的内部控制标准为依据，本着有利于优化企业内部控制体系、推进企业全面风险管理、实现企业绩效考核目标的原则，对企业内部控制的有效性进行综合检查和评价，以适当的成本实现科学有效的评价。

三、企业内部控制（风险管理）评价主体

企业内部控制（风险管理）评价主体是内部控制评价体系的一个关键要素。综合国内外理论与实践来看，为了实现不同的目的，主要有外部中介机构、企业内部审计人员和企业经营管理人员三类主体。

（一）外部中介机构

内部控制评价有鉴证和咨询两种类型，鉴证类内部控制评价的实施主体是独立于企业的会计师事务所，这是第九章研究的问题，即内部控制（风险管理）审计。内部控制（风险管理）审计关注的重点是企业的财务报告内部控制，目标是鉴证企业是否存在有效的内部控制以保障财务报告的真实性，而不是改善企业管理，实现企业发展目标。咨询类内部控制评价的实施主体是会计师事务所和专业咨询公司，他们实施的内部控制评价属于企业内部审计外包的范畴，其评价目标与企业内部审计人员的评价目标是一致的。

外部中介机构（主要是会计师事务所和专业咨询公司）实施内部控制评价的优势在于其独立性强，可以客观公正地发表意见，而且企业不必设置专门的内部控制评价岗位，可以节约费用。但外部中介机构由于远离企业，加之人员流动非常频繁，每次评价可能都是在对企业的实际情况不了解的前提下短期内完成的，评价结果的恰当性难以保证。内部控制本身并没有好坏之分，也没有一个放之四海而皆准的统一标准，对内部控制的评价恰恰需要对公司的发展目标、组织架构、公司治理、内部环境等有全面的了解，这是外部中介机构在短时间内无法达到的，因此外部中介机构的内部控制评价结论，企业只能用来参考。对于达到一定规模的有条件的企业，内部控制评价作为内部审计的核心业务，最好不要整体外包，否则评价质量难以控制。如果缺乏专业人员如审计师、信息系统审计师，可聘请专家加入内部审计小组，由企业内部人员作为组长统一协调，这种方式的审计效果要好于整体外包。当然对于一些规模较小的企业，由于管理层次比较少，内部控制难度不大，可以不设置专门的内部审计机构，根据实际情况不定期地聘请外部中介机构实施内部控制评价。

（二）企业内部审计人员

企业内部审计人员应该是独立于其他业务部门的专职审计人员，可以直接向董

事会（审计委员会）或总经理报告，只有在这种情况下，内部审计人员才能独立、客观、公正地对企业内部控制进行评价，其角度和立场才可能与企业总体发展目标相一致。

从评价者对企业的了解来看，企业内部审计人员虽然具有一定程度的独立性，但其是企业的一员，个人利益与企业利益息息相关，有动机从成本效益角度对企业内部控制做出符合企业总体利益的评价。而且，由于内部审计人员长期处在企业之中，了解企业的发展目标和实际情况，便于科学合理地制定内部控制评价标准，这一点是外部审计人员很难做到的。从评价成本来看，聘请独立中介机构进行内部控制评价需要花费一定成本，不可能频繁地进行审计，而内部审计评价则不受时间限制，是由企业自发组织的，可以定期或者不定期地进行，可以全面地评价，也可以有重点地针对某个单位、某个部门甚至某个业务流程进行专项评价。从管理的保密性看，内部审计人员是最适合实施内部控制评价的主体，对一些规模较大、管理层级较多的公司而言尤其如此。有条件的企业应该设立独立的内部审计机构，并配备熟悉企业各种业务类型的专职内部审计人员。

（三）企业经营管理人员

企业经营管理人员实施的内部控制评价，就是内部控制自我评价（control self-assessment，CSA）。传统评价方式的主要弊端在于将评价主体与内部控制的执行人员完全独立，评价者和被评价者之间甚至会出现抵触情绪。事实上，从内部控制评价的目标来看，内部控制评价不是企业某个部门或者某个员工的事情，它需要全体员工共同努力。内部控制自我评价的出现，很好地解决了这一问题。

内部控制自我评价是公司管理层和员工在专题讨论中，共同对内部控制进行的评估，是组织监督和评价内部控制系统的主要工具。内部控制自我评价实现了内部审计人员角色的转换，从高高在上的监督者变成协调者；由于部门员工的参与，部门的负责人及员工共同成为内部控制的评价主体，使得这种监督由被动接受式变为主动参与式，使主客关系转变为相互合作的伙伴关系。在进行内部控制自我评价时，在内审人员的协调与指引下，参与者可以更好地理解内部控制中的问题，了解组织其他职能部门的工作状况，完善企业的内部控制体系。为此，内部控制自我评价将运行和维持内部控制的主要责任赋予公司管理层，同时员工和内部审计人员与管理层一起承担对内部控制评价的责任。内部控制自我评价的基本特征是：关注业务的过程和控制的成效；由管理部门和职员共同进行；用结构化的方法开展评价活动。这使以往由内部审计人员对控制的充足性及有效性进行独立评价发展到全新的阶段，即通过设计、规划和运行内部控制自我评价程序，由组织整体对管理控制和治理负责。

上述三类主体实施的内部控制评价的对比情况如表 8-1 所示。

表 8-1　企业内部控制评价主体对比

比较内容	外部中介机构	企业内部审计人员	企业经营管理人员
独立性	最好	较好	差
成本	最高	较高	最低
熟悉业务程度	最差	较好	最好
开展方式	定期检查	定期、不定期检查	灵活多样
实施条件	不成熟（开展内部控制评价的中介机构数量和质量无法保证）	较成熟（越来越多的企业开始设立独立的内部审计机构）	不成熟（控制环境不好、诚信缺失）
适用企业	规模小，业务性质简单	规模适中	规模较大，内控环境较好，业务稳定

四、企业内部控制（风险管理）评价的内容

内部控制评价应紧紧围绕控制环境、风险评估、控制活动、信息与沟通、监督五要素进行，评价的主要内容如表 8-2 所示。重点关注监事会、审计委员会、内部审计机构等是否在内部控制设计和运行中有效发挥作用。

表 8-2　企业内部控制评价的主要内容

要素		评价内容
控制环境	治理结构	从机构设置的整体控制力、权责划分、相互牵制、信息流动路径等方面评价组织框架。
	发展战略	从制定的合理性、有效实施和适当调整三个方面评价发展战略。
	机构设置及权责分配	公司内部责权分配和授权如何有效进行？是否结合自身特点和内部控制的要求设置内部机构、明确职责权限、将权力和责任落实到各责任单位？是否编制了内部管理手册？
	内部审计	企业是否设置了内部审计机构？独立性如何？内部审计机构通过什么途径和方式报告监督检查中发现的内部控制缺陷？
	人力资源政策	从企业人力资源引进结构合理性、开发机制、激励约束机制等方面评价人力资源政策。
	企业文化	从企业文化建设和评估两方面评价企业文化。
	社会责任	从安全生产、产品质量、环境保护与资源节约、促进就业、员工权益保护等方面评价企业社会责任。
风险评估	风险识别	企业是否根据确定的公司目标和内部控制目标来识别风险？与目标相关的内部风险和外部风险分别是什么？公司确定的整体层面和业务层面的风险承受度是怎样的？
	风险分析	企业采用何种方式对识别的风险进行评价？
	风险应对	企业制定的风险应对策略是否考虑成本效益原则？风险规避、风险降低、风险分担、风险承受策略分别是怎样的？

续表

要素		评价内容
控制活动	不相容职务	是否有效地实施了职责分离?
	授权审批	是否区分常规授权和特别授权，明确各岗位的权限范围、审批程序和相应责任?
	会计系统	是否配备具备专业胜任能力的会计人员? 是否严格遵循国家会计准则和制度? 是否保持会计资料的真实完整?
	财产保护	是否对资产进行实物控制，如存货盘点、现金盘点等?
	预算	是否制定了预算，并进行适当的控制? 是否对偏离预算进行了纠正?
	运营分析	是否建立了运营分析制度? 采用何种分析方法?
	绩效考评	是否建立和实施绩效考评制度? 对各责任单位和全体员工的业绩是否定期进行考评? 考评是否客观?
	重大风险预警机制和应急事件处理机制	是否建立重大风险预警机制和应急事件处理机制? 是否有明确的责任人员?
信息与沟通	信息制度	企业收集内部信息、外部信息的途径如何? 企业信息的传递层级、途径、及时性如何?
	沟通制度	是否建立了报告机制? 员工是否了解违法违规行为的举报沟通渠道? 是否建立了良好的沟通机制?
监督		针对管理层对内部监督的基调，监督的有效性及内部控制缺陷认定的科学性、客观性、合理性进行认定和评价。

企业在表 8－2 的基础上，建立内部控制核心指标体系，层层分解、展开，进一步细化评价。

第二节　内部控制（风险管理）评价的实务及其底稿

一、企业内部控制（风险管理）评价的流程与底稿

我们用图 8－1 简单列示出企业内部控制（风险管理）评价的流程。

（一）制定年度工作计划

企业会综合考虑年度工作重点、风险评估结果以及各个部门或所属单位的需求统一制定年度内部控制（风险管理）评价计划，一般是每年年末制定下一年度的内部控制检查评价计划，报主管领导批准后下发。

实务中，确定年度内部控制检查评价项目的方法有：

（1）风险确认法。根据风险评估结果，对企业所有的风险按其重要性排序，对于风险高的领域，优先安排检查评价。

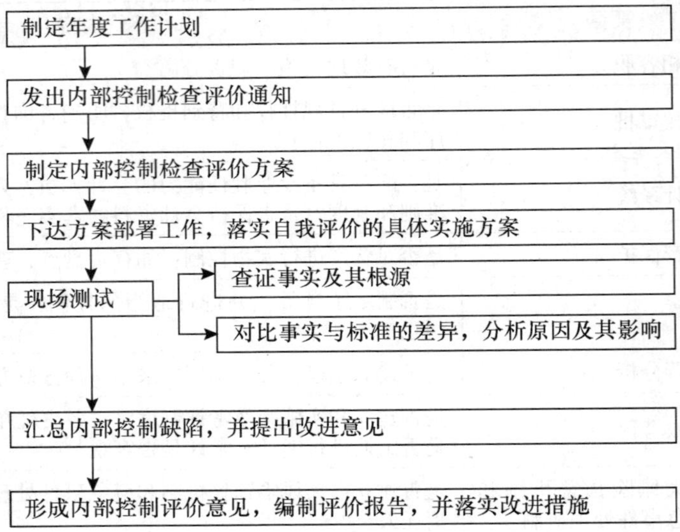

图8-1　企业内部控制（风险管理）评价的流程

(2) 嘎吱车轮法。优先检查评价由企业治理层、管理层、监管机构、外部审计（政府审计或独立审计）等发现的急需关注和处理的问题，由于这种方法与车轮发出嘎吱声以警告异常信息相似，因此被形象地称为“嘎吱车轮法”。

(3) 应企业各个部门或所属单位的要求。企业各个部门或所属单位为了提高效率或降低摩擦成本，会主动提出对其内部控制进行检查评价。

(4) 根据企业的正式组织结构确定。以按照企业组织结构所设计的部门和业务为基础，结合其他特殊要求，每年安排不同部门或所属单位接受内部控制检查评价，几年循环一遍。一般来讲，没有特殊情况，上年已经检查评价的内部控制在本年度不再安排。

（二）发出内部控制检查评价通知

内部控制检查评价负责人应当编制内部控制检查评价通知，报主管领导批准后下发，以明确被评价单位需要协助的领域以及提供的资料。

（三）制定内部控制检查评价方案

内部控制评价机构应当根据企业内部监督情况和管理要求，分析企业经营管理过程中的高风险领域和重要业务事项，确定检查评价方法，制定科学合理的检查评价方案，经董事会批准后实施。检查评价方案应当明确评价主体范围、工作任务、人员组织、进度安排和费用预算等相关内容。检查评价方案可以全面评价为主，也可以根据需要采用重点评价的方式。

内部控制评价机构根据经批准的检查评价方案，挑选具备独立性、业务胜任能力和职业道德素养的评价人员实施评价。评价工作组成员应当吸收企业内部相关机构中熟悉情况、参与日常监控的负责人或业务骨干参加。企业应根据自身条件，尽量建立长效内部控制评价培训机制。

内部控制检查评价负责人应当编制内部控制检查评价方案（如表 8－3 所示），以明确本次内部控制检查评价的目标、范围、依据、实施时间、方法等。

表 8－3　企业内部控制检查评价方案

编制人：　　　　日期：　　　　底稿索引号：
复核人：　　　　日期：

一、概况
二、内部控制检查评价目标
三、检查范围
四、检查对象
五、检查评价内容和重点
六、检查评价依据
七、检查评价方法
八、检查评价报告
九、人员及分工
十、具体计划进度

（四）下达方案部署工作，落实自我评价的具体实施方案

（1）明确自我评价方法和工作要求。按照企业内部控制检查评价方案部署工作，由企业内部审计监察部门或外部审计师提供企业自我评价的工作方法和智力库方面的帮助，并对被评价部门或所属单位的人员进行自我评价培训，帮助他们理解内部控制的重要性，掌握一定的内部控制知识，明确自己在活动中的角色。

在自我评价实施前，评价工作小组制定评价方法、抽样原则、评价报告格式和工作底稿格式等工作要求，以统一标准，规范操作。

（2）落实自我评价职责。主要指明确所有控制点的评价实施部门，并对每一子流程明确流程评价实施部门，并指定该流程的评价牵头部门，落实自我评价的具体实施方案（如表 8－4 所示）。

表 8－4　内部控制自我评价的具体实施方案

编制人：　　　　日期：　　　　底稿索引号：
复核人：　　　　日期：

部门：			评价时间范围：	
控制点编号	控制点描述	评价方法	评价人	
			控制点执行人	控制点检查人

（五）现场测试

评价内部控制设计有效性的方式有：控制点执行人自我评价问卷法、个别访谈法和集体讨论法等。具体程序如下：

（1）要求控制点执行人填制控制点执行人自我评价问卷（如表8-5所示），或者采用个别访谈法了解各控制点设计情况。

表8-5 控制点执行人自我评价问卷

部门：		姓名：	
填写时间：		评价时间范围：	
控制点编号	控制点描述	是否存在缺陷	产生缺陷的原因
除上述控制点外的其他个人内部控制职责：			
以上评价真实准确，本人对评价结果负责。 执行人签字：			
加强本流程内部控制执行的建议：			
加强本流程内部控制设计的建议：			
其他加强内部控制设计和执行的建议（不局限于自己负责的流程）：			

（2）召开专题讨论会与系列联席会议。根据控制点执行人自我评价问卷或个别访谈的结果，确定专题讨论会与系列联席会议参与人员以及会议讨论大纲。确定会议时间后，提前通知与会人员并提供讨论大纲，使用独立的会议室，使用电子投票设备或其他匿名投票方式，指定一位会议主席主持研讨会，并安排书记员及时记录。

（3）形成企业内部控制设计有效性评价底稿。评价小组应当把调查以及讨论的问题归类整理，认真分析，形成企业内部控制设计有效性评价底稿（如表8-6所示）。

表8-6 企业内部控制设计有效性评价底稿

编制人： 日期： 底稿索引号：

复核人： 日期：

流程编号：		流程名称：
评价时间范围：		
内容		评价结果
1. 控制目标变化描述		
2. 影响业务流程的因素分析		
3. 内部控制失效风险描述		
4. 内部控制设计有效性评价结论		
设计有效/设计存在以下缺陷		
设计缺陷描述	现有控制点描述（如无相应控制点，则填“无”）	改进计划/建议

企业内部控制有效性测试的常用方法有：控制点执行人自我评价法、询问法（个别访谈、集体讨论）、文件检查、重新执行/穿行测试以及观察。

评价小组成员执行企业内部控制有效性测试形成的底稿如表 8－7 所示。

表 8－7　执行企业内部控制有效性测试底稿

编制人：　　　　　　日期：　　　　　　底稿索引号：
复核人：　　　　　　日期：

业务流程（子流程）：	
控制点序号及描述：	
风险点：	控制点执行频次：
测试方法：	
评价结果记录：	
追加测试程序及结果记录：	
评价结论：	
发现的内部控制缺陷及其影响：	
改进建议：	
被评价单位意见（如未发现缺陷，可不征求被评价单位意见）：	

以下以采用穿行测试的方法说明企业内部控制有效性测试的程序。

（1）收集资料，充分理解拟测试流程的控制。评价人员应对所测试流程有较为充分的了解，以确保测试工作质量。

1）仔细阅读公司对业务流程进行的描述。主要包括流程控制目标、控制风险、控制措施、控制方法、控制频率等。

2）仔细阅读流程图。流程图是公司对业务流程进行描述的辅助途径，评价人员应尽可能地理解和熟悉流程图描述的各部门、岗位的工作步骤及相关部门或岗位之间业务的传递过程。

3）仔细阅读该流程中涉及的关键制度和政策，了解和掌握公司对该流程的关键控制要求和程序，并关注该流程是否遵循公司的相关制度和政策。

4）按照控制矩阵以及流程图中各控制点和文档的要求，编写测试所需资料清单，小组内部对各流程资料进行综合整理后，提交业务部门。

（2）选取的某一业务或交易样本应尽可能贯穿业务流程全过程，以便充分理解该流程；如果流程中有因审批权限、业务性质等不同产生的流程分支，应选择发生频率高的业务为样本进行测试。

（3）评价人员亲自执行选择的某一业务或交易，并简要清晰描述测试发现。

（六）汇总内部控制缺陷，并提出改进意见

评价小组在整合和评价所有了解和测试内部控制形成的工作底稿的基础上，汇总内部控制缺陷，并提出改进意见。这时，一般形成内部控制缺陷及改进建议汇总表（表 8－8）和内部控制缺陷对财务报表影响汇总表（表 8－9）。

表8-8　内部控制缺陷及改进建议汇总表

编制人：　　　　　　日期：　　　　　　底稿索引号：

复核人：　　　　　　日期：

编号	缺陷描述	发生时间	产生原因	已造成或潜在影响	已采取的改进措施	目前改进情况	缺陷未完全消除的原因	下一步改进计划
重要缺陷：								
重大缺陷：								
尚未消除的一般缺陷：								
已消除的一般缺陷：								

表8-9　内部控制缺陷对财务报表影响汇总表

编制人：　　　　　　日期：　　　　　　底稿索引号：

复核人：　　　　　　日期：　　　　　　评价截止日期：

报表项目	影响金额		报表项目	影响金额	
	多计	少计		多计	少计
货币资金			短期借款		
……			……		
……			负债合计		
……			实收资本		
……			……		
……			所有者权益合计		
资产合计			负债与所有者权益合计		

报表项目	影响金额（万元）	
	多计	少计
营业收入		
……		
……		
净利润		

（七）形成内部控制评价意见，编制评价报告，并落实改进措施

在对每个流程风险进行评价打分的基础上形成企业内部控制有效性的总体结论，评分采取百分制，内部控制设计有效性得分是对照内部控制评价的一般标准和

具体标准对内部控制五要素分别进行打分，60 分为平均水平；内部控制执行有效性得分是根据统计抽样评价结果进行打分，如果某个控制点被确认存在缺陷，那么得分在 60 分以下，分数高低根据样本中出现测试差异的数量来确定。反之，如果某个控制点被确认有效，那么得分应在 60 分以上，分数高低仍然根据测试差异的数量来定。相应的内部控制整体状况得分可用以下公式表示：

$$\text{企业内部控制整体状况得分}=W_1B_1+W_2B_2+W_3B_3+\cdots \tag{5.1}$$

式中，W 表示权重；B 表示某业务流程内部控制状况得分。

$$\begin{matrix}\text{某业务流程内部}\\\text{控制状况得分}\end{matrix}=\begin{matrix}\text{内部控制设计}\\\text{有效性得分}\end{matrix}\times\begin{matrix}\text{内部控制执行}\\\text{有效性得分}\end{matrix}\div 100 \tag{5.2}$$

$$\text{某业务流程内部控制设计有效性得分}=W_1X_1+W_2X_2+\cdots+W_5X_5 \tag{5.3}$$

式中，W 表示权重；X 表示内部控制要素得分。

$$\text{某业务流程内部控制执行有效性得分}=W_1P_1+W_2P_2+W_3P_3+\cdots \tag{5.4}$$

式中，W 表示权重；P 表示关键控制点执行情况得分。

编制的企业内部控制评价报告的主要内容包括：

（1）企业内部控制体系建设基本情况。

（2）检查评价依据（国家法律法规和企业内部控制制度）。

（3）本次检查评价范围、实施程序和方法。

（4）检查评价情况，主要包括上次缺陷整改跟踪情况；本次内部控制缺陷及其认定情况；本次内部控制缺陷整改进展。

（5）检查评价结论。主要是针对企业内部控制有效性的总体结论。如果经过评价发现一个或一个以上实质性缺陷，则不能做出内部控制有效的结论，应当就评价中发现的实质性缺陷及其影响进行披露。

（6）附件：内部控制缺陷及改进建议汇总表，内部控制缺陷对财务报表影响汇总表。

同时，评价小组应当对企业内部控制改进情况进行审核，形成企业内部控制缺陷改进计划实施情况表（如表 8－10 所示）。

表 8－10　企业内部控制缺陷改进计划实施情况表

编制人：　　　　　　　　日期：　　　　　　　　底稿索引号：

复核人：　　　　　　　　日期：

编号	缺陷描述	改进措施详述	计划完成日期	实际完成日期	改进计划实施部门及责任人	改进情况审核意见

二、企业内部控制（风险管理）评价的技术方法

（一）企业内部控制（风险管理）评价的主要方法

《企业内部控制评价指引》推荐使用的方法有：

（1）个别访谈法。企业根据检查评价需要，对被查单位员工进行单独访谈，以获取有关信息。

（2）调查问卷法。企业设置问卷调查表，对不同层次的员工进行问卷调查，根据调查结果对相关项目做出评价。

（3）比较分析法。通过分析、比较数据间的关系、趋势或比率来取得评价证据。

（4）标杆法。通过与组织内外部相同或相似经营活动的最佳实务进行比较，来对控制设计有效性进行评价。

（5）穿行测试法。通过抽取一份全过程的文件，来了解整个业务流程执行情况。

（6）抽样法。企业针对具体的内部控制业务流程，按照业务发生频率及固有风险的高低，从确定的抽样总体中抽取一定比例的业务样本，对业务样本的符合性进行判断，进而对业务流程控制的有效性做出评价。

（7）实地查验法。企业对财产进行盘点、清查，对存货出入库等控制环节进行现场查验。

（8）重新执行法。通过重新执行某一控制活动全过程来评估控制执行情况。

（9）专题讨论会法。召集与业务流程相关的管理人员就业务流程的特定项目或具体问题进行讨论及评估。

另外，人们常把一些管理分析方法运用到内部控制评价中，主要有：

（1）杜邦分析体系。杜邦分析体系（DuPont system）的基本原理是利用各个主要财务指标之间的内在联系，综合分析评价企业财务状况。关键是建立完整、连贯的财务比率体系，确定总指标，然后运用指标分解的方法建立起各个指标之间的相互联系，通过数据的替换确定从属指标对总指标的影响。分析时，可将各财务指标之间的关系绘制成杜邦分析图。

杜邦分析体系因杜邦公司首先使用而得名。提出的背景是美国综合性企业发展阶段，企业需要解决多元经营、市场组织以及如何将资本投向利润最大化的经济活动的问题。杜邦分析体系后来发展成为一个评价各个部门业绩的重要工具，至今仍广泛使用。这是典型的结果导向的财务指标分析体系，适用于对经营结果的评价与考核。[①]

① 杨雄胜，夏俊，等. 内部控制评价. 大连：大连出版社，2009：139.

(2) 平衡计分卡。该方法强调企业从整体上考虑营销、生产、研发、财务、人力资源等部门之间的协调统一，而不再将它们割裂开来；它以实现企业的整体目标为导向，强调整体最优而非局部最优；它全面考虑了各利益相关者，强调企业从长期和短期、结果和过程等多个视角来思考问题。平衡计分卡采用竞争评价标准，有效地解决了各部门之间争抢资源进而导致资源配置效率低下的问题，提高了企业整体业绩。在战略规划阶段，通过对战略目标的量化与分解，将企业目标转化为部门及个人行动目标，极大增加了企业内部沟通的有效性，使各个部门及全体员工对企业整体目标达成共识；在战略实施阶段，业绩评价反馈的信息有助于管理者及时发现问题、采取措施以保证既定战略的顺利实现。

平衡计分卡在20世纪90年代被推广应用，那时的经营环境发生了巨大变化，金融工具频繁使用，市场瞬息万变，竞争加剧，企业要生存和发展，就必须有战略眼光和长远目标。平衡计分卡是在考虑影响企业战略目标实现的主要因素的基础上建立的较为科学的业绩评价指标体系。

(3) 作业成本法。该方法是以成本驱动因素理论为基本依据，根据产品生产或企业经营过程中形成的产品与作业、作业链和价值链的关系，对成本发生的动因加以分析，选择作业为成本计算对象，归集和分配生产经营费用的一种成本核算方法。

作业成本法本质上是一种成本核算方法，由于把过程管理的思想引入成本归集当中，对业绩评价产生了重要影响。它提供了新的业绩计量和考核办法，是一种注重过程的业绩评价方法。

传统的成本会计与决策有用性目标的差距越来越大，亟须建立一套方法来消除标准成本法对产品实际成本的扭曲。作业成本法正是基于这种需要产生的，适应企业技术尖端化和准时制（JIT）的应用。

(4) 经济增加值方法。经济增加值（EVA）的概念是由 Stern Stewart 公司提出的，计算公式为：EVA＝税后净营业利润－资本成本＝资产报酬率×总资产－加权平均资本成本率×总成本。其中，税后净营业利润是指不扣除债务成本的营业利润，资本成本指企业占用的包括权益资本和债务资本的全部资金。

该方法衡量公司是否创造经济价值，它以会计数据为基础，承认公司的全部资本成本，真实反映了企业的经济状况以及投资者获得超过公司资本成本的经济回报。经济增加值的计算是一个由会计利润向经济利润调整的过程。考虑机会成本和调整财务报表项目是 EVA 计算的两个重要特色。该评价体系以 EVA 的增加或减少评价企业各部门及其管理者的经营业绩，是以结果为导向的评价方法。

（二）企业内部控制（风险管理）评价中关注的主要风险

在评价企业内部控制（风险管理）时，评价人员应当充分评估下列可能导致内部控制失效的因素：

（1）控制活动的类型。一般来讲，人工控制活动常因人的随意性和串通而出现风险；自动控制活动常因信息系统传递速度快、复制能力强而扩大风险。为此，关键岗位或业务不仅需要双人双签的牵制，更需要轮换和定期检查的监督；自动控制系统每次都要进行测试和评价。

（2）控制活动的复杂性。与企业组织结构、市场环境、经营规模、人员素质等相关的控制活动越复杂，风险越大。

（3）管理层逾越内部控制的风险。内部控制的理念需要上行下效地贯彻执行，如果管理层常凌驾于企业内部控制之上，企业内部控制就不可能得到真正的贯彻执行，风险就会增大。

（4）实施控制活动所需要的职业判断程度。由于人们的认知能力存在差异以及信息传递会造成信息流失，实施控制活动需要的职业判断程度越大，内部控制存在缺陷的风险越大。

（5）控制活动所针对风险事件的性质及其重要性。在性质和数量方面都属于重大风险的事件，其控制活动风险大。

（6）一项控制活动对其他控制活动有效性的依赖程度。如果一项控制活动需要独立发挥作用，其他控制活动无法实现其控制目标，则该控制活动风险大。

在实务中，评价人员充分考虑以上因素后，发现企业存在内部控制风险，如表8-11所示。

表8-11　企业常见的内部控制风险及其来源

内部控制风险	来源
内部控制设计失效风险	应有的控制不存在或不完善
	不相容职务未分离
	已有控制没有要求必要的实施证据
	已有控制缺乏必要的制度文件和执行程序，或制度文件和执行程序不完善
	即使正常运行也难以实现控制目标
有控制未执行风险	已有控制在实际中没有执行
	未按授权规定执行控制
	作业步骤不完整
错误执行风险	由于不了解如何实施控制，造成控制仅仅是例行公事
	突破规定的权限执行控制
	控制执行者因缺乏胜任能力而无法有效实施控制
	其他原因造成的控制失败

（三）企业内部控制（风险管理）评价中测试样本选择

在对企业内部控制（风险管理）进行评价时，有时候并非对所有的事项和情况进行测试，而仅仅选择样本进行测试，这时需要明确选择样本的方法，并在评价工作底稿中清晰记录抽查的样本。

（1）获取样本总体。样本总体在相对时间和空间范围内必须是完整的，即必须涵盖相应流程在规定时期和地点范围内的所有业务，不能遗漏。如检查 2021 年总部销售收入记账凭证是否经过审批，2021 年 1—12 月所有销售收入记账凭证为样本总体。

测试人员应关注和确保样本总体的完整性。如果无法保证样本总体的完整性，可视其重要程度判断其是否为一个内部控制缺陷。

（2）选择抽样方法。抽样方法可分为非统计抽样和统计抽样。非统计抽样（即任意抽样）是不存在任何选择性，所有样本被抽取概率相同的随意进行抽样的方法。统计抽样是以数理统计方法为基础，按照随机原则从总体中选取样本进行审查的抽样方法。统计抽样一般适用于样本总体较大的情况，可分为属性抽样和货币单位抽样。

测试人员选择统计抽样方法以后，可运用以下方法抽取样本：

1）随机抽样。随机选取通常由电脑完成，评价工作底稿应当记录可以认定的特征。

2）连续抽样。如果所有数据的总数是可知的，一个系统的抽样可能更合理，比如抽取第 n 个数据为样品。评价工作底稿中应当记录样本的来源、选样起点、选样终点及间隔，如对 10 月 1 日到 12 月 31 日的销售明细账进行抽样，发票起点号为 345，每隔 30 张选一张。

测试人员应根据所测试控制点的性质不同，决定采用统计抽样或非统计抽样方法，以获取充分、适当的测试证据。一般应尽量采用统计抽样方法，在统计抽样方法不可行时，可考虑从总体中选择超过一定金额的所有项目进行评价，评价工作底稿应当描述样本的特征和范围，如从 10 月份现金日记账中选择所有超过 1 万元的项目。

测试人员按设计的方法选取样本后，不能按个人意愿取舍，应保证样本的真实性。

（3）确定样本量。理论上，统计抽样方法下，可以使用查表法（样本量确定表）确定样本量，但需要事先确定可信赖程度、最大可容忍的误差率，以及预期总体误差率，如采取 95%的可信赖程度、10%的可容忍误差率、0%的预期总体误差率，查得样本量 n 为 30。

实际执行中总体规模（N）一般不会很大，如果按照统计学原理，需要对样本量进行修正，$n^{*}=n/(1+n/N)$，操作起来比较麻烦。可以考虑按照控制点的控制执行频率提前确定样本。这里推荐使用某国际知名会计师事务所为某国际知名公司进行 404 内控测试时采用的样本量确定方法，将定期发生的控制执行频率按每天、每周、每月、每季度、每半年、每年划分，然后根据表8-12确定样本量。

表8-12 样本量统计表（控制执行频率为定期）

控制执行频率	样本量（个）
每天执行	25
每周执行	5
每月执行	3
每季度执行	2
每半年执行	2
每年执行	1

控制执行频率为不定期的，应统计该控制点在测试期间的发生次数，分析此控制点的发生规律，计算预期全年发生次数，然后根据表8-13确定样本量。

表8-13 样本量统计表（控制执行频率为不定期）

控制执行频率	样本量
≥250次	25个
50≤控制<250	抽取样本总体的10%
10≤控制<50	3个
5≤控制<10	2个
2≤控制<5	2个
=1	1个

(4) 分次抽样。对于一些交易笔数多的关键控制点，可采取分次抽样的方式，即首先按照其控制执行频率进行抽样；对抽出的每个样本以其交易数量为总体，视同控制执行频率为不定期的控制点按公司样本量确定原则及抽样方法再次抽样。

(四) 企业内部控制（风险管理）缺陷属性的界定

根据内部控制缺陷影响整体控制目标实现的程度，可将内部控制缺陷分为重大缺陷、重要缺陷及一般缺陷。重大缺陷是指一个或多个控制缺陷的组合，可能导致企业严重偏离控制目标。当存在一个或多个内部控制重大缺陷时，应当在内部控制评价报告中做出内部控制无效的结论。重要缺陷是指一个或多个控制缺陷的组合，其严重程度低于重大缺陷，但仍有可能导致企业偏离控制目标。重要缺陷不会严重危及内部控制的整体有效性，但应当引起董事会、经理层的充分关注。一般缺陷是指除重大缺陷、重要缺陷以外的其他控制缺陷。在实务中，如何界定通过测试发现的内部控制缺陷的属性呢？可以通过图8-2所示的判断内部控制缺陷属性的决策图来确定。

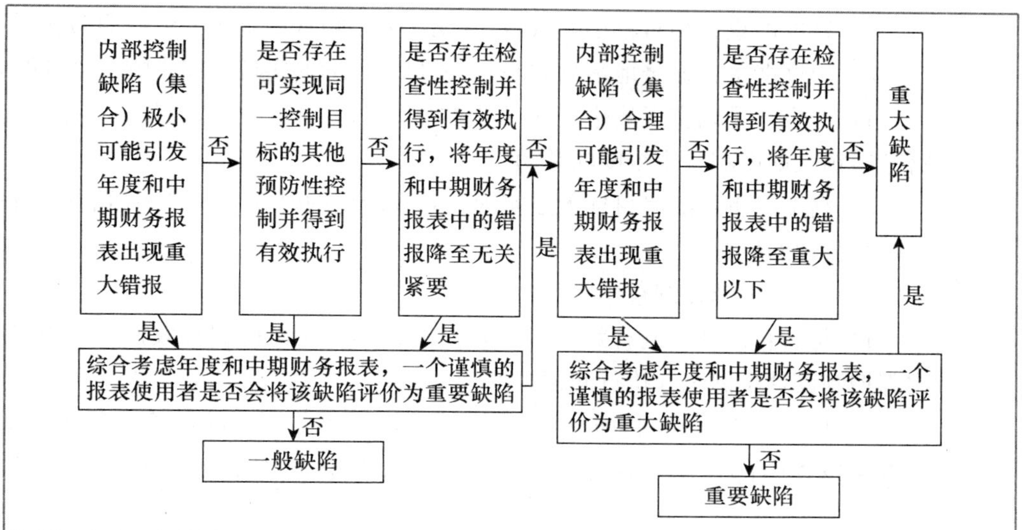

图 8－2　判断内部控制缺陷属性的决策图

根据图 8－2 进行判断，在实务中，具备以下特征的缺陷至少应当被认定为重要缺陷：

（1）公司管理层舞弊。

（2）已经发现并报告给管理层的内部控制缺陷，在合理时间后并未加以纠正。

（3）控制环境无效。

（4）影响收益趋势的缺陷。

（5）影响关联方总额超过股东批准的关联交易额度的缺陷。

（6）不是由公司自己发现而是由外部审计师首先发现的重大错报。

（7）其他可能影响财务报表使用者正确判断的缺陷。

（五）企业内部控制（风险管理）评价标准

在企业内部控制（风险管理）评价中，许多结论都是定性的，为了提高其科学性和合理性，人们常探索定性问题划分的标准。以下是评价标准举例。

（1）评价内部控制风险发生的可能性（概率）。

1）不发生：在特定的时期内不会发生（发生概率＜5%）。

2）不太可能：在特定的时期内不太可能发生（5%≤发生概率＜25%）。

3）可能：在特定的时期内或许会发生（25%≤发生概率＜50%）。

4）很可能：在特定的时期内发生比不发生的可能性大（50%≤发生概率＜90%）。

5）肯定：在特定的时期内已经发生或几乎肯定会发生（发生概率≥90%）。

（2）评价内部控制风险发生的影响程度。

1）不严重：既无战略影响，又无财务影响。

2）轻度严重：相对较小的战略和/或财务影响（如影响一个星期的利润）。

3）中度严重：显著地影响战略和/或财务目标的实现（如影响一个月的利润）。

4）严重：难以实现战略目标（可能需要战略上的一次改变）和/或产生重大的财务影响（如影响一个季度的利润）。

5）高度严重：战略目标无法实现，导致严重的财务后果（如影响一年的利润）并威胁公司的生存。

（3）评价内部控制整体有效性。

1）优秀：内部控制有效。相关业务领域的风险均得到有效控制，检查未发现内部控制设计不健全和执行问题。

2）良好：内部控制有效但有待改进。相关业务领域的风险均得到有效控制，检查未发现内部控制设计不健全，但存在个别执行方面的问题（属一般缺陷范畴）。

3）一般：内部控制有效但存在较多问题。相关业务均有风险控制措施，检查未发现内部控制设计不健全，但存在多个执行方面的问题（均属一般缺陷范畴）。

4）弱：内部控制部分失效。检查发现内部控制设计不健全，存在执行方面多项问题，重要领域的风险未能得到有效控制，多凭习惯或领导指示办事，缺乏规范程序，内部控制存在重要缺陷。

5）失效：内部控制失效。检查发现内部控制制度不健全，比较落后，普遍缺乏风险意识，对重要领域的风险没有任何防范措施，执行较随意，内部控制存在重大缺陷。

三、企业内部控制自我评价

内部控制自我评价是在内部审计的背景下发展起来的一种技术和方法，是由管理层和业务人员直接参与考察和评估内部控制效果的过程，其目的是为组织目标的实现提供合理保证。内部控制自我评价方法是内部审计过程的一次飞跃，也是内部控制系统评价方法的一种突破，体现了“全员评价、全员控制”的新观念。发展之初，它是在内部审计人员的领导下进行的，随着时间的推移和内部控制自我评价方法的不断推广，内部控制自我评价不再是企业管理者和审计人员的事情，而是由各具体部门及全体员工负责的事情。

1987年，在加拿大卡尔加里诞生了一种新型的内部审计技术：加拿大的海湾资源有限责任公司的内部审计人员在常规内部审计前，召集员工和经理出席为期一天的围绕内部控制的专题研讨会。与会人员对与每天工作直接相关的各项内部控制问题进行讨论、评价，并提出改进建议。这就是该公司首创的内部控制自我评价方法。在对公司众多部门进行审计的时候，这种方法效率非常高。于是在其后的十几年间，该公司不断使用该方法来评价其内部控制系统。20世纪80年代后期，不断涌现的财务危机要求企业加强内部控制，这种方法在世界范围内得到广泛应用。

（一）内部控制自我评价的步骤

内部控制自我评价分为5个阶段①：

（1）明确评价主体。明确评价主体是整个过程中最重要的一个阶段。这需要在评价之前围绕内部控制评价内容分解不同的评价主体，并了解与该评价主体相关的关系人和知情人，确定该评价主体的讨论议题。

（2）计划。要求评价小组提供非常有效的项目评价方案。评价小组的成员与管理层合作，制定公司业务组的最高目标以及为了实现最高目标所设定的8～12个支持目标。最高目标可以来自公司业务组的当前任务、战略计划和对未来的展望。

除此之外，计划还包括很多其他工作：为每个支持目标准备讨论问题、选择和通知与会者、选择会议日期、安排会议地址和会议设施、为与会者制作会议手册和会议工作表以及处理计划、进行文字处理工作和选择匿名投票技术。

（3）项目研讨。项目研讨是内部控制自我评价中一个特有的、极其重要的阶段。对于任何一个项目，在限定时间内，评价小组都要进行多次研讨会议。会议氛围公开、诚实，团队成员互相合作、彼此信任。

在每一次研讨会中，与会人员公开、诚实地讨论他们所在业务组在实现支持目标时的效率。与此同时，评价小组的成员要进行会议引导，并进行详尽、真实的记录。与会者的观点实时通过电脑和投影仪显示在大屏幕上。这些做法可以使与会者确认自己的观点被准确记录下来。在每个研讨会结束时，工作总结表大概可以完成70%。

在研讨会开始的前30分钟，评价小组成员通常首先对内部控制和内部控制自我评价过程进行概述。在这个过程中，评价小组成员将内部控制简化定义为“促进目标实现的行为”。

接下来，与会者逐个讨论支持目标，时间长度取决于支持目标的个数。通常情况下，每个支持目标大约耗时30～60分钟。与会者讨论某项支持目标的实施结果。

与会人员对某个支持目标进行讨论以后，会对这个目标在1～7的等级范围内进行打分，给出两个分数。第一个分数代表支持目标实现的真实效果，第二个分数代表支持目标实现的期望效果。两个分数之间的差异表示进步的空间。

（4）报告结果。最后一个研讨会结束后，立刻进入第四个阶段——报告结果。首先，评价小组审查研讨会中编写的工作总结表，以保证语句通顺、语义清楚。工

① ［美］理查德·瞿特，丹尼尔·泽特南，德波娃·德哈斯．控制自我评价：经验、现状思考和最佳实践．大连：东北财经大学出版社，2010：146-149．

作总结表的内容涵盖员工在研讨会中分析得出的支持目标的优势、劣势、建议以及效率评价。完成所有的工作总结表之后，评价小组成员总结分析所有的意见，并从中辨析普遍存在的问题和发展趋势。

（5）制定执行计划。通常情况下，本阶段会召开一个由高管参加的工作会议。在会议中，管理层会根据项目研讨的结果制定执行计划，区分轻重缓急，详细区分职责和完成期限。其后，内部控制自我评价报告会定稿，并分发给管理层和与会者。在随后的一年里，这份报告是管理层工作会议中讨论的重点。

（二）对内部控制自我评价的评价

内部控制自我评价的基本特征[①]有：

（1）由管理者和员工共同进行。内部控制自我评价以岗位职责和业务操作规程为中心来调节和完善，涉及所有员工对控制制度本身及其效果和效率的评价以及对参与控制人员的资格、工作程序和工作表现的评价，需要得到管理者的支持，并要求所有员工共同参与。

（2）关注业务的过程和控制的成效。内部控制自我评价常通过引导会议法、调查问卷法以及管理结果分析法等来客观地审视企业中每个人、每个岗位、每个部门所从事的业务和工作的状态、成绩和不足，以全面透彻地理解业务的最佳过程和控制，提高企业绩效。

（3）用结构化的方法开展自我评价。内部控制自我评价要求每个人、每个岗位、每个部门以及企业整体分层进行自我评价，并针对内部控制各个层面和要素进行自我评价。

内部控制（风险管理）自我评价的优势主要表现在：

（1）有效进行"软控制"的评价。"软控制"相对于"硬控制"而言，包括企业文化，管理层的经营理念、管理风格、职业道德、诚实品质、胜任能力等；"硬控制"包括财务报告，资产与记录的接触、使用与传递，授权授信，岗位分离，数据处理与信息传递等传统的控制方法和程序。内部控制（风险管理）自我评价可以把管理人员和其他员工召集起来讨论职业道德、公司文化等软环境因素并对其可否达成目标进行评估，评价小组的成员甄别信息沟通过程的成功之处与潜在障碍，并提出相应的改进建议，这是内部控制自我评价优于传统的内部控制评价的首要之处。

（2）提升控制环境。企业的所有成员都对内部控制负有相应责任，利用内部控制自我评价不仅可以起到教育并帮助管理人员明确其责任的作用，而且能通过影响一般员工来对控制环境产生积极的影响。一般员工参与内部控制自我评价，不仅学会了对内部控制进行持续的日常评价，而且提高了控制意识。管理人员或其他人员

① 对国际内部审计师协会1996年的研究报告进行了总结和拓展。

参与评价内部控制和风险，对所发现的薄弱环节提出改进计划，评价经营目标完成的可能性，这会提高他们对组织目标以及内部控制在实现这些目标中所起的作用的认识，激发他们认真设计和执行控制程序，并不断改进控制程序。内部控制自我评价做到了全员评价、全员控制，实现了内部控制质的飞跃。

（3）尽快找到并解决问题。利用内部控制自我评价更容易找到问题并提出解决问题的方法，特别是那些跨部门的问题和表面上看起来不可能解决的问题。

（4）预测并控制风险。内部控制自我评价甄别风险暴露情况并决定正确的行动，从而为内部控制增加价值。内部控制自我评价执行者可以首先与员工进行面对面访谈，然后与工作组的成员详细讨论，把讨论结果诸如目标、成功的障碍、风险、现有的控制与所必需的控制等，整理成一个电子数据模板，并根据其发生的可能性与影响程度对风险进行加权平均，形成高风险区、中风险区和低风险区。这样，各相关部门便可以根据此模板有的放矢，采取措施，将来还可以据此持续重估。管理人员及员工学习并掌握内部控制自我评价对风险的排序，便会提高责任心，在自己的部门中合理使用资源以控制风险。

（三）晋美公司内部控制自我评价案例①

晋美公司按照公司内部控制体系构建以及绩效管理的要求，每年由内部审计部门组织内部控制自我评价工作，具体工作步骤如下。

1. 前期计划工作

首先，在取得管理层的支持后，公司选择德勤会计师事务所的风险管理部作为合作方，要求会计师事务所在工作方法和智力库方面为公司内部控制自我评价提供帮助。其次，成立内部控制自我评价小组，并让会计师事务所的注册会计师对事业部中高级管理者和评价小组成员进行讲解和培训。

2. 组织每位员工和每个部门参与自我评价

开会组织每位员工和每个部门按照各自的岗位手册和年度目标，自查本年度工作完成情况，具体指出哪些目标没有完成、哪些目标完成了，寻找原因及改进方向，提交个人和每个部门参与自我评价书。

3. 风险确定和控制测试

内部审计人员通过阅读和整理每位员工和每个部门参与自我评价书，并结合访谈、穿行测试、设计并发放调查问卷，寻找本企业经营活动中的关键风险以及内部控制的薄弱环节。

4. 组织与召开研讨会

把找到的企业经营活动中的关键风险以及内部控制的薄弱环节提炼为讨论主题

---

① 该案例根据作者对几家大集团公司实地调查和观察的资料整理而成，晋美公司仅是这几家公司的代称。

并汇总，确定参加研讨会的人员和会议时间，提前通知与会人员并提供讨论大纲。研讨会使用独立的会议室，使用电子投票设备或其他匿名投票方式，以最大限度保证与会人员的意见不受他人影响。每次研讨会，评价小组都指定一位会议主席主持，并安排书记员及时记录。所提的问题和讨论紧紧围绕高风险的内部控制的薄弱环节。会议主席引导所有与会人员充分发表意见，独立思考，并针对内部控制的缺陷提出改善建议。会议主席负责控制会议进程，避免跑题和陷入互相指责、争吵的混乱局面。

5. 出具内部控制自我评价报告

评价小组把讨论的问题归类整理，认真分析，并做出中肯的评论，形成内部控制自我评价报告。

6. 落实整改措施

落实整改措施是内部控制持续完善的关键一步，也是开展内部控制自我评价的最终目的。

第三节 内部控制缺陷报告与内部控制评价报告

一、内部控制缺陷报告

在对企业内部控制进行评价后，评价人员应当编制内部控制缺陷认定汇总表，结合日常监督和专项监督发现的内部控制缺陷及其持续改进情况，对内部控制缺陷及其成因、表现形式和影响程度进行综合分析和全面复核，提出认定意见，并以适当的形式向董事会、监事会或者经理层报告。

内部控制缺陷报告应当采取书面形式，可以单独报告，也可以作为内部控制评价报告的一个重要组成部分。一般而言，对于一般缺陷，评价人员可以向企业经理层报告，并视情况考虑是否需要向董事会（审计委员会）、监事会报告；对于重要缺陷，评价人员应当以书面形式定期（至少每年）向董事会（审计委员会）、监事会报告；对于所有重大缺陷，评价人员应当以书面形式立即与管理层和审计委员会沟通，书面沟通应当在出具内部控制评价报告之前进行。如果认为审计委员会对财务报告及内部控制的监督无效，评价人员应当就这一事项以书面形式立即与董事会沟通；如果出现不适合向经理层报告的情形，例如存在与管理层舞弊相关的内部控制缺陷，或存在管理层凌驾于内部控制之上的情形，评价人员应当直接向董事会（审计委员会）、监事会报告。

企业内部控制缺陷报告应当描述内部控制缺陷的以下几个方面。

（1）现状。现状部分描述企业内部控制设计和执行的实际情况，指出内部控制存在的所有重大缺陷。

（2）标准/期望。标准/期望可以是企业要遵守的内部控制相关的政策、程序、法律法规等，也可以是企业所处行业内部控制方面的最佳实务，是评价人员衡量企业的准绳。

（3）原因。评价人员经过对企业控制轨迹的测试，指出在现有的状态下发生问题的原因。评价人员应该用简洁直接的语言描述根本原因，向流程负责人报告。如果评价人员不清楚某一发现的根本原因，应该尝试不断地问“为什么”，直到再无问题可问为止。最后一个“为什么”的答案很可能就是该发现的根本原因。由于可能存在众多的潜在根源，评价人员一定要把重点放在关键根源上，所采取的行动必须针对某一发现的主要原因，而不必兼顾所有原因，尤其是那些次要原因。

（4）影响。影响是指内部控制重大缺陷对企业经营管理活动以及财务报表产生的潜在影响。评价人员在描述时应当注意：

1）尽可能详尽地描述影响。举一些实例可以使这些影响更加易懂。

2）如果财务影响可以量化，应该计算其总数。可以根据统计测试的推断结果来计算一段时间（如一年）内某个影响的累计效应，也可以采用其他合适的方法。

3）除了财务影响之外，评价人员还应该考虑某个重大缺陷对其他方面的影响（如对企业战略、声誉、客户、安全性等的影响）。

4）适当时，影响可以和流程目标或主要风险联系起来，这有助于加强该重大缺陷与风险管理之间的相关性。

（5）建议。建议主要是针对企业内部控制的重大缺陷提出的改进、完善建议，这些建议应当：

1）治本，而不是仅仅治标（即针对的是问题的根本原因，而不是表象）。

2）尽可能详尽，以避免对企业整改方案产生不必要的误解。

3）可执行，也就是说，执行的成本加付出的努力应该与整改措施所创造的价值相匹配。

4）可衡量，流程负责人和评价人员能够对进度进行监督，以确保整改措施得到及时执行。

5）在协调和讨论中形成，并能够贯彻执行。

二、内部控制评价报告

内部控制评价报告是内部控制评价的最终体现，按照编制主体、报送对象和时间，分为对外报告和对内报告。对外报告的内容、格式等应符合披露要求，时间具有强制性；对内报告则以符合企业董事会（审计委员会）、经理层需要为主，编制主体层级更多，内容更加详尽，格式更加多样，时间可以定期或不定期。

（一）内部控制评价报告的内容

内部控制评价对外报告一般包括以下内容：

（1）标题。年度内部控制评价报告标题统一为“××股份有限公司××年度内部控制评价报告”。

（2）收件人。年度内部控制评价报告收件人统一为“××股份有限公司全体股东”。

（3）引言段。年度内部控制评价报告引言段应当说明评价工作的主要依据、内部控制评价报告基准日等内部控制评价基本信息。

（4）重要声明。年度内部控制评价报告重要声明应当说明董事会、监事会及董事、监事、高级管理人员对内部控制及年度内部控制评价报告的相关责任，以及内部控制的目标和固有的局限性。

（5）内部控制评价结论。年度内部控制评价报告内部控制评价结论应当分别披露对财务报告内部控制有效性的评价结论，以及是否发现非财务报告内部控制重大缺陷，并披露自内部控制评价报告基准日至内部控制评价报告发出日之间是否发生影响内部控制有效性评价结论的因素。公司对财务报告内部控制有效性的评价结论与注册会计师对财务报告内部控制有效性的审计意见存在差异的，以及公司与注册会计师对非财务报告内部控制重大缺陷的披露存在差异的，公司应在年度报告内部控制的相关章节中予以说明，并解释差异原因。

（6）内部控制评价工作情况。年度内部控制评价报告内部控制评价工作情况应当披露内部控制评价范围、内部控制评价工作依据及内部控制缺陷认定标准，以及内部控制缺陷认定及整改情况。

1）内部控制评价范围应当从纳入评价范围的主要单位、业务和事项以及高风险领域三个方面进行披露，并对评价范围是否存在重大遗漏形成明确结论。如果评价范围存在重大遗漏或法定豁免，则应当披露评价范围重大遗漏的具体情况、对评价结论产生的影响以及法定豁免的相关情况。

2）内部控制评价工作依据及缺陷认定标准应当披露公司开展内部控制评价工作的具体依据以及进行缺陷认定的具体标准及其变化情况。公司应当区分财务报告内部控制和非财务报告内部控制，分别披露重大缺陷、重要缺陷和一般缺陷的认定标准。

3）内部控制缺陷认定及整改情况应当区分财务报告内部控制和非财务报告内部控制，分别披露报告期内部控制重大缺陷和重要缺陷的认定结果及缺陷的性质、影响、整改情况、整改计划等内容。

（7）其他内部控制相关重大事项说明。公司应当在年度内部控制评价报告其他内部控制相关重大事项说明段中披露可能对投资者理解内部控制评价报告、评价内部控制情况或进行投资决策产生重大影响的其他内部控制信息。

（二）内部控制评价报告的编制和报送

企业应当根据内部控制评价结果和整改情况，编制内部控制评价报告。内部控制评价报告分为定期内部控制评价报告和非定期内部控制评价报告。

企业应该定期进行内部控制评价并发布内部控制评价报告。企业至少应该每年进行一次内部控制评价并由董事会对外发布内部控制评价报告。年度内部控制评价报告应当以12月31日作为基准日。非定期内部控制评价报告可以是因特殊事项或原因（如企业因目标变化或提升）而对外发布的内部控制评价报告，也可以是企业针对发现的重大缺陷等向董事会（审计委员会）或经理层报送的内部报告（即内部控制缺陷报告）。

企业内部控制评价报告应按规定报送有关监管部门，例如国有控股企业应按要求报送国有资产监督管理部门和财政部门，金融企业应按规定报送银保监会，公开发行证券的企业应报送证券监督管理部门。

（三）内部控制评价报告编制和运用时的注意事项

为了提高人们利用内部控制评价报告的效率，评价人员编制内部控制评价报告时应当注意：

（1）把所有内部控制缺陷按照其对企业战略发展的影响大小、管理者关注度等排序，凡是直接影响企业战略发展、造成影响较大的，或者管理者经营管理中特别关注的事项产生的缺陷，应当列示在前面。

（2）报告应当直接把评价结论放在段首，引起使用者关注，然后陈述其查证的事实、根源及其影响。

内部控制评价是企业董事会对本企业内部控制有效性的自我评价，具有一定的主观性，在此基础上形成的内部控制评价报告只能作为了解企业内部控制设计与运行情况的途径之一。在使用内部控制评价报告时，应注意与内部控制注册会计师审计报告、内部控制监管信息、财务报告信息等相关信息结合使用，以达到全面分析、综合判断、相互验证的效果。

第四节　内部控制（风险管理）评价相关的案例

一、中兴公司LNG项目采办流程评价案例①

（一）背景

中兴公司的进口液化天然气（LNG）接收终端建设项目，总投资约70亿元，

① 该案例根据作者指导的郑小娜所作硕士论文的案例整理而成。

建设周期为4年，建成后年接收液化天然气600万吨。由于这是国内第一个LNG项目，中兴公司内部没有熟悉项目建设程序的管理人员，于是委托外部专业的项目管理公司进行管理。项目各项管理制度基本上借鉴国外成熟的经验，由于大部分基础工程和设备需要通过招标的形式进行，招标采办管理制度按照国家招标法和总公司采办管理规定进行设计。该项目处在建设初期，初步设计已经完成，正在进行大规模招标采办，部分长线设备的评标工作已经完成。为了解该项目管理状况，确保该项目保质保量地按期完成，总公司派出审计组对该项目内部控制情况进行评价。

（二）审计准备

审计组在内部控制评价调查阶段所做的主要工作有：

（1）收集相关资料，熟悉业务流程。审计组通过各种渠道收集LNG接收终端建设方面的相关资料，熟悉LNG项目工艺流程，并提前了解该项目组部门设置和人员配备情况及项目各项管理制度。

（2）筛选关键业务流程，确定测试范围。审计组为选择关键业务流程和确定权重，采取向相关领域专家和业务主管部门进行问卷调查的方法，根据调查结果，将测试范围限定在项目质量控制、费用控制、进度控制、健康安全环保（HSE）管理和招标采办等五个业务领域，各个业务流程的权重分别为：质量控制流程0.2，费用控制流程0.1，进度控制流程0.1，HSE管理流程0.2，招标采办流程0.4。

审计组根据所要评价的业务流程分成五个小组，每个小组配备相关领域的专家，五个小组同时开展工作。由于各个业务流程的内部控制评价程序基本相同，以下只介绍招标采办流程内部控制评价的实施情况。

（3）绘制业务流程图，找出关键控制点。根据项目组的招标采办管理规定，审计组绘制了该项目招标采办组织机构图（见图8-3）和业务流程图（见图8-4）。

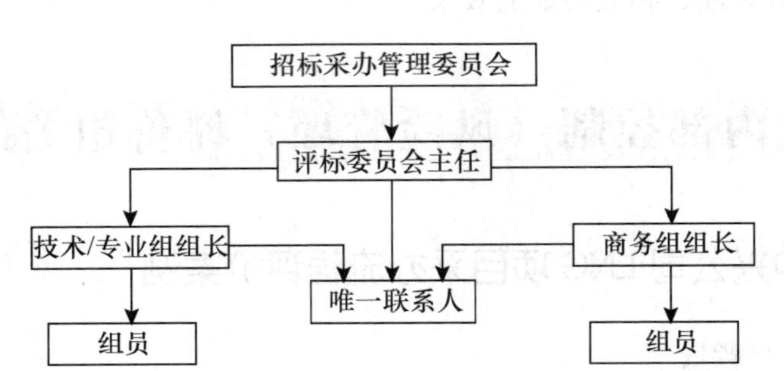

图8-3 招标采办组织机构图

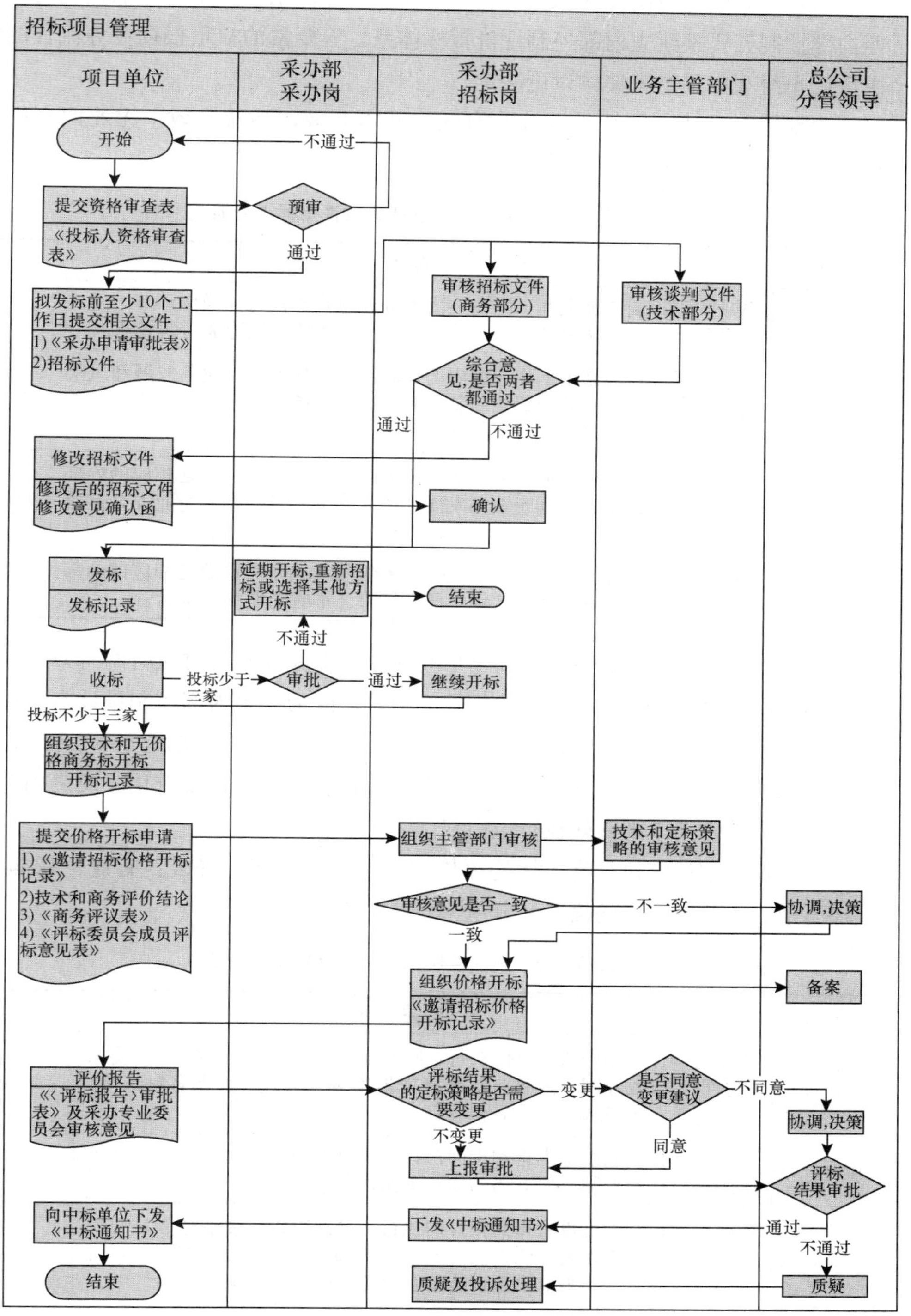

图8-4 招标采办业务流程图

（4）建立内部控制设计和执行有效性评价指标体系。每个小组在进场之前，按照内部控制五要素建立内部控制评价指标体系，五要素的权重根据业务流程的特点由审计小组和相关专家集体讨论决定。

内部控制设计有效性程度分为有效、基本有效、不够有效、无效四个不同等级，对应的描述和分值见表8-14。

表8-14　内部控制设计有效性指标得分表

等级	描述	分值
有效	各项内部控制制度全面、完整，覆盖所有的业务领域和操作环节，适应业务发展和风险防范的需要，符合国家金融法律和监管部门的规章。	90～100
基本有效	重要业务领域均制定了相应的内部控制制度，基本适应业务发展和风险防范的需要，但部分内部控制制度的操作性、指导性不强，个别业务领域和管理环节缺少内部控制制度。	70～89
不够有效	内部控制制度不够全面，部分重要业务领域或操作环节缺乏相应的内部控制或存在缺陷，不利于业务发展和风险防范，可能影响企业安全运营或造成损失。	60～69
无效	内部控制制度存在严重缺陷，重要业务领域或操作环节缺乏相应的内部控制，业务发展缺乏管理控制，潜在风险已影响企业的安全运营。	60分以下

如果内部控制设计有效性测试结果为无效，那就没必要对执行的有效性进行评价了，可以直接得出内部控制整体无效的结论。因为如果内部控制设计有效性得分低于60分，内部控制执行得再好，即使得了100分，总分仍然低于60分。这与常识是一致的，即内部控制本身设计得不合理，执行得再好也没有用；反之内部控制设计得再完美，得不到有效执行也白费。

同样，内部控制执行有效性的评价结果可以分为四个等级：有效、基本有效、不够有效、无效，对应的描述和分值见表8-15。

表8-15　内部控制执行有效性指标得分表

等级	描述	分值
有效	各项内部控制得到认真贯彻执行，所有业务领域和操作环节所承受的风险得到有效控制，内部控制能有效地发现、管理、控制各种风险，并且与企业规模和业务发展相适宜。	90～100
基本有效	各项内部控制制度基本得到贯彻执行，重要业务领域和操作环节所承受的风险得到控制，但有局部违章操作现象。	70～89
不够有效	部分内部控制制度没有得到很好的执行，导致个别重要业务领域或操作环节的风险未得到有效控制，或存在内部控制缺陷或违章操作，可能引致风险，若不采取措施可能给企业的安全运营带来影响。	60～69
无效	内部控制制度没有得到有效执行，内部控制有效性存在严重问题，不能有效防范和控制重大风险，很可能导致管理失控或业务损失，并危及企业的安全运营。	60分以下

得到内部控制设计有效性和执行有效性的分值后，二者的乘积除以 100 就是该业务流程内部控制状况得分。对照表 8－16，可查出该分值处在哪个等级。

表 8－16　业务流程内部控制整体状况得分表

等级	描述	分值
有效	公司各项制度完善，执行有效，适应业务发展需要。各种规章制度和业务操作规程得到认真贯彻和有效实施，所有业务领域和操作环节都能够有效地发现、管理和控制各种风险，实现经营稳健。即使存在问题也是性质一般的问题，可通过常规方式解决。	80～100
基本有效	公司各项制度较为完善，虽然制度执行存在一定缺陷，但不会对公司的稳健运营造成严重影响；或虽然内部控制制度不够全面、完善，但重要业务领域的内部控制执行得当，业务操作符合各项规章制度和规程。总的来说，公司内部控制虽然表现出一定程度的缺陷，但可以在日常工作中加以更正。这类公司存在的问题影响较小，因此，这类公司经营稳定，并且可以承受经营环境的变动。	60～79
不够有效	公司各项制度虽然健全，但制度执行较差；或制度设计有问题，个别重要业务领域或操作环节缺乏相应的内部控制或存在缺陷，可能引致风险。在不利的商业环境中，这类公司是很脆弱的，如果不采取有效的改进措施，经营状况很容易恶化。	40～59
无效	公司各项制度虽然较为完善，但制度执行极差，有章不循、违章操作现象严重；或各项制度设计有问题，内部控制制度严重匮乏，许多重要业务领域或操作环节缺乏相应的内部控制或存在缺陷；或部分重要业务领域或操作环节缺乏相应的内部控制，而且现有的各项制度的执行一般，甚至很差，存在严重的管理控制漏洞。业务经营失控，经营状况很差，各类案件时有发生，危及公司的安全运行。经营失败的可能性很大或即将发生。	40 分以下

（三）审计实施

（1）召开首次见面会，讨论流程图。审计组进入现场后，为确认招标采办业务流程图和修正内部控制评价指标体系，召开由项目经理和采办相关部门负责人参加的首次见面会，就事先准备好的招标采办业务流程图和内部控制评价指标体系与项目组人员进行座谈。首次见面会对内部控制评价来说非常重要，因为通过座谈，审计人员可以迅速对项目组的控制环境、风险管理、控制活动、信息与沟通、监督等情况获得感性认识，可以大大节省现场审计时间、提高审计效率。

（2）穿行测试，评价内部控制设计有效性。穿行测试的具体做法是，从已经完成的招标采办项目中选择几个有代表性的项目，找来全部的过程文件，对照流程重新走一遍，加深对流程的理解和对招标采办相关部门职责的认识，同时关注实际执行与制度要求是否符合。如果存在差异，可以与业务部门进行沟通，了解差异的原因，如果流程中的某个控制点在实际执行时根本没有或者无法实施，就要修正流程图，并按照修正后的流程进行设计有效性评价，不必再对该控制点的执行情况进行评价。

从内部控制五要素入手，采用访谈、审阅资料等方式对设计有效性进行评价，尤其是对一些没有明确评价标准的软要素进行评价。为了便于不熟悉招标采办流程的审计人员尽快上手，审计组在审前调查阶段根据国家招投标法和总公司采办管理规定，编制了控制字典，详细地阐述招标采办各环节存在的风险与关键控制点，在测试过程中起到了很好的作用。

审计组最终对 LNG 项目招标采办流程内部控制设计有效性的评价结果如表 8－17所示。

表 8－17　LNG 项目招标采办流程内部控制设计有效性评价结果

评价内容	权重	得分	评价指标	评分标准	权重	评分	评分说明
控制环境	0.3	84	招标采办主管领导素质	主管领导熟悉国家招投标法和总公司采办管理规定，清楚本项目招标采办业务流程，有丰富的项目管理和招标采办工作经验，对招投标领域经常出现的围标、串标等风险有清醒的认识，充分理解涉及招标采办领域领导廉洁从业的规定。	0.2	70	主管领导虽然熟悉招标采办业务流程，但未在我国境内从事过招投标工作，对该领域存在的一些常见作弊手段不了解。
			招标采办组织机构设置	项目组织机构健全，岗位职责范围明确，业务部门和采办部门相互独立，采办立项申请、招投标、采办验收等不相容职务相分离；负责监督工作的招投标领导小组成员不能参加具体的评标工作。	0.5	80	部分招投标领导小组成员参与具体的招标工作，主管领导没有认识到监督与执行职能分离的必要性。
			权责分配体系	权责划分与项目性质和规模相适应，权力与责任对等，重大招标采办业务不能由领导一人决定，质保部门、费控部门、采办部门各司其职。	0.3	100	
风险评估	0.1	79	目标设定	招标采办计划与项目整体进度相一致。	0.2	100	
			风险识别	对招标采办工作所面临的市场环境和所掌握的时间、预算资源有清醒的认识，并能定期与项目总体目标比较，发现新的风险，调整招标采办计划。	0.3	80	虽然已经制定了详细的招标采办计划，但没有根据项目总体目标的变化及时调整，紧急采办情况较多。
			风险应对措施	根据招标采办计划制定相应的招标采办策略，并根据风险的变化及时调整。	0.5	70	虽然能够根据情况变化及时调整招标采办策略，但简化招标采办程序的应对措施存在一定的法律风险。

续表

评价内容	权重	得分	评价指标	评分标准	权重	评分	评分说明
控制活动	0.3	83.5	法定招标项目	50万元以上的项目原则上必须招标。不得采取化整为零的方式肢解项目以规避招标。	0.1	95	实际执行是按照该标准，但没有写到制度中。
			供应商资格预审	投标厂家应在总公司合格供应商库中选取，对于库外的供应商，应对其资质、业绩、财务状况等进行审查，并报总公司集团采办部审批。	0.1	60	对供应商库外投标厂家的选择没有规定要上报总公司集团采办部。
			招标文件编制	招标文件应包括对投标人的资格审查标准、投标报价要求以及评标标准、是最低价格中标还是综合评标等内容。	0.1	70	没有规定评标标准要在招标文件中列明，不利于所有投标厂家平等地获知该信息，也为日后变更评标标准留下隐患。
			投标	合格投标人不能少于3家，否则应重新招标。	0.1	100	
			开标	开标时间应与投标截止时间一致；开标应邀请所有投标人参加并做好开标记录。	0.1	100	
			评标委员会	评标委员会应由5人以上单数组成，技术经济方面的专家不得低于总人数的2/3。	0.1	50	缺少该项规定，但评标委员会人数不会低于5人。
			评标	评标应按照招标文件中定好的评标标准进行，不得更改评标标准；确定中标人之前不得与投标人就投标价格、技术规格等实质性内容进行谈判。	0.2	80	规定评标标准在开标之前确定，可在一定程度上保证评标标准的严肃性，但仍然存在投标厂家不平等地获知评标标准的风险。
			中标	中标人应符合两个条件之一：综合评分最高；经评审的投标价格最低。	0.2	100	

续表

评价内容	权重	得分	评价指标	评分标准	权重	评分	评分说明
信息与沟通	0.1	100	外部信息沟通	建立程序以保证及时、真实、完整地向监管部门和总公司报告、披露采办计划执行情况等信息。	0.4	100	项目月报定期报送总公司领导和相关业务部门。
			内部信息沟通	定期举行部门会、工作会等，协助员工之间、部门之间传达信息；对新入职或开始新工作的员工，进行相应的培训和引导；重要文件放置在员工易得到的地方；有接受投诉或意见的渠道。	0.6	100	项目团队关系融洽，除每周召开全体员工工作例会外，不定期开展工作之外的团队活动，项目组内部信息通畅。
监督	0.2	69	自我评价	采办部门定期对采办制度执行情况进行自我检查，及时跟进和改善不合理的流程及内部控制弱点。	0.2	60	制度上没有此要求，领导也没有此要求，但采办制度根据实际情况已经修改过一版。
			内部审计	组建具有较高独立性的内部审计部门，部门的员工拥有独立性，如不参与业务。	0.4	90	虽然未设立独立的内部审计部门，但在非核心业务部门行政管理部下设有专职内部审计人员，并可以直接向总经理汇报工作。
			监察	指定拥有适当权力的人员负责跟踪处理投诉及意见；员工清楚知道该投诉渠道的存在和使用方法；所收集的投诉和意见以及跟进和解决方法按要求记录归档。	0.3	70	项目组内部没有设置投诉渠道，也没有专人处理投诉，员工有投诉可以直接向总经理反映，另外总公司设有审计监察部门和举报信箱，由专人处理。
			缺陷整改	管理层重视业务人员和内外部审计人员对采办内部控制制度存在问题的意见和建议，并能够及时整改。	0.1	0	由于项目成立时间不长，第一次接受审计，难以评价该项内容。

根据评价结果，招标采办流程内部控制设计有效性最终得分为：

$$0.3\times84+0.1\times79+0.3\times83.5+0.1\times100+0.2\times69\approx82(\text{分})$$

由于设计有效性得分在60分以上，还需要进行控制测试，对内部控制执行有效性进行评价，才能得出招标采办流程内部控制状况得分。

（3）控制测试，评价内部控制执行有效性。在进行控制测试之前，应当根据设计有效性测试结果，将制度中缺少的控制点或者控制点中存在严重缺陷的部分予以剔除，免得重复扣分。换句话说，只对设计有效的控制点的执行情况进行评价。

控制测试采取的是随机抽样的方法。

1）获取样本总体。LNG 项目每项招投标活动都要签订一份合同，并连续编号。所以样本总体即测试期间 LNG 项目所签订的各类合同，共 352 份。其中 50 万元以上的合同有 208 份，采取招标方式的有 241 份。

2）确定样本量。样本量根据表 8-13 来确定，即按照总体数量的 10%抽取，如果超过 25 个，按 25 个抽取。

3）执行测试，对执行有效性进行评分。穿行测试评价结果如表 8-18 所示。

表 8-18　LNG 项目招标采办流程内部控制执行有效性评价结果

关键控制点	评价标准	权重	得分	评分说明
法定招标项目	50 万元以上的项目原则上必须招标。不得采取化整为零的方式肢解项目以规避招标。	0.1	55	随机抽取 50 万元以上的合同 21 份，未招标项目 4 份，存在明显控制缺陷；为验证有无肢解项目的情况，审计人员在 10 万元以上 50 万元以下的 132 份合同中随机抽取了 28 份，未发现有紧密相关内容的采办项目。
供应商资格预审	投标厂家应在总公司合格供应商库中选取，对于库外的供应商，应对其资质、业绩、财务状况等进行审查，并报总公司集团采办部审批。	0.1	100	从 241 份招标项目中随机抽取了 25 份，其中 8 份合同邀请了合格供应商库外的厂家投标，但都进行了资格预审。
招标文件编制	招标文件应包括投标人的资格审查标准、投标报价要求以及评标标准、是最低价格中标还是综合评标等内容。	0.1	80	同样抽取了 25 份招标文件，均包括资格审查标准和投标报价要求，但 2 份合同没有明确中标条件；再抽取 35 份招标文件，又发现 1 份没有明确中标条件，确认为内部控制缺陷。
投标	合格投标人不能少于 3 家，否则应重新招标。	0.1	90	25 份样本中，投标人少于 3 家而未重新招标的有 2 份，其中 1 份经了解生产该产品的在国际范围内只有 2 家，属于法律允许范畴。再抽取 15 份，未发现有少于 3 家的情况。
开标	开标时间应与投标截止时间一致；开标应邀请所有投标人参加并做好开标记录。	0.1	100	抽查 25 份样本，未发现差异。

续表

关键控制点	评价标准	权重	得分	评分说明
评标委员会	评标委员会应由5人以上单数组成，技术经济方面的专家不得低于总人数的2/3。	0.1	50	抽查25份样本，均在5人以上。
评标	评标应按照招标文件中定好的评标标准进行，不得更改评标标准；确定中标人之前不得与投标人就投标价格、技术规格等实质性内容进行谈判。	0.2	70	25份样本中评标标准均在开标之前编制，在评标过程中未见更改；但有3份合同在确定中标人之前要求投标厂家二次报价，不符合规定要求，确认为内部控制缺陷。
中标	中标人应符合两个条件之一：综合评分最高；经评审的投标价格最低。	0.2	100	25份样本中有1份两个条件都不满足，通过业务人员了解到，本来招标文件中规定价格最低者中标，但由于价格最低的厂家中标后弃标，只能选择价格次低者中标。审计人员见到了价格最低厂家弃标致歉函。

根据表8-18，招标采办流程内部控制执行有效性得分为81.5分。

（四）评价结论

（1）设计有效性评价结论。根据内控设计有效性得分，对照表8-14，可得出项目招标采办流程内部控制制度的设计“基本有效”的结论，即重要业务领域均制定了相应的内部控制制度，基本适应业务发展和风险防范的需要，但部分内部控制制度的操作性、指导性不强，个别业务领域和管理环节缺少内部控制制度。

（2）执行有效性评价结论。根据内控执行有效性得分，对照表8-15，可得出项目招标采办流程内部控制制度的执行“基本有效”的结论，即各项内部控制制度基本得到贯彻执行，重要业务领域和操作环节所承受的风险得到控制，但有局部违章操作现象。

（3）综合评价结论。综合设计有效性得分和执行有效性得分，该项目招标采办流程内部控制状况得分=(内部控制设计有效性得分×内部控制执行有效性得分)÷100=(82×81.5)÷100≈67(分)。对照表8-16，可得出内部控制整体“基本有效”的结论。但由于得分比较接近该区间的下限，说明该项目招标采办流程的内部控制系统还是存在一定缺陷的。

审计组对LNG项目其他几个业务流程内部控制评价的过程与招标采办流程基本相同，不再一一讲述，最终的评价结果是：质量控制流程81分、费用控制流程58分、进度控制流程72分、HSE管理流程88分。按照既定的权重，该建设项目内部控制整体状况得分为：81×0.2+58×0.1+72×0.1+88×0.2+67×0.4≈74(分)。

对照表 8－16，LNG 项目总体内部控制水平处在“基本有效”区间，项目各项制度较为完善，虽然制度执行存在一定缺陷，但不会对公司的稳健运营造成严重影响；或虽然内部控制制度不够全面、完善，但重要业务领域的内部控制执行得当，业务操作符合各项规章制度和规程。总的来说，LNG 项目内部控制虽然表现出一定程度的缺陷，但可以在日常工作中加以改进。

二、金梅公司内部控制评价方案

金梅公司系 2015 年首发股票并同时在境内外上市的公司，其 A 股在上海证券交易所上市。根据五部委联合发布的《企业内部控制基本规范》及其配套指引，金梅公司应自 2015 年起实施内部控制评价制度。金梅公司决定由审计部牵头拟定内部控制评价方案。该方案摘要如下。

（1）关于内部控制评价的组织领导和职责分工。董事会及其审计委员会负责内部控制评价的领导和监督。经理层负责实施内部控制评价，并对本公司内部控制有效性负全责，审计部具体组织实施内部控制评价工作，拟定评价计划、组织评价工作组、实施现场评价、审定内部控制重大缺陷、草拟内部控制评价报告，及时向董事会、监事会或经理层报告。其他有关业务部门负责组织本部门的内部控制自查工作。

（2）关于内部控制评价的内容和方法。内部控制评价围绕控制环境、风险评估、控制活动、信息与沟通、监督等五个要素展开。鉴于本公司已按《公司法》和公司章程建立了科学规范的组织架构，组织架构相关内容不再纳入企业层面评价范围。同时，本着重要性原则，在实施业务层面评价时，主要评价上海证券交易所重点关注的对外担保、关联交易和信息披露等业务或事项。

在内部控制评价中，可以采用个别访谈、调查问卷、专题讨论、穿行测试、实地查验、抽样和比较分析等方法。考虑到公司现阶段经营压力较大，为了减轻评价工作对正常经营活动的影响，在本次内部控制评价中，仅采用调查问卷和专题讨论的方法实施测试和评价。

（3）关于实施现场评价。评价工作组应与被评价单位进行充分沟通，了解被评价单位的基本情况，合理调整已确定的评价范围、检查重点和抽样数量。评价人员要根据《企业内部控制基本规范》及其配套指引，实施现场检查测试，按要求填写评价工作底稿，记录测试过程及结果，并对发现的内部控制缺陷进行初步认定。现场评价结束后，评价工作组汇总评价人员的工作底稿，形成现场评价报告。现场评价报告无须和被评价单位沟通，只需评价工作组负责人审核、签字确认后报审计部，审计部应编制内部控制缺陷认定汇总表，对内部控制缺陷进行综合分析和全面复核。

（4）关于控制重点。在全面控制的基础上，对存在重大风险隐患的业务实施重点控制：1）加强对子公司投资的管控，通过合法有效形式履行出资人职责，维护公司权益。2）加强对外担保管理，可为与其他企业存在重大经济纠纷、面临法律诉讼且可能承担较大赔偿责任的担保申请人提供担保，但应要求其提供反担保。3）加强存货管理，除存货在公司不同仓库内部流转不必办理出入库手续外，所有采购、生产、销售环节涉及的存货流转均需履行严格的出入库手续。

（5）关于内部控制评价。授权内部审计部门具体实施公司内部控制有效性的年度自我评价工作，评价范围包括集团总部（及分公司）、子公司、合营企业和联营企业；评价报告按规定的权限和程序逐层审批并由董事会最终审定后对外披露。

审计部在完成现场评价和缺陷汇总、复核后，负责起草内部控制评价报告。评价报告应当包括：董事会对内部控制报告真实性的声明、内部控制评价工作的总体概括、内部控制评价的依据、内部控制评价的范围、内部控制评价的程序和方法、内部控制缺陷及其认定情况、内部控制缺陷的整改情况、内部控制有效性的结论等内容。对于重大缺陷及其整改情况，只进行内部通报，不对外披露。内部控制评价报告经董事会审核后对外披露。

（6）关于内部控制审计。聘请某具有证券期货业务资格的大型会计师事务所对本公司内部控制有效性进行审计，重点审计本公司内部控制评价的范围、内容、程序和方法等，并出具相关审计意见。

会计师事务所在实施审计工作过程中可结合实际情况适当利用公司自我评价工作的成果，并应当对财务报告内部控制有效性和非财务报告内部控制有效性发表审计意见。

要求：根据《企业内部控制基本规范》及其配套指引的要求，逐项判断金梅公司内部控制评价方案中的第（1）～（6）项内容是否存在不当之处；存在不当之处的，请逐项指出不当之处，并分别说明理由。

【分析】

（1）第（1）项存在不当之处。

不当之处一：经理层对内部控制有效性负全责。

理由：董事会对建立健全和有效实施内部控制负责。经理层负责组织领导企业内部控制日常运行。

不当之处二：审计部审定内部控制重大缺陷。

理由：董事会负责审定内部控制重大缺陷。

（2）第（2）项工作存在不当之处。

不当之处一：组织架构相关内容不纳入公司层面评价范围。

理由：组织架构是内部环境的重要组成部分，直接影响内部控制的建立健全和有效实施，应当纳入公司层面评价范围。虽然金梅公司已经建立了科学规范的组织架构，但还是应当对组织架构的运行情况进行评价。

不当之处二：在实施业务层面评价时，主要评价上海证券交易所重点关注的对外担保、关联交易和信息披露等业务或事项。

理由：业务层面的评价应当涵盖公司各种业务和事项（或体现全面性原则），不能仅限于对证券交易所关注的少数重点业务或事项进行评价。

不当之处三：为了减轻评价工作对正常经营活动的影响，在本次内部控制评价中，仅采用调查问卷和专题讨论的方法实施测试和评价。

理由：评价过程中应按照有利于收集内部控制设计、运行是否有效的证据的原则，充分考虑所收集证据的适当性与充分性，综合运用评价方法。评价过程中应视被评价对象的具体情况，适当选择个别访谈、调查问卷、专题讨论、穿行测试、实地查验、抽样和比较分析等方法。

（3）第（3）项工作存在不当之处。

不当之处一：现场评价报告无须和被评价单位沟通。

理由：现场评价报告应向被评价单位通报（或与被评价单位沟通）。

不当之处二：现场评价报告只需评价工作组负责人审核、签字确认后报审计部。

理由：现场评价报告由评价工作组负责人审核、签字确认后，应由被评价单位相关责任人签字确认，再提交审计部（或内部控制评价部门）。

（4）第（4）项工作存在不当之处。

事项 1）不存在不当之处。

事项 2）存在不当之处。

理由：对于担保申请人出现与其他企业存在较大经济纠纷、面临法律诉讼且可能存在较大赔偿责任情形的，不得提供担保。

事项 3）存在不当之处。

理由：企业应当详细记录存货入库、出库及库存情况，做到存货记录与实际库存相符。（或：如果存货内部流转不办理出库手续，可能导致存货缺失或被挪用等风险。）（或：存货在不同仓库内部流转需要办理出入库手续。）

（5）第（5）项工作存在不当之处。

不当之处一：评价范围包括集团总部（及分公司）、子公司、合营企业和联营企业。

理由：评价范围不应当包括合营企业和联营企业。

不当之处二：对于重大缺陷及其整改情况，只进行内部通报，不对外披露。

理由：对于重大缺陷及其整改情况，必须对外披露。

（6）第（6）项工作存在不当之处。

不当之处一：会计师事务所的内部控制审计的重点是该公司内部控制评价的范

围、内容、程序和方法等。

理由：会计师事务所实施内部控制审计，可以关注、利用上市公司的评价成果，但必须按照《企业内部控制审计指引》的要求，对被审计上市公司内部控制设计与运行的有效性进行独立（或全面）审计，不能因为被审计上市公司实施了内部控制评价就简化审计的程序和内容。内部控制审计不是对内部控制评价进行审计，而是对特定基准日内部控制设计与运行的有效性进行审计。

不当之处二：对财务报告内部控制有效性和非财务报告内部控制有效性发表审计意见。

理由：会计师事务所仅对财务报告内部控制有效性发表审计意见。会计师事务所对审计过程中注意到的非财务报告内部控制重大缺陷，在内部控制审计报告中增加非财务报告内部控制重大缺陷描述段。

三、A大学内部控制评价案例

A大学是S省重点大学，学校设有办公室、党委组织部、党委统战部、党委宣传部、纪检监察综合室、审计处、发展规划处、教务处、招生就业处、研究生院、学生处、科学技术处、国际交流与合作处、人事处、计划财务处、国有资产管理处、校园建设处、公共事务处、保卫处、离退休工作处等职能和教学部门。

为了更好地贯彻落实S省相关内部控制文件精神，进一步提高精细化管理水平，加强廉政风险防控机制建设，该大学制定了内部控制建设工作方案，明确了内部控制建设总体目标、内部控制领导小组和实施机构、内部控制建设基本任务和内部控制建设的主要内容，并根据工作方案对制度及业务流程进行梳理并印发了《A大学内部控制手册》。

2015年，根据《行政事业单位内部控制规范（试行）》（财会〔2012〕21号）、《财政部关于全面推进行政事业单位内部控制建设的指导意见》（财会〔2015〕24号）等文件，2016—2020年，学校不断完善内部控制体系建设，对内部控制建设总体目标、内部控制领导小组和实施机构、内部控制建设基本任务、内部控制建设的主要内容根据实际情况进行修改和完善，并根据现有经济业务活动对相关业务流程、风险点及控制措施等进行重新梳理，修订完成了新版本的内部控制手册。

2019年，学校审计处在对内部控制总体检查的基础上，重点对部分业务层面内部控制情况组织开展了内部控制自我评价，并于2020年3月出具了内部控制自我评价报告。报告对学校内部控制建设单位层面总体情况及业务层面的采购业务与资产管理内部控制基本情况进行了评价，出具了自我评价意见，并提出了改进和完善内部控制的建议。

2020年，金梅事务所接受委托对该大学进行内部控制评价。在此期间，事务所依托该校内部控制报告、自评情况、内部控制手册、资料提供情况，运用个别访谈、调查问卷、专题讨论、穿行测试、实地查验、抽样和比较分析等适当方法，广泛收集了内部控制设计和运行是否有效的证据，如实填写了评价工作底稿，评价指标体系见表8-19。

表8-19 A大学内部控制评价指标体系

一级指标	二级指标	三级指标	评价内容
单位层面	内部控制建设启动情况	1. 内部控制组织及工作机制建设 2. 风险评估工作机制建设 3. 业务流程梳理 4. 内部控制专题培训	1. 是否按要求设置了内部控制领导机构？ 2. 是否明确内部控制工作的牵头部门及其在内部控制工作中的职责（或牵头岗位及职责）？ 3. 是否明确内部控制工作的监督部门及其在内部控制工作中的职责（或监督岗位及职责）？ 4. 单位主要业务部门负责人是否在单位内部控制领导机构中任职？ 5. 是否制定了符合本单位经济活动的内部控制建设目标？ 6. 是否针对本单位内部控制体系的建设制定了工作方案？ 7. 是否制定了针对内部控制工作建设与实施的内部监督工作程序或工作方案？ 8. 是否建立了关于风险评估的制度或相关规定？ 9. 风险评估工作是否归口管理？ 10. 是否有明确的风险评估工作方案？ 11. 是否对预算业务、收支业务、政府采购业务、资产业务、建设项目、合同业务和其他业务进行梳理并编制流程图？流程图及业务流程梳理是否合理，是否符合实际？是否对各业务、各环节的风险点进行识别？各业务、各环节的风险点的识别是否合理、是否符合实际？是否为各业务中已识别的风险点制定了风险防控措施或相关规定？为各业务中已识别的风险点制定的风险防控措施或相关规定是否合理、是否符合实际？ 12. 是否针对单位内部进行内部控制方面的专题培训？ 13. 是否对关键岗位人员进行相关培训或考评？
	单位主要负责人承担内部控制建立与实施责任情况	1. 单位主要负责人任职情况 2. 单位主要负责人执行情况	1. 单位主要负责人是否在单位内部控制领导机构中担任负责人？ 2. 单位主要负责人是否主持风险评估工作？ 3. 单位主要负责人是否明确内部控制工作的部门分工？ 4. 单位主要负责人是否贯彻和落实内部控制工作？
	对权力运行的制约情况	关键岗位控制情况	1. 对关键岗位是否建立定期轮岗制度或规定？（不具备轮岗条件的单位，是否对关键岗位涉及的相关业务采取专项审计等控制措施？） 2. 是否进行关键岗位轮岗或对关键岗位涉及的相关业务采取专项审计等控制措施？

续表

<table>
<tr><th>一级指标</th><th>二级指标</th><th>三级指标</th><th>评价内容</th></tr>
<tr><td rowspan="4">单位层面</td><td>内部控制制度完备情况</td><td>1. 预算业务管理制度
2. 收支业务管理制度
3. 资产业务管理制度
4. 建设项目业务管理制度
5. 合同业务管理制度</td><td>1. 各业务管理制度是否建立？
2. 各业务管理具体包含哪些相关制度？
3. 各业务管理制度是否进行更新？
4. 各业务管理制度是否满足实际需求？</td></tr>
<tr><td>不相容岗位与职责分离情况</td><td>1. 政府采购业务不相容岗位控制
2. 建设项目业务不相容岗位控制
3. 合同业务不相容岗位控制</td><td>1. 是否明确该业务环节中的不相容岗位？
2. 该业务环节中的不相容岗位是否分离？
3. 该业务中不相容岗位的分离是否有明确的控制制度或规定？</td></tr>
<tr><td>评价与监督执行情况</td><td>1. 内部监督工作执行
2. 自评分析</td><td>1. 是否按制定的工作程序或方案执行内部监督评价工作？
2. 是否完成本单位内部控制自我评价报告？
3. 内部控制自评报告是否客观反映本单位内部控制建设与执行情况？
4. 是否根据自评报告或其他评价结果及时进行整改？</td></tr>
<tr><td>内部控制管理信息系统功能覆盖情况</td><td>各业务信息系统功能覆盖情况（具体业务简略）</td><td>1. 各业务是否已实现信息化管理？
2. 业务是否实现模块联通？
3. 预算业务中风险控制要素是否嵌入信息系统中？</td></tr>
<tr><td rowspan="2">业务层面</td><td>风险评估情况</td><td>1. 风险评估成果及质量
2. 风险评估范围</td><td>1. 是否出具风险评估报告？
2. 评估结果是否具有实质性？
3. 风险评估是否涵盖各业务环节？</td></tr>
<tr><td>各业务管理控制情况（简略）</td><td>预算业务、收入业务、政府采购业务、资产业务、建设项目业务、合同业务的执行情况</td><td>1. 该业务是否按照内部控制要求执行（包括但不限于预算编制、申报、分解、调整、决算与评价等）？
2. 是否有效执行预算分析机制？
3. 是否对以前年度发生/检查的问题或风险采取应对措施？</td></tr>
<tr><td>个性化指标</td><td></td><td></td><td></td></tr>
</table>

针对上述评价指标，学校内部控制得分为 85.85 分，评价成绩为良好。其中，单位层面内部控制基础性评价得分为 28.1 分，业务层面内部控制基础性评价得分为 52.75 分，个性化指标得分为 5.00 分。主要评价意见为：

A 大学根据单位实际情况建立了较为完善的内部控制建设体系和内部控制制度体系，形成了较为系统的内部控制手册，但评价中我们发现，A 大学在单位层面仍存在问题，如：部分制度和流程图缺失，无法涵盖所有业务环节，制度更新不及时，风险评估机制建设不健全，信息化建设较为薄弱等。

A 大学基本能够按照已建立的内部控制管理制度执行经济业务活动，但评价中我们发现，该大学在业务层面仍存在内部控制制度执行不到位的问题，如：个别经济业务归口管理不到位，个别业务环节未严格按照相关制度执行，个别历年审计问题整改不及时、不彻底等。

整体来说，A 大学内部控制建设体系运行情况良好。

随后，金梅事务所分别在单位层面和业务层面指出了具体风险，并给出了内部控制和内部管理方面的建议。以合同管理为例：

（1）A 大学存在部分合同内容签订不完整的情形。2019 年 4 月 16 日，A 大学与某信息通信技术有限公司分公司签订《A 大学新区食堂建筑工地视频监控系统安装运营维护合同》，合同内容缺少当事人住所，不符合《A 大学合同管理办法（试行）》相关规定："合同条款应当完备，充分、全面表达双方的真实意图，兼顾双方的利益。合同一般应当包括以下条款：当事人的名称或者姓名和住所；标的；数量；质量；价款或者报酬；履行期限、地点和方式；违约责任；解决争议的办法。"

（2）合同台账登记不完善。A 大学合同台账由各个归口部门分别建立，未进行统一管理，不符合《A 大学合同管理办法（试行）》的规定："合同归口管理部门应当加强对合同登记的管理，建立合同台账，对合同名称、合同承办人、订立时间、合同编号、合同当事人、合同履行节点、付款节点、履行情况、违约情况、争议处理、结案情况等进行记载和跟踪。"

（3）存在部分合同未按照制度规定预留质保金的情形。资产编号为【2019-EQSG】5 号和【2019-EQSG】6 号的公服燃气改造（新发）合同，不符合《A 大学新建工程项目财务管理办法（试行）》的规定："在基建工程竣工验收合格前，原则上累计支付的工程款不得超过竣工结算审计价的 97%。工程结算经审计后，在支付最后一笔工程款时，必须预留工程价款结算总额 3%的工程质量保证金。"

针对上述内部控制缺陷，事务所给出的建议是：

（1）内部控制执行过程中，建议强化责任落实，将各项业务适用的业务流程落实到有关处室，处室负责人为业务流程的第一责任人，同时将每个流程的每个控制点落实到每个岗位，保证内部控制有效执行。

（2）建议加强风险评估工作管理，完善风险评估业务覆盖环节，将风险评估成果落实到实际中。在实际业务中，建议加强采购、对外投资、资产管理、财务管理与会计核算管理等相关内容的审核工作，避免内部控制审核流于形式。

讨论思考题

1. 常态化的内部控制自我评价由谁组织？谁进行评价？

2. 讨论各方面人员对内部控制评价的责任。

3. 如果你是公司经理，你偏好选择谁来对公司的内部控制进行评价？为什么？

4. 如果让你组织一次公司的内部控制评价，工作安排及形成的底稿有哪些？

5. 讨论企业内部控制自我评价的步骤及注意事项。

6. 企业内部控制缺陷报告与内部控制评价报告的关系是什么？如何才能提高内部控制评价报告的使用效率？

案例讨论与分析

上市公司内部控制评价报告及其更正

2016 年 6 月 30 日，江西洪都航空工业股份有限公司对外公布内部控制评价报告，全文如下。

江西洪都航空工业股份有限公司 2015 年度内部控制评价报告

江西洪都航空工业股份有限公司全体股东：

根据《企业内部控制基本规范》及其配套指引的规定和其他内部控制监管要求（以下简称企业内部控制规范体系），结合本公司（以下简称公司）内部控制制度和评价办法，在内部控制日常监督和专项监督的基础上，我们对公司 2015 年 12 月 31 日（内部控制评价报告基准日）的内部控制有效性进行了评价。

一、重要声明

按照企业内部控制规范体系的规定，建立健全和有效实施内部控制，评价其有效性，并如实披露内部控制评价报告是公司董事会的责任。监事会对董事会建立和实施内部控制进行监督。经理层负责组织领导企业内部控制的日常运行。公司董事会、监事会及董事、监事、高级管理人员保证本报告内容不存在任何虚假记载、误导性陈述或重大遗漏，并对报告内容的真实性、准确性和完整性承担个别及连带法律责任。

公司内部控制的目标是合理保证经营管理合法合规、资产安全、财务报告及相关信息真实完整，提高经营效率和效果，促进实现发展战略。由于内部控制存在固有局限性，故仅能为实现上述目标提供合理保证。此外，由于情况的变化可能导致内部控制变得不恰当，或对控制政策和程序遵循的程度降低，根据内部控制评价结果推测未来内部控制的有效性具有一定的风险。

二、内部控制评价结论

1．公司于内部控制评价报告基准日，是否存在财务报告内部控制重大缺陷

□是　□√否

2．财务报告内部控制评价结论

□√有效　□无效

根据公司财务报告内部控制重大缺陷的认定情况，于内部控制评价报告基准日，不存在财务报告内部控制重大缺陷，董事会认为，公司已按照企业内部控制规范体系和相关规定的要求在所有重大方面保持了有效的财务报告内部控制。

3．是否发现非财务报告内部控制重大缺陷

□是　□√否

根据公司非财务报告内部控制重大缺陷认定情况，于内部控制评价报告基准日，公司未发现非财务报告内部控制重大缺陷。

4．自内部控制评价报告基准日至内部控制评价报告发出日之间影响内部控制有效性评价结论的因素

□适用　□√不适用

自内部控制评价报告基准日至内部控制评价报告发出日之间未发生影响内部控制有效性评价结论的因素。

5．内部控制审计意见是否与公司对财务报告内部控制有效性的评价结论一致

□√是　□否

6．内部控制审计报告对非财务报告内部控制重大缺陷的披露是否与公司内部控制评价报告披露一致

□√是　□否

三、内部控制评价工作情况

（一）内部控制评价范围

公司按照风险导向原则确定纳入评价范围的主要单位、业务和事项以及高风险领域。

（1）纳入评价范围的主要单位包括：江西洪都航空工业股份有限公司及其控股子公司（江西洪都国际机电有限责任公司、江西长江通用航空有限公司）。

（2）纳入评价范围的单位的财务数据占比如下。

指标	占比（%）
纳入评价范围单位的资产总额占公司合并财务报表资产总额之比	100
纳入评价范围单位的营业收入合计占公司合并财务报表营业收入总额之比	100

(3) 纳入评价范围的主要业务和事项包括：组织架构、战略规划、人力资源、股东权益、经营业绩考核与评价、内部审计、社会责任、企业文化、营运资金管理、销售业务、采购业务、存货管理、固定资产、无形资产、工程项目、研究与开发、业务外包、筹融资管理、投资管理、并购管理、担保业务、财务报告、全面预算、税务管理、合同管理、持有型物业管理、信息系统等27个业务领域。

(4) 重点关注的高风险领域主要包括：存货资产管理风险、合同管理风险、战略风险、资金短缺风险、生产交付风险、采购风险、研发风险、价格管理风险、人力资源风险、技术工艺风险。

(5) 上述纳入评价范围的单位、业务和事项以及高风险领域涵盖了公司经营管理的主要方面，是否存在重大遗漏：

□是 □√否

(6) 是否存在法定豁免：

□是 □√否

(7) 其他说明事项：

无。

（二）内部控制评价工作依据及内部控制缺陷认定标准

公司依据企业内部控制规范体系及《中国航空工业集团公司全面风险管理与内部控制体系监督与评价指引》，组织开展内部控制评价工作。

1. 内部控制缺陷具体认定标准是否较以前年度存在调整

□√是 □否

公司董事会根据企业内部控制规范体系对重大缺陷、重要缺陷和一般缺陷的认定要求，结合公司规模、行业特征、风险偏好和风险承受度等因素，区分财务报告内部控制和非财务报告内部控制，研究确定了适用于本公司的内部控制缺陷认定标准，相较以前年度调整如下：由于上海证券交易所对公司2015年度内部控制评价报告模板进行了调整，本公司对照模板要求，对财务报告内部控制与非财务报告内部控制缺陷认定标准进行了完善，重点为调整完善了财务报告内部控制与非财务报告内部控制缺陷评价的定性标准描述方法和内容，对财务报告内部控制与非财务报告内部控制缺陷评价的定性标准中重要缺陷、一般缺陷的标准进行了细化区分。

2. 财务报告内部控制缺陷认定标准

公司确定的财务报告内部控制缺陷评价的定量标准如下。

指标名称	重大缺陷定量标准	重要缺陷定量标准	一般缺陷定量标准
利润总额	影响水平达到或超过评价年度公司合并报表税前利润的10%	影响水平小于评价年度公司合并报表税前利润的10%，达到或超过5%	影响水平小于评价年度公司合并报表税前利润的5%
营业收入	影响水平达到或超过评价年度公司合并报表营业收入的1%	影响水平小于评价年度公司合并报表营业收入的1%，达到或超过0.5%	影响水平小于评价年度公司合并报表营业收入的0.5%
资产总额	影响水平达到或超过评价年度公司合并报表资产总额的0.5%	影响水平小于评价年度公司合并报表资产总额的0.5%，达到或超过0.3%	影响水平小于评价年度公司合并报表资产总额的0.3%

公司确定的财务报告内部控制缺陷评价的定性标准如下。

缺陷性质	定性标准
重大缺陷	1. 董事、监事和高级管理人员舞弊； 2. 公司已经公告的财务报告存在重大差错； 3. 注册会计师发现当期财务报表存在重大错报，而内部控制在运行过程中未能发现该错报； 4. 公司审核委员会和内部审计机构对内部控制的监督无效； 5. 内部控制评价重大或重要缺陷未得到整改； 6. 重要业务缺乏制度控制或制度系统性失效； 7. 被监管机构处罚，产生较大的负面影响； 8. 企业出现无法量化的其他重大损失； 9. 对预算的重大偏离； 10. 关联交易总额超过股东大会批准的关联交易额度上限； 11. 影响收益趋势的缺陷，比如影响盈亏结果； 12. 其他可能影响报表使用者正确判断的缺陷。
重要缺陷	1. 未依照会计准则选择和应用会计政策； 2. 未建立反舞弊程序和控制措施； 3. 对于非常规或特殊交易的账务处理没有建立相应的控制机制或没有实施且没有相应的补偿性控制； 4. 对于期末财务报告过程的控制存在一项或多项缺陷且不能合理保证编制的财务报表达到真实、准确的目标，可能发生较大程度偏移。
一般缺陷	除重大缺陷和重要缺陷外的其他缺陷。

3. 非财务报告内部控制缺陷认定标准

公司确定的非财务报告内部控制缺陷评价的定量标准如下。

指标名称	重大缺陷定量标准	重要缺陷定量标准	一般缺陷定量标准
利润总额	影响水平达到或超过评价年度公司合并报表税前利润的10%	影响水平小于评价年度公司合并报表税前利润的10%，达到或超过5%	影响水平小于评价年度公司合并报表税前利润的5%

公司确定的非财务报告内部控制缺陷评价的定性标准如下。

缺陷性质	定性标准
重大缺陷	1. 严重违反国家法律法规或规范性文件、重大决策程序不科学、制度缺失可能导致系统性失效、重大缺陷不能得到整改、其他对公司产生重大负面影响的情形； 2. 严重违反法规，导致政府部门或者监管机构的处罚，或违反管理制度或内控流程，导致重大商业纠纷、各类重大诉讼，造成重大损失； 3. 较大程度损害整体员工的工作积极性，大大降低工作效率，对企业文化、企业凝聚力产生重大不利影响，导致核心团队流失严重； 4. 负面消息在整个业务领域（包括延伸至产业链）内流传，或者被全国性媒体及公众媒体关注，对企业声誉造成重大损害，负面影响一直无法消除； 5. 公司审核委员会和内部审计机构对内部控制的监督无效； 6. 缺乏民主决策程序，比如“三重一大”决策程序。
重要缺陷	1. 公司民主决策程序不完善，导致出现一般性决策失误； 2. 违反公司内部控制流程，导致较大损失； 3. 违反法规，导致政府部门或者监管机构的处罚，或违反管理制度或内控流程，导致较大商业纠纷、各类重大诉讼，造成较大损失； 4. 人力资源管理制度或流程存在缺陷，导致公司关键岗位业务人员流失严重； 5. 媒体出现负面新闻，涉及局部区域且对公司影响较大； 6. 公司重要业务制度或流程存在缺陷； 7. 公司内部控制重要缺陷未得到整改。
一般缺陷	除重大缺陷和重要缺陷外的其他缺陷。

（三）内部控制缺陷认定及整改情况

1. 财务报告内部控制缺陷认定及整改情况

（1）重大缺陷

报告期内公司是否存在财务报告内部控制重大缺陷

□是 □√否

（2）重要缺陷

报告期内公司是否存在财务报告内部控制重要缺陷

□是 □√否

（3）一般缺陷

缺陷1：未建立公司存货预警机制明确预警周期、上报时限、报告途径和响应周期（设计缺陷）；

缺陷2：江西洪都国际机电有限责任公司（控股子公司）存在固定资产财务账与资产管理部门实物账不一致现象（执行缺陷）；

缺陷3：江西长江通用航空有限公司（控股子公司）物资办理入库手续不符合规定要求（执行缺陷）；

缺陷4：采购管理制度不够完善，采购流程存在缺失（设计缺陷）。

（4）经过上述整改，于内部控制评价报告基准日，公司是否存在未完成整改的财务报告内部控制重大缺陷

□是　□√否

（5）经过上述整改，于内部控制评价报告基准日，公司是否存在未完成整改的财务报告内部控制重要缺陷

□是　□√否

2. 非财务报告内部控制缺陷认定及整改情况

（1）重大缺陷

报告期内公司是否发现非财务报告内部控制重大缺陷

□是　□√否

（2）重要缺陷

报告期内公司是否发现非财务报告内部控制重要缺陷

□是　□√否

（3）一般缺陷

缺陷1：全面预算考核内容与现行管理要求及实际情况不完全一致（设计缺陷）；

缺陷2：未制定敏感或关键岗位员工定期轮岗制度（设计缺陷）；

缺陷3：未制定审计发现问题整改管理制度（设计缺陷）；

缺陷4：缺少合同履行后评估相关制度的条款，每年年末已对合同履行情况进行评估，但未出具评估意见和建议（设计缺陷）；

缺陷5：个别合同承办部门未将合同对方的资信情况纳入合同档案留存（执行缺陷）；

缺陷6：相关部门、分厂未按制度规定落实外包业务任务编号管理要求（执行缺陷）；

缺陷7：公司贵重物品发出未制定特别授权制度（设计缺陷）；

缺陷8：公司未明确分厂员工自制工装夹具验收、账务处理管理办法（设计缺陷）；

缺陷9：子公司部分内部控制制度未结合单位实际情况制定，仅参照公司相关管理制度执行（设计缺陷）；

缺陷10：江西洪都国际机电有限责任公司与企业发展战略相匹配的企业文化宣贯尚未完全执行到位（执行缺陷）；

缺陷11：江西长江通用航空有限公司存在选择不具备资质的供应商办理采购业务的个别情况（执行缺陷）；

缺陷12：人才队伍建设不足，出现因员工年龄断层影响企业发展的隐忧（执行缺陷）。

（4）经过上述整改，于内部控制评价报告基准日，公司是否发现未完成整改的非财务报告内部控制重大缺陷

□是 □√否

(5) 经过上述整改，于内部控制评价报告基准日，公司是否发现未完成整改的非财务报告内部控制重要缺陷

□是 □√否

四、其他内部控制相关重大事项说明

1. 上一年度内部控制缺陷整改情况

□√适用 □不适用

2014年度，公司共发现内部控制缺陷12项，其中本部8项，子公司4项。已完成整改3项（本部1项，子公司2项），未完成整改7项，2项整改不适用。

在7项未完成整改缺陷中，有6项整改所需的规章制度已完成初稿编制，但是未通过评审，需进一步修改完善；剩余1项由于法务信息系统正在开发，尚未上线运行。2项不适用的内部控制缺陷，分别是本部的无形资产评估盘点以及江西长江通用航空有限公司的人力资源引进和退出，未完成整改的原因分别是：公司的土地不存在对外租赁的情况，而且土地的评估费用较高；子公司的人力资源引进和退出需母公司批准，子公司无人力资源引进和退出权限。

2. 本年度内部控制运行情况及下一年度改进方向

□√适用 □不适用

为加强公司内部控制建设，提升经营管理水平和风险防范能力，实现战略目标，公司根据财政部等五部委及中航工业的要求，以制度和流程为基础在公司全面推进内部控制体系建设工作。

公司成立了内部控制工作专项小组，包括领导小组和实施小组，完善《内部控制工作管理规定》，管理规定以防范风险、规范管理为目标，以源头治理和过程控制为核心，明确了内部控制项目实施各阶段的要求，强化制约，落实责任追究，力求形成健全有效的内部控制规范体系，做好公司内部控制的建设、自我评价工作。

3. 其他重大事项说明

□适用 □√不适用

董事长（已经董事会授权）：宋承志

江西洪都航空工业股份有限公司

2016年3月30日

2016年5月11日，公司发布了关于更正《公司2015年内部控制评价报告》的公告，全文如下：

江西洪都航空工业股份有限公司关于更正《公司2015年内部控制评价报告》的公告

本公司监事会及全体监事保证本公告内容不存在任何虚假记载、误导性陈述或

者重大遗漏，并对其内容的真实性、准确性和完整性承担个别及连带责任。

根据《企业内部控制基本规范》及其配套指引的规定和其他内部控制监管要求，结合本公司（以下简称公司）内部控制制度和评价办法，对《公司2015年度内部控制评价报告》进行了部分修改和完善，具体如下。

1. 公司确定的非财务报告内部控制缺陷评价的定量标准更正为：

指标名称	重大缺陷定量标准	重要缺陷定量标准	一般缺陷定量标准
利润总额	影响水平达到或超过评价年度公司合并报表税前利润的5%	影响水平小于评价年度公司合并报表税前利润的5%，达到或超过3%	影响水平小于评价年度公司合并报表税前利润的3%
营业收入	影响水平达到或超过评价年度公司合并报表营业收入的1%	影响水平小于评价年度公司合并报表营业收入的1%，达到或超过0.5%	影响水平小于评价年度公司合并报表营业收入的0.5%
资产总额	影响水平达到或超过评价年度公司合并报表资产总额的0.5%	影响水平小于评价年度公司合并报表资产总额的0.5%，达到或超过0.3%	影响水平小于评价年度公司合并报表资产总额的0.3%

2. 财务报告内部控制一般缺陷更正为：

缺陷1：未建立公司存货预警机制明确预警周期、上报时限、报告途径和响应周期（设计缺陷）；

缺陷2：江西洪都国际机电有限责任公司物资办理入库手续不符合规定要求（执行缺陷）；

缺陷3：江西长江通用航空有限公司采购管理制度不够完善，采购流程存在缺失（设计缺陷）。

3. 删除非财务报告内部控制一般缺陷中的缺陷3、缺陷6、缺陷8、缺陷10。

4. 本年度内部控制运行情况及下一年度改进方向完善为：

为加强公司内部控制建设，提升经营管理水平和风险防范能力，实现战略目标，公司根据财政部等五部委及中航工业的要求，以制度和流程为基础在公司全面推进内部控制体系建设工作。

（1）完善《内部控制工作管理规定》并正式发文，确定组织保障。公司成立了内部控制工作专项小组，包括领导小组和实施小组，完善《内部控制工作管理规定》，管理规定以防范风险、规范管理为目标，以源头治理和过程控制为核心，明确了内部控制项目实施各阶段的要求，强化制约，落实责任追究，力求形成健全有效的内部控制规范体系，做好公司内部控制的建设、自我评价工作。

（2）重新梳理规章制度体系目录。公司以规章制度发文管理流程在固定资产投资流程信息系统中落地为契机，重新梳理规章制度体系目录，并规划将目录嵌入信息系统中，系统设定每次发文拟稿必须在目录中单项选取制度名称，方可发文。如未在目录中，则必须更新目录才可选取发文，促使规章制度体系目录滚动式更新。

目前规章制度发文管理流程已完成前期工作底稿及需求规格说明书编制，待信息工程部开发人员自主开发，测试后上线运行。

(3) 开展了2014年度公司内部控制缺陷整改工作。2015年1月，公司开展了2014年度内部控制自我评价工作，对公司本部共提出了8项一般缺陷，对子公司提出了4项一般缺陷。公司高度重视，针对12项缺陷下发整改通知，明确各相关部门职责及整改期限。各相关部门填写缺陷整改跟踪表，公司组织内部控制缺陷整改验收工作并完成鉴证材料的收集工作。

(4) 组织开展公司内部控制指引的评审。2014年公司根据五部委发布的《企业内部控制应用指引》(18项）及中航工业集团公司发布的《中航工业内控指引》(28项)，启动了针对《洪都公司内部控制实施指引（2013版)》(22项）的修订工作，作为公司建立、执行、评价和维护内部控制与风险管理体系的指导和依据。公司明确了29项需修订的内部控制实施指引，并组织15个牵头单位进行编修工作，完成内部控制实施指引的公司级评审，待正式发布。

(5) 下一年度改进方向。加强内部控制缺陷整改的过程监控；以AOS的方法梳理业务流程，编制、完善相关文件及表单；加强子公司的内部控制建设，逐步完善子公司内部控制体系。

全文详见公司于2016年5月11日在上海证券交易所发布的《江西洪都航空工业股份有限公司2015年度内部控制评价报告》(更正版)。

特此公告。

江西洪都航空工业股份有限公司董事会
2016年5月11日

讨论与分析：

1. 根据公司公告的内部控制评价报告，理解上市公司规范的内部控制评价报告的基本格式及其主要内容。

2. 针对公司更正已公布的内部控制评价报告的内容，解释为什么要更正、更正说明了什么。

3. 根据公司公告的内部控制一般缺陷，讨论上市公司内部控制缺陷存在的领域与表现。

4. 结合公司公告的内部控制评价报告，讨论如何确定上市公司内部控制评价测试的范围以及高风险领域。

第九章

内部控制（风险管理）审计

学习目标

1. 了解企业内部控制报告体系。
2. 熟悉内部控制审计与内部控制自我评价的关系。
3. 熟悉整合审计，并掌握财务报表审计与内部控制审计的协调。
4. 了解如何承接内部控制审计业务。
5. 掌握企业内部控制审计的实务流程。
6. 了解连续审计或集团审计的特殊考虑。
7. 掌握内部控制审计报告编制及其风险控制。

引例

华中公司委托注册会计师审计内部控制的困惑

华中集团公司在构建内部控制体系时，聘请京信会计师事务所为其提供咨询服务。三年来，集团公司的内部控制运行良好，且每年集团公司都会委托集团总部的审计机构按照风险点对不同的子公司进行内部控制评价。审计委员会讨论内部审计机构出具的内部控制审计报告后会把企业存在的问题及其改进建议提交董事会，以此决定来年经营管理活动的改进方向。2010 年，华中集团公司准备增发股票融资，按要求需要提供其内部控制审计报告，集团公司拟聘请京信会计师事务所为其提供内部控制审计服务。但在董事会会议讨论中，人们提出了以下疑问：

（1）京信会计师事务所为公司提供内部控制设计的咨询服务后，是否可以再为公司提供内部控制审计业务？

（2）由于每年内部审计机构出具的内部审计报告中涉及许多公司经营管理的机密，如果让注册会计师承办内部控制审计业务，这些涉及机密的问题是否一定要出现在内部控制审计报告中？

（3）注册会计师承办内部控制审计业务与内部审计机构提供内部控制评价业务有什么不同？如何协调？

（4）是聘请同一家会计师事务所为公司同时提供年报审计和内部控制审计业务，还是分别聘请不同的会计师事务所？

（5）注册会计师在提供年报审计和内部控制审计时均应对内部控制进行了解、评价和测试，这些工作是否重复？

第一节　内部控制（风险管理）审计的界定

一、企业内部控制报告体系

在现代市场经济中，企业内部控制报告体系如图9-1所示。

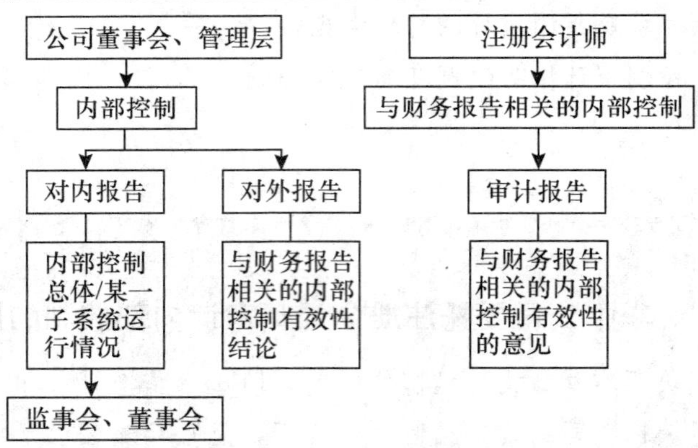

图9-1　企业内部控制报告体系

分析图9-1，我们发现一个企业可能基于提高自身经营管理及风险管理能力和取信于社会公众两个目的来报告企业的内部控制。基于前者的目的，企业会对内部控制总体运行情况进行评价或就某一子系统运行情况予以评价，主要是把相关报告提交给监事会或董事会，以促使企业形成自我识别风险、自我防范风险的持续经营机制。这时，内部控制评价的对象因管理和监管的需要而丰富，内部控制评价的主体可以是企业内部审计或监察人员，也可以是外部审计师。但基于后者的目的，企业仅对与财务报表相关的内部控制有效性进行评价，由企业管理层签发内部控制评价报告，并委托外部审计师对此发表鉴证意见。企业内部控制评价报告和审计报告一起对外报送，目的是促使人们了解并相信企业内部控制的有效性。

过去，人们通常把任何对内部控制进行评价和报告的行为统称为内部控制审计业务，现在按照咨询性和鉴证性来划分，凡是既可以由注册会计师或其他中介机构，也可以由企业的内部审计人员提供，具有咨询性的内部控制评价业务，统称为内部控制评价（评估）业务；而会计师事务所接受委托，对截至特定日期企业财务报告内部控制的有效性进行审计并发表审计意见，属于鉴证性的业务，称为内部控制审计业务（实质上是内部控制鉴证业务，因为它是对非历史财务信息的内部控制进行鉴证的其他鉴证业务，但人们习惯称之为内部控制审计业务）。

对比这三种内部控制报告，对内部控制进行了解和测试的程序和方法相同，可以相互借鉴，而且由管理层对外签发的内部控制评价报告是外部审计师承办内部控制审计业务的前提，如果缺少由管理层对外签发的内部控制评价报告，注册会计师的内部控制审计业务将无法承办。三者的不同点如表 9-1 所示。

表 9-1　内部控制评价对内、对外报告与审计报告的对比

项目	报告主体	报告对象	报告目的	注册会计师提供服务的性质
内部控制评价对内报告	内部审计师/企业管理层	内部控制整体或某子系统情况	促使企业提高管理效率和持续经营能力	接受委托承办或参与，提供其他鉴证业务服务或咨询服务
内部控制评价对外报告	企业管理层	财务报告的内部控制有效性	让人们了解支持财务报表披露的相关活动	接受委托参与，提供咨询服务
内部控制审计报告	外部审计师（注册会计师）	财务报告的内部控制有效性	取信于社会公众	接受委托承办（只能由注册会计师承办），提供其他鉴证业务服务

由此可见，同样是内部控制评价报告，对内报告的内部控制评价报告可以把公司经营管理活动的所有内部控制缺陷都披露出来，提供给董事会和管理者，以便改进企业经营管理；但对外强制报告的内部控制评价报告，监管者强制要求披露的仅仅是财务报告的内部控制，而不是所有的内部控制。同时，人们在理解内部控制评价报告和内部控制审计报告时，应当认识到无论内部控制评价报告是否成为内部控制审计直接发表意见的对象，两者都存在密切联系：

（1）如果企业内部控制评价报告中描述了内部控制存在显著缺陷或重大缺陷，注册会计师在审计内部控制时，执行相关审计程序发现该内部控制的显著缺陷或重大缺陷确实存在，应当发表带说明段的无保留意见的内部控制审计报告。

（2）如果注册会计师在审计企业内部控制时，发现企业内部控制存在显著或重大缺陷，但企业管理层签发的企业内部控制评价报告并没有描述该缺陷，注册会计师应当考虑发表否定意见的内部控制审计报告。

二、财务报告内部控制和非财务报告内部控制的区分

人们根据内部控制的五目标划分财务报告内部控制和非财务报告内部控制。

所谓财务报告内部控制，即由公司的董事会、监事会、经理层及全体员工实施的旨在合理保证财务报告及相关信息真实、完整而设计和运行的内部控制，以及用于保护资产安全的内部控制中与财务报告可靠性目标相关的控制。具体而言，财务报告内部控制主要包括下列方面的政策和程序：

（1）保存充分、适当的记录，准确、公允地反映企业的交易和事项；

（2）合理保证按照适用的财务报告编制基础的规定编制财务报表；

（3）合理保证收入和支出的发生以及资产的取得、使用或处置经过适当授权；

（4）合理保证及时防止或发现并纠正未经授权的、对财务报表有重大影响的交易和事项。

财务报告内部控制以外的其他内部控制，属于非财务报告内部控制。

当然，相当一部分的内部控制能够实现多种目标，与经营目标或合规性目标相关的控制可能同时与财务报告可靠性目标相关。因此，不能仅仅因为某一控制与经营目标或合规性目标相关而认定其属于非财务报告内部控制，注册会计师需要考虑特定控制在特定企业环境中的目标、性质及作用，根据职业判断考虑该控制在具体情况下是否属于财务报告内部控制。

在实务中，注册会计师基于自上而下的方法识别财务报表的重要账户和列报及其相关认定，以及与相关认定有关的业务流程中可能发生重大错报的环节时，由于注册会计师识别的相关认定以及可能发生重大错报的环节均与财务报表相关，注册会计师针对这些错报或潜在错报来源识别的相应内部控制通常是财务报告内部控制。

三、内部控制审计与内部控制自我评价的协调

（一）内部控制审计与内部控制自我评价的关系

根据《企业内部控制审计指引实施意见》的规定，被审计单位认可并理解其责任，其中包括对内部控制的有效性进行评价并编制内部控制评价报告的责任，是注册会计师接受或保持内部控制审计业务的前提之一。为此，内部控制审计与内部控制自我评价之间的关系可以概括为：

（1）内部控制审计与内部控制自我评价是相互独立的，两者测试工作的具体内容可能不同。在执行内部控制审计时，注册会计师选取纳入测试范围的组成部分、

控制活动和测试方法，可能与企业在进行内部控制自我评价时选取纳入测试范围的组成部分、控制活动和测试方法不同。注册会计师应当根据《企业内部控制审计指引》和《企业内部控制审计指引实施意见》的要求，运用职业判断选取拟测试的组成部分和控制活动，并确定测试方法，无须受企业在内部控制自我评价中确定的测试工作的限制。

（2）两者存在单方面利用关系。内部控制审计可以根据《企业内部控制审计指引实施意见》中“利用他人的工作”部分的具体要求，考虑利用内部控制自我评价的工作（企业层面内部控制除外）。同时，根据《企业内部控制审计指引》的规定，注册会计师完成审计工作后，应当取得经企业签署的书面声明，声明企业没有利用注册会计师执行的审计程序及其结果作为自我评价的基础。

（二）内部控制审计如何利用内部控制自我评价工作

根据《企业内部控制审计指引》的规定，注册会计师对财务报告内部控制的有效性直接发表审计意见，并不是对企业内部控制评价报告发表审计意见。在内部控制审计中，注册会计师对企业内部控制自我评价开展的工作主要包括：

（1）注册会计师应当对企业内部控制自我评价工作进行评估，判断是否利用企业内部审计人员、内部控制评价人员和其他相关人员的工作以及可利用的程度，相应减少可能本应由注册会计师执行的工作。

在实务中，注册会计师可以在每个年度的较早时期与管理层就内部控制自我评价工作（包括自我评价的工作范围、工作方法、样本选取方法及样本规模等）进行沟通，并获取必要的管理层自我评价文档。如果管理层就内部控制评价工作定期召开会议，注册会计师可以要求参加会议以及时了解内部控制自我评价工作的实际进展以及前期遇到的问题。上述步骤及获取的文档有助于注册会计师确定其内部控制审计的时间安排，以及在多大程度上可以利用被审计单位的评价工作。

（2）注册会计师应当识别、了解和测试对内部控制有效性具有重要影响的企业层面控制。企业内部控制自我评价是企业层面控制的重要组成部分，与控制环境、对控制的监督这两项要素相关，注册会计师应将其纳入企业层面控制的范围进行考虑。

（3）在形成审计意见时，注册会计师应当查阅从各种来源获取的审计证据，包括企业本年度涉及内部控制的内部审计报告或类似报告，并评价这些报告中指出的控制缺陷。

（4）考虑企业内部控制评价报告的影响。注册会计师还需要按照《企业内部控制审计指引实施意见》的相关要求，考虑企业内部控制评价报告对注册会计师内部控制审计报告的可能影响，包括评价企业内部控制评价报告对相关法律法规规定要素的列报是否完整和恰当，以及如果内部控制存在重大缺陷，企业是否已经在内部控制评价报告中对其进行了公允反映等。

四、整合审计

（一）整合审计的目标

在现代市场经济中，注册会计师接受企业委托对其财务报表进行审计时，一定要了解企业内部控制，必要时进行控制测试，因此，如果把同一家企业的内部控制（风险管理）审计与财务报表审计分开，让不同会计师事务所做，可能不太经济，因此，会计师事务所常把企业内部控制（风险管理）审计和财务报表审计整合进行，称为“整合审计”。

在整合审计中，注册会计师计划和实施对内部控制设计和运行有效性的测试，以同时实现下列目标：

（1）获取充分、适当的证据，支持其在内部控制审计中对内部控制的有效性发表的意见。

（2）获取充分、适当的审计证据，支持其在财务报表审计中对内部控制的拟信赖程度（即对控制风险的评估结果）发表的意见。

（二）整合审计整合的基础与注意事项

1. 整合审计整合的基础

整合审计基于内部控制审计和财务报表审计存在的如下共同点：

（1）内部控制审计和财务报表审计的终极目的一致。虽然各有侧重，但终极目的都是提高财务报表预期使用者对财务报表的信赖程度。

（2）内部控制审计和财务报表审计都采用风险导向审计方法。注册会计师首先实施风险评估程序，识别和评估财务报表重大错报风险（包括由于舞弊导致的重大错报风险），在此基础上，针对评估的重大错报风险，通过设计和实施恰当的应对措施，获取充分、适当的审计证据。

（3）内部控制审计和财务报表审计运用的重要性水平相同。注册会计师在财务报表审计中运用重要性水平，旨在计划和执行财务报表审计工作，评价识别出的错报对审计的影响以及未更正错报对财务报表和审计意见的影响，以对财务报表整体是否不存在重大错报获取合理保证；注册会计师在内部控制审计中运用重要性水平，旨在计划和执行内部控制审计工作，评价识别出的内部控制缺陷单独或组合起来是否构成内部控制重大缺陷，以对被审计单位是否在所有重大方面保持了有效的内部控制获取合理保证。由于内部控制的目标是合理保证财务报告及相关信息的真实、完整，因此对于同一财务报表，在两种审计中运用的重要性水平应当相同。

（4）内部控制审计和财务报表审计识别的重要账户、列报及其相关认定相同。注册会计师在识别重要账户、列报及其相关认定时应当评价的重大错报风险因素对于内部控制审计和财务报表审计而言是相同的，因此对于同一财务报表，在两种审计中识别的重要账户、列报及其相关认定应当相同。

（5）内部控制审计和财务报表审计了解和测试内部控制设计和运行有效性的基本方法相同，都可能实施询问、观察、检查以及重新执行等程序。

2. 整合审计整合时的注意事项

虽然内部控制审计和财务报表审计存在多个方面的共同点，但财务报表审计是对财务报表进行审计，重在审计“结果”；而内部控制审计是对保证财务报表质量的内部控制的有效性进行审计，重在审计“过程”，整合审计要关注两者的如下不同：

（1）对内部控制进行了解和测试的目的不同。在财务报表审计和内部控制审计中，注册会计师都需要了解与审计相关的内部控制，都可能涉及测试相关内部控制运行的有效性，但两者目的不同。注册会计师在财务报表审计中了解和测试内部控制，是为了识别、评估和应对重大错报风险，据此确定实质性程序的性质、时间安排和范围，并获取与财务报表是否在所有重大方面按照适用的财务报告编制基础编制相关的审计证据，以支持对财务报表发表的审计意见；注册会计师在内部控制审计中了解和测试内部控制，是为了对内部控制的有效性发表审计意见。

（2）测试内部控制运行有效性的范围要求不同。在财务报表审计中，针对评估的认定层次重大错报风险，注册会计师可能选择采用实质性方案或综合性方案。如果采用实质性方案，注册会计师可以不测试内部控制的运行有效性；如果采用综合性方案，注册会计师会综合运用控制测试和实质性程序，因而需要测试内部控制的运行有效性。根据《中国注册会计师审计准则第 1231 号——针对评估的重大错报风险采取的应对措施》的相关规定，当存在下列情形之一时，注册会计师应当设计和实施控制测试，针对相关控制运行的有效性，获取充分、适当的审计证据：1)在评估认定层次重大错报风险时，预期控制的运行是有效的（即在确定实质性程序的性质、时间安排和范围时，注册会计师拟信赖控制运行的有效性）；2）仅实施实质性程序并不能提供认定层次充分、适当的审计证据。也就是说，如果以上两种情况均不存在，注册会计师可能对部分认定，甚至全部认定都不测试内部控制的运行有效性。在内部控制审计中，注册会计师应当针对所有重要账户和列报的每一个相关认定获取控制设计和运行有效性的审计证据，以便对内部控制整体的有效性发表审计意见。

（3）内部控制测试的期间要求不同。首先，在财务报表审计中，针对评估的认定层次重大错报风险，如果注册会计师选择综合性方案，需要获取内部控制在整个拟信赖期间运行有效的审计证据；而在内部控制审计中，注册会计师对基准日的内部控制运行有效性发表意见，仅需要对内部控制在基准日前足够长的时间内（可能短于整个审计期间）的运行有效性获取审计证据。其次，尽管连续审计时，注册会计师在财务报表审计和内部控制审计中都可以考虑以前审计中所了解和测试的情况，但在执行内部控制审计时，注册会计师不得采用《中国注册会计师审计准则第1231号——针对评估的重大错报风险采取的应对措施》第十四条中提及的“每三年至少对控制测试一次”的方法，而应当在每一年度审计中测试内部控制。

（4）对控制缺陷的评价和沟通要求不同。在内部控制审计中，注册会计师应当评价识别出的内部控制缺陷是否构成一般缺陷、重要缺陷或重大缺陷。在财务报表审计中，注册会计师需要确定识别出的内部控制缺陷单独或连同其他缺陷是否构成值得关注的内部控制缺陷。相应地，两者的沟通要求存在不同。在财务报表审计中：1）注册会计师应当以书面形式及时向治理层通报值得关注的内部控制缺陷，致送书面沟通文件的时间可能根据治理层对注册会计师履行监督责任的法定要求来确定（对于上市实体，治理层可能需要在批准财务报表前收到注册会计师的沟通文件；对于其他实体，注册会计师可能会在较晚日期致送书面沟通文件，但需要满足完成最终审计档案的归档要求）。2）注册会计师还应当及时向相应层级的管理层通报：①已向或拟向治理层通报的值得关注的内部控制缺陷，除非在具体情况下不适合直接向管理层通报。此项应采用书面方式通报。②在审计过程中识别出的、其他方未向管理层通报而注册会计师根据职业判断认为足够重要从而值得管理层关注的内部控制其他缺陷。此项对沟通形式没有强制要求，可以采用书面或口头形式。在内部控制审计中：对于重大缺陷和重要缺陷，注册会计师应当以书面形式与管理层和治理层沟通，书面沟通应在注册会计师出具内部控制审计报告前进行；如果注册会计师认为审计委员会和内部审计机构对内部控制的监督无效，应当就此以书面形式直接与董事会沟通。此外，注册会计师应当以书面形式与管理层沟通其在审计过程中识别的所有其他内部控制缺陷（包括注意到的非财务报告内部控制缺陷），并在沟通完成后告知治理层。

（5）审计报告的形式和内容以及所包括的意见类型不同。内部控制审计报告的形式和内容不同于财务报表审计报告。注册会计师应当分别按照中国注册会计师审计准则和《企业内部控制审计指引》及《企业内部控制审计指引实施意见》的相关规定，出具财务报表审计报告和内部控制审计报告。此外，内部控制审计报告不存在保留意见的意见类型，如果内部控制存在一项或多项重大缺陷，除非审计范围受到限制，注册会计师应当对内部控制发表否定意见；如果审计范围受到限制，注册会计师应当解除业务约定或出具无法表示意见的内部控制审计报告。

（三）整合审计中财务报表审计与内部控制审计的协调

注册会计师基于统一的风险评估，为财务报表审计和内部控制审计制定整合的审计计划，有助于实现整合审计的目标，减少重复工作，提高审计效率和效果。具体讲，财务报表审计与内部控制审计至少在以下几个方面是可以整合共享的：

（1）确定相同的重要性水平。在财务报表审计中，注册会计师旨在检查财务报表中是否存在重大错报，没有必要将所有相关认定的控制风险评估为低于最高水平，也不可能对所有控制的运行有效性进行测试，为此，注册会计师需要确定重要性水平。在内部控制审计中，注册会计师旨在检查财务报告内部控制是否存在重大缺陷，重大缺陷是指内部控制中存在的、具有合理可能性导致不能及时防止或发现财务报表出现重大错报的一项控制缺陷或多项控制缺陷的组合，因此，内部控制审计与财务报表审计中应当确定相同的审计重要性水平。

（2）在适当的情况下，尽量对重要账户和列报的相关认定采用综合性方案。通过综合性方案中内部控制设计和运行有效性的测试，注册会计师在获取证据以支持其对内部控制有效性发表意见的同时，如果内部控制设计和运行测试有效，也能够基于对控制风险的评估结果，相应调整实质性程序的性质、时间安排和范围。例如，当重大错报风险（由固有风险和控制风险决定）评估为低时，注册会计师可能不需要调整实质性程序的性质以获取更具说服力的审计证据，或者认为可以在期中而非期末实施某些审计程序，从而节省实施实质性程序所需的审计资源，更有效地实现整合审计的目标。

此外，注册会计师在每年度的整合审计中需要针对所有重要账户和列报的每个相关认定获取内部控制设计和运行有效的审计证据，而不利用《中国注册会计师审计准则第 1231 号——针对评估的重大错报风险采取的应对措施》第十四条提及的“每三年至少对控制测试一次”的方法。

（3）控制测试的时间安排尽量同时满足内部控制审计和财务报表审计的要求。具体包括，在确定测试某项控制运行涵盖的期间时，在内部控制审计所要求的“足够长的期间”和财务报表审计所要求的“拟信赖的期间”中取其长者；同时，注册会计师可以通过合理安排控制测试的时间，给被审计单位留有整改的时间。

（4）了解和测试内部控制的方法相同。财务报表审计和内部控制审计两者对内部控制有效性的定义、了解和测试内部控制的方法相同。在测试内部控制的设计有效性时，可能用到询问、检查、观察等程序，特别是穿行测试。在测试内部控制的执行有效性时，可能用到询问、检查、观察、穿行测试或重新执行等程序。

（5）审计证据相互印证和相互利用。内部控制审计与财务报表审计中获取的审计证据应当相互利用、相互印证。具体体现在：

实务中，在整合审计的情况下，注册会计师可以只编制一套整合的审计工作底稿，将内部控制审计和财务报表审计的整合考虑贯穿审计的整个过程，以更有效地实现整合审计的目标，同时满足财务报表审计和内部控制审计的需要。

在内部控制审计中，注册会计师在对内部控制有效性形成结论时，应当考虑财务报表审计中实施的所有针对内部控制设计和执行有效性的测试结果。在财务报表审计中，注册会计师在评估控制风险时，应当考虑内部控制审计中实施的所有针对内部控制设计和执行有效性的测试结果。如果在内部控制审计中识别出某项控制缺陷，注册会计师应当评价该项缺陷对财务报表审计中拟实施的实质性程序的性质、时间和范围的影响。

在内部控制审计中，注册会计师应当评价财务报表审计中实施的实质性程序的结果对内部控制有效性结论的影响。评价内容应当包括：1）注册会计师做出的与选择和实施实质性程序相关的风险评估，尤其是与舞弊相关的风险评估；2）发现的违反法规行为和关联方交易方面的问题；3）表明管理层在选择会计政策和做出会计估计时存在偏见的情况；4）实施实质性程序发现的错报。

（6）审计队伍合二为一。虽然国际上对于是否应当由一家会计师事务所同时承办年报审计业务和内部控制审计业务的观点不统一，但在整合审计中，为了提高审计效率，降低审计风险，一般由一个项目组同时负责这两项工作，并且在项目组内部分工时，需要按照业务循环进行，将同一业务循环内的控制测试和实质性测试尽可能分配给同一人负责，以实现控制测试与实质性测试的有机融合。当然，对于信息技术一般控制和应用控制的测试，仍需要利用专家的工作。

（四）开展整合审计时项目组的组建

当财务报表审计延伸成为整合审计后，审计的范围和复杂程度大大增加，需要注册会计师做出很多新的职业判断，这些判断包括集团审计中确定组成部分内部控制审计的范围、利用他人工作的程度、设计控制测试以实现整合审计的双重目标、财务报表审计中发现的问题对内部控制审计的影响、评价控制缺陷的严重程度等。

会计师事务所在开展整合审计时，需要统筹考虑，挑选具有胜任能力的人员组成项目组。在组建项目组时，需要考虑下列事项：

（1）委派掌握内部控制审计知识和方法的审计人员，如有可能，考虑配备有内部控制审计经验的审计人员。

（2）必要时配备专家，如信息系统等方面的专家。这些专家在审计项目的前期参与审计工作，从而判断在审计过程中哪些领域需要更深入的参与才能对相关内部控制的设计和运行有效性获取充分、适当的审计证据。

项目合伙人及其他有经验的项目组成员需要参与整合审计计划的制定，以便及时做出上述职业判断，避免项目组中经验较少的成员做出不恰当的决定从而影响审计效果和效率。特别是在首次执行整合审计时，项目合伙人、项目经理以及参与审计项目的有关专家往往需要付出更多时间。项目合伙人要做出恰当安排，确保在执行审计的过程中及时指导并复核审计工作，充分考虑财务报表审计和内部控制审计的互相参照与整合。另外，会计师事务所应当按照《企业内部控制审计指引实施意见》的规定，考虑是否委派适当的项目质量控制复核人员，以客观评价项目组做出的重大判断以及在编制内部控制审计报告时得出的结论。

在整合审计中，财务报表审计和内部控制审计原则上应由同一个项目组执行。如果项目组又被划分为承担不同具体工作的团队，则需要考虑团队间的沟通和协调配合，不同的团队需要站在整合的角度来制定审计策略、评估测试结果，一方面减少重复工作，另一方面兼顾两类审计的要求，保证内部控制审计和财务报表审计的审计证据和结论可以相互参照，避免审计判断出现不一致的情况。

第二节 内部控制（风险管理）审计业务的承接和保持

一、承接和保持内部控制（风险管理）审计业务的前提条件

无论是整合审计或是单独承接内部控制（风险管理）审计，注册会计师都应当从以下两个方面评价承接和保持内部控制（风险管理）审计业务的前提条件，以决定是否承接和保持内部控制（风险管理）审计业务：

（1）确定被审计单位采用的内部控制标准是否适当。

（2）就被审计单位认可并理解其责任与管理层和治理层达成一致意见。被审计单位的责任包括：

1）按照适用的内部控制标准，设计、执行和维护有效的内部控制，以使财务报表不存在由于舞弊或错误导致的重大错报；

2）对内部控制进行评价并编制内部控制评价报告；

3）向注册会计师提供必要的工作条件。

二、内部控制（风险管理）审计业务的约定书

无论是整合审计还是单独承接内部控制（风险管理）审计，注册会计师都应当与企业签订明确内部控制（风险管理）审计业务的约定书，约定书的主要内容包括：

（1）内部控制审计的目标和范围；

（2）注册会计师的责任；

（3）被审计单位的责任；

（4）被审计单位采用的内部控制标准；

（5）注册会计师拟出具的内部控制审计报告的形式和内容，以及对在特定情况下出具的内部控制审计报告可能不同于预期形式和内容的说明；

（6）审计收费。

第三节　内部控制（风险管理）审计的流程及其特殊考虑

注册会计师执行内部控制（风险管理）审计的流程如图9-2所示。

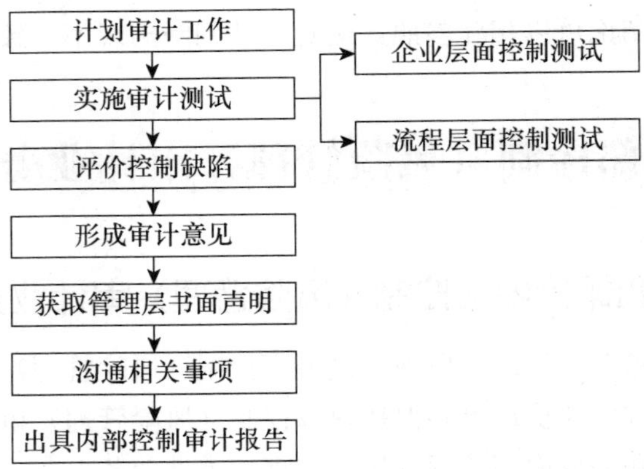

图9-2　内部控制（风险管理）审计的流程

一、计划审计工作

（一）计划审计工作的要点

（1）了解和评价下列事项对财务报表和内部控制是否有重要影响，以及有重要影响的事项将如何影响注册会计师的审计工作：注册会计师执行其他业务时了解的情况；影响企业所处行业的事项，如行业财务报告惯例、经济状况和技术革新；与企业相关的法律法规；与企业经营相关的重要事项，包括组织结构、经营特征和资本结构；经营活动的复杂程度；企业经营活动或内部控制最近发生变化的程度；注册会计师对重要性、风险以及与确定内部控制重大缺陷相关的其他因素所做的初步判断；以前与审计委员会或管理层沟通过的控制缺陷；可获取的与内部控制有效性相关的证据的类型和范围；对内部控制有效性的初步判断；与评价财务报告发生重大错报的可能性和内部控制有效性相关的公开信息；在评价是否接受与保持客户和业务时，注册会计师了解的与企业相关的风险情况。

（2）风险评估。注册会计师应当以风险评估为基础，确定重要账户、列报及相关认定，选择拟测试的控制，确定针对特定控制所需收集的证据。

内部控制的特定领域存在重大缺陷的风险越高，应当给予该领域的审计关注就越多。注册会计师应当更多地关注高风险领域，没有必要测试那些即便有缺陷也不会有合理可能性导致财务报表重大错报的控制。

在进行风险评估以及确定审计程序时，注册会计师应当考虑企业组织结构、经营流程或业务单元的复杂程度可能产生的重要影响。企业组织结构、经营流程及业务单元的规模和复杂程度影响许多控制目标的实现方式。注册会计师应当根据企业具体情况调整审计工作，以获取充分、适当的证据，支持发表的审计意见。

（3）关注和应对舞弊风险。在识别并测试企业层面控制以及选择其他控制进行测试时，注册会计师应当评价企业的控制是否足以应对已识别的由舞弊导致的重大错报风险，并评价为应对管理层凌驾于控制之上的风险而设计的控制。这些控制包括：针对重大的非常规交易的控制，尤其是针对导致会计处理延迟或异常的交易的控制；针对期末财务报告流程中编制的分录和做出的调整的控制；针对关联方交易的控制；与管理层的重大估计相关的控制；能够减弱管理层伪造或不恰当操纵财务结果的动机及压力的控制。

如果在内部控制审计中识别出旨在防止或发现舞弊的控制存在缺陷，注册会计师应当遵守《中国注册会计师审计准则第 1141 号——财务报表审计中对舞弊的考虑》的规定，在财务报表审计中制定应对重大错报风险的方案时考虑这些缺陷。

（4）考虑利用其他相关人员或机构的工作。注册会计师在计划内部控制（风险管理）审计业务时，应当参照《中国注册会计师审计准则第 1411 号——考虑内部审计工作》《中国注册会计师审计准则第 1401 号——利用其他注册会计师的工作》《中国注册会计师审计准则第 1212 号——对被审计单位使用服务机构的考虑》，评估是否利用或如何利用企业的内部审计人员、其他人员以及在管理层或审计委员会指导下的第三方、被审计单位使用的服务机构等的工作，以减少本应由注册会计师执行的工作。

在内部控制审计中，如果他人的工作能够提供有关内部控制有效性的证据，注册会计师可以利用该工作或者其提供的直接帮助。

注册会计师应当评价拟利用其他人员或机构的专业胜任能力和客观性，以确定可利用的程度。在评价他人的专业胜任能力时，注册会计师应当考虑其专业资格、专业经验与技能等相关因素。在评价他人的客观性时，注册会计师应当考虑是否存在某些因素，将削弱或者增强其客观性。

无论人员或机构的专业胜任能力如何，注册会计师都不应当利用客观程度较低的人员的工作。同样，无论人员的客观程度如何，注册会计师都不应当利用专业胜任能力较低的人员的工作。一般来讲，企业内部负责监督、稽核或合规工作的人员，如内部审计人员，通常拥有较高的专业胜任能力和客观性，注册会计师可以考虑更多地利用这些人员的相关工作。

在内部控制审计中，注册会计师利用他人工作的程度还受到与被测试控制相关的风险的影响。与某项控制相关的风险越高，注册会计师应当越多地亲自对该项控制进行测试。在识别、了解和测试企业层面控制时，注册会计师不得利用他人的工作。无论是否利用其他注册会计师的工作，注册会计师都不应在内部控制审计报告中提及其他注册会计师的工作。

(5) 确定重要性水平。在计划内部控制审计工作时，注册会计师应当使用与财务报表审计相同的重要性水平。

(二) 计划审计工作形成的成果

注册会计师计划内部控制审计工作形成的成果有：制定总体审计策略和具体审计计划。

(1) 总体审计策略。注册会计师应当在总体审计策略中体现下列内容：

1) 确定审计业务特征，以界定审计范围。内部控制审计范围界定一般包括明确被审计单位采用的内部控制标准、注册会计师预期内部控制审计工作涵盖的范围、对组成部分注册会计师工作的复核程度、注册会计师对被审计单位内部控制评价工作的了解以及拟利用被审计单位内部相关人员工作的程度等。对于按照权益法核算的投资，审计范围应当包括针对权益法下相关会计处理而实施的控制，但通常不包括对权益法下被投资方的控制；对于在基准日或在此之前被审计单位收购的实体，以及在基准日作为终止经营进行会计处理的业务，注册会计师应当确定是否有必要对与这些实体或业务相关的控制实施测试。

2) 明确审计业务的报告目标，以计划审计的时间安排和所需沟通的性质。如确定企业对外报告的时间，与管理层和治理层讨论内部控制审计工作的性质、时间安排和范围，与管理层和治理层讨论注册会计师拟出具报告的类型、时间安排以及沟通的其他事项，以及其他与注册会计师沟通拟出具的报告的类型和时间安排等。

3) 根据职业判断，考虑用以指导项目组工作方向的重要因素。这些因素包括财务报表整体的重要性和实际执行的重要性、初步识别的可能存在重大错报的风险领域、内部控制最近发生变化的程度、与被审计单位沟通过的内部控制缺陷、对内部控制有效性的初步判断、信息技术和业务流程的变化等。

4) 确定执行业务所需资源的性质、时间安排和范围，项目组成员的选择以及对项目组成员审计工作的分派、项目时间预算等。

(2) 具体审计计划。注册会计师应当在具体审计计划中体现下列内容：

1) 了解和识别企业层面控制以及关于重要账户、列报及其相关认定的内部控制的性质、时间安排和范围。

2) 测试控制设计有效性的程序的性质、时间安排和范围。

3) 测试控制执行有效性的程序的性质、时间安排和范围。

二、实施审计测试

在财务报告内部控制审计中，自上而下的方法始于财务报表层次，以注册会计师对财务报告内部控制整体风险的了解开始，然后，注册会计师将关注重点放在企业层面的控制上，并将工作逐渐下移至重大账户、列报及其相关认定。这种方法引导注册会计师将注意力放在有可能导致财务报表及其相关列报发生重大错报的账户、列报及认定上。之后，注册会计师验证其了解到的业务流程中存在的风险，并就已评估的每个相关认定的错报风险，选择足以应对这些风险的业务层面控制进行测试。在非财务报告内部控制审计中，自上而下的方法始于企业层面控制，并将审计测试工作逐步下移至业务层面控制。

（一）企业层面控制测试

注册会计师应当识别和测试对内部控制有效性有重要影响的企业层面控制。企业层面控制包括下列内容：

（1）与内部环境相关的控制。内部环境，即控制环境，包括治理职能和管理职能，以及治理层和管理层对内部控制及其重要性的态度、认识和措施。良好的控制环境是实施有效内部控制的基础。

（2）针对管理层（董事会、经理层）凌驾于控制之上的风险而设计的控制。该控制对所有企业保持有效的内部控制有重要影响。注册会计师可以根据对企业舞弊风险的评估做出判断，选择相关的企业层面控制进行测试，并评价这些控制能否有效应对管理层凌驾于控制之上的风险。

（3）企业的风险评估过程。风险评估过程包括识别与财务报告相关的经营风险和其他经营管理风险，以及针对这些风险采取的措施。首先，企业的内部控制能够充分识别企业外部环境（如经济、政治、法律法规、竞争者行为、债权人需求、技术变革等方面）存在的风险；其次，充分且适当的风险评估过程包括对重大风险的估计、对风险发生可能性的评估以及确定应对风险的方法。注册会计师可以首先了解企业及其内部环境的其他方面信息，以初步了解企业的风险评估过程。

（4）对内部信息传递和财务报告流程的控制。对财务报告流程的控制可以确保管理层按照适当的会计准则编制合理、可靠的财务报告并对外报告。

（5）对控制有效性的内部监督和自我评价。企业对控制有效性的内部监督和自我评价可以在企业层面上实施，也可以在业务流程层面上实施，包括：复核和核对运行报告，与外部人士沟通，对其他未参与控制执行人员进行监控，以及核对信息系统记录数据与实物资产等。

此外，企业层面控制还包括：集中化的处理和控制，如共享的服务环境；监控经营成果的控制；针对重大经营控制以及风险管理实务而采取的政策。

（二）测试控制设计和运行的有效性

注册会计师在测试控制运行的有效性时，首先要考虑控制的设计。注册会计师在测试控制设计与运行的有效性时，应当综合运用询问适当人员、观察经营活动、检查相关文件、穿行测试和重新执行等方法。注册会计师测试控制有效性实施的程序，按提供证据的效力，由弱到强排序为：询问、观察、检查和重新执行。其中，询问本身并不能为得出控制是否有效的结论提供充分、适当的证据。执行穿行测试通常足以评价控制设计的有效性。

在测试所选定控制的有效性时，注册会计师需要根据与控制相关的风险，确定需获取的证据。与控制相关的风险包括控制可能无效的风险和因控制无效而导致重大缺陷的风险。与控制相关的风险越高，注册会计师需要获取的证据就越多。

针对每一相关认定，注册会计师都需要获取控制有效性的证据，以便对内部控制整体的有效性单独发表意见，但注册会计师没有责任对单项控制的有效性发表意见。对于控制运行偏离设计的情况（即控制偏差），注册会计师需要考虑该偏差对相关风险评估、需要获取的证据以及控制运行有效性结论的影响。

测试控制有效性实施的程序，其性质在很大程度上取决于拟测试控制的性质。某些控制可能存在文件记录，反映其运行的有效性，而另外一些控制，如管理理念和经营风格，可能没有书面的运行证据。对于缺乏正式运行证据的企业或企业的某个业务单元，注册会计师可以通过询问并结合运用观察活动、检查非正式的书面记录和重新执行某些控制等程序，获取有关控制有效性的充分、适当的证据。

对控制有效性的测试涵盖的期间越长，提供的控制有效性的证据越多。注册会计师需要获取内部控制在企业内部控制自我评价基准日前足够长的期间内有效运行的证据。对实施控制有效性测试的时间安排越接近企业内部控制自我评价基准日，提供的控制有效性的证据越有力。

（三）评价识别的控制缺陷

注册会计师应当评价其注意到的各项控制缺陷的严重程度，以确定这些缺陷单独或组合起来是否构成内部控制的重大缺陷。

（1）内部控制缺陷的分类。内部控制存在的缺陷包括设计缺陷和运行缺陷。设计缺陷是指缺少实现控制目标所必需的控制，或现存控制设计不适当，即使正常运行也难以实现控制目标。运行缺陷是指现存设计完好的控制没有按设计意图运行，或执行人员没有获得必要授权或缺乏胜任能力以有效地实施控制。

按其严重程度，内部控制缺陷分为重大缺陷（也称实质性漏洞）、重要缺陷（也称应关注缺陷）和一般缺陷。

按其目标相关性，内部控制缺陷分为财务报告的内部控制缺陷和非财务报告的内部控制缺陷。财务报告内部控制缺陷，是指企业为了合理保证财务报告及相关信息真实完整而设计和运行的内部控制，以及用于保护资产安全的内部控制中与财务报告可靠性目标相关的控制存在的缺陷。主要包括下列方面的政策和程序设计不合理或运行无效：1）保存充分、适当的记录，准确、公允地反映企业的交易和事项；2）合理保证按照企业会计准则的规定编制财务报表；3）合理保证收入和支出的发生以及资产的取得、使用或处置经过适当授权；4）合理保证及时防止或发现并纠正未经授权的对财务报表有重大影响的交易和事项。非财务报告内部控制缺陷，是指除财务报告内部控制之外的其他控制存在的缺陷，通常是指为了合理保证除财务报告及相关信息可靠、资产安全完整外的其他控制目标的实现而设计和运行的内部控制存在的缺陷。

（2）评价内部控制缺陷的严重程度。通常，注册会计师判断内部控制缺陷属性的决策见图 8-2。

内部控制缺陷的严重程度取决于：

1）内部控制不能防止或发现账户余额或列报错报是否具有合理可能性。

2）一项或多项内部控制缺陷导致的潜在错报的金额大小。

在评价一项内部控制缺陷或多项内部控制缺陷的组合是否具有合理可能性导致账户余额或列报发生错报时，注册会计师应当考虑的风险因素包括：所涉及的账户、列报及其相关认定的性质；相关资产或负债易于发生损失或舞弊的程度；确定相关金额时所需判断的主观程度、复杂程度及范围；该项内部控制与其他内部控制的相互作用或关系；内部控制缺陷之间的相互作用；内部控制缺陷在未来可能产生的影响。

如果多项内部控制缺陷影响财务报表的同一账户或列报，错报发生的概率就会增加。当存在多项内部控制缺陷时，即使从单项看不重要，组合起来也可能构成重大缺陷。因此，注册会计师应当确定，对同一重要账户、列报及其相关认定或内部控制组成部分产生影响的各项内部控制缺陷，组合起来是否构成重大缺陷。

在评价一项或多项内部控制缺陷导致的潜在错报的金额大小时，注册会计师应当考虑的因素包括：受内部控制缺陷影响的财务报表金额或交易总额；在本期或预计的未来期间受内部控制缺陷影响的账户余额或各类交易涉及的交易量。

（3）表明内部控制存在重大缺陷的迹象。现实中，常见的表明内部控制存在重大缺陷的迹象有：

1）注册会计师发现高级管理人员的任何舞弊。

2）企业重述以前公布的财务报表，以反映重大错报的更正情况。

3）注册会计师发现当期财务报表存在重大错报，而企业内部控制未能发现。

4）审计委员会对财务报告及内部控制的监督无效。

（四）被审计单位对存在缺陷的内部控制进行整改

如果被审计单位在基准日前对存在缺陷的内部控制进行了整改，整改后的内部控制需要运行足够长的时间，才能使注册会计师得出其是否有效的审计结论。注册会计师应当根据内部控制的性质和与内部控制相关的风险，合理运用职业判断，确定整改后内部控制运行的最短期间（或整改后内部控制的最少运行次数）以及最少测试数量。整改后内部控制运行的最短期间（或最少运行次数）和最少测试数量参见表 9-2。

表9-2　整改后内部控制运行的最短期间（或最少运行次数）和最少测试数量

内部控制运行频率	整改后内部控制运行的最短期间或最少运行次数	最少测试数量
每季1次	2个季度	2
每月1次	2个月	2
每周1次	5个星期	2
每天1次	20天	10
每天多次	25次（分布于涵盖多天的期间，通常不少于15天）	25

如果被审计单位在基准日前对存在重大缺陷的内部控制进行了整改，但整改后的内部控制没有运行足够长的时间，注册会计师应当将其视为内部控制在基准日存在重大缺陷。

（五）内部控制审计测试的一些技巧

（1）确定内部控制测试时间。对内部控制有效性的测试时间越接近管理层评估日，提供的内部控制有效性的证据越有力。为了获取充分、适当的证据，注册会计师应当在下列两个因素之间做出平衡，以确定测试时间：尽量在接近管理层评估日的时间实施测试；实施测试的时间需要涵盖足够长的期间。

注册会计师在确定内部控制测试时间时，应当考虑开始测试的时间以及结束测试的时间，以便在发现内部控制缺陷时，为管理层留出足够的时间予以纠正和运行新的内部控制。例如，对于每季度运行一次的内部控制，企业在整改6个月（运行两次）后，注册会计师才能得出整改后的内部控制是否运行有效的结论。此外，由于对企业层面控制的评价结果将影响注册会计师测试其他控制的性质、时间安排和范围，因此，注册会计师可以考虑在执行业务的早期阶段对企业层面控制进行评价。

在确定对内部控制发表意见的特定基准日时，注册会计师应当和管理层评估日保持一致，通常为12月31日；如果管理层评估日不符合相关要求，应当提请管理层将评估日调整至年末。

（2）确定内部控制测试的样本规模。注册会计师在测试内部控制的运行有效性时，应当测试足够大的样本规模，以获取充分、适当的证据，为截至特定日期内部控制是否不存在重大缺陷提供合理保证。

注册会计师在确定内部控制测试的样本规模时，应当考虑与内部控制相关的风险。下列因素影响与某项内部控制相关的风险：该项内部控制拟防止或发现的错报的性质和重要程度；相关账户、列报及其认定的固有风险；交易的数量和性质是否发生变化，进而可能对该项内部控制设计或运行的有效性产生不利影响；相关账户或列报是否曾经出现错报；企业层面控制（特别是监督其他控制的控制）的有效性；该项内部控制的性质及其执行频率；该项内部控制对其他内部控制（如信息技术一般控制）有效性的依赖程度；执行该项内部控制或监督该项内部控制执行的人员的专业胜任能力，以及其中的关键人员是否发生变化；该项内部控制是人工控制还是自动化控制；该项内部控制的复杂程度，以及在运行过程中依赖判断的程度。

对于人工控制，如果采用重新执行或检查程序，测试的最小样本规模见表 9－3。

表 9－3　人工控制测试的最小样本规模

人工控制运行频率	人工控制运行的总数量	测试的最小样本规模		
		与人工控制相关的风险为低	与人工控制相关的风险为中	与人工控制相关的风险为高
每年 1 次	1	1	1	1
每季 1 次	4	2	2	2
每月 1 次	12	2～5	2～5	2～5
每周 1 次	52	5	10	15
每天 1 次	250	20	30	40
每天多次	大于 250 次	25	45	60

在运用表 9－3 时，注册会计师应当注意下列事项：

1）测试的最小样本规模是指所需测试的控制运行次数。

2）注册会计师应当根据与控制相关的风险，基于最小样本规模区间确定具体的样本规模。

3）表 9－3 假设控制的运行偏差率为零。如果预期偏差率不为零，注册会计师应当扩大样本规模。

4）如果注册会计师不能确定控制运行的频率，但是知道控制运行的总数量，仍可根据“人工控制运行的总数量”一列确定测试的最小样本规模。

由于信息技术处理具有一贯性，注册会计师可能不需要扩大自动化控制的测试范围。除非程序（包括系统使用的表格、文档或其他永久性数据）发生变动，否则自动化控制会一贯运行。一旦确定某项自动化控制能够发挥预期作用（在最初实施该控制的时点或其他时点确定），注册会计师就要实施测试以确定该控制是否持续有效运行。这些测试包括确定：程序修改是否经过适当的程序变动控制；交易处理所用软件是否为授权批准版本；其他相关的一般控制是否运行有效；系统是否发生变动。

（3）确定内部控制测试期间。对内部控制有效性的测试涵盖的期间越长，获得的内部控制有效性的审计证据越多。对于内部控制审计业务，注册会计师应当获取内部控制在被审计单位评价基准日（最近一个会计期间截止日，以下简称基准日）之前一段足够长的期间内有效运行的审计证据。在整合审计中，注册会计师实施内部控制测试所涵盖的期间应尽量与财务报表审计中拟信赖内部控制的期间保持一致。

注册会计师执行内部控制审计业务旨在对基准日内部控制有效性出具报告。如果已获取有关内部控制在期中运行有效性的审计证据，注册会计师应当确定还需要获取哪些补充审计证据，以证实剩余期间内部控制的运行情况。在将期中测试结果更新至基准日时，注册会计师应当考虑下列因素以确定需获取的补充审计证据：基准日之前测试的特定控制，包括与内部控制相关的风险、内部控制的性质和测试的结果；期中获取的有关审计证据的充分性和适当性；剩余期间的长短；期中测试之后，内部控制发生重大变化的可能性。

（4）穿行测试或重新执行程序的工作要点。穿行测试或重新执行程序都强调测试人员选择一些内部控制，亲自执行相关的内部控制，具体的工作步骤有：

1）收集资料，充分理解拟测试流程的控制。测试人员应对拟测试流程有较为充分的了解，以确保测试工作质量。这要求测试人员仔细阅读公司对业务流程的描述，主要包括流程控制目标、控制风险、控制措施、控制方法、控制频率等；仔细阅读流程图，流程图是公司对业务流程进行描述的辅助途径，测试人员应尽可能地理解和熟悉流程图描述的各部门、岗位的工作步骤及相关部门或岗位之间业务的传递过程；仔细阅读该流程中涉及的关键制度和政策，了解和掌握公司对该流程的关键控制要求和程序，并关注该流程是否遵循公司的相关制度和政策；按照控制矩阵以及流程图中各控制点和文档的要求，编写测试所需资料清单，小组内部对各流程资料进行综合整理后，提交业务部门。

2）选取某一业务或交易。选取的样本应尽可能贯穿业务流程全过程，以便获取对该流程的充分理解；如果流程中有因审批权限、业务性质等不同产生的流程分支，应选择发生频率高的业务为样本进行测试。

3）进行测试，并简要清晰描述测试的发现。

三、完成审计工作

（一）形成审计意见

注册会计师应当评价从各种来源获取的证据，包括对内部控制的测试结果、财务报表审计中发现的错报（整合审计时），以及已识别的所有内部控制缺陷，形成对内部控制有效性的意见。

在评价证据时，注册会计师应当查阅本年度涉及内部控制的内部审计报告或类似报告，并评价这些报告中指出的内部控制缺陷。

（二）获取管理层书面声明

注册会计师应当参照《中国注册会计师审计准则第1341号——书面声明》的规定，确定声明的签署者、声明书涵盖的期间以及何时获取更新的声明书等。管理层声明的内容应当包括：

（1）管理层认可其对建立和保持有效的内部控制负责。

（2）管理层已对内部控制的有效性做出评价，并说明评价运用的控制标准。

（3）管理层没有利用注册会计师在内部控制审计和财务报表审计中执行的程序及其结果作为管理层自我评价的基础。

（4）管理层根据控制标准评价内部控制有效性得出的结论。

（5）管理层已向注册会计师披露识别出的内部控制在设计或运行方面存在的所有缺陷，包括专门向注册会计师披露的所有重要缺陷或重大缺陷。

（6）导致财务报表发生重大错报的所有舞弊，以及其他不会导致财务报表发生重大错报，但涉及管理层和其他在内部控制中具有重要作用的员工的所有舞弊。

（7）注册会计师在以前年度审计中识别的且已与审计委员会沟通的内部控制缺陷是否得到解决，哪些缺陷尚未得到解决。

（8）在审计报告日后，内部控制是否发生变化，或者是否存在对内部控制产生重要影响的其他因素，包括管理层针对重要缺陷和重大缺陷采取的所有纠正措施。

如果管理层拒绝提供书面声明，或因其他原因未能获取书面声明，注册会计师应当将其视为审计范围受到限制，解除业务约定或出具无法表示意见的审计报告。此外，注册会计师应当评价管理层拒绝提供书面声明这一情况对其他声明（包括在财务报表审计中获取的声明）的可靠性的影响。

（三）沟通相关事项

（1）注册会计师应当以书面形式与管理层沟通其在审计过程中识别的内部控制存在的所有缺陷，并在沟通完成后告知审计委员会。在进行沟通时，注册会计师无须重复自身、内部审计人员或企业其他人员以前书面沟通过的内部控制缺陷。

（2）注册会计师应当考虑其识别的一项内部控制缺陷或多项内部控制缺陷的组合是否构成重要缺陷。如果构成重要缺陷，则应当就此以书面形式与审计委员会沟通。

（3）注册会计师应当以书面形式与管理层和审计委员会沟通审计过程中识别的所有重大缺陷。书面沟通应当在注册会计师出具内部控制审计报告之前进行。

如果认为审计委员会对财务报告及其内部控制的监督无效，注册会计师应当就这一事项以书面形式与董事会沟通。

内部控制审计不能保证注册会计师发现严重程度低于重大缺陷的所有内部控制缺陷。注册会计师不应在审计报告中声明，在审计过程中没有发现严重程度低于重大缺陷的内部控制缺陷。

如果发现舞弊或可能存在违反法规的行为，注册会计师应当遵守《中国注册会计师审计准则第 1141 号——财务报表审计中对舞弊的考虑》《中国注册会计师审计准则第 1142 号——财务报表审计中对法律法规的考虑》的规定，确定并履行自身的责任。

（四）出具内部控制审计报告

在对企业内部控制的有效性形成意见后，注册会计师应当评价，企业管理层内部控制评价报告中与财务报告及相关信息的真实完整以及资产安全相关的内部控制的表达是否符合有关法律法规的要求。如果确定管理层评价报告的表达不完整或不恰当，注册会计师应当在审计报告中增加强调事项段，说明这一情况并解释得出该结论的理由。如果重大缺陷尚未包含在管理层内部控制评价报告中，注册会计师应当在审计报告中说明重大缺陷已经识别、但没有包含在管理层内部控制评价报告中。如果管理层评价报告中包含了重大缺陷，但注册会计师认为这些重大缺陷未能在所有重大方面得到公允反映，注册会计师应当在审计报告中说明这一结论，并公允表达有关重大缺陷的必要信息。注册会计师还应当就上述情况以书面形式与审计委员会沟通。

注册会计师应当在审计报告中清楚地表达对内部控制有效性的意见，并对出具的审计报告负责。

注册会计师在完成内部控制审计和财务报表审计后，应当分别对内部控制和财务报表出具审计报告。审计报告的日期不应早于注册会计师获取充分、适当的审计证据（包括管理层认可对内部控制及评价报告的责任且已批准评价报告的证据），并在此基础上对内部控制的有效性形成审计意见的日期。由于内部控制审计和财务报表审计是整合进行的，注册会计师对内部控制审计报告和财务报表审计报告应当签署相同的日期。

四、一些特殊考虑

（一）连续审计时的特殊考虑

在连续审计中，注册会计师在确定测试的性质、时间和范围时，应当考虑以前年度执行内部控制审计所了解的情况。

在连续审计中，由于完全自动化的应用控制通常不会因人为失误而失效，因此，注册会计师可以考虑对自动化应用控制实施对标策略。如果认为程序变更、访问权限及计算机操作方面的一般控制有效，且可持续对其进行测试，并能证实自动化应用控制自最近一次测试之后未发生变化，注册会计师不必重复执行测试就可以认为自动化应用控制是持续有效的。

注册会计师应当在评价下列风险因素的基础上，确定是否使用对标策略：

（1）应用控制与相关应用程序直接对应的程度。

（2）应用系统的稳定性，即各期间的变化大小。

（3）有关投入使用的程序的报告的可获得性和可靠性（该信息可作为此程序中的控制未发生变化的证据）。

当上述因素表明风险较低时，所评价的控制可能比较适合使用对标策略。反之，不宜使用对标策略。一段时期之后，注册会计师应当重新设置自动化应用控制运行的标杆。在确定何时重设标杆时，注册会计师应当评价下列因素：

（1）信息技术控制环境的有效性，包括针对应用及操作系统的取得与维护、访问权限以及计算机操作而实施控制的有效性。

（2）如果包含控制的具体程序发生变化，注册会计师对该变化性质的了解。

（3）其他相关测试的性质和时间。

（4）被设为标杆的应用控制发生错误导致的后果。

（5）控制是否易于受到其他可能变化的经营因素的影响。

为使对内部控制有效性的测试具有不可预见性并能够应对环境的变化，注册会计师应当每年改变测试的性质、时间和范围。

注册会计师应当每年在期中不同的时间测试内部控制，增加或减少所执行测试的数量和种类，或者改变所使用测试程序的组合。

（二）集团审计的特殊考虑

（1）识别重要账户、列报及其相关认定。在执行集团内部控制审计业务时，注册会计师应当基于合并财务报表识别重要账户、列报及其相关认定。

（2）确定对组成部分执行的工作。在执行集团内部控制审计业务时，注册会计师应当采用自上而下的方法，合理运用职业判断，确定对组成部分执行的工作。

在评估与某组成部分相关的导致合并财务报表发生重大错报的风险时，注册会计师应当考虑的因素包括：以前执行的与该组成部分内部控制相关的审计工作的结果；影响该组成部分重要账户的固有风险；从财务数据角度看，该组成部分的相对重要程度；风险在各组成部分间的分布（即风险分布于数量众多的小规模组成部分，还是分布于数量较少但规模较大的组成部分）；组成部分之间业务经营和内部控制的类似程度；业务流程和财务报告系统的集中化程度；该组成部分所执行交易及相关资产的性质和金额；该组成部分存在重大未确认义务的可能性；测试企业层面控制的结果，包括控制环境、监控活动及在组成部分层面运行的企业层面控制的有效性。

（3）确定对重要组成部分执行的工作。注册会计师应当按照《中国注册会计师审计准则第 1401 号——对集团财务报表审计的特殊考虑》的规定，确定重要组成部分，注册会计师应当对重要组成部分的重要账户、列报及其相关认定的内部控制实施测试。

1）对具有财务重大性的组成部分执行的工作。对集团具有财务重大性的组成部分简称具有财务重大性的组成部分。对于具有财务重大性的组成部分，除非通过实施下列测试工作能够获取有关控制有效性的充分、适当的审计证据，否则注册会计师均应当测试与该组成部分重要账户、列报及其相关认定有关的业务流程、应用系统或交易层面的内部控制的有效性：①对整个集团企业层面控制和该组成部分企业层面控制（包括介于组成部分和整个集团之间层次的其他企业层面控制，下同）的测试；②对其他组成部分相同账户、列报及其相关认定的同质化控制已实施的测试。

2）对具有特别风险的组成部分执行的工作。由于其特定性质和情况，可能存在导致集团财务报表发生重大错报的特别风险的组成部分，简称具有特别风险的组成部分。对具有特别风险的组成部分，注册会计师应当测试针对该项特别风险的控制。

3）对其他组成部分执行的工作。对于重要组成部分以外的其他组成部分，如果存在重要账户、列报及其相关认定，注册会计师应当首先评价对整个集团企业层面控制和该组成部分企业层面控制的测试以及对重要组成部分相同账户、列报及其相关认定的同质化控制已实施的测试能否提供充分、适当的审计证据。如果不能提供充分、适当的审计证据，注册会计师应当选择适当数量的其他组成部分，测试与该重要账户、列报及其相关认定有关的业务流程、应用系统或交易层面的控制，直至能够获取充分、适当的审计证据为止。

第四节　内部控制审计报告及其案例

一、内部控制审计报告意见类型

（一）无保留意见的内部控制审计报告

如果符合下列所有条件，注册会计师应当对内部控制出具无保留意见的内部控制审计报告：

（1）在基准日，被审计单位按照适用的内部控制标准的要求，在所有重大方面保持了有效的内部控制。

（2）注册会计师已经按照《企业内部控制审计指引》的要求计划和实施审计工作，在审计过程中未受到限制。

（二）否定意见的内部控制审计报告

如果认为内部控制存在一项或多项重大缺陷，除非审计范围受到限制，否则，注册会计师应当对内部控制发表否定意见。

注册会计师出具的否定意见的内部控制审计报告还应包括下列内容：

（1）《企业内部控制审计指引》对重大缺陷的定义。

（2）指出注册会计师已识别出的重大缺陷（包括在管理层内部控制评估报告中描述的由管理层识别的内部控制重大缺陷），并说明重大缺陷的性质以及重大缺陷在存在期间对企业编制的财务报表产生的实际和潜在影响等具体情况。

如果重大缺陷尚未包含在管理层内部控制评估报告中，注册会计师应当在审计报告中说明重大缺陷已经识别但没有包含在管理层内部控制评估报告中。

如果管理层内部控制评估报告中包含了重大缺陷，但注册会计师认为这些重大缺陷未能在所有重大方面得到公允反映，注册会计师应当在审计报告中说明这一结论，并公允表达有关重大缺陷的必要信息。

注册会计师还应当就上述情况以书面形式与审计委员会沟通。

如果对内部控制发表否定意见，注册会计师应当确定该意见对财务报表审计意见的影响，并在内部控制审计报告中予以说明。

（三）无法表示意见的内部控制审计报告

当审计范围受到限制将导致无法获取发表审计意见所需的充分、适当的审计证据时，注册会计师可对内部控制出具无法表示意见的内部控制审计报告。在这种情况下，内部控制审计报告的日期应为注册会计师已就该报告中陈述的内容获取被审计单位管理当局的内部控制评价报告的日期。在因审计范围受到限制而无法表示意见时，注册会计师应当就未能完成整个内部控制审计工作的情况，以书面形式与管理层和治理层进行沟通。

在出具无法表示意见的内部控制审计报告时，注册会计师应当在内部控制审计报告中指明审计范围受到限制，无法对内部控制的有效性发表意见，并单设段落说明无法表示意见的实质性理由。注册会计师不应在内部控制审计报告中指明所执行的程序，也不应描述内部控制审计的特征，以避免对无法表示意见的误解。如果在已执行的有限程序中发现内部控制存在重大缺陷，注册会计师应当在内部控制审计报告中对重大缺陷做出详细说明。

如果法律法规的相关豁免规定允许被审计单位不将某些实体纳入内部控制的评价范围，注册会计师可以不将这些实体纳入内部控制审计范围。这种情况不构成审计范围受到限制，但注册会计师应当在内部控制审计报告中增加强调事项段或者在注册会计师的责任段中，就这些实体未被纳入评价范围和内部控制审计范围这一情况，做出与被审计单位类似的恰当陈述。注册会计师应当评价相关豁免是否符合法律法规的规定，以及被审计单位针对该项豁免做出的陈述是否适当。如果认为被审计单位有关该项豁免的陈述不恰当，注册会计师应当提请其做出适当修改。否则，注册会计师应当在内部控制审计报告的强调事项段中说明被审计单位的陈述需要修改的理由。

（四）带强调事项段

如果认为内部控制虽然不存在重大缺陷，但仍有一项或多项重大事项需要提请内部控制审计报告使用者注意，注册会计师应当在内部控制审计报告中增加强调事项段予以说明。注册会计师应当在强调事项段中指明，该段内容仅用于提醒内部控制审计报告使用者关注，并不影响对内部控制发表的审计意见。

如果确定企业内部控制评价报告对要素的列报不完整或不恰当，注册会计师应当在内部控制审计报告中增加强调事项段，说明这一情况并解释得出该结论的理由。

（五）特殊事项对意见类型的影响

（1）期后事项的影响。基准日之后至审计报告日之前的这段时间称为期后期间，在期后期间，内部控制可能发生变化，或出现其他可能对内部控制产生重要影响的因素。注册会计师应当询问是否存在这类变化或因素，并获取被审计单位关于这类变化或因素的书面声明。

注册会计师应当针对期后期间，询问并检查下列信息：在期后期间出具的内部控制审计报告或类似报告；其他注册会计师出具的涉及被审计单位内部控制缺陷的报告；监管机构发布的涉及被审计单位内部控制的报告；注册会计师在执行其他业务中获取的有关被审计单位内部控制有效性的信息。

此外，注册会计师还应当考虑获取期后期间的其他文件，并按照《中国注册会计师审计准则第1332号——期后事项》的规定，对其进行检查。

如果知悉对基准日内部控制有效性有重大负面影响的期后事项，注册会计师应当对内部控制发表否定意见。如果注册会计师不能确定期后事项对内部控制有效性的影响程度，应当出具无法表示意见的内部控制审计报告。

注册会计师可能知悉在基准日并不存在但在期后期间发生的事项。如果这类期后事项对内部控制有重大影响，注册会计师应当在内部控制审计报告中增加强调事项段，描述该事项及其影响，或提醒内部控制审计报告使用者关注企业内部控制评价报告中披露的该事项及其影响。

出具内部控制审计报告之后，如果知悉在审计报告日已存在的、可能对审计意见产生影响的情况，注册会计师应当按照《中国注册会计师审计准则第1332号——期后事项》的规定办理。如果被审计单位更正以前公布的财务报表，注册会计师应当按照《中国注册会计师审计准则第1332号——期后事项》的规定重新考虑以前发表的内部控制审计意见的适当性。

（2）其他信息的影响。如果企业内部控制评价报告中除包括法定要求的信息外，还包括其他信息，且该报告的使用者有理由认为该报告包括这些其他信息，注册会计师应当在内部控制审计报告中指明不对这些其他信息发表意见。

如果认为其他信息含有对事实的重大错报，注册会计师应当就此与管理层进行讨论。如果讨论后仍认为存在对事实的重大错报，注册会计师应当以书面形式将其看法告知管理层和治理层。如果其他信息未包含在企业内部控制评价报告中，而是包含在年度财务报告中，注册会计师无须在内部控制审计报告中指明不对其发表意见。但是，如果注册会计师认为其他信息中存在对事实的重大错报，则应当按照上述要求办理。

二、不同意见审计报告的举例[①]

（一）标准内部控制审计报告

标准内部控制审计报告应当包括下列要素：

（1）标题。统一规范为“内部控制审计报告”。

（2）收件人。审计报告的收件人是指注册会计师按照业务约定书的要求致送审计报告的对象，一般是指审计业务的委托人。审计报告应当载明收件人的全称。

（3）引言段。引言段应当说明企业的名称和内部控制已经过审计。

（4）企业对内部控制的责任段。企业对内部控制的责任段说明，按照《企业内部控制基本规范》《企业内部控制应用指引》《企业内部控制评价指引》的规定，建立健全和有效实施内部控制，并评价其有效性是企业董事会的责任。

（5）注册会计师的责任段。注册会计师的责任段说明，在实施审计工作的基础上，对财务报告内部控制的有效性发表审计意见，并对注意到的非财务报告内部控制的重大缺陷进行披露是注册会计师的责任。

（6）内部控制固有局限性的说明段。内部控制无论如何有效，都只能为企业实现控制目标提供合理保证。内部控制实现目标的可能性受其固有限制的影响，注册会计师需要在内部控制固有局限性的说明段说明，内部控制具有固有局限性，存在不能防止和发现错报的可能性。此外，由于情况的变化可能导致内部控制变得不恰当，或对控制政策和程序遵循的程度降低，根据内部控制审计结果推测未来内部控制的有效性具有一定风险。

（7）财务报告内部控制审计意见段。符合下列所有条件的，注册会计师应当对财务报告内部控制出具无保留意见的内部控制审计报告：

1）企业按照《企业内部控制基本规范》《企业内部控制应用指引》《企业内部控制评价指引》以及企业自身内部控制制度的要求，在所有重大方面保持了有效的内部控制；

2）注册会计师已经按照《企业内部控制审计指引》的要求计划和实施审计工作，在审计过程中未受到限制。

（8）非财务报告内部控制重大缺陷描述段。对于审计过程中注意到的非财务报告内部控制缺陷，如果发现某项或某些控制对企业发展战略、法规遵循、经营的效率效果等控制目标的实现有重大不利影响，确定该项非财务报告内部控制缺陷为重大缺陷的，应当以书面形式与企业董事会和经理层沟通，提醒企业加以改进；同时在内部控制审计报告中增加非财务报告内部控制重大缺陷描述段，对重大缺陷的性

① 为了推动《企业内部控制基本规范》及《企业内部控制审计指引》等的运用，我们直接使用了这些规章制度和准则体系中提炼的内部控制审计报告模板。

质及其对实现相关控制目标的影响程度进行披露，提示内部控制审计报告使用者注意相关风险，但无须对其发表审计意见。

(9) 注册会计师的签名和盖章。

(10) 会计师事务所的名称、地址及盖章。

(11) 报告日期。

内部控制审计报告

××股份有限公司全体股东：

按照《企业内部控制审计指引》及中国注册会计师执业准则的相关要求，我们审计了××股份有限公司（以下简称××公司）××年×月×日的财务报告内部控制的有效性。

一、企业对内部控制的责任

按照《企业内部控制基本规范》《企业内部控制应用指引》《企业内部控制评价指引》的规定，建立健全和有效实施内部控制，并评价其有效性是企业董事会的责任。

二、注册会计师的责任

我们的责任是在实施审计工作的基础上，对财务报告内部控制的有效性发表审计意见，并对注意到的非财务报告内部控制的重大缺陷进行披露。

三、内部控制的固有局限性

内部控制具有固有局限性，存在不能防止和发现错报的可能性。此外，由于情况的变化可能导致内部控制变得不恰当，或对控制政策和程序遵循的程度降低，根据内部控制审计结果推测未来内部控制的有效性具有一定风险。

四、财务报告内部控制审计意见

我们认为，××公司按照《企业内部控制基本规范》和相关规定在所有重大方面保持了有效的财务报告内部控制。

五、非财务报告内部控制的重大缺陷

在内部控制审计过程中，我们注意到××公司的非财务报告内部控制存在重大缺陷［描述该缺陷的性质及其对实现相关控制目标的影响程度］。由于存在上述重大缺陷，我们提醒本报告使用者注意相关风险。需要指出的是，我们并不对××公司的非财务报告内部控制发表意见或提供保证。本段内容不影响对财务报告内部控制有效性发表的审计意见。

××会计师事务所	中国注册会计师：×××（签名并盖章）
（盖章）	中国注册会计师：×××（签名并盖章）
中国××市	××年×月×日

（二）带强调事项段的无保留意见内部控制审计报告

内部控制审计报告

××股份有限公司全体股东：

按照《企业内部控制审计指引》及中国注册会计师执业准则的相关要求，我们审计了××股份有限公司（以下简称××公司）××年×月×日的财务报告内部控制的有效性。

［“一、企业对内部控制的责任”至“五、非财务报告内部控制的重大缺陷”参见标准内部控制审计报告相关段落表述。］

六、强调事项

我们提醒内部控制审计报告使用者关注，（描述强调事项的性质及其对内部控制的重大影响）。本段内容不影响已对财务报告内部控制发表的审计意见。

××会计师事务所　　中国注册会计师：×××（签名并盖章）
（盖章）　　中国注册会计师：×××（签名并盖章）
中国××市　　××年×月×日

（三）否定意见内部控制审计报告

内部控制审计报告

××股份有限公司全体股东：

按照《企业内部控制审计指引》及中国注册会计师执业准则的相关要求，我们审计了××股份有限公司（以下简称××公司）××年×月×日的财务报告内部控制的有效性。

［“一、企业对内部控制的责任”至“三、内部控制的固有局限性”参见标准内部控制审计报告相关段落表述。］

四、导致否定意见的事项

重大缺陷，是指一个或多个控制缺陷的组合，可能导致企业严重偏离控制目标。

［指出注册会计师已识别出的重大缺陷，并说明重大缺陷的性质及其对财务报告内部控制的影响程度。］

有效的内部控制能够为财务报告及相关信息的真实完整提供合理保证，而上述重大缺陷使××公司内部控制失去这一功能。

五、财务报告内部控制审计意见

我们认为，由于存在上述重大缺陷及其对实现控制目标的影响，××公司未能按照《企业内部控制基本规范》和相关规定在所有重大方面保持有效的财务报告内部控制。

六、非财务报告内部控制的重大缺陷

［参见标准内部控制审计报告相关段落表述。］

××会计师事务所　　　中国注册会计师：×××（签名并盖章）
（盖章）　　　中国注册会计师：×××（签名并盖章）
中国××市　　　××年×月×日

（四）无法表示意见内部控制审计报告

内部控制审计报告

××股份有限公司全体股东：

我们接受委托，对××股份有限公司（以下简称××公司）××年×月×日的财务报告内部控制进行审计。

［删除注册会计师的责任段，“一、企业对内部控制的责任”和“二、内部控制的固有局限性”参见标准内部控制审计报告相关段落表述。］

三、导致无法表示意见的事项

［描述审计范围受到限制的具体情况。］

四、财务报告内部控制审计意见

由于审计范围受到上述限制，我们未能实施必要的审计程序以获取发表意见所需的充分、适当证据，因此，我们无法对××公司财务报告内部控制的有效性发表意见。

五、识别的财务报告内部控制重大缺陷（如在审计范围受到限制前，执行有限程序未能识别出重大缺陷，则应删除本段）

重大缺陷，是指一个或多个控制缺陷的组合，可能导致企业严重偏离控制目标。

尽管我们无法对××公司财务报告内部控制的有效性发表意见，但在我们实施的有限程序的过程中，发现了以下重大缺陷：

［指出注册会计师已识别出的重大缺陷，并说明重大缺陷的性质及其对财务报告内部控制的影响程度。］

有效的内部控制能够为财务报告及相关信息的真实完整提供合理保证，而上述重大缺陷使××公司内部控制失去这一功能。

六、非财务报告内部控制的重大缺陷

［参见标准内部控制审计报告相关段落表述。］

××会计师事务所　　　中国注册会计师：×××（签名并盖章）
（盖章）　　　中国注册会计师：×××（签名并盖章）
中国××市　　　××年×月×日

讨论思考题

1. 在企业内部控制报告体系中，内部控制的对内报告与对外报告有什么不同？为什么？

2. 讨论企业内部控制审计业务和财务报表审计业务的关系。

3. 讨论企业内部控制评价报告和内部控制审计报告之间的关系。

4. 讨论注册会计师执行整合审计的基础以及注意事项。

5. 讨论注册会计师执行内部控制审计业务的流程及其特殊考虑。

6. 讨论不同意见类型的内部控制审计报告的含义，以及在什么情况下出具不同意见类型的内部控制审计报告。

案例讨论与分析

华南公司内部控制审计案例

注册会计师在承办华南公司的内部控制审计业务时，发现以下信息。

（1）华南公司下属各子公司的重大事项决策、重要项目安排、重要人事任免及大额资金支付等，均由华南公司董事会集体统一决策。

（2）在去年实现销售收入增长10%的基础上，华南公司董事会确定的本年销售收入增长目标为20%。华南公司管理层实行年薪制，总体薪酬水平根据上述目标的完成情况浮动。华南公司所处行业本年度平均销售增长率是12%。

（3）华南公司有关销售与收款循环的控制，部分内容摘录如下：

1）仓库人员在系统中根据经销售部批准的客户订单生成连续编号的发货单，将产品交运输商发运后，将发货单设置为“已执行”状态并提交结算部。结算部根据系统中的“已执行”发货单记录、订单及相关客户基础资料，在系统中生成并打印销售发票，系统在月末根据发货单和发票信息自动汇总主营业务收入，并据此过入应收账款和主营业务收入账簿。

2）每月末，系统自动匹配发货单、订单、发票和入账的主营业务收入，并生成一个专门反映未匹配项目的清单。系统授权可以生成和阅读该报告的人员是华南公司销售部经理和总经理。

（4）华南公司有关采购与付款业务控制运行中存在以下情况：

1）华南公司的采购采用经法务部审核的标准合同，个别特殊订单由经验较丰富的业务员贺某与供应商签订非标准合同。管理层审核合同并签字后交录入室。录入室保有该公司的权限清单及签字样本，对任何没有签字或签字不符的合同，录入室拒绝输入并退回。任何已签订的书面合同如需修改，录入室要求必须有管理层的再次审批。对于符合条件的合同，录入室专员在输入系统后确认并打印系统生成的采购订单发往供应商。

在需要紧急采购的情况下，可能无法及时获得管理层的审批，采购部填写专门的紧急采购单，由一线采购人员签字后递交录入室。

2）燃料采购由采购部业务员冯某负责，价格和供应商由冯某自行决定。

3）采购完成后，由采购部指定内部业务人员进行验收，出具验收凭证后交仓储部保管。

4）采购退货由采购部负责，采购部集中在每个季度末向财会部提供退货清单。

（5）华南公司费用采用年度预算控制，对于超过预算的费用，系统自动拒绝报支。费用发生前，一般无须管理层审批，若估计将发生的费用金额较大，则口头报经管理层审批。

（6）为强化内部监督制度，华南公司由审计委员会和内部审计机构全权负责内部控制的监督检查，合理保证内部控制目标的实现；董事会决定提名公司总经理担任审计委员会主席，公司内部审计部和财务部均由总会计师分管。

讨论与分析：

1. 注册会计师如何组织华南公司的内部控制审计业务？

2. 讨论注册会计师查证问题时应当运用的主要审计方法及其技术。

3. 注册会计师在审计中发现华南公司存在的内部控制缺陷有哪些？如何辨别缺陷种类与属性？

4. 结合本案例分析什么情况下注册会计师应当考虑发表非标准内部控制审计报告。

参考文献

［1］蔡吉甫．我国上市公司内部控制信息披露的实证研究．审计与经济研究，2005（2）：85-88.

［2］蔡吉甫．内部控制框架构建的产权理论研究．审计与经济研究，2006（6）：85-89.

［3］陈关亭，张少华．论上市公司内部控制的披露及其审核．审计研究，2003（6）：34-38+24.

［4］陈汉文，张宜霞．企业内部控制的有效性及其评价方法．审计研究，2008（3）：48-54.

［5］陈汉文，吴益兵，李荣，徐臻真．萨班斯法案404条款：后续进展．会计研究，2005（2）：82-86.

［6］陈汉文，王韦程．谁决定了内部控制质量：董事长还是审计委员会？经济管理，2014（10）：97-107.

［7］陈艳．会计信息披露方式的经济学思考．会计研究，2004（8）：51-56.

［8］陈艳利，乔菲．内部控制信息披露有效性的影响因素和作用机制．财经问题研究，2015（10）：87-94.

［9］陈志斌，何忠莲．内部控制执行机制分析框架构建．会计研究，2007（10）：46-52+95-96.

［10］程晓陵，王怀明．公司治理结构对内部控制有效性的影响．审计研究，2008（4）：53-61.

［11］程新生．公司治理、内部控制、组织结构互动关系研究．会计研究，2004（4）：14-18+97.

［12］池国华．企业内部控制规范实施机制构建：战略导向与系统整合．会计研究，2009（9）：66-71.

［13］戴彦．企业内部控制评价体系的构建——基于A省电网公司的案例研究．会计研究，2006（1）：69-76+94.

［14］邓春华．企业内部控制：现状及发展建议．审计研究，2005（3）：72-75.

［15］杜滨，李若山．企业内部控制与单位负责人的法律责任．财务与会计，2000

(4)：5-7.

[16] 杜轩. 内部控制和风险管理的关系理论研究综述. 现代商业，2008 (24)：82.

[17] 董望，陈汉文. 内部控制、应计质量与盈余反应——基于中国 2009 年 A 股上市公司的经验证据. 审计研究，2011 (4)：68-78.

[18] 方红星. 内部控制 审计与组织效率. 会计研究，2002 (7)：41-44.

[19] 方红星，孙翯，金韵韵. 公司特征、外部审计与内部控制信息的自愿披露——基于沪市上市公司 2003—2005 年年报的经验研究. 会计研究，2009 (10)：44-52+95.

[20] 方红星，金玉娜. 高质量的内部控制能抑制盈余管理吗？——基于自愿性内部控制鉴证报告的经验研究. 会计研究，2011 (8)：53-60+96.

[21] 方红星，张志平. 内部控制质量与会计稳健性——来自深市 A 股公司 2007—2010 年年报的经验证据. 审计与经济研究，2012，27 (5)：3-10.

[22] 方红星. 内部控制信息披露：影响因素与经济后果. 大连：东北财经大学出版社，2012.

[23] 方红星，金玉娜. 公司治理、内部控制与非效率投资：理论分析与经验证据. 会计研究，2013 (7)：63-69+97.

[24] 韩洪灵，张立燕. 控制风险、披露压力与内部控制鉴证报告的自愿性披露——基于沪市 2008—2010 年 A 股上市公司的经验证据. 江西财经大学学报，2014 (6)：34-44.

[25] 何恩良. 内部会计控制制度的定性评价与定量评价. 南昌高专学报，2003 (4)：28-33.

[26] 黄京菁. 美国 SOA 404 条款执行成本引发争议的评述. 会计研究，2005 (9)：86-89.

[27] 黄秋敏. 上市银行内部控制信息披露状况分析——以 2001—2006 年度报告为研究对象. 审计研究，2008 (1)：82-89.

[28] 黄寿昌，李芸达，陈圣飞. 内部控制报告自愿披露的市场效应——基于股票交易量及股票收益波动率的实证研究. 审计研究，2010 (4)：44-51.

[29] 黄志良. 从深交所看上市公司信息披露问题. 商业时代，2005 (24)：74+60.

[30] 金彧昉，李若山，徐明磊. COSO 报告下的内部控制新发展——从中航油事件看企业风险管理. 会计研究，2005 (2)：32-38+94.

[31] 康均，陈靓，刘曦. 上市公司内部控制信息披露现状、成因及完善对策. 财会月刊，2009 (9)：100-102.

[32] 李连华，聂海涛. 我国内部控制研究的思想主线及其演变：1985—2005. 会计研究，2007 (3)：71-78+93.

[33] 李明辉，唐予华.《内部会计控制规范——基本规范》的理论突破与修订建议. 上海会计，2003 (3)：4-7.

[34] 李明辉，何海，马夕奎. 我国上市公司内部控制信息披露状况的分析. 审计研

究，2003（1）：38-43.

［35］李明辉．浅谈上市公司内部控制报告．审计研究，2003（1）：38-43.

［36］李华，陈丽娜．对上市公司内部控制信息披露的建议．会计之友，2004（4）：54-55.

［37］李晓慧．构建动态调整的内部控制机制——由锦化集团内部盗窃案引发的思考．财务与会计，2008（5）：15-16.

［38］李晓慧，沈树忠，赵晓红，康学敏，胡建忠．内部控制：从设计合理到执行有效的飞跃——基于A公司内部控制实践看我国企业的内控建设．会计之友（上旬刊），2008（10）：62-65.

［39］李晓慧．风险管理框架下审计理论与流程研究．大连：东北财经大学出版社，2009.

［40］李晓慧，张明祥，李哲．管理层自利与企业内部控制缺陷模仿披露关系研究——基于制度理论分析．审计研究，2019（2）：64-72.

［41］李万福，林斌，宋璐．内部控制在公司投资中的角色：效率促进还是抑制？管理世界，2011（2）：81-99+188.

［42］李心合．内部控制：从财务报告导向到价值创造导向．会计研究，2007（4）：54-60+95-96.

［43］李育红．公司治理结构与内部控制有效性——基于中国沪市上市公司的实证研究．财经科学，2011（2）：69-75.

［44］李志斌．内部控制的规则属性及其执行机制研究——来自组织社会学规则理论的解释．会计研究，2009（2）：39-44+93.

［45］林煜恩，初昌玮，池祥萱．管理者权力、内部控制信息披露质量对研发支出的影响．管理学刊，2018，31（4）：47-62.

［46］林钟高，丁茂桓．内部控制缺陷及其修复对企业债务融资成本的影响——基于内部控制监管制度变迁视角的实证研究．会计研究，2017（4）：73-80+96.

［47］林钟高，郑军．基于契约视角的企业内部控制研究．会计研究，2007（10）：53-61+96.

［48］林钟高，郑军，王书珍．内部控制与企业价值研究——来自沪深两市A股的经验分析．财经研究，2007（4）：132-143.

［49］林钟高，郑军，彭琳．内部控制信息强制性披露研究——来自沪深两市特殊行业和垄断行业的经验证据．上海立信会计学院学报，2009，23（4）：36-48.

［50］刘启亮，罗乐，张雅曼，陈汉文．高管集权、内部控制与会计信息质量．南开管理评论，2013，16（1）：15-23.

［51］刘明辉，张宜霞．内部控制的经济学思考．会计研究，2002（8）：54-56.

［52］刘秋明．我国上市公司内部控制信息披露的问题及改进．证券市场导报，2002

（6）：38-43.

［53］刘玉廷.《内部会计控制规范》：新形势下加强单位内部会计监督的里程碑. 会计研究，2001（9）：3-8+65.

［54］美国管理会计师协会. 财务报告内部控制与风险管理. 大连：东北财经大学出版社，2008.

［55］谢凡，曹健，陈莹，李颖. 内部控制缺陷披露的经济后果分析——基于上市公司内部控制强制实施的视角. 会计研究，2016（9）：62-67.

［56］谢永珍，朱彩婕. 董事会治理对内部控制重大缺陷修复影响的验证——基于媒体监督的调节作用. 山东大学学报（哲学社会科学版），2016（2）：61-69.

［57］宋建波，苏子豪，王德宏. 中国特色内部控制规范体系建设的思考. 会计研究，2018（9）：11-16.

［58］唐大鹏，常语萱. 新时代行政事业单位内部控制理论创新——基于国家治理视角. 会计研究，2018（7）：13-19.

［59］王海林. 价值链内部控制模型研究. 会计研究，2006（2）：60-65+97.

［60］万良勇，胡璟. 网络位置、独立董事治理与公司并购——来自中国上市公司的经验证据. 南开管理评论，2014，17（2）：64-73.

［61］吴粒，徐跃. 加拿大COCO指南与美国COSO报告的比较分析. 经济论坛，2007（18）：139-140.

［62］吴水澎. 萨班斯法案、COSO风险管理综合框架及其启示. 财会学习，2007（2）：23-27.

［63］吴水澎，陈汉文，邵贤弟. 企业内部控制理论的发展与启示. 会计研究，2000（5）：2-8.

［64］吴水澎，陈汉文，邵贤弟. 论改进我国企业内部控制——由“亚细亚”失败引发的思考. 会计研究，2000（9）：43-48.

［65］阎达五，杨有红. 内部控制概念框架的构建. 会计研究，2001（2）：9-14.

［66］闫华红，杜同同，邵应倩. 中国上市公司内部控制信息披露现状. 经济与管理研究，2016，37（3）：131-136.

［67］杨清香，俞麟，宋丽. 内部控制信息披露与市场反应研究——来自中国沪市上市公司的经验证据. 南开管理评论，2012，15（1）：123-130.

［68］杨程程，程小可，王芯卉. 内部控制缺陷披露制度有效性及其影响因素. 经济与管理研究，2015，36（10）：138-144.

［69］杨有红，胡燕. 试论公司治理与内部控制的对接. 会计研究，2004（10）：14-18.

［70］杨有红，陈凌云. 2007年沪市公司内部控制自我评价研究——数据分析与政策建议. 会计研究，2009（6）：58-64+97.

[71] 杨有红，汪薇. 2006 年沪市公司内部控制信息披露研究. 会计研究，2008 (3)：35-42+95.

[72] 杨雄胜. 内部控制的性质与目标：来自演化经济学的观点. 会计研究，2006 (11)：45-52.

[73] 杨雄胜. 内部控制理论研究新视野. 会计研究，2005 (7)：49-54+97.

[74] 杨雄胜. 内部控制理论面临的困境及其出路. 会计研究，2006 (2)：53-59+97.

[75] 杨雄胜，李翔，邱冠华. 中国内部控制的社会认同度研究. 会计研究，2007 (8)：60-67+96.

[76] 叶建芳，李丹蒙，章斌颖. 内部控制缺陷及其修正对盈余管理的影响. 审计研究，2012 (6)：50-59+70.

[77] 于增彪，王竞达，瞿卫菁. 企业内部控制评价体系的构建——基于亚新科工业技术有限公司的案例研究. 审计研究，2007 (3)：47-52.

[78] 张谏忠，吴轶伦. 内部控制自我评价在宝钢的运用. 会计研究，2005 (2)：11-17+94.

[79] 张立民，钱华，李敏仪. 内部控制信息披露的现状与改进——来自我国 ST 上市公司的数据分析. 审计研究，2003 (5)：10-15.

[80] 张龙平，陈作习，宋浩. 美国内部控制审计的制度变迁及其启示. 会计研究，2009 (2)：75-80+94.

[81] 张先治，张晓东. 基于投资者需求的上市公司内部控制实证分析. 会计研究，2004 (12)：55-61.

[82] 张晓岚，沈豪杰，杨默. 内部控制信息披露质量与公司经营状况——基于面板数据的实证研究. 审计与经济研究，2012，27 (2)：64-73.

[83] 张瑶，郭雪萌，肖序. 内控缺陷信息披露、动机选择与经济后果. 经济问题，2016 (5)：118-123.

[84] 张瑶，郭雪萌. 内控信息披露质量、披露方式与权益资本成本——基于缺陷信息披露的实证证据. 经济问题，2015 (4)：110-115.

[85] 张颖，郑洪涛. 我国企业内部控制有效性及其影响因素的调查与分析. 审计研究，2010 (1)：75-81.

[86] 张兆国，张旺峰，杨清香. 目标导向下的内部控制评价体系构建及实证检验. 南开管理评论，2011，14 (1)：148-156.

[87] 张砚. 内部控制历史发展的组织演化研究. 会计研究，2005 (2)：76-81.

[88] 张砚，杨雄胜. 内部控制理论研究的回顾与展望. 审计研究，2007 (1)：37-42.

[89] 张宜霞，舒惠好. 内部控制国际比较研究. 北京：中国财政经济出版社，2006.

［90］张宜霞．企业内部控制论．大连：东北财经大学出版社，2008．

［91］张宜霞．企业内部控制的范围、性质与概念体系——基于系统和整体效率视角的研究．会计研究，2007（7）：36－43＋96．

［92］张正兵．浅析内部控制与风险管理的关系及改进方法．中国总会计师，2009（7）：62－63．

［93］周勤业，王啸．美国内部控制信息披露的发展及其借鉴．会计研究，2005（2）：24－31＋94．

［94］赵息，许宁宁．管理层权力、机会主义动机与内部控制缺陷信息披露．审计研究，2013（4）：101－109．

［95］朱荣恩，贺欣．内部控制框架的新发展——企业风险管理框架——COSO委员会新报告《企业风险管理框架》简介．审计研究，2003（6）：11－15．

［96］朱荣恩，应唯，吴承刚，邓福贤．关于企业内部会计控制应用效果的问卷调查．会计研究，2004（10）：19－24．

［97］朱荣恩．建立和完善内部控制的思考．会计研究，2001（1）：24－31＋65．

［98］朱荣恩，应唯，袁敏．美国财务报告内部控制评价的发展及对我国的启示．会计研究，2003（8）：48－53．

［99］Abba M，Said R M，Abdullah A，et al. The Relationship between Environment Operational Performance and Environmental Disclosure of Nigerian Listed Companies. Journal of Environmental Accounting & Management，2018，6（1）：1－15.

［100］Altamuro J，Beatty A. How Does Internal Control Regulation Affect Financial Reporting? Journal of Accounting and Economics，2010，49（1－2）：58－74.

［101］Andrew J. Leone. Factors Related to Internal Control Disclosure：A Discussion of Ashbaugh，Collins，and Kinney（2007）and Doyle，Ge，and McVay（2007）. Journal of Accounting and Economics，2007（44）：224－237.

［102］Ashbaugh－Skaife H，Collins D W，Kinney W R，et al. The Effect of SOX Internal Control Deficiencies on Firm Risk and Cost of Equity. Journal of Accounting Research，2009，47（1）：1－43.

［103］Ashbaugh-Skaife，H.，Veenma，D.，Wangerin，D.. Internal Control over Financial Reporting and Managerial Rent Extraction：Evidence from the Profitability of Insider Trading. Journal of Accounting and Economics，2013，55（1）：91－110.

［104］Ashton. Cue Utilization and Expert Judgments：A Comparison of Independent Auditors with Other Judges. Journal of Applied Psychology，1974，59（4）：437－444.

［105］Beneish M D，Billings M B，Hodder L D. Internal Control Weaknesses and Information Uncertainty. The Accounting Review，2008，83（1）：665－703.

［106］Boritz J，Ping Zhang. How Does Disclosure of Internal Control Quality Affect

Management's Choice of that Quality? CAAA 2006 Annual Conference Paper, 2006.

[107] Bower J, Schlosser R. Internal Control: Its True Nature. The Accounting Review, 1965, 40 (2): 338-344.

[108] Bronson S N, Varcello J V, Raghunandan K. Firm Characteristics and Voluntary Management Reports on Internal Control. Auditing: A Journal of Practice and Theory, 2006, 25 (2): 25-39.

[109] Brown N C, Pott C, Wompener A. The Effect of Internal Control and Risk Management Regulation on Earnings Quality: Evidence from Germany. Journal of Accounting & Public Policy, 2014, 33 (1): 1-31.

[110] Bryan S, Lilien S. Characteristics of Firms with Material Weaknesses in Internal Control: An Assessment of Section 404 of Sarbanes Oxley. Working Paper, 2005.

[111] Costello A M, Wittenberg-Moerman R. The Impact of Financial Reporting Quality on Debt Contracting: Evidence from Internal Control Weakness Reports. Journal of Accounting Research, 2011, 49 (1): 97-136.

[112] Chan K, Farrell B, Lee P. Earnings Management and Return-Earnings Association of Firms Reporting Material Internal Control Weaknesses under Section 404 of the Sarbanes-Oxley Act. Working Paper Series, 2005.

[113] Changchit, C W Holsapple, D L Madden. Supporting Managers' Internal Control Evaluations: An Expert System and Experimental Results. Decision Support Systems, 2001, 30 (4): 437-449.

[114] Changchit C, Holsapple C, Viator R. Transferring Auditors' Internal Control Evaluation Knowledge to Management. Expert Systems with Applications, 2001, 20 (3): 275-291.

[115] Craswell A, Taylor S. Discretionary Disclosure of Reserves by Oil and Gas Companies: An Economic Analysis. Journal of Business Finance and Accounting, 1992, 19 (2): 295-308.

[116] DeAngelo L. Auditor Size and Audit quality. Journal of Accounting & Economics, 1981, 3 (3): 183-199.

[117] Doyle J, Ge W, McVay S. Accruals Quality and Internal Control over Financial Reporting. The Accounting Review, 2007, 82 (5): 1141-1170.

[118] Emanuels J, Leeuwen O V, Van Praag B, et al. Abnormal Returns around Disclosure of Problems in Internal Control over Financial Reporting. Social Science Electronic Pulishing, 2005.

[119] Fan J, Wong, T. Corporate Ownership Structure and the Informativeness of Accounting Earnings in East Asia. Journal of Accounting and Economics, 2002, 33 (3):

401-425.

[120] Feng M, Chan Li, McVay S. Internal Control and Management Guidance. Journal of Accounting and Economics, 2009, 48 (1): 190-209.

[121] Forker J. Corporate Governance and Disclosure Quality. Accounting and Business Research, 1992, 22 (86): 111-124.

[122] Ge W, McVay S. The Disclosure of Material Weaknesses in Internal Control After the Sarbanes-Oxley Act. Accounting Horizons, 2005, 19 (3): 137-158.

[123] Michael Gibbins, Frank M. Wolf. Auditors' Subjective Decision Environment—The Case of a Normal External Audit. The Accounting Review, 1982, 57 (1): 105-124.

[124] Goh B W, Li D. Internal Controls and Conditional Conservatism. The Accounting Review, 2011, 86 (1): 975-1005.

[125] Guojin Gong, Bin Ke, Yong Yu. SOX-Mandated Internal Control Deficiency Disclosure under Section 302 and Earnings Quality: Evidence from Cross-Listed Firms. Working Paper Series, 2009, 3: 63-78.

[126] Hammersley J S, Linda M A, Shakespeare C. Market Reactions to the Disclosure of Internal Control Weaknesses and to the Characteristics of those Weaknesses under Section 302 of the Sarbanes-Oxley Act of 2002. Review of Accounting Studies, 2008, 13 (1): 141-165.

[127] Hermanson, Heather M. An Analysis of the Demand for Reporting on Internal Control. Accounting Horizons, 2000 (14): 325-341.

[128] Hoitash R, Hoitash U, Johnstone K M. Internal Control Material Weaknesses and CFO Compensation. Contemporary Accounting Research, 2012, 29 (3): 768-803.

[129] Holt T P, DeZoort T. The Effects of Internal Audit Report Disclosure on Investor Confidence and Investment Decisions. International Journal of Auditing, 2009, 13 (1): 61-77.

[130] Hollis Ashbaugh-Skaife, Daniel W. Collins, William R. Kinney. The Effect of SOX Internal Control Deficiencies and their Remediation on Accrual Quality. The Accounting Review, 2008 (83): 217-250.

[131] Hollis Ashbaugh-Skaife, Daniel W. Collins, William R. Kinney. The Discovery and Reporting of Internal Control Deficiencies Prior to SOX-Mandated Audits. Journal of Accounting and Economics, 2006, 44 (1-2): 166-192.

[132] Huang P S, Guo J, Ma T S, et al. Does the Value of Cash Holdings Deteriorate or Improve with Material Weaknesses in Internal Control over Financial Reporting? Journal of Banking & Finance, 2015, 54 (5): 30-45.

[133] Jeffrey Doyle, Weili Ge, Sarah McVay. Determinants of Weaknesses in Internal Control over Financial Reporting. Journal of Accounting and Economics, 2006 (44): 193-223.

[134] James Lloyd Bierstaker, Jay C. Thibodeau. The Effect of Format and Experience on Internal Control Evaluation. Managerial Auditing Journal, 2006, 21 (9): 877-891.

[135] Kima Y, Park M S. Market Uncertainty and Disclosure of International Control Deficiencies under the Sarbanes-Oxley Act. Journal of Accounting and Public Policy, 2009, 28 (5): 419-445.

[136] K. Raghunandan, D. V. Rama. Management Reports after COSO. Internal Auditor, 1994 (8): 54-59.

[137] Krishnan G, Visvanathan G, Fairfax V. Reporting Internal Control Deficiencies in the Post-Sarbanes-Oxley Era: The Role of Auditors and Corporate Governance. Working Paper, 2005.

[138] Langfield-Smith, Kim. Management Control Systems and Strategy: A Critical Review. Accounting Organization and Society, 1997 (22): 207-232.

[139] Lee T. The Historical Development of Internal Control from the Earliest Times to the End of the Seventeenth Century. Journal of Accounting Research, 1971, 9 (1): 150-157.

[140] Li H, Pincus M, Rego S. Market Reaction to Events Surrounding the Sarbanes-Oxley Act of 2002 and Earnings Management. Journal of Law and Economics, 2008, 51 (1): 111-134.

[141] Malone D, Fries C, Jones T. An Empirical Investigation of the Extent of Corporate Financial Disclosure in the Oil and Gas Industry. Journal of Accounting, Auditing & Finance, 1993, 8 (3): 192-236.

[142] Margaret, Reilly-Allen, Dr. Henry Jaenicke. The Effect of Management and Auditor Reports on Internal Control on Financial Analysts' Perceptions and Decisions. Doctor of Philosophy, 1997 (6): 78-79.

[143] Maria Ogneva, K. R. Subramanyam, K. Raghunandan. Internal Control Weakness and Cost of Equity: Evidence from SOX Section 404 Disclosures. AAA 2006 Financial Accounting and Reporting Section (FARS) Meeting Paper, 2006 (6): 89-92.

[144] McKinnon J, Dalimunthe L. Voluntary Disclosure of Segment Information by Australian Diversified Companies. Accounting and Finance, 1993, 33 (1): 33-50.

[145] McMullen D, Raghunandan K, Rama D. Internal Control Reports and Financial Reporting Problems. Accounting Horizons, 1996, 10 (4): 67-75.

[146] Munsif V, Raghunandan K, Rama D V, et al. Audit Fees after Remediation of Internal Control Weaknesses. Accounting Horizons, 2011, 25 (1): 87-105.

[147] Nathaniel M. Stephens. Corporate Governance Quality and Internal Control Reporting under SOX Section 302. Working Paper Series, 2009 (8): 2-69.

[148] Raffournier B. The Determinants of Voluntary Financial Disclosure by Swiss Listed Companies. European Accounting Review, 1995, 4 (2): 261-280.

[149] Schadewitz H, Blevins D. Major Determinants of Interim Disclosure in an Emerging Market. American Business Review, 1998, 16 (1): 41-55.

[150] SEC. Proposed Rule: Disclosure Required by Sections 404, 406 and 407 of the Sarbanes-Oxley Act of 2002, 2002.

[151] SEC. Final Rule: Management's Reports on Internal Control over Financial Reporting and Certification of Disclosure in Exchange Act Periodic reports, 2003.

[152] Setiawan A, Djajadikerta H, Majidah. Impact of Internal Audit Function on Internal Control Disclosure. Advanced Science Letters, 2017, 23 (9): 8078-8084.

[153] Shi W, Wang R. Dynamic Internal Control Performance over Financial Reporting and External Financing. Journal of Contemporary Accounting & Economics, 2012, 8 (1): 92-109.

[154] Solomon J, Solomon A, Norton S, Joseph N. A Conceptual Framework for Corporate Risk Disclosure Emerging from the Agenda for Corporate Governance Reform. The British Accounting Review, 2000, 32 (4): 447-478.

[155] Su L N, Zhao X R, Zhou G S. Do Customers Respond to the Disclosure of Internal Control Weakness? Journal of Business Research, 2014, 67 (7): 1508-1518.

[156] Willis D, Lightle S. Management Reports on Internal Controls. Journal of Accountancy, 2000, 190 (4): 57-63.

[157] Willis D M, Susan S L. Management Reports on Internal Controls: What Do They Say About Your Company? Journal of Accountancy, 2000, 14 (2): 52-63.

图书在版编目（CIP）数据

内部控制与风险管理：理论、实务与案例／李晓慧，何玉润编著．--3版．--北京：中国人民大学出版社，2022.11

（MPAcc精品系列）

ISBN 978-7-300-30913-2

Ⅰ.①内… Ⅱ.①李…②何… Ⅲ.①企业内部管理-风险管理-研究生-教材 Ⅳ.①F272.35

中国版本图书馆CIP数据核字（2022）第144810号

MPAcc精品系列

内部控制与风险管理：理论、实务与案例（第3版）

李晓慧　何玉润　编著

Neibu Kongzhi yu Fengxian Guanli：Lilun、Shiwu yu Anli

出版发行	中国人民大学出版社		
社　　址	北京中关村大街31号	**邮政编码**	100080
电　　话	010－62511242（总编室）		010－62511770（质管部）
	010－82501766（邮购部）		010－62514148（门市部）
	010－62515195（发行公司）		010－62515275（盗版举报）
网　　址	http：//www.crup.com.cn		
经　　销	新华书店		
印　　刷	北京溢漾印刷有限公司	**版　　次**	2012年5月第1版
规　　格	185 mm×260 mm　16开本		2022年11月第3版
印　　张	19.25插页1	**印　　次**	2022年11月第1次印刷
字　　数	381 000	**定　　价**	56.00元

教师教学服务说明

中国人民大学出版社财会出版分社以出版经典、高品质的会计、财务管理、审计等领域各层次教材为宗旨。

为了更好地为一线教师服务，近年来财会出版分社着力建设了一批数字化、立体化的网络教学资源。教师可以通过以下方式获得免费下载教学资源的权限：

在中国人民大学出版社网站 www. crup. com. cn 进行注册，注册后进入“会员中心”，在左侧点击“我的教师认证”，填写相关信息，提交后等待审核。我们将在一个工作日内为您开通相关资源的下载权限。

如您急需教学资源或需要其他帮助，请在工作时间与我们联络：

中国人民大学出版社　财会出版分社

联系电话：010-62515987，62511076

电子邮箱：ckcbfs@ crup. com. cn

通讯地址：北京市海淀区中关村大街甲 59 号文化大厦 1501 室（100872）

人大社财会